INTERPRETATIONSHILFE DEUTSCH

Georg Büchner

Woyzeck

Interpretiert von
Wolfgang Bühnemann

STARK

Bildnachweis
Umschlagbild und S. 55: Thomas Dashuber
S. 3, 6: bpk
S. 9, 10: Museum für Geschichte der Stadt Leipzig
S. 14, 26: Die Originalhandschriften des *Woyzeck* befinden sich im Besitz der Stiftung Weimarer Klassik und werden im Goethe- und Schiller-Archiv in Weimar aufbewahrt (Signatur 10/3, 1). Die Fotos, die den Reproduktionen zugrunde liegen, wurden von Angelika Kittel und Sigrid Geske hergestellt.
S. 20: Sabine Haymann
S. 32: Landesbühne Sachsen-Anhalt, Lutherstadt Eisleben
S. 37: © Ruth Walz
S. 40: ullstein bild - Kujath
S. 42: © Iko Freese/drama-berlin.de
S. 45: Stiftung Deutsche Kinemathek
S. 48: Thomas Aurin
S. 71: Sonja Rothweiler
S. 84: © Wilfried Hösl

ISBN 978-3-86668-116-3

www.stark-verlag.de

Inhalt

Vorwort

Einführung 1

Biografisch-historischer Hintergrund 3

1 Büchners Leben 3

2 Die Entstehung des *Woyzeck* 7

3 Büchners Quellen – Der historische Woyzeck 8

4 Textüberlieferung 12

5 Büchners Kunstauffassung 15

Inhalt und Bedeutung der Szenen 19

Textanalyse und Interpretation 35

1 Die Figuren des Dramas 35
- Woyzeck 35
- Marie 39
- Tambourmajor 41
- Andres 43
- Doktor 44
- Hauptmann 46

2 Die Sprache der Figuren 49

3 Die Sprache des Raumes 54

4 *Woyzeck* – offenes oder geschlossenes Drama? 56

5 Vorausdeutungen und Motivkomplexe 64

6 Interpretation von Schlüsselstellen 69
- Woyzeck beim Hauptmann (5. Szene) 69
- Die 19. Szene und das Märchen von der Großmutter .. 76

Editions- und Wirkungsgeschichte 83

Literaturverzeichnis 86

Autor: Wolfgang Bühnemann

Vorwort

Georg Büchners *Woyzeck* ist **eines der ersten sozialen Dramen deutscher Sprache** – entstanden, lange bevor dieser Typus literaturfähig wurde. Zudem ist es eines der gar nicht so zahlreichen Beispiele dafür, dass eine **klassische Schullektüre** zugleich ein **Werk der Weltliteratur** ist.

Die Gründe, es in der Schule zu lesen, sind vielfältig: Das Stück ist kurz, übersichtlich und in der Handlung fasslich, das Thema – Mord aus Eifersucht – zeitlos, das Milieu einfacher Menschen ohne besonderen Wissenshintergrund zugänglich, die Sprache schlicht und alltäglich. Vieles, was sich bei einem klassischen Versdrama erst nach wiederholtem und genauem Lesen dem Verständnis eröffnet, erschließt sich in *Woyzeck* mühelos. Dennoch gibt es auch bei diesem Stück manches zu entdecken, was unter der Handlungsoberfläche liegt, und nicht weniges ist erklärungsbedürftig.

Hier soll die vorliegende Interpretation eine Hilfestellung geben. Der erste Teil bietet Informationen zum Autor, zur Entstehung des Stückes und zum historischen Hintergrund; der zweite eine erklärende Inhaltsübersicht. Das dritte Kapitel enthält eine Charakterisierung der Hauptfiguren und eine Darstellung zentraler Interpretations- und Analyseaspekte. Zum genauen Lesen des Textes soll die Analyse zweier Szenen einladen.

Wer einmal in verschiedene Textausgaben des *Woyzeck* geschaut hat, wird durch die Tatsache irritiert sein, dass die Texte in Szenenanordnung und Wortlaut voneinander abweichen. Das liegt an der spezifischen Quellenlage. Büchner hat sein Werk nicht vollenden können und mehrere handschriftliche Entwürfe hinterlassen. Daher liegt manche Textentscheidung im Ermessen des Herausgebers.

Die vorliegende *Interpretationshilfe* legt die **derzeit zuverlässigste Textfassung** zugrunde, die in der neuesten Ausgabe des Reclam-Verlags seit dem Jahre 2005 greifbar ist (siehe *Literatur-*

hinweise). Der Text folgt der sogenannten Marburger Ausgabe der *Sämtlichen Werke und Schriften* Georg Büchners.

Stellennachweise erfolgen durch Ziffern: Die erste gibt die Seite an, die zweite die Zeile. Sekundärliteratur wird entweder mit Verfassernamen oder mithilfe von Kürzeln zitiert, die in den *Literaturhinweisen* am Ende des Buches erklärt sind.

Der vorliegende Band möchte durch engen Textbezug und präzise Stellenangaben zu einer vertieften Beschäftigung mit dem Text anleiten und zu einem genaueren Verständnis hinführen. Der Weg dahin läuft über die Wahrnehmung der Details.

W. Bühnemann

Wolfgang Bühnemann

Einführung

Ein Blick auf das **Personenverzeichnis** verrät schon Wichtiges über das Stück. Von den 28 Rollen des *Woyzeck* sind – Statistenrollen nicht mitgerechnet – nur ein Viertel mit Eigennamen versehen. Die anderen 21 sind durch Berufs- oder militärische Rangbezeichnungen (13), durch Geschlechts- oder ethnische Angaben bezeichnet oder kommen nur als „Person" vor (8). Das lässt erwarten, dass **individuelle Figurenzeichnung** nur bei den Figuren vorliegt, die Eigennamen tragen. Die übrigen sind **Typen** zuzurechnen, die in unterschiedlichem Grad der Ausführung für gesellschaftliche Gruppen stehen.

Auffällig ist, dass die mit Namen bezeichneten Figuren durchweg der **subbürgerlichen Schicht** angehören: Sie stehen in der gesellschaftlichen Hierarchie ganz unten, leben am Existenzminimum und in Abhängigkeit von den Funktionsträgern der Gesellschaftsordnung. Doch auch diese gehören nicht zur Oberschicht, sondern sind bestenfalls – wie der Hauptmann und der Doktor – den kleinstädtischen Honoratioren zuzurechnen.

Das sagt einiges über die Beschaffenheit des Stückes: *Woyzeck* ist **kein Drama hohen Stils**, sondern eines **der sozialen Misere**. Helden, die in freier Entscheidung und tragischer Verstrickung schuldig werden und große, menschheitsbewegende Probleme bewegen – wie im klassischen Drama –, kommen nicht vor. Handlungsfeld ist der unspektakuläre, für die großen Lebensfragen scheinbar unergiebige Lebenskreis der „gemeinen Leut" (6. Szene: 17,9). Ist *Woyzeck* somit ein Vorläufer des Naturalismus, für den das Milieu des sozialen Elends erstmals literaturfähig wurde?

Die Naturalisten haben das so gesehen, und im Sinne der klassischen Kunstauffassung müsste man Büchners Stück geradezu als „Umkehr-Tragödie“ bezeichnen. Auch hier geht es um eine „große Frage“, die aber im negativen Sinne beantwortet wird. Die für das Konzept des klassischen Helden grundlegende Annahme der **menschlichen Willensfreiheit** wird von Büchner **verneint**. Die These: „[D]er Mensch ist frei, in dem Menschen verklärt sich die Individualität zur Freiheit“ (8. Szene: 19,15 f.) wird im Stück infrage gestellt. Zumindest für die Titelfigur Woyzeck gilt sie nicht. Dieser ist eingespannt in ein System aus Arbeitsüberlastung und persönlicher Demütigung, das ihm kaum Entscheidungsspielräume lässt, und die einzige Entscheidung, die er trifft, ist verhängnisvoll. Die Einsicht, dass das **Dasein des Einzelnen** in erheblichem Maß **sozial determiniert** ist, wird in *Woyzeck* literarisch ausgeführt.

Woyzeck selbst formuliert diesen Zusammenhang, wenn er erklärt: „Unsereins ist doch einmal unselig in der und der andern Welt“ (5. Szene: 16,32 f.) oder: „wir gemeinen Leut, das hat keine Tugend, [...], aber wenn ich ein Herr wär [...], ich wollt schon tugendhaft sein“ (17,9 ff.).

Indem Büchner am Beispiel eines Ausgebeuteten und Gedemütigten die Determiniertheit des Menschen durch das soziale Milieu zeigt, thematisiert auch er eine große Menschheitsfrage, wenn auch mit negativem Resultat. Freiheit ist an materielle Voraussetzungen gebunden, die nicht für alle gegeben sind. Aber gerade aus dem Aufweis des Mangels wären Konsequenzen für die Einrichtung der Gesellschaft zu ziehen, die zum Positiven verändert werden müsste.

Biografisch-historischer Hintergrund

1 Büchners Leben

Georg Büchner (1813–1837)

Karl Georg Büchner wurde am **17. 10. 1813** in Goddelau geboren, einem Ort, der etwa 15 Kilometer südwestlich von Darmstadt liegt. Sein Vater war der Amtschirurg Dr. Ernst Büchner, seine Mutter Caroline Büchner eine geborene Reuß. Er war Ältester von sechs Geschwistern. Über die mütterliche Linie gab es verwandtschaftliche Verbindungen ins Elsass, ein Umstand, der für Büchners Lebensweg und politische Entwicklung nicht ohne Bedeutung sein sollte.

Im Jahre 1816 übersiedelte die Familie nach **Darmstadt**, der Residenzstadt des Großherzogtums Hessen-Darmstadt. Dorthin war der Vater versetzt worden. 1821 wurde Büchner zunächst in eine private Erziehungsanstalt gegeben, vier Jahre später wechselte er an das Großherzogliche Gymnasium, das er im März 1831 mit dem Reifezeugnis verließ. Ganz im Sinne seines Vaters nahm er das **Studium der Medizin in Straßburg** auf, wo Verwandte der Mutter lebten. Edouard Reuß, ein Vetter der Mutter, war Dozent für Theologie am Protestantischen Seminar der Straßburger Universität.

Straßburg war mit seinen etwa 50 000 Einwohnern für die damalige Zeit eine Großstadt, die Büchner, der bis dahin in provinziellen Verhältnissen gelebt hatte, einen völlig neuen Erfahrungshorizont bot. Nicht nur der hohe Entwicklungsstand der französischen Chirurgie, sondern auch das von fortschrittlichen – linksliberalen bis frühsozialistischen – Ideen geprägte geistig-politische Klima beeindruckten ihn. Der junge Student fühlte sich vom radikalen Flügel der Neobabouvisten angezogen, die sich auf den Jakobiner François Noël Babeuf (1760–1797) beriefen. Deren Forderungen waren: die Kollektivierung von Grund und Boden, die Abschaffung der Unterschiede zwischen arm und reich, die Beseitigung des „Systems des Egoismus", das *eine* Klasse durch Vermögen und Bildung begünstigte, und die Herstellung eines „Systems der Gleichheit". Die politisch radikale „Société des Amis du Peuble" („Gesellschaft der Freunde des Volkes"), die aus der „Gesellschaft der Menschenrechte" hervorgegangen war, wurde für Büchner nach seiner Rückkehr nach Darmstadt und Gießen Vorbild für die Gründung von ähnlichen politischen Geheimorganisationen. Grundlegend war die Erkenntnis, die auch für *Woyzeck* gilt, dass die entscheidenden gesellschaftlichen Widersprüche nicht politischer, sondern sozialer Natur sind.

Aus Straßburg datiert auch eine persönliche Bindung: Büchner verlobte sich dort im Frühjahr 1832 heimlich mit Wilhelmine Jaeglé, der Tochter seines Vermieters, des Pfarrers Johann Jakob Jaeglé.

Nach Ablauf des Sommersemesters 1833 kehrte Büchner nach **Darmstadt** zurück. Die großherzogliche Studienordnung erlaubte Landeskindern nur vier Semester Auslandsstudium, die übrigen Semester mussten an der Landesuniversität **Gießen** absolviert werden, an der Büchner sein Medizinstudium fortsetzte. Zu seinen akademischen Lehrern gehörten der Anatom F. Chr. G. Wernekinck, der Psychologe J. Hillebrand und mit hoher Wahrscheinlichkeit auch die Professoren E. L. W. Nebel (Geistes- und Gemütskrankheiten), Justus Liebig (analytische Chemie) und J. B. Wilbrand (Naturphilosophie). Wilbrand wurde Vorbild für die Figur des Doktors in *Woyzeck*.

Vermutlich Mitte April 1834 gründete Büchner eine Darmstädter und kurz darauf eine Gießener Sektion der „Gesellschaft der Menschenrechte“. Durch seinen engsten politischen Vertrauten in Gießen, den ehemaligen Theologiestudenten August Becker, lernte Büchner den Butzbacher Schulrektor Friedrich Ludwig Weidig kennen. Dieser war der Kopf der politischen Opposition Oberhessens und beförderte Büchners politische Flugschrift *Der Hessische Landbote*, wenn auch nicht ohne eigene redaktionelle Eingriffe, zum Druck. In dieser Flugschrift gibt Büchner der Forderung nach einem politischen Umsturz in Hessen in suggestiver Sprache Ausdruck. Die Verteilung der Exemplare begann Mitte August, jedoch wurde die Aktion von einem Mitglied des Weidig-Kreises verraten. Auch Büchner wurde belastet, konnte aber eine Verhaftung vorläufig von sich abwenden. In der folgenden Zeit widmete er sich der Reorganisation der Darmstädter „Gesellschaft der Menschenrechte“. Im Januar 1835 begann er mit der Niederschrift seines ersten Dramas, *Dantons Tod*, das einen Abschnitt aus der Geschichte der Französischen Revolution behandelt.

Inzwischen hatten die Behörden ihre Netze um die hessischen Revolutionäre immer enger gezogen. Als Büchner einer Vorladung des Friedberger Untersuchungsrichters nicht Folge leistete, wurde behördenintern nach ihm gefahndet. Vermutlich am 6. März 1835 entzog sich Büchner der drohenden Verhaftung durch **Flucht nach Straßburg**. Am 13. Juni wurde er steckbrieflich gesucht.

Um den Straßburger Behörden keinen Grund zur Auslieferung zu geben, hielt sich Büchner im Exil von jeglicher politischen Betätigung fern. Er widmete sich ausschließlich seinem Studium und dem Aufbau einer akademischen Existenz. Dazu sollte ihm seine Abhandlung *Über das Nervensystem der Barben* verhelfen, mit der er im September 1836 an der Züricher Universität promoviert wurde.

2493. Steckbrief.

Der hierunter signalisirte Georg Büchner, Student der Medizin aus Darmstadt, hat sich der gerichtlichen Untersuchun· seiner indicirten Theilnahme an staatsverrätherischen Handlungen durch die Entfernung aus dem Vaterlande entzogen. Man ersucht deßhalb die öffentlichen Behörden des In- und Auslandes, denselben im Betretungsfalle festnehmen und wohlverwahrt an die unterzeichnete Stelle abliefern zu lassen.

Darmstadt, den 13. Juni 1835.

Der von Großh. Hess. Hofgericht der Provinz Oberhessen bestellte Untersuchungs-Richter, Hofgerichtsrath

Georgi.

Personal-Beschreibung.

Alter: 21 Jahre,
Größe: 6 Schuh, 9 Zoll neuen Hessischen Maases,
Haare: blond,
Stirne: sehr gewölbt,
Augenbraunen: blond,
Augen: grau,
Nase: stark,
Mund: klein,
Bart: blond,
Kinn: rund,
Angesicht: oval,
Gesichtsfarbe: frisch,
Statur: kräftig, schlank,
Besondere Kennzeichen: Kurzsichtigkeit.

Der Steckbrief dokumentiert, für wie gefährlich der nach dem Wiener Kongress neu stabilisierte Staat Büchner hielt.

Gleichzeitig setzte Büchner seine literarische Produktion fort. Aus seiner Beschäftigung mit dem Sturm-und-Drang-Dichter Jakob Michael Reinhold Lenz erwuchs eine Novelle über dessen zunehmenden geistigen Verfall (*Lenz*). Für ein literarisches Preisausschreiben über „das beste ein- oder zweiaktige Lustspiel" schrieb Büchner im Juni 1836 die Komödie *Leonce und Lena*. Da er aber den Einsendeschluss knapp verpasst hatte, wurde ihm das Manuskript ungeöffnet zurückgeschickt. Zu dieser Zeit begann Büchner auch mit der Arbeit an *Woyzeck*.

Am 18. 10. 1836 übersiedelte er nach **Zürich**, um an der dortigen Universität eine Stelle als Privatdozent anzunehmen. Neben seiner Vorlesungstätigkeit widmete er sich weiter der Arbeit an *Woyzeck*. Im Januar 1837 erkrankte Büchner plötzlich. Anfang Februar verschlechterte sich sein Gesundheitszustand. Am 15. Februar diagnostizierte der behandelnde Arzt Typhus. Seine Verlobte konnte gerade noch aus Straßburg anreisen, um Büchner noch lebend anzutreffen, der nur für kurze Momente aus seinen Typhusdelirien erwachte. Georg Büchner starb am **19. 2. 1837**, am 21. Februar wurde er in Zürich begraben.

2 Die Entstehung des „Woyzeck“

Die Entstehung des Stückes liegt weitgehend im Dunkeln. In einem Brief vom 2. 9. 1836 teilt Büchner seinem Bruder Wilhelm mit, er sei „gerade daran, sich einige Menschen auf dem Papier totschlagen oder verheiraten zu lassen“ (MA, S. 321). Die erste Bemerkung könnte sich auf *Woyzeck* beziehen, die zweite auf das Lustspiel *Leonce und Lena*, das Büchner nach der Zurückweisung durch die Jury noch einmal überarbeitete. Büchner beabsichtigte, einen Band mit mindestens zwei Dramen zu veröffentlichen. In einem Brief an die Familie, ebenfalls vom September 1836, spricht er von „zwei Dramen“, die er „noch nicht aus den Händen gegeben“ habe, da er „noch mit Manchem unzufrieden“ sei (MA, S. 331). Da er bis Ende Mai 1836 jedoch intensiv an seiner Promotion arbeitete, die ihn „einen vollen Winter und ein halbes Frühjahr“ so sehr in Anspruch nahm, dass er „nicht aus seinen 4 Wänden“ kam (Brief an Eugen Boeckel vom 1. 6. 1836; MA, S. 318), liegt die Vermutung nahe, dass Büchner erst im **Juni oder Juli** die Arbeit am *Woyzeck* aufgenommen hat und dass **bis September 1836** mindestens ein erster Entwurf fertig gewesen sein muss.

In Zürich setzte er die Arbeit an den beiden Stücken fort. In einem Brief an seine Braut vom 20. 1. 1837 bekennt er seine „Freude am Schaffen [s]einer poetischen Produkte“ (MA, S. 325). In seinem letzten Brief kündigt er an, „in längstens acht Tagen Leonce und Lena mit noch zwei anderen Dramen erscheinen zu lassen“ (MA, S. 326). Dass es sich bei einem dieser „zwei anderen Dramen“ um *Woyzeck* handelt, gilt als wahrscheinlich.

3 Büchners Quellen – Der historische Woyzeck

Mit seinem *Woyzeck* stützt Büchner sich auf drei Mordfälle, die sich zwischen 1817 und 1830 ereigneten und untereinander weitgehende Übereinstimmungen aufweisen. Der Plot lässt sich in einem Satz zusammenfassen: Ein alleinstehender Mann um die vierzig ersticht seine Geliebte.

Die Hauptquelle Büchners bildet der Fall des 41-jährigen **Johann Christian Woyzeck**, der am 2. 6. 1821, abends um halb zehn, seine 46-jährige Geliebte, die Witwe Johanna Christiane Woost, aus Eifersucht erstach. Das Opfer unterhielt neben ihrer Beziehung zu Woyzeck noch andere Männerbekanntschaften, insbesondere zu Soldaten der Leipziger Garnison. Am Tag des Mordes hatte sie sich mit Woyzeck verabredet, ihm dann aber einen anderen Verehrer vorgezogen. Darauf ließ Woyzeck eine abgebrochene Degenklinge so präparieren, dass sie als Mordwerkzeug gebraucht werden konnte, und erstach die von ihrem Rendezvous zurückkehrende Geliebte im Flur ihres Hauses.

Woyzecks Lebenslauf ist beispielhaft für den Zusammenhang zwischen sozialem Abstieg und Verfall einer Persönlichkeit. Am 3. 1. 1780 in Leipzig geboren, hatte er schon im Kindesalter beide Eltern verloren. Mit 13 Jahren wurde er bei einem Perückenmacher in die Lehre gegeben, ein Gewerbe, das am Ende des 18. Jahrhunderts im Niedergang begriffen war. Nach dreijähriger

Lehrzeit fand er für die nächsten zwei Jahre Beschäftigung in seinem Beruf, verlor dann aber seine Stellung und zog zwischen 1798 und 1806 auf Beschäftigungssuche durch das Land und hielt sich mit Gelegenheitsarbeiten über Wasser. 1806 ließ er sich von einem holländischen Regiment zum Kriegsdienst anwerben und diente während der Napoleonischen Kriege wechselnden Kriegsherren. Aus dem Militärdienst entlassen, kehrte er 1818 nach Leipzig zurück und fristete seine Existenz wieder mit Gelegenheitsarbeiten. Ohne festen Wohnsitz und völlig mittellos, wurde er von depressiven und psychotischen Schüben heimgesucht.

Noch am Tatort wurde Woyzeck verhaftet. Bei der gerichtlichen Untersuchung des Falles wurde ein **psychiatrisches Gutachten** über den Mörder beantragt, mit dem der Leipziger Stadtphysikus Johann Christian August **Clarus** beauftragt wurde. Clarus führte mehrere Gespräche mit Woyzeck und kam zu dem Ergebnis, dass der Täter zurechnungsfähig sei. Darauf wurde am 29. 2. 1822 das Todesurteil gefällt. Aufgrund von Zeugenaussagen, Woyzeck habe Geistererscheinungen gehabt und zeitweise an Verstandesverwirrung gelitten, wurde die Vollstreckung des Urteils jedoch ausgesetzt. Der erneut zum Gutachter berufene Clarus bekräftigte seine Diagnose auf Zurechnungsfähigkeit. So wurde die Vollstreckung des Urteils endgültig angeordnet und Woyzeck am 27. 8. 1824 auf dem Leipziger Marktplatz vor etwa 5 000 Zuschauern öffentlich enthauptet.

Der Fall erregte Aufmerksamkeit über die Grenzen Leipzigs hinaus und entfachte in der wissenschaftlichen Öffentlichkeit eine lebhafte Diskussion über die Zurechnungsfähigkeit von Mördern. Um sich zu rechtfertigen, veröffentlichte Clarus seine beiden Gutachten 1825 und 1826 in der *Zeitschrift für Staatsarzneikunde*. Diese beiden Veröffentlichungen bilden die Hauptquelle für Büchners Konzeption seines Dramas.

Als Anlass für seine Beschäftigung mit dem Fall vermutet man einen Aufsatz des Advokaten Philipp Bopp aus dem Jahre 1836 mit dem Titel *Zurechenbarkeit oder nicht?*, der in derselben Zeitschrift erschienen war wie die beiden Clarus-Gutachten zehn Jahre zuvor. Im aktuelleren Fall handelte es sich um den 37-jährigen Leinwebergesellen **Johann Dieß**, der 1830 seine Geliebte erstochen hatte. Der Aufsatz nahm auch auf den Fall Woyzeck Bezug sowie auf einen weiteren Parallelfall, den Mordprozess gegen den Tabakspinnergesellen **Daniel Schmolling**, der 1817 ein gleiches Verbrechen verübt hatte. Im Gegensatz zu den beiden anderen Tätern war er als unzurechnungsfähig eingestuft worden.

Dass Büchner die Clarus-Gutachten gekannt hat, steht außer Frage. Darauf weist nicht nur der Name des Protagonisten hin. Die psychotischen Symptome des historischen Woyzeck, wie Clarus sie beschreibt, finden sich auch bei der Figur des Dramas wieder. Es sind Symptome von Paranoia und Bewusstseinsspaltung. Der historische Woyzeck hört „streitende Stimmen", „unterirdisches Glockenläuten", „Stimmen", die ihm zurufen: „Stich die Frau Woostin tot" (vgl. 3. Szene: 11,15 f.; die Szenen 13 und 14). Er hat Visionen, sieht drei „feurige Streifen" und „drei feurige Gesichter" am Himmel (vgl. 1. Szene: 9,24 ff.). Er leidet unter dem Wahn, dass ihn „Geister" und „die Freimaurer" verfolgen und umbringen wollen (vgl. 1. Szene: 9,8 f. und 18 f.), wird von Herzklopfen heimgesucht und dem Gefühl, ihm werde das Herz „mit einer Nadel berührt" (vgl. 14. Szene: 28,20 f.). Solche Phänomene von Geistesgestörtheit dürften Büchner darüber hinaus durch sein Medizinstudium vertraut gewesen sein.

Auch das **Milieu** des *Woyzeck* war Büchner nicht fremd: Sein Vater war Bezirksarzt, der selber in der *Zeitschrift für Staatsarzneikunde* veröffentlicht hatte. Büchner selbst hatte Medizin und Naturwissenschaft studiert. Mit der Welt des Militärs war er über Verwandte von mütterlicher Seite in Berührung gekommen. Sein Vater war während der Napoleonischen Feldzüge selbst als Sanitätsgehilfe und Armeechirurg in militärischen Diensten gewesen. Mit Bildern sozialen Elends war Büchner von klein auf vertraut; sein politisches Engagement für die Armen und Ausgebeuteten hatte er durch seinen Kontakt zu sozialrevolutionären und frühkommunistischen Bewegungen in Frankreich, Gründungen geheimer politischer Organisationen und nicht zuletzt durch seine sozialrevolutionäre Flugschrift *Der Hessische Landbote* bewiesen.

Der historische Woyzeck stellt den Musterfall für die Verelendung ganzer Bevölkerungsschichten im frühen 19. Jahrhundert dar – ein Phänomen, für das die Bezeichnung **Pauperismus** geprägt wurde und das seine Ursachen nicht nur in der unterentwickelten Wirtschaft im deutschen Raum hatte, sondern auch Folge der Napoleonischen Kriege, der Kontinentalsperre und der Agrarkrise in den 1820er-Jahren war. Woyzecks Biografie zeigt modellhaft den Zusammenhang zwischen beruflicher Erfolglosigkeit, Armut, psychischer Störung und Abgleiten in die Kriminalität sowie die Reaktion der bürgerlichen Gesellschaft darauf. Dass der Fall Woyzeck einen politisch engagierten Autor wie Georg Büchner faszinieren musste, ist somit nicht verwunderlich.

4 Textüberlieferung

Woyzeck liegt nicht in einer vom Autor vollendeten Werkfassung vor. Zwar vermeldet Büchner in einem Brief an seine Braut, den er kurze Zeit vor seinem Tod geschrieben hat, er werde „in längstens acht Tagen Leonce und Lena mit noch zwei anderen Dramen erscheinen lassen“ (MA, S. 326), und wir müssen vermuten, dass es sich bei einem der „zwei anderen Dramen“ um *Woyzeck* gehandelt hat. Aber die Fertigstellung bis zur Druckreife ist durch Büchners frühen Tod verhindert worden. In seinem Nachlass fanden sich verschiedene handschriftliche Entwürfe auf billigem Papier und in flüchtiger Schrift – Konzepte, die nur zum privaten Gebrauch gedacht waren.

Die Büchner-Forschung unterscheidet **vier Entwurfsstufen**, die mit H1 bis H4 bezeichnet werden. **H1** umfasst 21 Szenen, die – in unterschiedlichem Grade der Ausarbeitung – in den Grundzügen den gesamten Handlungsverlauf des Stückes bieten. Die Hauptfiguren heißen noch Louis und Margreth. **H2** besteht aus 9 Szenen und bietet eine erweiterte Fassung des ersten Drittels von H1. Die Szenen sind stärker ausgearbeitet – so die 9. Szene der Lesefassung –, die beiden Hauptfiguren heißen Woyzeck und Louise. Bei **H3** handelt es sich um ein einzelnes Blatt mit zwei Szenen, die in den übrigen Entwurfsstufen nicht vorkommen und in der Lesefassung die Szenen 10 und 27 bilden. Die späteste und am wenigsten flüchtige Handschrift ist **H4**. Sie verwertet und erweitert Material aus H1 und H2 in 17 Szenen und endet mit der Testamentsszene (Szene 18 der Lesefassung). Die Hauptfiguren heißen Woyzeck und Marie. H4 wird als „vorläufige Reinschrift" angesehen, als die Stufe also, die der veröffentlichungsreifen Fassung am nächsten kommt.

Büchners Handschrift ist **sehr flüchtig** und in Einzelfällen unlesbar. Manche Wörter werden es wohl immer bleiben, in anderen Fällen sind die Wortlesungen unsicher. So kommt es, dass verschiedene Textausgaben im Wortlaut voneinander abweichen können. Für die nicht zu entziffernden Buchstaben oder Wörter sind im Lesetext der Reclam-Ausgabe statt der Buchstaben Kreuze gesetzt (zum Beispiel in der 3. Szene: 11,32; 12,1 f.). Darüber hinaus weist Büchners flüchtige Handschrift am Wortende oft **Verschleifungen** auf, was manche Herausgeber zu der Annahme geführt hat, das Stück sei in hessischem Dialekt verfasst. Dagegen spricht allerdings, dass auch Büchners ausgearbeitete Vorlesungsskripte für die Universität Zürich mit denselben Verschleifungen notiert sind. Dass er aber seine philosophischen Vorlesungen in hessischer Mundart gehalten hat, erscheint wenig plausibel. Die Kürzelformen sind also eher auf Flüchtigkeit zurückzuführen. Zudem sind Dialektformen, wenn sie in *Woyzeck* vorkommen sollen, in der Regel sorgfältig notiert, woraus folgt, dass die dialektale Redeform nur in Ausnahmefällen beabsichtigt ist.

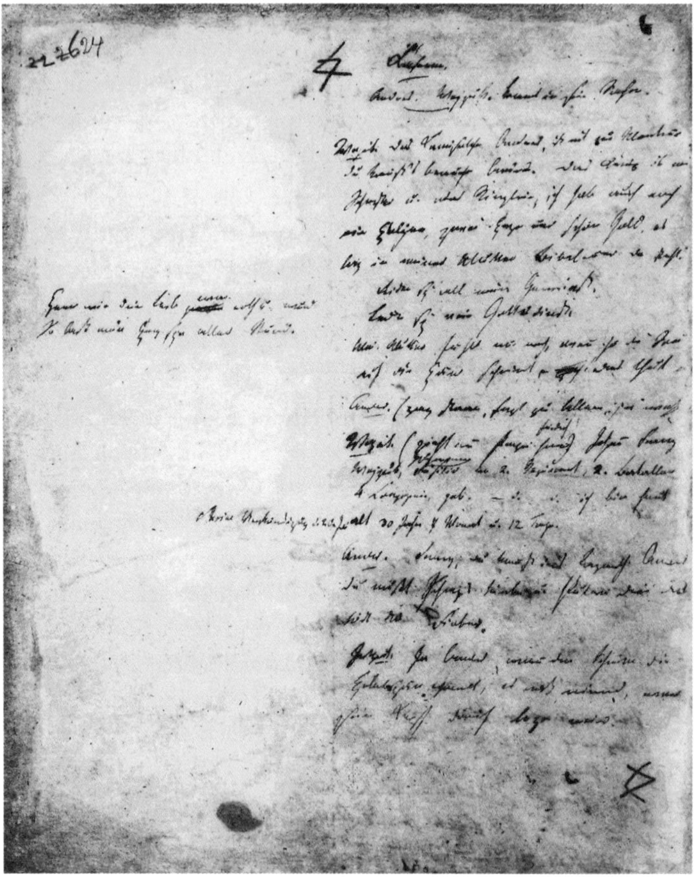

Ganze Generationen von Germanisten versuchten Georg Büchners *Woyzeck*-Entwürfe zu entschlüsseln, schon seine Brüder hielten die Skizzen für „durchaus unleserlich" (GBMA 7/2, S. 141). – Einen Eindruck vermittelt das Handschriftenfaksimile H4,17.

5 Büchners Kunstauffassung

Nach Büchners Auffassung soll der Dichter „die Welt [...] zeigen wie sie ist" und nicht „wie sie sein soll[ ]" (Brief an die Familie vom 28. 7. 1835; MA, S. 306). Im Spannungsfeld zwischen Idealismus und Realismus schlägt sich der Autor auf die Seite der **Realisten** und stellt sich **gegen die „Idealdichter**", die in ihren Werken nur „Marionetten [...], aber nicht Menschen von Fleisch und Blut" geben (MA, S. 306). Im sogenannten Kunstgespräch seines Novellenfragments *Lenz* lässt Büchner den Sturm-und-Drang-Dichter Jakob Michael Reinhold Lenz (1751–1792) ein künstlerisches Programm formulieren, das auch sein eigenes war. Demnach ist „Leben, Möglichkeit des Daseins [...] das einzige Kriterium in Kunstsachen", während die Frage, „ob es schön, ob es häßlich" sei, als unerheblich abgetan wird. Es komme vielmehr darauf an, „sich in das Leben des Geringsten" hineinzuversetzen und es „in den Zuckungen, den Andeutungen, dem ganzen, feinen, kaum bemerkten Mienenspiel" wiederzugeben. Der „Idealdichter" dagegen halte in seiner Kunst nur idealisierte Gestalten für darstellenswert und offenbare damit die „schmählichste Verachtung der menschlichen Natur." Wer diese verstehen wolle, müsse „in das eigentümliche Wesen jedes [Menschen] ein[ ]dringen, es darf einem keiner zu gering, keiner zu häßlich sein" (MA, S. 144 f.).

Von diesem Kunstprogramm her lässt sich *Woyzeck* als „‚angewandte Theorie' aus *Lenz*" verstehen, steht doch mit der Figur des Woyzeck „die erste subbürgerliche Hauptfigur in der Geschichte des deutschen Dramas" (Hauschild 2004, S. 138) auf der Bühne. Büchner verzichtet konsequent auf die Sprache der hohen Tragödie und setzt an die Stelle selbstbestimmter Individuen, die in exemplarischen Situationen vor schicksalhafte Entscheidungen gestellt sind, den **leidenden Menschen**, der „in erheblichem Maß sozial determiniert" (Hauschild 2004, S. 140), also **unfrei** ist. Damit stellt sich Büchner in **Opposition zum klassischen Konzept**: Der Mensch ist kein frei über sich bestimmendes Subjekt, sondern abhängig von gesellschaftlichen Verhältnissen. In diesem Sinne erklärt Büchner:

> „*Ich verachte Niemanden,* am wenigsten wegen seines Verstandes oder seiner Bildung, weil es in Niemands Gewalt liegt, kein Dummkopf oder kein Verbrecher zu werden, – weil wir durch gleiche Umstände wohl Alle gleich würden, und weil die Umstände außer uns liegen" (Brief an die Familie vom Februar 1834; MA, S. 285)

Die menschliche Natur soll daher vor dem Hintergrund ihrer gesellschaftlichen Bedingungen sichtbar gemacht werden, der Einzelne ist nichts anderes als deren Produkt. Das gilt auch für Woyzeck: Eingespannt zwischen Erwerbszwang und Menschenversuch, unterliegt er „[d]em Druck der Umstände, denen er durch die Dürftigkeit seiner Existenz unweigerlich ausgeliefert ist". Seinem Verbrechen geht „ein soziales Verbrechen *an* Woyzeck" voraus (Hauschild 2004, S. 146 f.), das ihn in diese Lebensumstände zwingt.

Büchner macht die gesellschaftlichen Widersprüche sichtbar, enthält sich aber einer Kommentierung. Dass seine **Sympathie bei den Unterdrückten** liegt, geht schon daraus hervor, dass nur sie Eigennamen tragen. Die machtausübenden Figuren haben lediglich Funktionsbezeichnungen. Folge der Ausbeutung sind Selbstentfremdung und Verlassenheit (vgl. Maries Ausruf „Alles tot!", 17. Szene: 31,2 f.; oder der Zustand von Woyzecks Mutter, 18. Szene: 31,17 f.). Bemerkenswert ist, dass Woyzeck bei aller Verworrenheit seiner religiös-halluzinatorischen Vorstellungen seine **soziale Bedingtheit** bis zu einem gewissen Grad durchschaut. Indem er den Zusammenhang zwischen materiellen Bedingungen und moralischen Normen betont, erkennt er – marxistisch gesprochen – das Abhängigkeitsverhältnis von Überbau und Unterbau. Wer sich ein gutes Leben leisten kann, hat es auch leichter, ein guter Mensch zu sein, d. h. bürgerlichen Wertvorstellungen zu genügen. Wessen Leben sich darin erschöpft, das nackte Überleben zu sichern, der ist eben nur „Natur" (5. Szene: 17,10), für den ist „moralisches" Verhalten unerreichbarer Luxus. *Woyzeck*, als **Tragödie der Selbstentfremdung**, befördert soziale Selbsterkenntnis, und zwar durch Figuren, die weitgehend sprachlos sind oder diese Zusammenhänge bestenfalls andeuten können. Daher verzichtet das Stück auf jeglichen lehrhaften Gestus.

Die Vermittlung der Einsicht, dass **moralische Normen eine Funktion sozialer Verhältnisse** sind – ein Problem, das in der 5. Szene zwischen dem Hauptmann und Woyzeck erörtert wird –, ist Büchner ein zentrales Anliegen. Das geht auch aus Briefen und Erinnerungen seiner politischen Freunde hervor. August Becker, sein engster politischer Vertrauter in Gießen, erinnerte sich an die Aussage Büchners, „es sei keine Kunst, ein ehrlicher Mann zu sein, wenn man täglich Suppe, Gemüse und Fleisch zu essen habe" (MA, S. 368).

Mit seiner Hinwendung zum Alltag steht Büchner in seiner Epoche nicht allein. Er ist Teil einer literarischen Strömung, die in den 30er-Jahren des 19. Jahrhunderts das Ende der „Kunstperiode" ausrief – gemeint ist die idealistische Kunstauffassung der klassisch-romantischen Epoche – und der Literatur eine gegenwartsbezogene und zeitkritische Funktion zuwies. Seine **anti-idealistische Kunstauffassung** macht Büchner zu einem Weggefährten des „**Jungen Deutschland**", einer durch die Zensurbehörde unter dieser Bezeichnung verbotenen Gruppe von Schriftstellern, zu der Karl Gutzkow, Theodor Mundt, Heinrich Laube und Ludolf Wienbarg sowie die heute noch bekannten Autoren Heinrich Heine und Ludwig Börne zählten.

Inhalt und Bedeutung der Szenen

1. Freies Feld. Die Stadt in der Ferne (S. 9)

Woyzeck und Andres, zwei einfache Soldaten, befinden sich außerhalb der Stadt und schneiden Stöcke, wahrscheinlich zu einem militärischen Zweck, etwa zum Flechten von Schanzkörben oder zur Verwendung bei Prügelstrafen.

Woyzeck wird von Halluzinationen bedrängt, die bedrückend sind und sich aus volkstümlichem Aberglauben (9,5 ff.), biblisch-eschatologischen Vorstellungen (9,24 ff.) und Vorurteilen (9,8 f. und 17 ff.) herleiten. Er glaubt, sich an einer geheimen Hinrichtungsstätte der Freimaurer zu befinden, wo beim abendlichen Spuk die Köpfe der Enthaupteten rollen. Wer nach dem Volksglauben einen davon aufhebt, stirbt drei Tage später selbst. Auch der Boden scheint ihm durch die Freimaurer unterminiert (9,17 ff.). Woyzecks Halluzinationen steigern sich, als er am Himmel Zeichen erkennt, wie sie in der Offenbarung des Neuen Testaments (Joh 8,5–7) für das Ende der Zeiten beschrieben werden.

Im Gegensatz zu Woyzeck ist Andres der realen Welt verhaftet. Ihm ist die unheimliche Erfahrung Woyzecks nicht zugänglich, er stellt sie aber auch nicht in Frage, wohl weil sein Weltbild gleichfalls von volkstümlichem Aberglauben und biblischen Bildern geprägt ist. Er lässt sich auf Woyzecks Vorstellungen ein und betrachtet ihn anscheinend als Medium des Übersinnlichen.

Am Schluss der Szene prallen beide Wahrnehmungsarten unmittelbar aufeinander: Während für Woyzeck „alles still" ist, hört Andres das Trommeln des Zapfenstreichs (9,29 f.).

Die Szene bringt eine Fülle von Vorausdeutungen auf das blutige Ende des Stückes: Der Schauplatz außerhalb der Stadt verweist auf den Schauplatz des Mordes (vgl. 20. Szene: 33,11 ff.), die eingebildete Hinrichtungsstätte spielt auf Woyzecks mutmaßliches Ende an; das von Woyzeck erlebte Weltuntergangsszenario deutet auf Unheil. Der hohle Boden verbildlicht Woyzecks untergrabene Existenz. – Darüber hinaus wird der Leser mit Woyzecks labiler psychischer Verfassung bekannt gemacht. Insofern hat die Szene die Funktion einer Exposition.

„Still! Es geht was! [...] Still, alles still, als wär die Welt tot." (9,13 und 29) – Andres (Wilhelm Schneck) und Woyzeck (Stephan Korves) in Edith Koerbers Inszenierung an der tri-bühne Stuttgart 1995/96

2. <In der Stadt> (S. 10 f.)

Diese Szene spielt etwa gleichzeitig mit der vorigen: Während Andres den Zapfenstreich aus der Ferne hörte, zieht dieser an dem Haus vorüber, in dem Marie wohnt, Woyzecks Geliebte, mit der er ein uneheliches Kind hat. Marie steht am Fenster im Erdgeschoss und beobachtet mit ihrem kleinen Sohn den vorüberziehenden Spielmannszug. Dabei unterhält sie sich mit ihrer Nachbarin. Beiden fällt der Tambourmajor auf, ein Unteroffizier, der dem Zug voranschreitet und mit seinem Stab die Kommandos für die Trommler gibt. Auch der Tambourmajor erblickt die beiden Frauen und grüßt. Schnell kommt es zwischen denen zum Streit: Margreth versteht sich als „honette [= anständige, ehrenhafte, rechtschaffene] Person" (10,19 f.) und wirft Marie unverhehltes Begehren vor; Marie dagegen unterstellt ihrer Nachbarin Neid und Unaufrichtigkeit: Mit ihrer vorgeblichen Moral bemäntele diese nur die eigene Chancenlosigkeit bei Männern (10,16 ff.). Marie beendet das Gespräch, indem sie das Fenster zuschlägt.

Maries unbürgerliche Wertvorstellungen werden im Zureden an ihren kleinen Sohn deutlich. Wenn sie ihn als „arm Hurenkind" (10,23 f.) bezeichnet, so geschieht das aus der Sicht bürgerlicher Wohlanständigkeit; das „unehrliche Gesicht" (10,24 f.) spielt aus der gleichen Perspektive auf den Umstand der unehelichen Geburt an. Marie singt ihrem Kind vor. In der ersten Liedstrophe reflektiert sie ihre eigene Situation und gibt ihrem Lebensgefühl Ausdruck (10,26–31). Ist ihre Lage in der bürgerlichen Gesellschaft auch prekär, so lässt sie sich dadurch doch nicht entmutigen. Lebensfreude drückt auch die zweite Strophe aus (11,1–6), die unvermittelt anschließt und wie die erste aus einem Volkslied stammt. Auf diese Weise entsteht eine strophische Montage, wie sie im volkstümlichen Liedgesang nicht selten vorkommt.

Dann klopft es draußen am Fenster. Marie öffnet es, und Woyzeck, der auf einen Sprung vorbeischaut, macht Andeutungen über seinen Phantasmagorien (Wahnvorstellungen). Maries Ratlosigkeit drückt sich in ihren Einwort-Apostrophen (11,14 und 17; Apostrophe: eindringliche Hinwendung an eine Sache oder eine Person, häufig als Ausruf) sowie im anschließenden Monolog (11,19–24) aus. Es dunkelt, die Atmosphäre ist schauerlich.

Diese Szene ist durch das Öffnen und Schließen des Fensters klar in drei Abschnitte gegliedert. Sie macht den Zuschauer mit der Konfliktkonstellation „Frau zwischen zwei Männern" vertraut und eröffnet damit die Gegenhandlung. Die Verwicklung steigert sich von hier an bis zur Katastrophe in der 20. Szene.

3. Buden. Lichter. Volk (S. 11 ff.)

Die Jahrmarktszene kommt in H4 nicht vor, sie stellt eine Mischfassung von vier Szenen aus den Handschriften-Entwürfen H1 und H2 dar und füllt eine Lücke von eineinhalb Seiten, die in H4 offengelassen ist. Dort ist aber die Szenenüberschrift notiert, sodass diese Lückenschließung plausibel ist.

Vermutlich noch am selben Abend sind Woyzeck und Marie auf den Jahrmarkt gegangen. Ein Ausrufer preist wortreich und aufdringlich die Attraktionen an, die in seiner Bude zu sehen sind: ein sternkundiges Pferd, zu allerlei Kunststücken abgerichtete Kanarienvögel, einen in Uniform posierenden Affen. Der Tambourmajor ist in Begleitung eines Unteroffiziers ebenfalls anwesend. Die beiden haben Marie entdeckt und folgen ihr und Woyzeck in das Innere der Bude. Dort lässt der Marktschreier ein Pferd seine Künste vorführen, wozu auch das Ablesen der Uhrzeit gehört. Die dafür benötigte Taschenuhr stellt der Unteroffizier großspurig zur Verfügung. Marie, die die Attraktion aus der Nähe verfolgen will, lässt sich in die erste Reihe helfen.

Im Vortrag eines Bänkelsängers und in den Darbietungen des Marktschreiers umspielt diese Szene allegorisch die Themen Vergänglichkeit und Tod (11,29 f.; 13,26 ff.). Auch das Problem der Grenzlinie zwischen Mensch und Tier wird angesprochen, indem die dressierten Tiere dem dick auftragenden Ausrufer zufolge über „viehische Vernunft" bzw. „vernünftige Viehigkeit" verfügen und in dieser Hinsicht manchem „viehdumme[n] Individuum" überlegen sind (12,10 ff.). Dies deutet auf Woyzecks Situation, der dem Doktor als Demonstrationsobjekt für genau dieses Problem dient (10. Szene: 25,4 ff. und 8 ff.) und dem er als Experimentierobjekt weniger bedeutet als ein Exemplar des niederen Tierreichs (8. Szene: 19,35 f.). Zu den Kunststücken des Affen gehört es zudem, als Soldat zu posieren, der nur „unterst Stuf von menschliche Geschlecht" ist (12,23 f.). Damit ist auf Woyzecks Stellung in der gesellschaftlichen Hierarchie angespielt.

Handlungstechnisch wird die Beziehung zwischen Marie und dem Tambourmajor vertieft und damit das – dramentechnisch gesprochen – „erregende Moment“ in Gang gesetzt.

4. <Maries Kammer> (S. 14 f.)

Marie sitzt in ihrem Zimmer und hat ein Paar Ohrringe angelegt, die der Tambourmajor ihr offenbar geschenkt hat. Um sich im Schmuck zu bewundern, besitzt sie nur eine Spiegelscherbe; einen Spiegel kann sie sich als „arm Weibsbild“ (14,21) nicht leisten. Marie beklagt die Ungleichheit der Menschen und versucht, ihr Kind zum Einschlafen zu bringen.

Als Woyzeck unerwartet eintritt, gelingt es Marie nicht, die Ohrringe zu verbergen. Sein erwachendes Misstrauen unterdrückt er schnell und gibt sich als treu sorgender Familienvater: Er kümmert sich darum, dass das Kind in bequemer Lage schläft, und händigt Marie seinen Wochenlohn und einen Teil seines Nebenverdienstes aus. Wiederum hat Woyzeck keine Zeit, denn er muss seinen morgendlichen Dienstgang antreten. Er kündigt sich aber für den Abend an. – Marie bleibt mit Schuldgefühlen zurück, die sie in einer fatalistischen Anwandlung jedoch schnell in den Wind schlägt.

Die Szene verschärft den dramatischen Konflikt, denn offensichtlich ist es zu einer weiteren Annäherung zwischen Marie und dem Tambourmajor gekommen, und Woyzecks Misstrauen ist erwacht. Maries Äußerung: „Ich könnt’ mich erstechen“ (15,11) deutet auf die finale Katastrophe voraus.

5. <Zimmer> (S. 15 ff.)

Auf seinem morgendlichen Dienstgang hat Woyzeck die erste Station erreicht: Er muss den Hauptmann rasieren. Dieser wirft ihm sein gehetztes Wesen vor, das Ausdruck eines schlechten Gewissens sei, und empfiehlt ihm Langsamkeit. Gegen den Vorwurf, ein uneheliches Kind zu haben, verteidigt sich Woyzeck, der bis dahin immer nur formal-militärisch geantwortet hat, mit drei Argumenten: Er beruft sich auf die Liebesbotschaft Jesu, der ein Kind nicht nach seiner Herkunft beurteile (16,22ff.), verweist auf seine Armut, die eine Heirat nicht erlaube (16,29f.), sowie darauf, dass es für einen Armen wie ihn unmöglich sei, einen bürgerlich-korrekten Lebenswandel zu führen (17,8ff.). Der Hauptmann ist irritiert und entlässt seinen Untergebenen, indem er seine Ermahnungen vom Anfang wiederholt.

Die Szene macht die Verständnislosigkeit des Bürgertums für die Schicht der Armen deutlich. Indem der Hauptmann einen abstrakten Tugendbegriff voraussetzt, verkennt er, dass sich Moral nicht losgelöst von materiellen Bedingungen begreifen lässt.

6. <Gasse> (S. 17f.)

Marie und der Tambourmajor begegnen sich in einer Gasse. Marie äußert unumwunden ihre Bewunderung für das imposante Erscheinungsbild des Soldaten und ist stolz, ihn erobert zu haben. Auf seine Anwandlung von Eitelkeit antwortet sie mit leichtem Spott; auf seine Zudringlichkeit reagiert sie zuerst verstimmt, dann fordernd.

Aus Maries Verhalten spricht emanzipierte Sinnlichkeit. Die Initiative geht in dieser Szene von ihr aus: Sie fordert auf (17,25f.; 18,6), weist zurück (18,4), bewundert (17,26f. und 33), gewährt (18,8). Der draufgängerische, eroberungsgewohnte Tambourmajor erscheint dagegen plump und eitel. Marie will ihre Wünsche ausleben und geht dabei aufs Ganze. Das Risiko, in der Öffentlichkeit beobachtet zu werden, vernachlässigt sie – eine Sorglosigkeit, die sich im Verlauf der Handlung als verhängnisvoll erweisen wird.

Dramaturgisch bedeutet diese Szene die Weiterentwicklung der Marie-Tambourmajor-Handlung; der Konflikt spitzt sich zu, da sowohl Woyzeck (7. Szene) als auch der Hauptmann (9. Szene) diese Begegnung beobachtet zu haben scheinen.

7. <Gasse> (S. 18)
Auf dem Weg vom Hauptmann zum Doktor hat Woyzeck die Begegnung zwischen Marie und dem Tambourmajor anscheinend beobachtet. Nun stellt er Marie zur Rede. Er ergeht sich zunächst in Andeutungen und sucht nach sichtbaren Zeichen für Maries Fehltritt, wird dann direkter, indem er nach „ihm“ fragt (vgl. 18,23) und schließlich behauptet, die Begegnung mit eigenen Augen gesehen zu haben. Je weiter Woyzeck seine Vorwürfe zuspitzt, desto mehr fängt sich Marie. Aus der Defensive (18,15 f.) steigert sie sich über die schlagfertige (18,24 ff. und 28 f.) bis zur „keck[en]“ Antwort (18,31). Am Ende schlägt sie eine mutmaßliche Drohung Woyzecks in den Wind. – Mit dieser offenen Konfrontation hat sich der Konflikt weiter zugespitzt.

8. <Labor des Doktors> (S. 19 f.)
Die Praxis des Doktors bildet die nächste Station auf Woyzecks Arbeitsrundgang. Er hat sich dem Doktor für eine 90-tägige Erbsendiät verschrieben (vgl. 10. Szene: 24,30 f.), muss seine morgendliche Urinprobe abgeben und sich den Puls messen lassen. Die Entdeckung von Maries Untreue scheint ihn an diesem Morgen jedoch aus dem Gleis gebracht zu haben, denn er hat – vor Aufregung, so wird man vermuten dürfen – seine Notdurft bereits auf der Straße erledigt. Zumindest empfängt ihn der Doktor mit diesem Vorwurf. Woyzeck sei vertragsbrüchig, nehme aber die finanzielle Gegenleistung an. Woyzecks Entschuldigung, ihm sei „die Natur“ gekommen (19,10 f.), will der Doktor nicht gelten lassen; der Mensch sei ein freies und selbstbestimmtes Wesen. Im Widerspruch zu der von ihm reklamierten „wissenschaftlichen“ Haltung gelingt es dem Doktor schlecht, seinen Ärger zu unterdrücken.

Woyzeck unternimmt darauf den ungeschickten Versuch, das Thema zu wechseln, indem er auf die „doppelte[ ] Natur“ (20,10) zu sprechen kommt. Damit bezieht er sich anscheinend auf seine

Wahrnehmungen einer übernatürlichen Welt, wie sie in der 1. Szene deutlich wurden. Anscheinend hält er den Doktor als Mann der Naturwissenschaften für solche Fragen zuständig. Der aber schließt aus Woyzecks Redseligkeit und aus dem wirren Charakter der Ausführungen auf eine „Aberratio mentalis partialis" (20,18 f.), ein Phänomen, das ihn für die entgangene Urinprobe reichlich entschädigt. Der „interessante[ ] Casus" (20,29) entzückt ihn so, dass er ihm sogar eine Zulage verspricht. – Wie schon Szene 5 zeigt diese Szene Woyzeck als Objekt der Herrschenden.

9. <Straße> (S. 21 ff.)

Diese Szene ist eine Mischfassung aus zwei Entwurfsstufen, nämlich H4,9 (21,4 – 22,5) und H2,7 (22,6 – 23,34).

Im ersten Abschnitt treffen mit dem Hauptmann und dem Doktor zwei gegensätzliche Charaktere aufeinander: die Larmoyanz des verweichlichten Offiziers begegnet dem Zynismus des Arztes. Dabei erschreckt der Doktor den Hauptmann, der mit den gewohnten Phrasen seine Melancholie zur Schau stellt, mit niederschmetternden Prognosen über dessen Gesundheitszustand und Lebenserwartung. Man verabschiedet sich gerade mit wechselseitigen, unfreundlich-pantomimischen Titulierungen, als Woyzeck gelaufen kommt.

Ausschnitt aus dem Handschriftenfaksimile H2,7 mit Büchners Randzeichnung „Hauptmann und Doktor"

Sofort verbünden sich die beiden Vertreter der gesellschaftlichen Ordnung gegen den Schwächeren. Wie üblich beginnt der Hauptmann seine Anrede an Woyzeck, indem er dessen Hetze verurteilt. Sein Vergleich, Woyzeck laufe „wie ein offnes Rasiermesser durch die Welt“ (22,8 f.), bezieht sich auf die Dienstleistung, die Woyzeck täglich erbringt, verdichtet sich aber über die Assoziationskette: Rasieren eines Kosakenregiments (22,10) über „Bärte“ (22,12 ff.) zur Anspielung vom Barthaar „in [ ]einer Schüssel“ (22,18 f.) beziehungsweise „auf [ein] Paar Lippen“ (22,29). Daran, dass das Barthaar „eines Tambourmajor“ (22,21) gemeint ist, lässt der Hauptmann keinen Zweifel, und die scheinbar beruhigende Zurückweisung eines Verdachts gegen Woyzecks „brave Frau“ (22,22) ist boshaft-ironisch zu verstehen. In seiner Anspielung auf sein voyeuristisches Faible (22,30 f.), die fast wörtlich seine Erklärung aus der 5. Szene aufgreift (17,3), klingt die Schadenfreude mit, dass Woyzeck nun durch die gleiche moralische Verfehlung gestraft wird, die er sich selber hat zuschulden kommen lassen: ein außereheliches Verhältnis.

Der boshafte Stich verfehlt seine Wirkung auf Woyzeck nicht. Dessen Bestürzung, das einzige „auf der Welt“ (22,34) verloren zu haben, was seinem Leben Halt und Zweck gab, äußert sich in heftigen körperlichen Symptomen, die das Interesse des Doktors wecken. So steht Woyzeck als zutiefst Verletzter dramaturgisch in wirkungsvollem Kontrast zwischen der heuchlerischen Fürsorglichkeit des Hauptmanns und dem kalten medizinisch-diagnostischen Interesse des Doktors.

Psychologisch ist Woyzecks Schock nicht ganz plausibel, da der Hauptmann ihm eigentlich nichts Neues mitteilt. Dessen Anspielungen können für Woyzeck nur die Bestätigung einer längst bestehenden Gewissheit sein (vgl. Szene 7). Diese Unstimmigkeit ist jedoch nicht Büchner anzulasten, sondern beruht darauf, dass der zweite Szenenabschnitt aus einer anderen Entwurfsstufe in die Leithandschrift H4 hineinmontiert ist.

Die Szene endet mit einem selbstmitleidigen und allegorisch-verworrenen Monolog des Hauptmanns, der den Abgang der beiden anderen Figuren kommentiert. Mit „Blitz" ist Woyzeck gemeint, dem der Bildbereich des Scharfen, Schneidenden zugeordnet ist (vgl. das „offne[ ] Rasiermesser", 22,8 f.; „er ersticht mich mit seinen Augen", 23,8 f.); „Donner" bezieht sich auf den Doktor, der dem Blitz folgt, d. h. Woyzeck „hinterdrein" (23,27 f.) läuft. Darüber hinaus artikuliert der Hauptmann einmal mehr sein verquastes Ideal eines verschwommenen Gutmenschentums.

Die Szene steigert und verschärft den bestehenden Konflikt zwischen Woyzeck und Marie.

10. Hof des Professors (S. 24 f.)

An der nächsten Station seines Arbeitsrundgangs assistiert Woyzeck einem satirisch-karikaturhaft gezeichneten Professor, der seinen Studenten mit prätentiösen, pseudophilosophischen Worthülsen das triviale Experiment ankündigt, eine Katze aus dem Fenster zu werfen, um zu sehen, wie das Tier reagiert. Woyzeck, der die Katze anscheinend aufgefangen hat, bekommt einen Schwächeanfall. Der ebenfalls anwesende Doktor funktioniert den Versuch um, indem er den Studenten Woyzeck als Demonstrationsobjekt vorführt: Er lässt seinen Puls fühlen und fordert ihn auf, mit den Ohren zu wackeln, um an ihm die „Übergänge zum Esel" zu demonstrieren (25,10).

Indem sie die Frage nach der Grenzlinie zwischen Mensch und Tier aufgreift, knüpft die Szene an Szene 3 an; indem sie Woyzeck zum Versuchsobjekt degradiert, an Szene 8.

11. Wachtstube (S. 25 f.)

Wohl am frühen Nachmittag tun Woyzeck und Andres Dienst auf der Wachtstube. Von fern klingt Musik von einem Tanzvergnügen herüber. Der Argwohn treibt Woyzeck hinaus, er verlässt seinen Dienstposten.

Die Szene bedeutet eine weitere Steigerung – Woyzecks Misstrauen sucht nach Bestätigung – und leitet über zur nächsten.

12. Wirtshaus (S. 26 f.)

Woyzeck hat sich zum Ort des Tanzvergnügens begeben. Vor dem Wirtshaus faseln zwei betrunkene Handwerksburschen sentimental. – Durch das Fenster der Gaststube erblickt Woyzeck Marie und den Tambourmajor eng umschlungen beim Tanz. Maries Aufforderung, „immer zu" weiterzutanzen (27,10), dringt an sein Ohr und verfestigt sich bei ihm zur fixen Idee, die ihn umtreibt und das Leitmotiv für den Fortgang der Handlung bildet. Biblische Weltuntergangsvisionen drängen sich ihm auf. – Eine Predigtparodie des ersten Handwerksburschen, in der biblische Floskeln aneinandergereiht und naturteleologische Ideen (Vorstellungen von der Zweckmäßigkeit der Natur) karikiert werden, beschließt die Szene.

Indem Woyzeck Zeuge der Hingabe Maries an den Tambourmajor wird, erreicht der Konflikt einen weiteren Höhepunkt.

13. Freies Feld (S. 28)

Woyzeck hat den Ort des Tanzvergnügens verlassen und befindet sich auf „freie[m] Feld" (28,3). Aus seinem kurzen Monolog wird deutlich, dass Maries Worte ihn nun als innere Stimme bedrängen. Aus dem Boden und vom Wind halluziniert er die Aufforderung, Marie zu erstechen.

Die Handlung spitzt sich weiter zu, und das Mordmotiv beginnt sich abzuzeichnen.

14. <Zimmer in der Kaserne> (S. 28)

Die Stimmen bedrängen Woyzeck auch in der Nacht, die er schlaflos verbringt. Andres versucht ihn zu beruhigen und empfiehlt ihm ein medizinisches Hausmittel. – Die Zuspitzung setzt sich fort.

15. Wirtshaus (S. 29)

Im Wirtshaus protzt der betrunkene Tambourmajor mit seiner Körperkraft. Als Woyzeck seine rüde Aufforderung zu trinken ignoriert, kommt es zu einem Ringkampf, in dem Woyzeck unterliegt.

Dies bedeutet den endgültigen Wendepunkt. Da Woyzeck seinem Konkurrenten nicht beikommen kann, sieht er nur noch die Option, die ihm die Stimmen in den Szenen 13 und 14 zugeflüstert haben, sich am schwächsten Glied der unseligen Konstellation zu rächen: an Marie. Mit seiner Bemerkung nach der Niederlage: „Eins nach dem andern“ (29,24) greift er die Ermahnung des Hauptmanns auf, „hübsch langsam“ zu machen (5. Szene: 17,20). Von nun an wird Woyzeck seinen Mordplan mit unaufhaltsamer Konsequenz ins Werk setzen.

16. <Trödlerladen> (S. 29 f.)

Sein erster Schritt besteht darin, sich bei einem jüdischen Kleinhändler das Mordwerkzeug zu besorgen: ein Messer, geeignet, einem Menschen „den Hals mit ab[zu]schneiden“ (30,1 f.).

17. <Maries Kammer> (S. 30 f.)

Inzwischen wird Marie von Schuldgefühlen geplagt. Sie sitzt in ihrer Kammer und sucht Trost in der Bibel. Dabei stößt sie im Neuen Testament auf Stellen, die auf ihre Situation passen. Die erste zeigt den Kontrast auf zwischen ihrem sündhaften Verhalten und dem sündelosen Jesus, „in dessen Mund sich kein Betrug fand“ (1. Petr 2,22). Die zweite berichtet, wie Jesus auf einen Fall reagiert, der dem ihren ähnlich ist: Er verzeiht einer Ehebrecherin und ermahnt sie, fortan nicht mehr zu sündigen (Joh 8,3–11). Doch dazu ist Marie außerstande. Auch zum Glauben fehlt ihr die Kraft, im Gegensatz zur Sünderin der dritten Bibelstelle, die sie aufschlägt (Lk 7,37 ff.). In ihrem Inneren ist „[a]lles tot“ (31,2).

Eine bisher nicht in Erscheinung getretene Figur, der „Narr“, erzählt dem Kind Märchenfetzen, die in gleichnishafter Beziehung zum Fortgang der Handlung stehen und die Funktion der Vorausdeutung haben.

18. Kaserne (S. 31)

Woyzeck ist nun zum Mord an Marie entschlossen und vermacht seinem Stubenkameraden Andres seine wenigen Habseligkeiten: ein „Karmisolchen“ (eine Weste), ein Kreuz, einen Ring und ein Heiligenbild (31,8 ff.). Dann zieht er eine Lebensbilanz, indem er seine persönlichen Daten aus seinem Militärpass vorliest: Namen, Dienstgrad, Geburtsdatum und Lebensalter. Andres glaubt, dass Woyzeck im Fieber handelt, und wiederholt seinen hausmedizinischen Ratschlag aus Szene 14 (vgl. 28,22 f.). Die Formulierungsvariante „das tödt das Fieber“ (31,26 f.) nimmt Woyzeck als Vorausdeutung auf den Tod eines Menschen.

19. Vor der Haustür (S. 32 f.)

Die Szene besteht aus drei in sich geschlossenen Abschnitten:

Marie spielt „mit Mädchen vor der Haustür“ (32,3) einen Ringelreihen.

Die Rolle, zu erzählen, kommt an die Großmutter. Sie trägt ein Märchen vor, das Motive aus verschiedenen Märchen der Brüder Grimm kombiniert. Wie in *Sterntaler* geht ein armes Kind, das weder Vater noch Mutter hat, in die Welt hinaus; im Unterschied zum Grimmschen Märchen gibt es jedoch keinen versöhnlichen Ausgang. (In *Sterntaler* regnen die Sterne als blanke Taler herab, das Kind braucht sie nur noch aufzusammeln.) Wie im Märchen von den *Sieben Raben* begibt sich das Kind zum Mond, zur Sonne und zu den Sternen. Im Märchen der Großmutter erweisen sich die Himmelskörper aus der Nähe als trügerischer Schein, und auch die Erde stellt sich als Trugbild heraus. Das Kind bleibt völlig verlassen und weinend zurück. – Diese „Allegorie der Einsamkeit“ fasst „metaphorisch die Situation im Drama zusammen“ (Albert Meier, *Georg Büchner: ‚Woyzeck‘*. München 1980 [Text und Geschichte. Modellanalysen zur dt. Literatur 1], S. 62). So wird auf das Schicksal Christians, Maries und Woyzecks kleinem Sohn, vorausgedeutet und Woyzecks Isolation allegorisch dargestellt.

Unvermittelt tritt Woyzeck auf, um Marie abzuholen, die ihm nicht ohne böse Ahnungen folgt.

20. <Freies Feld> (S. 33 f.)

Woyzeck und Marie befinden sich außerhalb der Stadt. Marie möchte zurück, aber Woyzeck lässt sie nicht. Am Zielpunkt seines Racheplans hat er die Initiative in der Hand: Er fordert auf (33,12), weist zurück (33,14), fragt (33,16 und 18), macht dunkle, unheimliche Anspielungen (33,20 ff. und 29), die sich zu Drohungen steigern (33,24 f. und 29). Ein Gesprächsstillstand tritt ein (33,27), und beim Neubeginn beschleunigt sich die Handlung. Das Stichwort „rot“ (33,28), das Marie gibt, assoziiert Woyzeck mit „blutig“ (33,29). Darauf schreitet er zur Tat: Er sticht so lange auf Marie ein, bis sie tot ist. Als sich Spaziergänger nähern, flieht Woyzeck vom Tatort.

„Bist du tot? Tot! Tot!“ (34,3) – Woyzeck (Florian Wegner) nach dem Mord an Marie (Friederike Butzengeiger). Landesbühne Sachsen-Anhalt Eisleben 2008/09. Regie: Ulrich Fischer

21. <Freies Feld> (S. 34)

Aus unmittelbarer Nähe werden zwei Passanten Ohrenzeugen des Mords. Der eine möchte den schaurigen Ort verlassen, der andere beharrt darauf, der Sache nachzugehen, und setzt sich durch.

Die Szene spielt simultan zur vorhergehenden; ein identisches Geschehen wird aus veränderter Perspektive dargestellt. Rezeptionspsychologisch ist dieser Wechsel notwendig, damit der Zuschauer Zeit bekommt, die Katastrophe zu verarbeiten.

22. Wirtshaus (S. 34 f.)

Woyzeck betäubt sich in der Betriebsamkeit eines Wirtshauses und singt, zum ersten und einzigen Mal im Stück, ein frivoles Lied – dasselbe, das Andres in der 11. Szene gesungen hatte, als die Tanzmusik in die Wachtstube herüberscholl. Er lässt sich von Käthe, einer der anwesenden Damen, unterhalten. Diese bemerkt jedoch Blut an seiner Hand und Kleidung. Auch der Wirt und die Gäste werden misstrauisch. Woyzeck verwickelt sich in Widersprüche und verlässt das Gasthaus. Wie schon in der 17. Szene ist der Narr anwesend und gibt ein anspielungsreiches Märchenzitat von sich.

Es schließt sich eine Folge von fünf Kurzszenen an, die das Geschehen nach der Mordtat in schnellem Perspektivwechsel staccatoartig zum offenen Ende führen:

23. <Stadt> (S. 36)

In der Art eines Botenberichts berichtet ein Kind einem anderen die Neuigkeit, dass vor der Stadt eine Tote gefunden wurde. Die Nachricht vom Mord hat sich also bereits herumgesprochen. Die beiden beschließen, zum Tatort zu laufen.

24. <Freies Feld> (S. 36)

In erneutem Perspektivwechsel bringt die Szene, wie auch die folgende, einen Monolog Woyzecks, der zum Tatort zurückgekehrt ist. Bei seiner eiligen Flucht hatte er das Messer liegenlassen, das er nun an sich nimmt. Als sich Leute nähern, eilt er davon.

25. Teich (S. 37)

Woyzeck wirft das Messer in einen Teich und wäscht die Blutflecken aus seiner Kleidung.

26. <Freies Feld> (S. 37)

Am Tatort hat sich die Mordkommission eingefunden: Gerichtsdiener, Barbier (Der Berufsstand umfasste bis ins 19. Jahrhundert nicht nur die Tätigkeit des Friseurs, sondern auch die des Chirurgen.), Arzt und Untersuchungsrichter. Mit der Freude des Polizeidieners über den „schöne[n] Mord" (37,15 f.) kommt die kriminaltechnische Sicht zur Geltung. Der Wechsel der Perspektive bildet – rezeptionspsychologisch wiederum notwendig – ein Gegengewicht zur Gefühlsintensität der beiden vorangegangenen Szenen.

27. <Stadt> (S. 37 f.)

Woyzeck ist, noch völlig durchnässt, zu seinem Kind gelaufen, das instinktiv vor ihm zurückschaudert. Der Narr, wiederum entlarvende Außenseiterfigur, wiederholt litaneiartig den Satz „Der ist ins Wasser gefallen", der sich sowohl auf Woyzeck selbst wie auf die Tatwaffe beziehen kann. Auch er lässt deutliche Abwehr gegenüber Woyzeck erkennen. Am Ende siegt jedoch die Aussicht auf Genuss über die böse Ahnung: Der Narr und das Kind laufen „jauchzend" (38,6) davon, um den Lebkuchen zu kaufen, für den Woyzeck das Geld gegeben hat. Aber auch das fröhliche Davonlaufen ist doppelsinnig, entfliehen die beiden doch zugleich der Aura eines Mörders.

Textanalyse und Interpretation

1 Die Figuren des Dramas

Woyzeck

Woyzeck ist einfacher Soldat und steht damit, wie der Ausrufer in der Jahrmarktsszene sagt, auf der „unterst Stuf von menschliche Geschlecht“ (3. Szene: 12,23 f.). Wie Marie und Andres gehört er zur Schicht der „arme[n] Leut[e]“ (5. Szene: 16,29), die am Rand der Gesellschaft leben.

Das **Bewusstsein ihres sozialen Ortes** ist für Woyzeck und Marie eine bedrückende Erfahrung. Das geht aus ihrer Selbstcharakterisierung hervor: „Wir arme Leut“ (Woyzeck: 4. Szene: 15,5; 5. Szene: 16,29), „[...] ich bin ein armer Kerl“ (Woyzeck: 5. Szene: 17,14 f.); „ich bin ein armer Teufel“ (Woyzeck: 9. Szene: 22,33), „ich bin nur ein arm Weibsbild“ (Marie: 4. Szene: 14,21); „[b]ist doch nur en arm Hurenkind“ (Marie: 2. Szene: 10,23 f.). Solche Feststellungen ziehen sich **leitmotivisch** durch das ganze Stück. Marie besitzt nur „ein Stückchen Spiegel“ (4. Szene: 14,5), ihr kleiner Sohn hat kein Bett, sondern muss in unbequemer Stellung auf einem Stuhl schlafen (15,3). Woyzecks wenige Habseligkeiten sind schnell aufgezählt: eine Weste, ein Kreuz, ein Ring und ein Heiligenbild (18. Szene: 31,8 ff.).

Trotz **pausenloser Hetze** kann er sich aus seiner kümmerlichen Lage nicht befreien. Hinzu kommt, dass er nicht nur sich selbst ernähren muss, sondern auch Marie und das Kind. Dazu reicht sein Sold bei Weitem nicht aus. Berechnungen haben ergeben, dass ein „gemeiner Infanteriesoldat [...] täglich 7 Kreuzer“ an Wehrsold bekam, dazu freie Unterbringung in der Kaserne und eine Brotration (EuD, S. 193 f.). Für die notwendigsten täglichen

Nahrungsmittel benötigte eine Person Mitte der 1830er-Jahre jedoch etwa fünf Kreuzer. Woyzeck ist also gezwungen, hinzuzuverdienen. Das tut er, indem er den Hauptmann rasiert (4. Szene: 15, 16 f.), sich dem Doktor für „zwei Groschen täglich" als Versuchsobjekt zur Verfügung stellt (8. Szene: 19, 8) und dem Professor bei Vorlesungen assistiert (10. Szene: 24 f.).

Aus Büchners Drama lässt sich Woyzecks Tagesablauf wie folgt rekonstruieren: Am Morgen stattet er zunächst Marie einen Besuch ab, um sie mit Geld zu versorgen (4. Szene: 15, 5 ff.; zusätzlich besucht er sie noch am Abend, 2. Szene: 11, 8–24; 4. Szene: 15, 9; oder geht mit ihr aus: 3. Szene). Dann beginnt er seine Runde zu den oben genannten Nebenbeschäftigungen, anschließend erfüllt er seine Aufgaben als Soldat (1. Szene: Schneiden von Stöcken; 11. Szene: Wachtdienst) und übernachtet in der Kaserne (14. Szene). Eine Heirat mit Marie liegt außerhalb des Möglichen, da er das für eine Eheschließung vorgeschriebene Vermögen nicht aufbringen kann (vgl. 5. Szene: 16, 29 f.). So bleibt es bei der unehelichen Beziehung und dem unehelichen Kind.

Auf der untersten Stufe der militärischen Rangordnung – der einzige Gleichgestellte ist Andres – wird er **von allen gedemütigt**. Vom Hauptmann, von dem er dienstlich abhängig ist, wird er verbal schikaniert und auf das „Jawohl"-Sagen reduziert. Der Tambourmajor spannt ihm seine Geliebte aus und lässt ihn seine körperliche Überlegenheit spüren. Der Doktor treibt ihn durch die 90-tägige Erbsendiät physisch (10. Szene: 24, 32 f.; 25, 11 ff.) und psychisch (8. Szene: 20, 18 ff.) in den Ruin und demütigt ihn als Demonstrationsobjekt, um die Nähe des Menschen zum Tierreich aufzuzeigen (10. Szene: 25, 9 f.). Auch von Marie, deren sinnlichem Bedürfnis er nicht genügen kann, wird er betrogen und belogen (4. Szene: 14, 28 ff.; 7. Szene). So wird der gehetzte und gedemütigte Woyzeck zum **Verlierer „auf der ganzen Linie"** – ein Leidensdruck, dem er nicht mehr standhalten kann, als er mit Marie auch noch den letzten Halt verliert, der ihm geblieben war

(9. Szene: 22,33 f.). Seine Eifersucht ist auslösendes Moment der Katastrophe, deren wahre Ursachen in den **entwürdigenden Lebensbedingungen eines Geschundenen** liegen.

Dass der physische und psychische Abbau Woyzecks durch das Ernährungsexperiment des Doktors beschleunigt, wenn nicht sogar maßgeblich verursacht wird, liegt auf der Hand. Die Symptome werden vom Doktor, wo immer möglich, mit Aufmerksamkeit registriert. Zunächst die physischen: ein ungleichmäßiger Puls (9. Szene: 23,2 f.; 10. Szene: 24,32), Zittern (24,21), Schwindelanfälle (24,34), starke Kopfschmerzen (14. Szene: 28,20 f.), Haarausfall (10. Szene: 25,11 ff.). Dann die psychischen: das Hören von inneren und äußeren Stimmen (8. Szene: 20,10 ff.; 13. Szene: 28,5 ff.), Weltuntergangsvisionen (1. Szene: 9,24 ff.; 12. Szene: 27,14 ff.), Verfolgungswahn und Furcht vor unterirdischen Kräften, den „Freimaurern“ (1. Szene: 9,17 ff.). All das sind Symptome, die auf eine **schwere Psychose** hinweisen.

„Soll ich? Muss ich? Hör ich's da noch, sagt's der Wind auch? Hör ich's immer, immer zu, stich tot, tot.“ (28,8 f.) – Paul Burian als Woyzeck. Inszenierung von Michael König an der Schaubühne am Halleschen Ufer, Berlin 1981

Dabei ist die Titelfigur des Dramas gegenüber dem historischen Woyzeck noch vergleichsweise gut gestellt (siehe oben: *Büchners Quellen – Der historische Woyzeck,* hier S. 8 ff.), befindet sie sich doch nicht auf der alleruntersten Stufe sozialen Elends wie das arbeitslose, vagabundierende, hungernde und bettelnde historische Vorbild.

Überhaupt hat Büchner die historischen Vorgaben nicht unverändert gelassen. Der historische Woyzeck war 41 Jahre, als er den Mord beging; Büchners Woyzeck ist 30 Jahre alt. Das reale Vorbild war ein lediger Obdachloser, der literarische Woyzeck ist „kasernierter Familienvater im ‚Quasi-Ehestand'" (Hauschild 2004, S. 146). Der Protagonist des Dramas wird von einem deutlich überlegenen Rivalen ausgestochen, der reale Woyzeck war nur eine von vielen Männerbekanntschaften seiner Geliebten. Die Geliebte des historischen Woyzeck war eine 46-jährige, keineswegs attraktive Gelegenheitsprostituierte, die des literarischen ist eine attraktive junge Frau. – Büchners Drama ist also kein Dokumentarstück, keine dramatisierte Geschichtsstunde, sondern ein künstlerisch geformtes Produkt, das den Erfordernissen des Dramas Rechnung trägt, indem es dem vorgefundenen Stoff Prägnanz verleiht, die Konstellationen schärft und die Plastizität der Aussage steigert.

Woyzeck im Beziehungsgeflecht der umgebenden Figuren

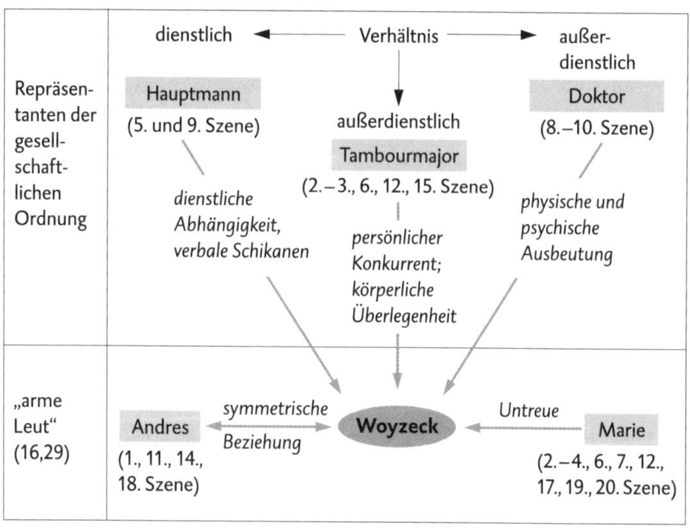

Marie

Marie steht mit ihrer attraktiven Erscheinung, ihrem Bedürfnis nach sinnlicher Erfüllung und unbedingter Hingabe im Gegensatz zum redlichen, grüblerischen, physisch und psychisch angeschlagenen Woyzeck. Ihr schwarzes Haar und ihre schwarzen Augen erregen sofort die Aufmerksamkeit des erfolgsgewohnten Tambourmajors (3. Szene: 12,32 ff.). Marie ist sich ihrer Wirkung sehr wohl bewusst. Sie weiß, dass ihr „rote[r] Mund" dem der „großen Madamen" in nichts nachsteht (4. Szene: 14,18 ff.; 7. Szene: 18,19). Ihre Lippen sind Ausdruck ihrer **Sinnlichkeit**, deren Verführungskraft sich auch Woyzeck schwer entziehen kann. Für ihn ist Marie, als sie ihn mit dem Tambourmajor betrügt, „schön wie die Sünde" (7. Szene: 18,20) und „heiß" (12. Szene: 27,18; vgl. auch 20. Szene: 33,21 ff.).

Empfänglich für Sensationen (3. Szene: 14,1 f.) und schönen Schein (4. Szene: 14,7 ff.), ist Marie von dem **Wunsch** erfüllt, **der bedrückenden Enge ihrer Verhältnisse in eine Welt des Glanzes zu entfliehen**, die für sie der Tambourmajor repräsentiert. Bei der Erfüllung ihrer Bedürfnisse nimmt sie **keine Rücksicht auf bürgerliche Konventionen**. Als Geliebte Woyzecks und Mutter eines unehelichen Kindes verfällt sie dem moralischen Diktum bürgerlicher Wohlanständigkeit, wie es das Urteil Margreths (2. Szene: 10,19 ff.) und des Garnisonspredigers (5. Szene: 16,19 ff.) zeigen. Marie muss es hinnehmen, als Hure angesehen zu werden (2. Szene: 10,23 ff.) – ein Vorwurf, den ihr auch Woyzeck nicht erspart (20. Szene: 33,21), obwohl er für ihren bürgerlichen Ruf mitverantwortlich ist.

Marie ist intensiver Gefühle fähig und, wenn sie einmal entflammt ist, **bereit**, **sich ganz dem Augenblick hinzugeben**. Dies zeigt die Begegnung mit dem Tambourmajor auf der Gasse (6. Szene). Ohne an die Folgen zu denken, tritt sie ihm in der Öffentlichkeit sinnlich-fordernd gegenüber (18,6 und 8), zollt seiner imposanten Erscheinung Bewunderung (17,25 ff.), reagiert mit Spott auf seine Anwandlung von Eitelkeit (17,33) und mit Verstimmung, wenn er sie in plumper Begierde als Gebärmaschine taxiert (18,4). Dieses Spektrum von Äußerungsformen ist Ausdruck einer **komplexen, selbstbewussten Persönlichkeit**, die nicht Gefahr läuft, sich in der Hingabe an die bewunderte Person zu verlieren.

Woyzeck (Peter Moltzen) und Marie (Fritzi Haberlandt). Thalia-Theater Hamburg 2003. Regie: Michael Thalheimer

Gegenüber Woyzeck, der von der Begegnung genug mitbekommen hat, um misstrauisch zu werden, verlegt sie sich nach anfänglichem Erschrecken aufs Leugnen (7. Szene: 18,24 ff.); sie ist die einzige Figur im Stück, die **lügt** (so auch schon in der 4. Szene: 14,30). Ihre Grenzüberschreitungen bürgerlicher Moral trägt sie mit **Fatalismus** (4. Szene: 15,11 f.; 6. Szene: 18,8; 7. Szene: 18,31).

Kehrseite ihrer Sinnlichkeit und ihrer Bereitschaft zur Hingabe ist die Zerknirschung und Reue über ihre Undankbarkeit gegen Woyzeck (4. Szene: 15,10 ff., 17. Szene). Dass sie sich in der Ehebrecherin des Neuen Testaments wiederfindet, rückt sie dem Typus der „schönen Sünderin“ nahe und zeigt andererseits, dass Treue für sie ein Wert ist. Nur kann sie ihm nicht Genüge tun, da sie dem Drang nach erfülltem Dasein nicht widersteht.

Indem Marie das Konzept der **Selbstverwirklichung** auch gegen gesellschaftliche Konventionen verfolgt, wirkt sie **unangepasst** und in gewisser Weise **modern**. Vom Typus gehört sie eher zum Tambourmajor als zum schwermütigen und puritanisch-strengen Woyzeck.

Tambourmajor

Der Tambourmajor ist Korrespondenzfigur zu Marie und Kontrastfigur zu Woyzeck. Mit Marie verbinden ihn die **Attraktivität** der äußeren Erscheinung und die **Sinnlichkeit**. Woyzeck ist er in doppelter Hinsicht **überlegen**: vom militärischen Rang und gesellschaftlichen Status her – als Unteroffizier ist er dem einfachen Soldaten übergeordnet und kann es sich leisten, Marie ein verhältnismäßig kostbares Geschenk zu machen (4. Szene: 14,7 ff.) – sowie in der äußeren Erscheinung (2. Szene: 10,7 f.; 6. Szene: 17,25 ff.) und Körperkraft (15. Szene).

Seiner Wirkung ist er sich wohlbewusst, und seine Eitelkeit ruft Maries Spott hervor (6. Szene: 17,33). Als Fraueneroberer versteht er es mit einer Mischung aus **Draufgängertum** und **Galanterie**, sein Ziel zu erreichen (3. Szene: 12,32 ff.). Der den Spielmannszug beobachtenden Marie fällt er sofort ins Auge, wie auch umgekehrt sie ihm auffällt (2. Szene: 10,8 f.). Ausgerechnet beim Jahrmarktsbesuch, der Woyzecks einziges glückliches Erlebnis zu sein scheint (3. Szene: 12,2 f.), kommt es zur Annäherung zwischen ihnen. Dort nutzt er die Gelegenheit, sich großspurig in Szene zu setzen, indem er seine materielle Wohlgestelltheit herauskehrt (13,34 f.) und Marie beim Platzwechsel galant zu Hilfe kommt (14,2). – Dem steht der Lesetext scheinbar entgegen, da an den beiden angegebenen Stellen der **Unteroffizier** handelt und nicht der Tambourmajor. Die Textpassage 13,10–14,2 ist jedoch aus H1,2 eingefügt, und in dieser Entwurfsfassung kommt die Figur des Tambourmajors gar nicht vor. Dessen Rolle wird dort noch vom Unteroffizier eingenommen. Die „kombinierte Werkfassung" des Stückes teilt denn auch die Rolle dem Tambourmajor zu (Poschmann, S. 151).

Mit dem Schmuckgeschenk beeindruckt er Marie (4. Szene), und bei einer Begegnung – vermutlich in einer Gasse der Stadt (vgl. 7. Szene: 18,23 und 27; 9. Szene: 22,28 ff.) – kann er ihr gegenüber seine körperlichen Vorzüge voll zur Geltung bringen.

„Wenn ich am Sonntag erst den großen Federbusch hab' und die weißen Handschuh, Donnerwetter, Marie, der Prinz sagt immer: Mensch, er ist ein Kerl." (17,29 ff.) – Simon Bauer als Tambourmajor am Deutschen Theater Berlin 2008. Regie: Philipp Preuss

Das wechselseitige Begehren lässt die beiden jede Vorsicht vergessen. Bei einem Tanzvergnügen – wohl noch am selben Nachmittag – wird das Verhältnis noch intimer (12. Szene: 27,19 f.).

Galant gegenüber Frauen, gibt sich der Tambourmajor Männern gegenüber **aggressiv**. So schüchtert er die Anwesenden im Wirtshaus mit seiner Körperkraft ein und lässt Woyzeck spüren, was es bedeutet, sich ihm zu widersetzen (15. Szene).

So ist der Tambourmajor **in allem gegensätzlich zu Woyzeck**: in der Positur, im Erscheinungsbild, in seiner Verführungskraft für das andere Geschlecht, in seinem Draufgängertum, seiner Körperkraft, seiner Oberflächlichkeit und seiner sexuellen Begierde. Woyzecks Bescheidenheit, seine Redlichkeit, sein Hang zum Grüblerischen und sein – zumindest nach der 90-tägigen Erbsendiät – unattraktives Erscheinungsbild (10. Szene: 25,11 ff.) lassen ihn dagegen unauffällig erscheinen.

Als Figur ohne Eigennamen gehört der Tambourmajor zu den **typenhaft** gezeichneten Figuren. Als Draufgänger und Frauenverführer ist er reduziert auf den Aspekt der Körperlichkeit und bringt so – neben Hauptmann und Doktor – auf seine Weise die gesellschaftlichen Unterdrückungsmechanismen zur Geltung.

Andres

Andres ist wie Woyzeck einfacher Soldat, sein Stubenkamerad und Bettgenosse (14. Szene). Gemeinsam gehen sie nebenberuflichem Erwerb nach, indem sie Stöcke schneiden (1. Szene). Andres ist es auch, dem Woyzeck seine Habseligkeiten vermacht. Er ist seine **Vertrauensperson** und die einzige Figur im Drama, die Woyzeck nicht unter Druck setzt, sich ihm im Statusspiel zeitweise sogar unterordnet. So nimmt er Woyzecks übernatürliche Wahrnehmungen fraglos hin und lässt sich von dessen bedrückenden Gefühlen sogar anstecken (1. Szene: 9,20 und 28).

Das Gegebene nimmt er naiv und unhinterfragt hin. Woyzecks grüblerische Haltung ist seinem **gesunden Menschenverstand** fremd. Als Helfer für Woyzecks angegriffenen physischen und psychischen Zustand wäre er überfordert. Auf dessen psychotische Störungen weiß er nur mit einem medizinischen Hausmittel zu antworten (14. Szene: 28,22 f.; 18. Szene: 31,25 ff.).

Sein **schlichtes Gemüt** äußert sich im **Singen von Volksliedern** (1. und 11. Szene). Darin trifft er sich mit anderen Figuren des Dramas, die zur Schicht der „arme[n] Leut" (5. Szene: 16,29) gehören. Nur diese singen Volkslieder: Marie (2. und 4. Szene), die beiden Handwerksburschen (12. Szene), die Mädchen (19. Szene) und Käthe (22. Szene). Woyzeck bildet einen Sonderfall. Erst als er sich nach dem Mord an Marie in der Gaststätte abreagiert, singt er, und zwar dasselbe Lied wie Andres in der 11. Szene. Bei ihm ist das Lied jedoch kein Ausdruck eines schlichten Gemüts, sondern es hat eine Ventilfunktion: Für Woyzeck ist es Ausdruck der Befreiung nach vollbrachter Tat. Er betäubt sich, indem er sich in den Trubel des Wirtshauses stürzt. Im Singen offenbart sich hektische Aufgedrehtheit.

Doktor

Der Doktor ist eine der nicht-individualisierten, typisierten Figuren. Typische Verhaltensweisen und Eigenschaften – hier des Berufsstands der Ärzte – finden sich bei ihm in zugespitzter, reiner Form. Abgesehen wird von allen anderen Eigenschaften, wie Menschen sie normalerweise haben. Der Doktor steht für den **Typus des zynischen Mediziners**, der sich nicht für Menschen interessiert, sondern für Symptome. In seinen mitleidlosen Diagnosen **verabsolutiert** er den **Standpunkt wissenschaftlicher Objektivität**. Das ist für ihn die einzige Art, der Welt zu begegnen. Sein Verhältnis zu Lebewesen ist verdinglicht, für ihn stellen sie lediglich „interessante[ ] Fälle[ ]" (9. Szene: 21,24) zu Diagnose- oder experimentellen Zwecken dar (8. Szene: 19,33 ff.; 9. Szene: 21,16–27; 23,2 f. und 11 f.). Dem Hauptmann und dem „Subjekt Woyzeck" (20,29 f.) gegenüber verhält er sich rücksichtslos und ohne Einfühlung. Auch zu sich selbst unterhält er diese verdinglichte Beziehung, indem er sich als wissenschaftliches Beobachtungsobjekt nimmt (8. Szene: 19,27 ff.). Sein **emotionales Defizit** und sein schneidender **Sarkasmus** geben ihm den Anschein der Überlegenheit (8. Szene: gegenüber Woyzeck; 9. Szene: gegenüber dem Hauptmann; 10. Szene: gegenüber den Studenten). Er verschanzt sich für andere unangreifbar hinter medizinischer Fachsprache.

Andererseits ist sein Erkenntnisinteresse nicht frei von der Eitelkeit, in seiner Wissenschaft Aufsehen zu erregen (8. Szene: 19,19 f.). So ist der Doktor eine einsame Figur, sich selbst genügend und von schneidend kaltem Intellekt.

Sein Forschungsgebiet scheint einesteils im Bereich der Zoologie zu liegen, genauer im Bereich der niederen Lebewesen. In H2,6 finden sich deutliche Hinweise darauf, von denen in H4,8 nur die Anspielung auf den „Proteus" (19,35) geblieben ist. Wichtiger für das Stück ist aber das **ernährungsphysiologische Experiment**, das der Doktor **mit Woyzeck** durchführt.

Dieser darf sich „ein[ ] Vierteljahr“ (10. Szene: 24,31) lang von nichts anderem als von Erbsen ernähren. Der Doktor analysiert täglich die chemische Zusammensetzung des Urins, den Woyzeck ihm jeden Morgen abliefern muss, und misst seinen Puls.

Dieses Experiment ist keineswegs nur eine skurrile Idee zum Zweck satirischer Figurenzeichnung, wie die ältere Büchnerforschung annahm. Vielmehr spielt es auf ein Forschungsprojekt an, wie es in verschiedenen Ländern Europas in der ersten Hälfte des 19. Jahrhunderts durchgeführt wurde. Dahinter stand das nationalökonomische Interesse, Nahrungsmittel zu finden, die für die ärmeren Schichten und das Militär als Ersatz für die teurere Fleischkost dienen konnten. So wurde in aufwendigen Versuchsreihen erprobt, ob z. B. Gelatine bzw. eine Mischung aus Gelatine und Hülsenfrüchten als Billignahrung geeignet war.

Die freudige Überraschung des Doktors, als er bei Woyzeck eine partielle psychische Störung als Folge der Erbsendiät diagnostiziert (8. Szene: 20,18 f.), macht ihn als Vertreter der zeitgenössischen Theorie kenntlich, dass Störungen der Psyche durch somatische Krankheiten verursacht würden.

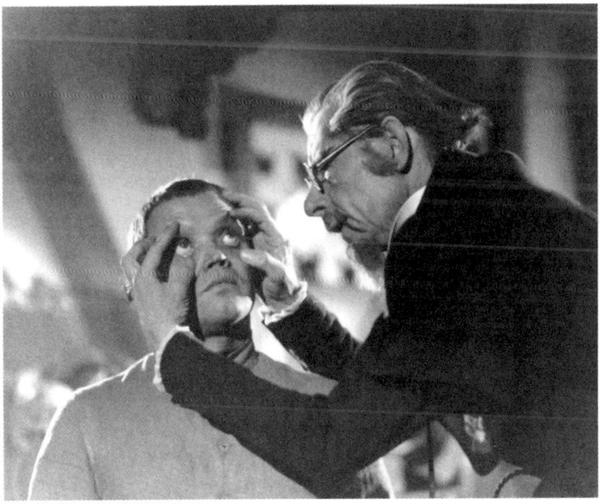

Die „Doktor“-Szene in der Verfilmung von Georg C. Klaren (DEFA 1947): Kurt Meisel als Woyzeck und Paul Henckels als Doktor.

Vorbild für die Figur des Doktors war der Gießener Botaniker, Zoologe und Anatom **Johann Bernhard Wilbrand**, dessen Vorlesungen Büchner im Rahmen seines Medizinstudiums in Gießen aller Wahrscheinlichkeit besucht hat. Darauf deuten sowohl das äußere Erscheinungsbild (vgl. die Randzeichnung in H2,7, *Interpretationshilfe*, S. 26) als auch charakteristische Redewendungen (10. Szene: 25,9 f.) hin. Auch Wilbrand vertrat das Menschenbild der idealistischen Naturphilosophie seiner Zeit, die den Menschen als Wesen der Freiheit begriff, wie das auch der Doktor tut (8. Szene: 19,15 f.). Die entwürdigende Demonstration, Woyzeck vor den Studenten mit den Ohren wackeln zu lassen, um seine Nähe zum Tierreich zu demonstrieren, hat ihr Vorbild in Wilbrand, der seinen eigenen Sohn in dieser Weise zum Demonstrationsobjekt herabwürdigte.

Hauptmann

Wie der Doktor ist auch der Hauptmann Vertreter der gesellschaftlichen Ordnungsmacht. Als Charakter ist er aber als Gegensatz zu diesem konzipiert. Dessen kaltem Intellekt und scharfem Zynismus setzt der Hauptmann eine **verschwommene Gefühligkeit** entgegen. Schon im körperlichen Erscheinungsbild wirkt er **unsoldatisch**: „aufgedunsen, fett, dicker Hals, apoplektische [zu Schlaganfällen neigende] Konstitution" (9. Szene: 21,16 f.), wie die Diagnose des Doktors lautet. Dem entspricht sein Wesen: Melancholisch, schreckhaft, empfindlich, ist er fast ausschließlich **mit sich selbst beschäftigt**. Das zeigt auch seine Rhetorik der Wehleidigkeit. Selbstmitleidig schwadronierend, bewegt er ein hohes Vokabular in sinnlos, häufig tautologisch in sich kreisender Bewegung, wobei die Begriffe „Welt", „Ewigkeit", „Moral" und „Tugend" (5. Szene) eine Hauptrolle spielen.

Auch im Gebrauch der Sprechakte steht der Hauptmann im **Gegensatz zum Doktor**, der sich der exakten Sprache der Naturwissenschaft bedient. Sind dessen Äußerungen eher unpersönlich – medizinische Diagnosen und naturphilosophische Theoreme –, so sendet der Hauptmann unausgesetzt Ich-Botschaften aus, die auf Mitleid abzielen, Fassungslosigkeit oder Vorwürfe zum Ausdruck bringen. Rhetorische Fragen, Ausrufe und Appelle sind seine bevorzugten Äußerungsarten. Auffällig ist die Tendenz zur Wiederholung von Wörtern oder Wendungen. Aber was als Eindringlichkeit beabsichtigt ist, wirkt eher betulich (wörtliche Wiederholung: 5. Szene: 16,16 und 17,7 sowie 16 f.; 9. Szene: 21,9 f. und 32; variierende Wiederholung: 5. Szene: 16,35 f.; 17,4 ff.).

Die **theatralische Selbstinszenierung** des Hauptmanns wird auch in den Regieanweisungen deutlich. Als er Woyzeck aufs meteorologische Glatteis führt, wechselt seine Mimik auf knappstem Raum dreimal: erst „pfiffig“ (5. Szene: 16,11), dann „gerührt“ (16,15), dann „mit Würde“ (16,17).

Bei aller **Larmoyanz** kommen immer wieder **boshafte Züge** zum Vorschein, zumal wenn sich die Möglichkeit bietet, Woyzeck zu demütigen und die eigene Überlegenheit zu genießen – so, wenn er Woyzecks vermeintliche Unwissenheit bloßstellt (16,14 f.) oder seine Schadenfreude hinter einem scheinbar gut gemeinten Wink verbirgt (9. Szene: 22,17 ff.). Hinter seiner Anspielung auf Maries Untreue steht nicht die Sorge um Woyzeck, sondern das Bedürfnis, einen späten Triumph einzufahren, hatte der Hauptmann doch in Szene 5 seinen Neid auf die Partnerbeziehung seines Untergebenen nur schlecht verhehlen können. Das verrät die wörtliche Anspielung von 22,30 f. (9. Szene) auf 17,3 (5. Szene) überdeutlich. Die vorgebliche Besorgtheit entpuppt sich als Gehässigkeit. Den verletzten und kopflosen Woyzeck, der sich nur noch durch die Annahme zu helfen weiß, der Hauptmann erlaube sich einen Scherz mit ihm, fährt er in geheuchelter Gekränktheit mit Drohungen an (9. Szene: 23,1 und 7 f.). So macht der Hauptmann unvermittelt immer wieder seinen **Statusanspruch** geltend (vgl. 5. Szene: 16,26 ff.).

Das scheinbar umgängliche Verhalten des Hauptmanns erweist sich als eine andere, indirektere Form **autoritärer Unterwerfung Woyzecks**. Der Doktor und der Hauptmann entmündigen ihn jeweils auf ihre Weise: jener durch medizinische Fachsprache, durch physische und psychische Schädigung; dieser durch verbale Irritation, indem er Woyzeck durch ein unverständliches Gemisch aus Pseudoargumentation, Selbstmitleid, Beschuldigungen, Drohungen und Appellen verwirrt.

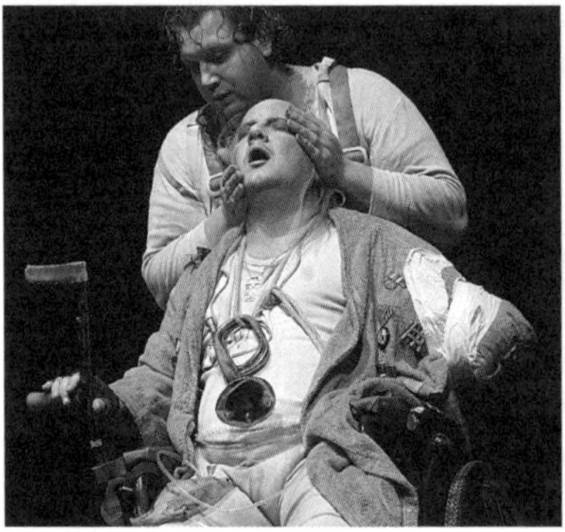

„Er macht mir ganz schwindlich." (15,18) – Der Hauptmann (Holger Kunkel) und Woyzeck (Sierk Radzei) in David Böschs drastischer Inszenierung am Grillo-Theater Essen 2007/08: Büchners Drama als düstere Endzeit-Parabel.

Wie der Doktor ist auch der Hauptmann satirisch gezeichnet, aber genauso wenig aus der Luft gegriffen. Die unmartialische Erscheinung von Offizieren war im Großherzogtum Hessen-Darmstadt nichts Seltenes, was der sprichwörtliche Vergleich jener Zeit deutlich macht, jemand habe eine „Hinneigung zu einem Majorsbauche" (EuD, S. 28). Nach der Truppenreorganisation von 1822 war es im Großherzogtum zu einem Beförderungsstau gekommen, sodass ein Offizier frühestens mit 42 Jahren zum Hauptmann befördert werden konnte. Die Langeweile in Friedenszeiten (vgl. 5. Szene: 15,26 ff.) gehörte ebenso zur Realität des Offiziersberufs wie die erzwungene Ehelosigkeit. Um die Genehmigung zur Heirat zu erhalten, musste ein Hauptmann 4 000 Gulden hinterlegen – eine Summe, die sich die wenigsten Offiziere leisten konnten. So erklärt sich der Neid des Vorgesetzten auf Woyzecks uneheliches Verhältnis (16,19 ff.), aber auch sein Hang zum Voyeurismus (16,36 ff.).

2 Die Sprache der Figuren

Die Figuren in *Woyzeck* reden **schichtenspezifisch**. Im Stück sind zwei gesellschaftliche Schichten vertreten: die armen, „einfachen“ Leute, die Opfer der Verhältnisse sind, und die Funktionsträger der gesellschaftlichen Ordnung, die die Armen bevormunden und ausbeuten. Dieser Zweiteilung der Gesellschaft entspricht eine Zweiteilung der sprachlichen Codes.

Die Repräsentanten der gesellschaftlichen Ordnung – Hauptmann und Doktor – verwenden **Sprache als Mittel zur Herrschaft** und machen ausgiebigen Gebrauch von **präskriptiven Sprechakten** (Fragen, Aufforderungen, Wertungen, Vorwürfe, Definitionen) sowie **Sprechakten der Selbstdarstellung** (Ich-Botschaften, Ausrufe der Erregung, der Empörung oder der Schadenfreude). Bei ihnen liegt die **Gesprächsinitiative**; sie haben das Recht, ein Gespräch zu beginnen, es zu beenden und die Themen zu bestimmen. Durch Eloquenz und längere Redebeiträge bringen sie ihre **Definitionsmacht** zur Geltung. Der Doktor macht sich durch medizinische Fachsprache und begriffliche Versatzstücke einer idealistischen Naturphilosophie unangreifbar, der Hauptmann durch Hochwertbegriffe – „Ewigkeit“, „Moral“, „gut“ und so fort –, die er als Worthülsen verwendet und in konfuser Argumentation leerlaufen lässt. Er ertränkt sein Gegenüber in Phrasen sentimental-prätentiöser Selbstdarstellung. Das Ergebnis sind Äußerungen folgenden Typs:

- *Es wird mir ganz angst, wenn ich denke, dass [. . .]* (zu Woyzeck: 5. Szene: 15,18 sowie 26 und 30 f.; zum Doktor: 9. Szene: 21,5 f.);
- *Ich kann kein [. . .] mehr sehen [. . .]* (zu Woyzeck: 5. Szene: 16,1; zum Doktor: 9. Szene: 21,13 f. und 30 f.);
- *Ein guter Mensch, der sein gutes Gewissen hat, tut das nicht.* (zu Woyzeck: 5. Szene: 16,5 f.; zum Doktor: 9. Szene: 21,9 f.);

- *Ein guter Mensch, ein guter Mensch […]* (zu Woyzeck: 5. Szene: 16,16; 17,7 und 16 f.; zum Doktor: 9. Szene: 21,10 und 31 f.);
- *Rennen Sie nicht so […]* (zu Woyzeck: 5. Szene: 17,19; zum Doktor: 9. Szene: 21,7).

Es stellt sich ein Selbstlauf der Sprache ein, die zu eloquenten Phrasen erstarrt ist und manieriert (gekünstelt) wirkt.

Diesem **uneigentlichen Sprachgebrauch** entspricht die Figurenkonzeption: Alle „anonymen" Figuren sind als **Typen**, als Charaktermasken konzipiert und im Falle des Hauptmanns und des Doktors satirisch überzeichnet.

Die Typen-Figuren sind: *der* Marktschreier, *der* Tambourmajor, *der* Hauptmann, *der* Doktor. Sie sprechen **keine individuelle Sprache**, **sondern Jargon**. Der Ausrufer/Marktschreier ist aufdringlich. Er bevorzugt Imperative, Ausrufe, rhetorische Fragen. Die Formulierungen sind grell überzeichnet, um das Sensationsbedürfnis des Publikums zu wecken, das durch exzeptionelle Darbietungen befriedigt sein will. Der Tambourmajor ist auf den Aspekt der Körperlichkeit reduziert; er protzt mit seiner äußeren Erscheinung und Körperkraft. Der Hauptmann ist eine Satire auf den romantischen Weltschmerz. Tugend und Moral verhandelt er explizit, aber tautologisch und begriffsleer (5. Szene). Sobald Woyzeck die militärisch-hierarchische Rollenrestriktion auf das bloße „Jawohl"-Sagen aufgibt und zu argumentieren beginnt, zeigt sich der Hauptmann irritiert und hilflos (5. Szene: 16,26 ff.). Sprache dient ihm zur Selbstdarstellung: zum Ausdruck seiner Larmoyanz, seines Selbstmitleids und diffusen Weltschmerzes. Gerade das fordert den Zynismus des Doktors heraus, wenn er dem Hauptmann in der 9. Szene mit betonter Kaltblütigkeit und Drastik eine nur noch begrenzte Lebenserwartung prophezeit. (Gegen Woyzeck sind die beiden in derselben Szene wieder solidarisch: 22,7 ff.). Menschenverachtendes Verhalten legt der Doktor gegen Woyzeck an den Tag. Dieser ist für ihn nur Versuchsobjekt, als solches von geringerem Wert als ein Versuchstier. Verschanzt hinter medizinischem und idealistisch-philosophischem Vokabular, offenbart er die Menschenverachtung eines zynischen Materialismus.

Keiner der Typen-Figuren gelingt es, sich auf die **Ebene kommunikativer Hinwendung, der Anteilnahme** zu begeben: Der Hauptmann bricht das Gespräch ab, sobald Woyzeck auf die bedrängte Lage der armen Leute zu sprechen kommt; der Doktor presst alle abweichenden Verhaltensweisen in ein medizinisch-klassifikatorisches Schema und hält sie so von sich fern. Beide interessiert nicht das Individuelle, das ja immer ihr kommunikatives Gegenüber wäre, sondern nur das **Abstrakte**: das Verhalten *des* „guten Menschen" oder „*die* Ewigkeit" (Hauptmann, 5. Szene) beziehungsweise „*der* Mensch" oder „*die* Wissenschaft" (Doktor, 8. Szene). Zwischenmenschliche Beziehungen sind für sie lediglich formale Größen und haben ihren humanen Gehalt verloren. Für den Doktor ist Woyzeck eine austauschbare Chiffre. Der Heilkunst bedient er sich nicht zum Wohlergehen des Patienten, sondern um in der Wissenschaft Aufsehen zu erregen. Sprache dient ihm als Herrschaftsinstrument.

Hier liegt der entscheidende Unterschied zur Sprachverwendung der „**einfachen**" **Menschen**. Nicht im Gebrauch hypotaktischer, kalkulierter und wohlgeformter Satzperioden unterschciden sich die Sprache der Herrschenden und die Sprache der unteren Schicht. Die Äußerungen des Hauptmanns und des Doktors sind genauso durch Ellipsen und Reihungen geprägt wie die Woyzecks oder Maries. Aber deren **Sprache ist nicht Mittel zur Machtausübung**. Entsprechend ihrer sozialen Rolle ist sie knapp, schmucklos, konkret; außerdem dialektal gefärbt. In Not, Ratlosigkeit, Verzweiflung schrumpft sie zum Gestammel, die Äußerungen werden elliptisch bis hin zu Einwortsätzen. Gleichwohl wird das jeweils zu Sagende in der Regel **präzise** ausgedrückt. Wird das Volkslied oder die Bibel zitiert, so wird die

Sprache quasi-literarisch überhöht. Aber nie wird Sprache eingesetzt, um Macht auszuüben.

Für **Woyzeck** sind **biblisch-eschatologische Wendungen** ein Versuch, das Unsagbare seiner psychotischen Erfahrungen auszudrücken. Die andere Spielart von „Sprachlosigkeit“ stellt sich beim Versuch ein, ins **Abstrakt-Begriffliche** auszugreifen. Dies geschieht selten, wie zum Beispiel in der Doktor-Szene (9. Szene). Woyzeck versucht sich hier – im Stück einmalig – an Fremdwörtern und Abstrakta und scheitert (20,3 ff.). Umfassten seine Äußerungen in dieser Szene zwischen vier und acht Wörter (einfache Frage: 19,5; elliptischer Adversativ- mit angeschlossenem Temporalsatz: 19,10 f.; einfacher Aussagesatz: 19,24), so wechselt er nun in den Gestus des vertraulich Belehrenden, eine Rolle, der er gegenüber dem Doktor weder sprachlich noch gedanklich gewachsen ist – allenfalls gegenüber Andres. Seine Ausführungen lassen einen Zusammenhang weitgehend vermissen. So scheint er sich mit dem Hinweis auf seine besondere Disposition – auf „Charakter“ und „Struktur“ (20,4) – entschuldigen zu wollen, meint aber damit anscheinend genau das, was er am Anfang des Gesprächs mit „Natur“ bezeichnet hat (19,10 f.). Da er aber „Natur“ adversativ zu „Charakter“ und „Struktur“ einführt, muss ein anderer Begriffsinhalt intendiert sein. Es scheint sich weniger um eine Argumentation als um den verlegenen und ungeschickten Versuch zu handeln, sich beim Doktor, dem Fachmann in naturwissenschaftlichen Fragen, über seine halluzinatorischen Erfahrungen einer „doppelten Natur“ (20,10) anzuvertrauen.

Genau wie in der Hauptmann-Szene (5. Szene) nehmen Woyzecks Redeanteile in diesem Abschnitt auffällig zu (20,3–17), wohingegen der Doktor sich mit zwei kurzen Feststellungen begnügt. Wie immer, wenn Woyzeck, der „zu viel“ denkt (5. Szene: 17,17) und „philosophiert“ (8. Szene: 20,8), metaphysische Inhalte verhandelt, **verdunkelt** sich seine Sprache;

so, wenn er sein eigenes Schicksal als Teil einer Weltkatastrophe sieht (12. Szene: 27,14 ff.), seine Existenz auf die Leidensrolle Christi hin stilisiert (18. Szene: 31,13 ff.), im Buch der Schöpfung zu lesen versucht (8. Szene: 20,14 ff.) oder es unternimmt, existenzielle Fragen zu erörtern (9. Szene: 23,19 f.).

Unbewusst stilisiert er sich in die Rolle des Sokrates, wenn er bei der Ergründung eines Problems in eine Aporie gelangt ist und sich vornimmt, die ungelöste Frage zu einem späteren Zeitpunkt wieder aufzugreifen (9. Szene: 23,21; vgl. auch 5. Szene: 17,8 f.). In die Zusammenhänge zwischen Lebensumständen und Moral ist er sogar tiefer eingedrungen als der Hauptmann (5. Szene: 16,29 ff.; 17,8 ff.).

Tendiert Woyzecks Sprache zur begrifflichen Dunkelheit und zur Grübelei (2. Szene: 11,19 f.), so verwendet **Marie** die Sprache immer **dinghaft-konkret**: als Mittel, ihre Lage zu beschreiben (4. Szene: 14,16 ff.), ihr Begehren auszudrücken (6. Szene: 17,25 ff.; 12. Szene: 27,10), Unangenehmes zu leugnen oder zu vertuschen (4. Szene: 14,28 ff.), auch als Mittel schnippischer Zurückweisung (7. Szene: 18,24 ff.). In höchster Not greift sie zur biblischen Rollenstilisierung, wenn sie sich in der Ehebrecherin des Neuen Testaments wiedererkennt (17. Szene: 30,14 ff.). Allerdings scheitert der Identifikationsversuch, da ihr die Kraft fehlt, sich zu ändern (31,2 f.).

Die **Sprache der Armen** ist **Ausdruck ihrer Notlage** und des Versuchs, ihrer Beengtheit erfüllte Momente abzugewinnen. Für Marie ist das die Selbstverwirklichung in einer erotischen Beziehung, für die sie alles auf eine Karte setzt (4. Szene: 15,12; 6. Szene: 18,8; 7. Szene: 18,31); für Woyzeck, der im verzweifelten Kampf um das physische Überleben dreier Personen steht, die Beziehung zu Marie (9. Szene: 22,33 f.). Dass beide scheitern – nicht nur an den gesellschaftlichen Bedingungen, sondern aneinander – macht die besondere Tragik ihrer Beziehung aus.

3 Die Sprache des Raumes

Auch **Räume** sind im Stück **Bedeutungsträger**. Es lassen sich enge, geschlossene Räume und weite, offene Räume, Räume der Intimität und Räume der Öffentlichkeit unterscheiden.

Zu den **Räumen der Enge** gehört Maries Kammer, in der sie mit ihrem kleinen Sohn allein lebt und höchstens von Woyzeck besucht wird (Szenen 2, 3 und 17). Das Fenster stellt die Verbindung zur Außenwelt dar: Durch das geöffnete Fenster erblickt sie den Tambourmajor; beim Streit mit ihrer Nachbarin schließt sie es und beendet so den Kontakt zur Außenwelt; als Woyzeck anklopft, öffnet sie es wieder.

Die Kammer steht für die bedrückende Enge ihrer Existenz, aus der es Marie hinausdrängt in **Räume der Öffentlichkeit**: den Jahrmarkt (3. Szene), die Gasse (6., 7. Szene), das Wirtshaus (12. Szene). Vor der Haustür (19. Szene) wird sie von Woyzeck zu ihrem letzten, verhängnisvollen Spaziergang auf das freie Feld, einen **weiten**, **offenen Raum**, abgeholt (20. Szene). Dieser ist mit seiner leeren Weite ein bedrohlicher Raum. In weiten, offenen Räumen wird Woyzeck von Weltuntergangs- und Verfolgungsvisionen heimgesucht (1. Szene: 9,5 ff. sowie 18 f. und 24 ff.), dort bedrängen ihn innere und äußere Stimmen (13. Szene), und so wird der offene Raum außerhalb der Stadt auch Schauplatz des Mordes (20. Szene) und der damit verknüpften Folgeszenen (Szenen 21, 24–26). Die Weite des Raumes kann als Sinnbild für Woyzecks Verlorenheit verstanden werden. Dort ist es „unheimlich“ (21. Szene: 34,14), dort ist die vermeintliche Richtstätte der Freimaurer (1. Szene: 9,5 ff.), dort ist der Boden trügerisch und hohl (9,18). Am Abend ist der Himmel flammend-bedrohlich (9,24 ff.), des Nachts blutrünstig (20. Szene: 33,28 f.; 25. Szene: 37,5 f.), am Tag bedrückend „fest[ ]“ und „grau“, „geeignet, einen Kloben hineinzuschlagen und sich daran zu hängen“ (9. Szene: 23,16 ff.).

Öffentliche Räume sind für Woyzeck überwiegend Orte der Demütigung. Dort muss er erkennen, dass er von Marie betrogen (Szenen 7 und 12), vom Hauptmann bloßgestellt (Szenen 5 und 9), vom Doktor als Demonstrationsobjekt missbraucht (Szenen 8 und 10), vom Tambourmajor gedemütigt (15. Szene) und als Mörder erkannt wird (22. Szene). Die Jahrmarktszene ist die einzige Szene im öffentlichen Raum, die Woyzeck glücklich sieht (2. Szene: 12,2 f.).

Räume der Intimität sind für ihn diejenigen, wo er mit Marie oder Andres zusammen ist: die Kammer, die er immer nur flüchtig betritt, da er gleich „fort" muss (4. Szene: 15,9), die Wachtstube (11. Szene) und die Schlafkammer in der Kaserne (14. Szene). In den beiden Letzteren wird er jedoch von Unruhe (26,5 ff.), Schlaflosigkeit und Halluzinationen geplagt (28,14 ff.), und es drängt ihn ins Freie: So verlässt er seinen Dienst, um sich in den öffentlichen Raum des Tanzvergnügens zu begeben (26,7 ff.). Dort findet er seinen Verdacht gegen Marie bestätigt.

So drücken die Räume die Situation der Figuren aus. Letztlich sind **alle feindlich, abweisend und unheimlich**, wie es im Märchen der Großmutter in symbolischer Verdichtung ausgesagt wird (19. Szene: 32,23 ff.): Himmel und Erde – es ist „alles tot".

Hunderte Müllsäcke türmen sich in Martin Kušejs radikaler *Woyzeck*-Interpretation zu einer abgründig-endzeitlichen Hügellandschaft. – Jens Harzer in der Hauptrolle am Residenztheater München 2007/08

4 „Woyzeck" – offenes oder geschlossenes Drama?

Woyzeck beeindruckt durch außerordentliche **Konzentration der Darstellung**. Die Szenen sind aufs Wesentlichste komprimierte Bilder. Die Sprache wird sparsam verwendet. Es gibt kein Wort zu viel; oft muss man zwischen den Zeilen lesen, um das verbal Ausgesparte zu erfassen. Wortreich sind nur die wenigen Szenen, in denen der Hauptmann oder der Doktor vorkommen, sowie die Jahrmarkts- und die Wirtshausszene (12. Szene). Dort sind die Figuren durch ihren Redeschwall charakterisiert: als Repräsentanten von Herrschaftsstrukturen (Hauptmann, Doktor, Professor), als aufdringliche Werber (Marktschreier) oder als betrunkene Zecher (Handwerksburschen).

Das weitgehende Fehlen von Rhetorik und die Sparsamkeit der Rede erklären sich innertextlich aus dem **sozialen Ort des Stückes**: Die Vertreter der unteren Schicht verfügen nicht über die Sprachmächtigkeit der Herrschenden. Sprache ist für sie Mittel im konkreten, dinglichen Vollzug, nicht Mittel zur Selbstdarstellung oder zur abstrakten Argumentation.

Zum anderen hat die Kürzelhaftigkeit ihren Grund im **überlieferten Textbestand**. Büchner hat kein fertig ausgearbeitetes Stück hinterlassen, sondern Entwürfe in unterschiedlichem Grad der Ausarbeitung. So trägt die eine oder andere Szene den Charakter einer Skizze.

Diese Besonderheit – das Vorliegen von vier Entwurfsfassungen, die zum Teil unterschiedlichen Handlungskonzepten verpflichtet sind – hat dazu geführt, dass die ältere Büchnerforschung *Woyzeck* nicht nur vom Stoff, sondern auch von der Form her als revolutionäres Stück aufgefasst hat: als Text, der keine vom Autor festgelegte Form hat. Dieser Auffassung zufolge hätten der Herausgeber oder der Regisseur das Recht, aus einem Szenenangebot auszuwählen, das keinem linear sich entwickelnden Konzept unterliegt, sondern kreisförmig um die Hauptfigur gruppiert ist. Woyzeck würde demnach das Zentrum einer lockeren Szenenfolge bilden. Damit wäre Büchners Stück nicht den Regeln des geschlossenen (klassisch-aristotelischen) Dramas verpflichtet, wie die Tradition es kennt, sondern dem Formtyp des offenen (modernen) Dramas.

Das **geschlossene Drama** unterliegt den drei Einheiten des Orts, der Zeit und der Handlung. Idealtypisch müssten diesen Forderungen gemäß Spielzeit und gespielte Zeit, Spielort und gespielter Ort weitgehend deckungsgleich sein und das Stück ein konzentriertes und geschlossenes Geschehen bieten, das frei von Nebenhandlungen ist. Weiterhin ist der lineare, stringente Handlungsaufbau mit Exposition, steigender Handlung, Klimax, fallender Handlung und Katastrophe bzw. Lösung verbindlich. – Im **offenen Drama** dagegen sind die drei Einheiten weitgehend aufgehoben, die Szenen nicht zu Akten zusammengefasst und in Anzahl und Abfolge variabel. Damit fehlt der linear-zielgerichtete Handlungsaufbau, und es entfällt die Notwendigkeit einer Entwicklung, „die in mannigfachen Auf- und Abwärtsbewegungen den Helden dorthin bringt, wo er am Ende erst anzulangen hat“ (Klotz, S. 111). Die einzelnen Szenen sind „nicht dienender Teil, untergeordnetes Glied [eines] großen Ganzen“ (Klotz, S. 112), vielmehr unterliegt die Szenenfolge dem Prinzip der Diskontinuität. Der offene Formtyp spiegelt die Unmöglichkeit wider, die moderne Welt als einheitlichen Sinnzusammenhang zu interpretieren.

Woyzeck wurde dementsprechend dem Typus des offenen Dramas zugerechnet, und diese Auffassung war für die Rezeption des Stückes lange Zeit maßgebend.

Verknüpfungselemente

Diesem Konzept hat **Burghard Dedner** Ende der 1980er-Jahre entgegengehalten, dass die Merkmale des offenen Dramas auf *Woyzeck* nicht passen. Bei genauem Hinsehen zeigt sich, dass die letzte Entwurfsstufe H4 eine lückenlose und „auf eine zwingende Art in sich geschlossen[e]“ Handlungskette aufweist (Studienausgabe, S. 201 f.), die bis zur 18. Szene der Lesefassung reicht. Zusammen mit dem letzten Drittel der Szenenfolge von H1 rundet sie sich zu einem **logisch und kontinuierlich sich entwickelnden Handlungsverlauf** und ergibt einen schlüssigen zeitlichen Zusammenhang.

So stellt sich für die drei ersten Szenen eine **zwingende Abfolge durch verkettende Stichworte** her: Am Ende der 1. Szene macht Andres Woyzeck auf den Zapfenstreich aufmerksam (9,30), die 2. Szene spielt genau an dem Ort, wo der Trommlerzug vorbeikommt, und Woyzecks Bemerkung: „muss zum Verles“ (11,9) stiftet den Rückbezug zum Ende der 1. Szene. – Mit ihrer Äußerung „Es wird so dunkel, man meint, man wär blind“ (2. Szene: 11,21 f.) verweist Marie auf den Anfang der 3. Szene, in der die Lichter angezündet sind (11,27). Die Szenen 4, 5, 8, 10, 11 und 14 stehen durch die Abfolge von Woyzecks dienstlichen und außerdienstlichen Aktivitäten in Zusammenhang. Zuerst händigt er Marie seinen Wochenverdienst aus (4. Szene), dann rasiert er den Hauptmann (5. Szene), anschließend begibt er sich zum Doktor zum vereinbarten Termin (8. Szene) und schließlich zum Professor, bei dessen Vorlesungen er assistiert (10. Szene). Die 11. Szene zeigt ihn bei der Ausübung des Wachtdienstes, die 14. Szene bei der Übernachtung in der Kaserne.

Ein steigernd-verknüpfendes Moment bildet die Marie-Tambourmajor-Handlung, der die wachsende Eifersucht Woyzecks entspricht, die sich über den Mordplan bis zur seiner Ausführung entwickelt. Hier liegt unverkennbar das **Modell der steigenden Handlung** vor, die in die Katastrophe mündet.

Die folgenden Szenen sind wiederum durch **Querverweise** miteinander verknüpft. Dem „Fort, dass wir noch was sehen“ der Kinder (23. Szene: 36,11) entspricht Woyzecks Wahrnehmung der „Leute – Dort“ (24. Szene: 36,26). Die anschließende Regieanweisung: „(Er läuft weg.)“ leitet zwanglos zur eröffnenden Regieanweisung der Folgeszene über: „Woyzeck an einem Teich.“ (25. Szene: 37,3). Aus einer weiteren Regieanweisung derselben Szene – „(er geht in den Teich [...])“ (37,7 f.) – wird die formelhafte Bemerkung des Narren Karl in der Schlussszene plausibel: „Der is ins Wasser gefallen“ (37,21 f. sowie 25 und 28).

Ein weiteres Verknüpfungsmittel liegt in der Gleichzeitigkeit von Szenen, die an verschiedenen Orten spielen. Durch **Simultaneität** verknüpft sind die Szenenpaare 1 und 2, 20 und 21 sowie vermutlich auch 5 und 6, 22 und 23.

Einheitsstiftend sind ferner die **Abgangsformeln der Figuren**, die „teils unter dem Diktat der Arbeitshetze, teils unter dem der Eifersucht“ stehen (GBJb 7, S. 149). Diese stehen immer im Zusammenhang mit Woyzeck oder werden von diesem ausgesprochen: „Wir müssen fort“ (1. Szene: 9,30), „Ich muss fort“ (2. Szene: 11,18; 11. Szene: 26,10); „Ich muss hinaus“ (11. Szene: 26,7 und 12), „Ich geh“ (9. Szene: 23,13 und 22 f.). Dieselbe Funktion haben auch die **stereotypen Ermahnungen des Hauptmanns zur Langsamkeit** (5. und 9. Szene).

Zeitstruktur

Insgesamt lässt sich für die Handlung des *Woyzeck* ein **schlüssiger zeitlicher Zusammenhang** rekonstruieren, der in der knappsten Variante **gut 48 Stunden** umfasst.

Die Szenen 1 bis 3 spielen am Abend des ersten Tages (1. und 2. Szene: Zapfenstreich, 3. Szene: Jahrmarktsbesuch), die Szenen 4 bis 14 am 2. Tag. Die zeitliche Gliederung ergibt sich durch Woyzecks täglichen Dienstablauf: Besuch bei Marie (4. Szene), Rasieren des Hauptmanns (5. Szene), Besuch beim Doktor (8. Szene), Assistenz beim Professor (10. Szene), Wachtdienst (11. Szene) und Nachtruhe in der Kaserne (14. Szene). Innerhalb dieses Rahmens entwickelt sich die Beziehung zwischen Marie und dem Tambourmajor (Szenen 4, 6, und 12), die den Bewohnern der Provinzstadt nicht verborgen bleibt und Woyzecks Eifersucht nährt (Szenen 7, 9, 13–16). Die Szenen 15 bis 27 endlich spielen am dritten Tag: Woyzecks Entschluss, Marie zu töten, die Tat selbst und die Entdeckung des Mords.

Der Akzeptanz dieser **gedrängten Zeitstruktur** scheint lediglich Maries Bemerkung in der Bibelszene entgegenzustehen: „Der Franz ist nit gekommen, gestern nit, heut nit […]" (30,29 f.). Demnach wäre an irgendeiner Stelle zwischen den Szenen 14 und 17 ein Zeitsprung von einem Tag anzusetzen. Diese Annahme ist jedoch nicht notwendig, wenn man unterstellt, dass Woyzeck Marie zweimal am Tag besucht, morgens und abends, wie das in den Szenen 2 bis 4 ja der Fall ist. „[G]estern nit" würde dann besagen, dass Woyzeck seinen Abendbesuch am Vortag hat ausfallen lassen, was ja aufgrund seiner Eifersucht durchaus plausibel wäre.

Zeitpunkt der Handlung

Geht man davon aus, dass das Stück in einer Epoche und in einem Milieu spielt, wo der Tagesablauf sich an den natürlichen Lichtverhältnissen orientierte (vgl. 2. Szene: 11,21 ff.), so kommt als wahrscheinlichster Zeitpunkt der Handlung ein Zeitraum **zwischen Ende April und Anfang Mai** in Betracht, wenn die Sonne zwischen vier und fünf Uhr auf- und zwischen sieben und acht Uhr untergeht. Maries Antwort in der Mordszene auf Woyzecks Frage, wie lange sie nun schon zusammen seien: „Um Pfingsten zwei Jahr" (20. Szene: 33,17), scheint nahezulegen, dass der Handlungszeitpunkt vor Pfingsten liegt. Ein weiteres Indiz ist Woyzecks Befürchtung in der Teichszene, er könne das Messer nicht weit genug in den Teich geworfen haben und es könne von Badenden gefunden werden. Demnach ist schon Badezeit, aber noch nicht „Sommer" (25. Szene: 37,6 ff.).

Gegen den Frühjahrstermin spricht allerdings die **einzige absolute Zeitangabe** im Stück: „heut den 20. Juli“ (18. Szene: 31,23). Ob diese Angabe in den Dramentext gehört, ist allerdings nicht unumstritten. Sie findet sich in H4 als Randzusatz (vgl. *Interpretationshilfe* S. 14) und lautet vollständig „Mariae Verkündigung den 20 Juli“. In den beiden Zeilen darüber hat Büchner Ergänzungen in der Handschrift vorgenommen, diese aber direkt in die Textkolumne eingefügt. Auch die hier in Frage stehende Ergänzung hätte dorthin gepasst. Sachlich ist die Randnotiz fehlerhaft, da „Mariae Verkündigung“ auf dem 25. März liegt und nicht „7 Monat und 12 Tage“ vor dem „20. Juli“, was auf den 8. Dezember führt. So vermutet der italienische Büchner-Forscher Enrico De Angelis, dass die Bemerkung gar nicht zum Dramentext gehört, sondern eine private Notiz ist, die unter Bezug auf den Beginn der Arbeit an *Woyzeck* den seinerzeitigen Stand des Manuskripts fixiert. Für den Beginn der Arbeit am Stück wäre dann der 8. 12. anzusetzen, was im Kirchenjahr nicht der Tag von „Mariae Verkündigung“, sondern von „Mariae Empfängnis“ wäre (De Angelis, S. 27). Dass die Randnotiz in den Dramentext eingefügt wird, ist nach De Angelis auf die falsche Entzifferung einer Abkürzung zurückzuführen, die sich in H4,17 zwischen „geboren“ und „ich“ befindet. Diese sei nicht als „d. d.“ (= de dato, d. h. von der Datumsangabe der Randnotiz aus gerechnet), sondern als „&c. &c.“ (= et cetera) zu lesen. Bei dieser Lesart ergäbe sich keine Notwendigkeit, die Randbemerkung dem Dramentext zuzuordnen. – An anderer Stelle des Manuskripts findet sich gleichfalls eine Randnotiz, die mit dem Dramentext nicht in Zusammenhang steht (eine Summenrechnung in H2,1). Nach dieser Auffassung wäre die absolute Zeitangabe für die Handlung des Stückes ohne Bedeutung.

Handlungsübersicht

Szene	1	2	3	4	5	6	7	8	9	10	11	12	13	14
Quelle	H4,1	H4,2	H2,3 (11,27–12,15; 12,21–27); H1,1 (12,16–20/28–30); H2,5 (12,32–13,8); H1,2 (13,10–35)	H4,4	H4,5	H4,6	H4,7	H4,8	H4,9 (21,1–22,5); H2,7 (22,6–23,34)	H3,1	H4,10	H4,11	H4,12	H4,13
Zeitleiste	**1. Tag** <Abend>			**2. Tag** <Morgen>							<früher Nachmittag>			„Nacht“ (28,12)
Zeitangaben im Text	„Sie trommeln drin“ (9,30)	„Zapfenstreich“ (10,4); „Es wird so dunkel“ (11,21ff.)	„Lichter“ (11,27)	„Heut Abend, Marie. Adies“ (15,9)										
Marie-Tambourmajor-Handlung		M und T sehen sich zum ersten Mal	M trifft auf T	M mit Geschenk vom T		M trifft T auf der Gasse						M und T beim Tanz		
Woyzeck-Handlung	W und A schneiden Stöcke	Auf dem Weg zur Kaserne schaut W kurz bei M vorbei	W und M auf dem Jahrmarkt	W liefert M seinen Wochenlohn ab	W rasiert H		W stellt M zur Rede <* vor Aufregung „pisst“ W „auf [die] Straß“ (19,6 f.)>	W bei D	Anspielung des H auf Szene 6	W assistiert P	W und A beim Wachtdienst	W beobachtet die Tanzenden	Mordfantasien bedrängen W	W.s Fantasien kehren als Alptraum wieder
Zusätzliche Hinweise aus nicht aufgenommenen Entwurfsstufen			H2,5: T und U folgen M und W H1,3: T schickt W weg, um mit M allein zu sein; Geschenk: Ohrringe?						H2,7: „Ey guten Morgen Herr Hauptmann“					

Szene	15	16	17	18	19	20	21	22	23	24	25	26	27
Quelle	H4,14	H4,15	H4,16	H4,17	H1,14	H1,15	H1,16	H1,17	H1,18	H1,19	H1,20	H1,21	H3,2
Zeitleiste	**3. Tag**		<Nachmittag>		<Abend>	<Abend/ Nacht>							
Zeitangaben im Text			„Das brüht sich in der Sonne“ (30,23)			„’s ist finster“ (33,11); „Mond“ (33,28)					„Mond“ (37,5)		
Marie-Tambourmajor-Handlung			M liest in der Bibel										
Woyzeck-Handlung	Ring-kampf zwischen W und T	W kauft das Mes-ser		W ver-macht A seinen Nachlass	W holt M ab	W ersticht M	Spaziergän-ger werden auf den Mord auf-merksam	W lenkt sich im Wirtshaus ab	Die Mord-nachricht hat sich im Ort verbreitet	W kehrt an den Tatort zurück	W ver-senkt das Messer im Teich	Ermittlun-gen am Tatort	W bei seinem Sohn

Abkürzungen:
A = Andres
D = Doktor
H = Hauptmann
M = Marie
P = Professor
T = Tambourmajor
U = Unteroffizier
W = Woyzeck

☐☐ = Simultanszenen

▲___| = expliziter Rückbezug

5 Vorausdeutungen und Motivkomplexe

Der Text ist von einem dichten Netz von Motiv- und Symbolkomplexen durchwebt, deren Funktion darin besteht, auf das blutige Ende der Handlung **vorauszudeuten**.

Anspielungen auf die Schlusskatastrophe – die Ermordung Maries und das im Drama nicht mehr gezeigte Ende Woyzecks – finden sich immer wieder. Diese haben neben der vorausdeutenden auch eine unmittelbar handlungsbezogene Bedeutung und sind daher **doppeldeutig**. Als solche sind sie den handelnden Figuren freilich nicht bewusst. Zwei Motivkomplexe seien hier herausgegriffen und jeweils durch einige Beispiele belegt.

Der Motivkomplex „Messer", „schneiden"

In Bezug auf Woyzeck finden sich wiederholt Vergleiche oder direkte Andeutungen, die dem semantischen Feld seines **Mordwerkzeugs** entstammen. Entsprechende Vergleiche verwendet zum Beispiel der Hauptmann, wenn er Woyzecks gehetztes Wesen beschreibt: „er läuft ja wie ein offnes Rasiermesser durch die Welt, man schneidt sich an ihm [...]", und mit dem irrealen Vergleichssatz fortfährt, Woyzeck laufe, als „würde [er] gehenkt [...] nach einer Viertelstunde" (9. Szene: 22,8 ff.). Woyzecks erschrockene Mimik auf die Nachricht von Maries Untreue kommentiert der Hauptmann gleichfalls anspielungsreich: „er ersticht mich mit seinen Augen" (23,8 f.). Als Woyzeck nachts in der Kaserne einen psychotischen Schub erleidet, beschreibt er sein Befinden: „Es zieht mir zwischen den Augen wie ein Messer" (14. Szene: 28,20 f.). In direkter Beziehung zum Mordwerkzeug steht die Frage des jüdischen Trödlers, dem Woyzeck das Messer abkauft: „Wollt Ihr Euch den Hals mit abschneiden [...]?" (16. Szene: 30,1 ff.). Und wenn Woyzeck in der Mordszene den Mond mit einem „blutig Eisen" (20. Szene: 33,29) vergleicht, so ist dies eine direkte Überleitung zur Tat.

Auch Marie spielt unbewusst auf ihr Ende an. „Ich könnt' mich erstechen“, sagt sie, als sie ihre Undankbarkeit gegen Woyzeck erkennt, aber gleichzeitig spürt, dass ihr die Kraft fehlt, ihr Verhalten zu ändern (4. Szene: 15,11).

Als makabre Anspielung im weiteren Sinne lässt sich verstehen, dass Woyzeck den Hauptmann rasiert, was ja mit einem Messer geschieht.

Der Motivkomplex „Tod“

Häufig sind auch die Anspielungen auf den Tod, besonders aus dem Munde Woyzecks. Schon in der ersten Szene wird das deutlich: Woyzeck glaubt, sich an einem verfluchten Platz zu befinden, wo „abends [...] der Kopf“ rollt (9,6). „Drei Tag und drei Nächt und er lag auf den Hobelspänen“ (9,7 f.) bezieht Woyzeck zwar auf das Gerücht vom nächtlichen Besucher des unheimlichen Ortes, aber die Zeitangabe wird man genauso auf Woyzeck beziehen können, der nach Ablauf dieser Frist seiner Mordtat überführt sein dürfte. Im Bewusstsein, dass der Mord unmittelbar bevorsteht, tut Woyzeck eine ähnliche Äußerung (18. Szene: 31,28 ff.). Der Hauptmann spielt auf eine mögliche Hinrichtungsvariante für Woyzeck an, wenn er ihn anfährt: „Kerl, will er erschossen <werden>, will ein Paar Kugeln vor den Kopf haben?“ (9. Szene: 23,7 f.) Unspezifisch, aber dennoch innerhalb des Bedeutungsbereichs wird in der Jahrmarktsszene auf das Todesmotiv angespielt, wenn der alte Mann die Moritat von der Vergänglichkeit und dem Tod alles Lebendigen vorträgt (3. Szene: 11,29 f.).

Weitere Motiv- und Symbolkomplexe

Das dichte Gefüge von Symbolen (vorzugsweise Farbsymbolen) und Motiven kann hier nur andeutungsweise dargestellt werden. Die folgende Übersicht versucht die vielfältigen Verbindungen zu Komplexen zu ordnen und augenfällig zu machen.

Motiv- und Symbolkomplexe in „Woyzeck“

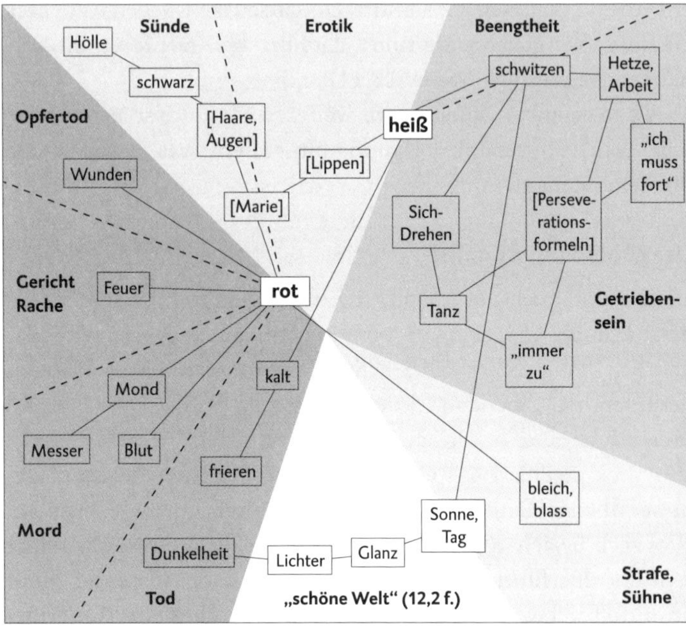

Aus diesem komplexen Gefüge seien im Folgenden einige Motiv- und Symbolstränge beispielhaft herausgegriffen:

Die **Symbolfarbe Rot** steht sowohl für Erotik, Sinnlichkeit, Begehren als auch für Blut, Mord, Abrechnung und Opfertod. Maries „roter Mund“ wird wiederholt erwähnt (4. Szene: 14,18; 7. Szene: 18,19), und über ihre „Lippen“ (9. Szene: 22,29 f.; 20. Szene: 33,21) ergibt sich eine Verbindung zum Komplex „**heiß**“, der neben der erotischen Bedeutung (12. Szene: 27,18; 11. Szene: 26,8; 22. Szene: 35,3) auch für das Bedeutungsfeld des Beengtseins und des Getriebenseins steht (11. Szene: 26,12; 22. Szene: 34,30 f.). Von dort führt eine Verzweigung sowohl zum Motivkomplex „**schwitzen**“ (4. Szene: 15,3 ff.), „**Hetze**“ (5. Szene: 16,4; 17,17 f.; 9. Szene: 22,7), „**Tanz**“ (11. Szene:

25,27 f. und 30; 12. Szene: 27,8 ff.), als auch zum Motivkomplex „**Sonne**" (12. Szene: 27,14 ff.; 17. Szene: 30,23) und zu dem einzigen positiv besetzten der „**Lichter**" (3. Szene: 11,27), die Woyzeck eine „[s]chöne Welt" (12,2 f.) vorgaukeln.

Eine besondere Rolle spielt die Farbe Rot in der Mordszene: Der Mond geht rot auf „[w]ie ein blutig Eisen" (20. Szene: 33,29; vgl. auch 25. Szene: 37,5 f.). Von da lässt sich der Motivstrang weiterverfolgen einerseits zum Komplex „**Messer**", „**erstechen**", „**schneiden**" (s. o.), andererseits zum Komplex „**Blut**". Die tote Marie hat „eine rote Schnur um den Hals" (24. Szene: 36,20 f.). Das Wirtshausmädchen Käthe entdeckt „Rot, Blut" an Woyzecks Hand (22. Szene: 35,20 ff.). Woyzecks Endzeit-Halluzinationen bestehen – ganz biblisch: vgl. Offb 8,5–7 – aus der Johanneischen Vision eines „um den Himmel" fahrenden Feuers (1. Szene: 9,25). „[R]ot und wund" – so der Vers auf dem Heiligenbild, das Woyzeck seinem Stubenkameraden Andres vermacht – ist aber auch der Leib des gekreuzigten Jesus (18. Szene: 31,15). Und auch Woyzeck selbst „blut[et]" – nach dem Ringkampf mit dem Tambourmajor (15. Szene: 29,23).

Den Kontrast zum Komplex „Rot" bildet die Komplementärfarbe **Grün**, wie sie in den Volksliedern vorkommt (1. Szene: 9,12 und 15; 12. Szene: 27,3 ff.).

Über die Figur Maries führt eine Verzweigung zu den Symbolkomplexen „**schwarz**" und „**bleich**". Schwarz ist die Farbe von Maries Augen und Haaren (3. Szene: 13,2 ff.; 24. Szene: 36,23 f.), von der unmittelbaren Bedeutung wird sie übertragen auf Maries „Sünde" (12. Szene: 27,14 ff.; 24. Szene: 36,22 f.). Ferner steht „schwarz" für Dunkelheit in ihren Aspekten des Unheimlichen, Unheilverkündenden (2. Szene: 11,21; 20. Szene: 33,11). – Komplementär dazu steht „bleich" für Woyzecks Erschrecken über die „Sünde" (9. Szene: 22,32), seine Entschlossenheit zu Rache und Bestrafung (20. Szene: 33,30) und die durch Maries Tod geleistete Sühne (24. Szene: 36,22 f.).

Weiterhin geht von Marie eine Verzweigung zu den gegensätzlichen Komplexen **„heiß" und „kalt"** aus. „Heiß" steht für das erotische Begehren und die erotische Ausstrahlung Maries (12. Szene: 27,18), die insbesondere von ihren Lippen ausgeht (20. Szene: 33,21), jedoch nicht auf Marie beschränkt ist, sondern auch anderen Frauen zugesprochen wird (so Käthe, vgl. 22. Szene: 35,3). Das Gegenteil des Erotisch-Fordernden ist das Erkalten des Körpers im Tod. Darauf wird sowohl in Bezug auf Marie angespielt (20. Szene: 33,24 f.) als auch in Bezug auf Käthe (22. Szene: 35,3 f.). Aus der Perspektive eines puritanischen Christentums, wie sie für *Woyzeck* maßgebend ist, verfällt das Erotisch-Triebhafte der Hölle, wo es ebenfalls „heiß" ist (vgl. die Perspektive der verkehrten Welt, 9. Szene: 23,4 f.). Der Komplex „heiß" schließt den der bedrückenden Enge ein, die das Bedürfnis nach Befreiung weckt, indem man ins Freie strebt (11. Szene: 26,12), das Fenster öffnet (17. Szene: 30,30) oder den Rock auszieht (22. Szene: 34,30 f.). Von da aus lassen sich die Motivverzweigungen des „Schwitzens", „Sich-Drehens" und „Tanzens" ansteuern (11. Szene: 25,29 und 31; 12. Szene: 27,13 ff.; 22. Szene: 34,22) oder die des Getriebenseins, der Hetze und der Unruhe.

Beides findet Ausdruck in den **verbalen Leitmotiven „ich muss fort"** (Woyzeck: 2. Szene: 11,18; 4. Szene: 15,9; 11. Szene: 26,10; leicht variiert: 9. Szene: 23,13; 11. Szene: 26,7 und 12; Marie: 20. Szene: 33,13 und 19; Andres: 1. Szene: 9,30) und **„immerzu"**. Letzteres ist von Marie im Sinne der nicht endenden Drehbewegung des Tanzes gemeint (12. Szene: 27,10) und entwickelt sich bei Woyzeck zur fixen Idee, die ihn zum Mord antreibt (12. Szene: 27,11 ff. und 19; 13. Szene: 28,5 und 9; 14. Szene: 28,16; 22. Szene: 34,22; variiert in der Mordszene zu „immer noch": 20. Szene: 34,1 f.).

6 Interpretation von Schlüsselstellen

Woyzeck beim Hauptmann (5. Szene)

Die Rasierszene ist mit gut zwei Seiten die längste Szene des Stückes, die auf einer Handschriftenfassung beruht. (Der größere Umfang der Szenen 2 und 10 ist Resultat einer Zusammenstellung verschiedener Fassungen.)

Die Handlung ist alltäglich: Woyzeck geht seinem Nebenverdienst nach, indem er seinen Hauptmann rasiert. Dabei findet ein Gespräch über Woyzecks Lebensverhältnisse statt. Von den Redeanteilen zerfällt der Dialog in zwei Teile:

Im **ersten Teil** (15,17–16,16) überwiegen die Redebeiträge des Hauptmanns deutlich. Woyzecks vier Äußerungen setzen sich aus der dreimaligen Wiederholung einer militärischen Bestätigungsformel (15,25; 16,3 und 13) und einer Wetterauskunft zusammen, die ebenfalls formelhaft-knapp ist (16,8). Die Bestätigungsformeln bestehen aus vier Wörtern: einer doppelten Bejahung und der Anrede des Vorgesetzten mit Nennung des Dienstgrads. Die Auskunft umfasst fünf Wörter, zwei davon sind wiederum Anrede und Dienstgrad; die eigentliche Information beschränkt sich auf drei Wörter, von denen eines wiederholt wird. Woyzeck gibt keine Sätze, sondern nur Stichworte von sich. Keine seiner Äußerungen trägt individuelles Gepräge.

Die fünf Beiträge des Hauptmanns umfassen dagegen 27 Zeilen, was etwa das Sieben- bis Achtfache von Woyzecks Äußerungen ausmacht. Schon am **Umfang der Redebeiträge** lässt sich der **Statusunterschied** der Gesprächspartner ablesen.

Die **Gesprächsinitiative** liegt **beim Hauptmann**: Er beginnt das Gespräch, bestimmt die Themen und beendet es. Woyzeck antwortet mechanisch und formelhaft. Die Sprechakte des Hauptmanns sind überwiegend Appelle oder dienen dem Selbstausdruck; er sendet fast ausschließlich Ich-Botschaften. Woyzecks Äußerungen sind zu Formeln erstarrte Bestätigungsechos.

Die konfusen Ausführungen des Hauptmanns drehen sich um die Begriffe **Zeit** und **Geschwindigkeit**, die jeweils in ihren extremen Zustandsformen dargelegt werden: Zeit zwischen den Grenzpunkten „Augenblick“ (15,30) und „Ewigkeit“ (15,27), Geschwindigkeit in den Modalitäten der Langsamkeit (15,17) und der Hetze (16,4). Damit ist ein weiteres Begriffspaar verknüpft: **Beschäftigung** (15,27) und **Langeweile** (15,22 f.), das mit den moralischen Attributen „gut“ und „nicht-gut“ versehen wird (16,5).

Innerhalb dieses begrifflichen Rahmens bewegen sich die **Ich-Botschaften** und **Appelle** des Hauptmanns. Sich selbst verortet er auf der Seite der Langsamkeit – für ihn identisch mit „gut“ –, Woyzeck dagegen auf der Seite der Hetze – für ihn gleich „nicht-gut“. Seine Begründung ist einigermaßen trivial: Zu früh erledigte Arbeit setze überschüssige Zeit frei, was Langeweile zur Folge habe. Es komme darauf an, das Arbeitspensum gleichmäßig auf den Tag zu verteilen (15,18 ff.). Jede Form von Eile verursache bei ihm Schwindelanfälle, zumal wenn die schnelle Bewegung in gleichförmiger, sich ständig wiederholender, kreisförmig-rotierender Weise ablaufe (Erddrehung: 15,31 f.; Mühlrad: 16,1 f.). Auch sein Schauder vor der Ewigkeit, in der sich ja alle Vorgänge wiederholen müssten, erklärt sich aus dieser Phobie (15,26 ff.).

Der **Vorwurf** des Hauptmanns, **Woyzeck sehe so verhetzt aus**, er solle langsam machen, offenbart völlige Verständnislosigkeit für die Lage seines Untergebenen und erklärt sich offensichtlich aus dem Mangel an Beschäftigung, der bei ihm Melancholie und Langeweile hervorruft. Woyzecks Hektik ist jedoch durch seine materielle Notlage bedingt. Dass Langsamkeit und Hetze nur Anzeichen für Unterbeschäftigung und Überlastung sind, ist dem Hauptmann nicht klar – ganz im Gegensatz zu Woyzeck, der diesen Zusammenhang durchschaut. Die moralischen Ermahnungen des Hauptmanns sind für ihn daher gegenstandslos. In seiner Ich-Bezogenheit zeigt sich der Hauptmann blind für die Lage anderer. Sein Ratschlag „ein's nach dem andern“ (15,17 f.) – variiert zu „Teil er sich ein, Woyzeck“ (15,23 f.) – wird von diesem später auf unheilvolle Weise befolgt, nachdem er dem Tambourmajor im Ringkampf unterlegen ist und den Entschluss fasst, Marie, als das schwächste Glied der ihn demütigenden Konstellation, zu ermorden (15. Szene: 29,24). Spätestens zu diesem Zeitpunkt erweisen sich die **moralischen Beurteilungskategorien** des Hauptmanns als **fragwürdig**.

Da der Vortrag des Hauptmanns mangels Substanz bald an einen toten Punkt kommt, fordert er Woyzeck auf, ein neues thematisches Stichwort zu geben, und fragt nach dem Wetter (16,6 f.). Dieses Gebiet gibt ihm die Möglichkeit, das Thema der Geschwindigkeit weiterzuverfolgen (16,9 ff.) und seine Überlegenheit zu genießen, indem er Woyzecks vermeintliche Naivität und Unwissenheit **bloßstellt** (16,11 f.). Woyzecks mechanisch-formelhafte Zustimmung gewährt ihm diesen Triumph (16,14 f.).

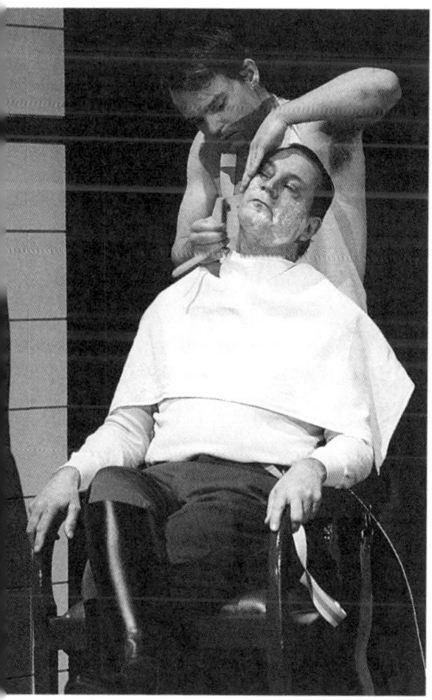

„Es wird mir ganz angst um die Welt, wenn ich an die Ewigkeit denke. Beschäftigung, Woyzeck, Beschäftigung! ewig das ist ewig, das ist ewig, das siehst du ein; nun ist es aber wieder nicht ewig und das ist ein Augenblick, ja, ein Augenblick – Woyzeck, es schaudert mich, wenn ich denk, dass sich die Welt in einem Tag herumdreht, was eine Zeitverschwendung, wo soll das hinaus? Woyzeck, ich kann kein Mühlrad mehr sehn, oder ich werd' melancholisch.“ – „Ja wohl, Herr Hauptmann.“ (15,26–16,2)

Woyzeck im Düsseldorfer Schauspielhaus 2005. Regie: Thomas Bischoff (Woyzeck: Johannes Allmayer, Hauptmann: Michael Abendroth)

Im **zweiten Teil** der Szene (16,16–17,20) steuert der Hauptmann sein eigentliches Redeziel an: War sein Moralisieren über den Zusammenhang von Hetze und schlechtem Gewissen (16,4 ff.) bis dahin eher konfus, so präzisiert er ihn nun zum **Vorwurf**, Woyzeck unterhalte eine **uneheliche Beziehung** und habe ein **uneheliches Kind**. Die Abschwächung, der Vorwurf stamme nicht von ihm, sondern vom „hochehrwürdige[n] Herr[n] Garnisonsprediger" (16,20), offenbart eine Verantwortungsscheu des Hauptmanns, die schon aus der Verworrenheit seiner Ausführungen sowie am Leidens- und Betroffenheitsgestus im ersten Abschnitt erkennbar war.

Der Hauptvorwurf steht im Raum, und Woyzeck muss sich rechtfertigen. Damit **wechseln** die **Gesprächsrollen** (16,22 ff.): Woyzeck argumentiert, der Hauptmann reagiert irritiert und hilflos. Folgerichtig verschieben sich die Redeanteile: Woyzecks Ausführungen nehmen nun den gleichen Raum ein wie die des Hauptmanns, nämlich 17 Zeilen.

Zu seiner **Verteidigung** bringt Woyzeck drei Argumente vor:

- Zunächst führt er ein **Autoritätsargument** an (16,22–25): Er beruft sich auf Jesus, der alle Kinder segnet, da ihnen das Gottesreich gehöre (vgl. im Neuen Testament Mk 10,13–16; Mt 19,13–15; Lk 18,15–17). Jesus nimmt jedes Kind unmittelbar an und macht es nicht für die Verfehlungen der Eltern verantwortlich.
  Der Hauptmann ist offenkundig nicht auf Widerworte gefasst und zeigt sich irritiert. Da er dem Argument nichts entgegenzusetzen hat, bleibt ihm nichts anderes übrig, als auf seine Statusrolle zu pochen. Als Untergebenem stehe es Woyzeck nicht zu, seinem Vorgesetzten zu widersprechen. Die Nachdrücklichkeit, mit der er auf der gewählten Anredeform insistiert – mit „Er" wurde der sozial Niedriggestellte angesprochen –, lässt daran keinen Zweifel aufkommen (16,28).

- Sodann bringt er das **pekuniäre Argument** ins Spiel (16,29–34): Woyzeck ist nicht in der Lage, die finanziellen Voraussetzungen für eine Heirat zu erfüllen (16,30). Dies deckt sich mit den historischen Verhältnissen: Nach dem Dienstreglement für die Großherzoglich Hessischen Truppen von 1825 musste ein einfacher Soldat, um heiraten zu können, ein Vermögen von 600 Gulden nachweisen (EuD, S. 32). Diese Bedingung konnten die wenigsten erfüllen. So bleibt auch Woyzeck nur die uneheliche Beziehung.
  Dem hält der Hauptmann die eigene Zurückhaltung gegenüber seinen Triebbedürfnissen entgegen, seine vermeintliche „Tugend“ (17,4 f.), die darin besteht, seinen Sexualtrieb voyeuristisch zu befriedigen (16,36 ff.). Das lässt den Schluss zu, dass der Hauptmann unverheiratet ist und keine außereheliche Beziehung unterhält, und nährt den Verdacht, dass er die eigene Erfolglosigkeit bei Frauen als moralische Stärke ausgibt, mit der sich sein Selbstmitleid dann wieder schlecht verträgt (17,6 f.).

- Schließlich macht Woyzeck das **materialistische Argument** geltend (17,8–15): Er betont die Abhängigkeit der Moral von materiellen Bedingungen. Demnach setzt die Ausübung bürgerlicher Tugenden ein gewisses Maß an materiellem Wohlergehen voraus. Wer dagegen am Existenzminimum lebt und alle Kräfte für seinen Lebenserhalt aufbringen muss – wie Woyzeck –, hat keine Zeit, sich in tugendhaftem Verhalten zu üben.
  Mit diesem Argument ist der Hauptmann offenkundig überfordert. Er bricht das Gespräch ab, indem er den anfänglichen Vorwurf, Woyzeck führe kein tugendhaftes Leben, aus einem diffusen Harmoniebedürfnis heraus quasi zurücknimmt und Woyzeck dem Geltungsbereich des „gute[n] Mensch[en]“ zuordnet (17,16 f.).

In der Wiederholung der anfänglichen Ermahnung, „hübsch langsam" zu machen (17,20), zeigt sich die **Zirkularität des Gesprächs**. Es hat nichts erbracht, am Ende steht alles wie am Anfang. Der Zweck des Gesprächs war für den Hauptmann nicht Kommunikation, sondern Selbstdarstellung, Reproduktion eines Rollenmusters. Seine Mittel sind prätentiöse Worthülsen, Tautologien (vgl. seine Definitionen von „ewig": 15,28 und „Moral": 16,17 f.), Pseudotiefsinn und Larmoyanz. Woyzeck dagegen zeigt, nachdem er die Rolle des Untergebenen abgelegt hat, dass er sehr wohl in der Lage ist, schlüssig zu argumentieren, und präzisere Vorstellungen von Moral hat als der schwadronierende Hauptmann.

An dieser Szene lassen sich sehr klar die **Unterschiede schichtenspezifischer Sprache** ablesen. Aufgrund seiner übergeordneten Stellung in der Militärhierarchie verwendet der Hauptmann Äußerungsformen, die Woyzeck verwehrt sind:

- Aufforderungen (15,17 f. und 23 f.; 17,19 f.);
- Interjektionen (16,14) und Ausrufe (15,20 ff. und 27 f.; 17,3);
- Vorwürfe (16,17 ff. und 27 f.) und Zurechtweisungen (16,28);
- Wertungen (Verurteilungen fremden Verhaltens: 16,14 f.; Selbstlob: 17,6 f.; Lob des anderen: 17,16 f.).

Die Äußerungen des Hauptmanns sind „Ich"-Botschaften, die der affektiven Selbstdarstellung dienen und durchweg von Selbstmitleid getragen sind. In der Sache sind die Ausführungen überwiegend diffus, in der Argumentation zirkulär und tautologisch. Insgesamt findet sich eine bombastisch-verschwommene Rhetorik voller Wiederholungen bei geringem Sachgehalt.

Dagegen sind Woyzecks Äußerungen frei von rhetorischer Pose, und schmucklos bis hin zur elliptischen Aussparung (z. B. 16,29 f.). Seine Argumentation ist sachbezogen, klar und aspektreich. Woyzeck hat es nicht nötig, sich infolge unklarer Vorstellungen zu wiederholen. Neben „Ich"-Botschaften artikuliert er auch „Wir"-Botschaften (16,29 und 32 ff.; 17,9) und „Man"-Botschaften (16,31 f.). Daran wird deutlich, dass er sich einer sozialen Schicht zugehörig fühlt: Als „armer Kerl" (17,14 f.) zählt er zu den „gemeinen Leut" (17,9); für diese Gruppe ist tugendhaftes Verhalten ein Luxus, den sie sich nicht leisten kann.

Der Hauptmann hingegen vertritt einen abstrakten, d. h. von gesellschaftlich-materiellen Bedingungen absehenden, Idealismus. Jeder kann in jeder Lage tugendhaft sein; „ein tugendhafter [...], ein guter Mensch" (17,6 f.) zu sein, ist an keine Voraussetzungen gebunden.

Die Szene zeigt **Woyzeck in seiner Abhängigkeit von den Repräsentanten des gesellschaftlichen Systems**, das hier durch den Hauptmann verkörpert wird. Dieser gibt sich zwar umgänglich, betreibt aber nur vordergründig Kommunikation und lässt jede Bereitschaft vermissen, sein Gegenüber zu verstehen. Dessen Probleme werden durch Abwehrstrategien – das Bestehen auf gesellschaftlichen Rollenrestriktionen oder einen schwammigen Harmonisierungsgestus – neutralisiert. Das Gespräch ist für den Hauptmann eine Gelegenheit zur Selbstdarstellung und Selbstbestätigung. Die Szene zeigt die völlige Verständnislosigkeit der herrschenden Schicht für die Lage derer, die in der gesellschaftlichen Hierarchie ganz unten stehen.

Die Szene **relativiert** auch die häufig vertretene **These vom „sprachlosen" Woyzeck**, der sich nicht artikulieren könne, weil sein Bewusstsein durch die ihn ausbeutende Gesellschaft deformiert sei. Der Sachverhalt der Deformation trifft sehr wohl für seine Lebenssituation zu, die durch Ausbeutung geprägt ist und ihn bis zur physischen und psychischen Erschöpfung treibt, er betrifft aber nicht ohne Weiteres seine Fähigkeit, die eigene Situation zu erkennen und zu artikulieren.

Die 19. Szene und das Märchen der Großmutter

Ihr besonderes Gewicht erhält diese Szene in zweierlei Hinsicht: **inhaltlich** durch die allegorische Erzählung der Großmutter; **handlungstechnisch**, indem Woyzeck den vorletzten Schritt in seinem Mordplan vollzieht – er holt Marie ab. Die Szene ist dreiteilig:

Teil 1: Ringelreihen

Sie beginnt mit einem harmlosen Kinderspiel, bei dem auch Marie und die Großmutter anwesend sind. Ein Mädchen singt oder spricht Verse, die zu Anfang in Verbindung zu Wetter- und Ernteprognosen stehen (32,5), dann in eine Erzählung von einem Festzug mit Musikbegleitung übergehen (32,8–11), jedoch Fragment bleiben, da das Kind von einem anderen unterbrochen wird (32,12). Ein Streit scheint unter den Kindern auszubrechen (32,13–18), der mit der Aufforderung an Marie endet, etwas vorzusingen (32,19). Marie arrangiert einen Ringelreihen, bei dem sich die Kinder auf das Stichwort vom „König Herodes" (32,21) ducken müssen. Da der Großmutter das vermutlich nicht schnell genug gelingt, ist die Reihe, zu erzählen, an ihr (32,22).

Teil 2: Erzählung der Großmutter

Die Erzählung handelt von einem armen Kind, dem Vater und Mutter gestorben sind und das niemanden mehr auf der Erde hat. Daher weint es „Tag und Nacht" (32,26) und versucht es mit dem Himmel. Die Himmelskörper, die von weitem „so freundlich" aussahen (32,28), entpuppen sich aus der Nähe als Trugbilder: der Mond ist „ein Stück faul Holz", die Sonne „eine verwelkte Sonnenblume", die Sterne sind aufgespießte „kleine goldne Mücken" (39,29–31). Auch die Himmelskörper sind also „tot" (32,24 f.). So bleibt dem Kind nur die Rückkehr zur Erde. Dort haben sich die Verhältnisse inzwischen noch mehr zum Schlechten gewendet, denn sie ist nun „ein umgestürzter Hafen" (32,34;

„Hafen“ = Geschirr, Topf; südhessisch auch „Nachttopf“). So bleibt das Kind in völliger Verlassenheit weinend und aller Hoffnungen beraubt zurück (33,1 f.).

Himmel und Erde erweisen sich als feindlich und abweisend. Sprachlich wird der Eindruck der Trostlosigkeit und Einsamkeit vermittelt durch Häufung von Negativpronomina („kein“, „keine“, „niemand“: 32,23–26) und von Wörtern mit privativer (lat. *privativus*: „eine Beraubung anzeigend“) Bedeutung („tot“: 32,24 f.; „allein“: 32,34; 33,2), die durch verstärkende Partikel („ganz“: 32,34; 33,2) oder Indefinitpronomina („alles“, 32,24 f.) zusätzlich gesteigert werden.

Darüber hinaus weist die kurze Erzählung inhaltlich und sprachlich **Merkmale des Märchens** auf wie die typische Eingangsformel „Es war einmal“ (32,23) und die Schlussformel, die ins Präsens wechselt und das Ende der Handlung in die Gegenwart hinein verlängert (33,1 f.). Auch sonst finden sich **Merkmale schlichter, volkstümlicher Oralität**:

- Es überwiegen „und“-Parataxen: Von 17 Fällen haben 15 die Funktion der Satzeinleitung, zwei dienen zur Verknüpfung gleichartiger Satzglieder (32,24; 33,1).
- Einleitungs- und Anschlussfloskeln werden formelhaft verwendet: sechsmal „wie“ (32,32), „und wie …“ (32,26) bzw. „und wie's“ (32,28 und 30 sowie 31) oder „und wies“ (32,33).
- Durch Wortverdoppelungen entstehen Reihungsmuster („war“: 32,23 und 24; „da“: 33,1; „alles tot“: 32,24 und 25; „hingesetzt“/„sitzt“: 33,1), häufig auch durch Aufgreifen eines Wortes aus dem vorangehenden Hauptsatz im nachfolgenden, formelhaften Nebensatz und umgekehrt („Mond“: 32,27 → 28; „Sonn“: 32,29 → 30; „Erd“: 32,33 → 34).
- Für die grammatische Markierung von Nebensätzen steht lediglich eine Konjunktion zur Verfügung, die stereotypen Charakter trägt: das „Wie“. Von den sechs oben aufgeführten

Formeln dient eine zur Einleitung eines Komparativsatzes (32,32), die übrigen fünf haben temporale Funktion, verdanken sich aber eher dem Bedürfnis nach narrativer Konstanz.

- Alle anderen Nebensätze werden als Hauptsatzreihen durch die koordinierende Konjunktion „und“ eingeleitet (relativisch: 32,23; konsekutiv: 32,24 sowie 25 und 34).
- Es werden Dialektformen verwendet, die durch Apokopen (wie bei „arm Kind“, „hat kein Vater“: 32,23 f.) oder Vokalelision bzw. Wortkontraktion („wie’s“, wies“) entstehen.

Sprachlich und inhaltlich lassen sich Parallelen zu drei der *Kinder- und Hausmärchen* der Brüder Grimm ausmachen:

Das **Märchen vom „Sterntaler“** hat einen ähnlichen Anfang: „Es war einmal ein kleines Mädchen, dem war Vater und Mutter gestorben, und es war so arm, dass es kein Kämmerchen mehr hatte […] und kein Bettchen mehr […] und endlich gar nichts mehr als die Kleider auf dem Leib und ein Stückchen Brot in der Hand […].“ Das Kind, das „gut und fromm“ ist, jedoch „von aller Welt verlassen“, macht sich „im Vertrauen auf den lieben Gott“ auf den Weg durch die Welt und begegnet Menschen, die noch weniger haben als es selbst. Nach und nach gibt es alles weg, was es noch besitzt, bis es völlig nackt ist. Da fallen des Nachts die Sterne als „lauter harte blanke Taler“ vom Himmel. Das Mädchen braucht sie nur noch aufzusammeln.

Die motivischen Parallelen liegen auf der Hand: Es geht um Armut und Verlassenheit. Während aber das Grimmsche Märchen eine moralische Lehre vermittelt – Freigebigkeit wird belohnt –, sucht man im Märchen der Großmutter die positive Moral vergebens. Das verlassene Kind wird nicht erlöst; am Ende steht es sogar noch schlechter da als am Anfang, weil es auch noch seiner Illusion beraubt ist, im Himmel wäre es besser. Im *Sterntaler* ist die Not nur ein Übergang, ein Zustand der Prüfung, der durch die Ausübung christlicher Tugenden – hier der caritas – überwunden wird. Am Ende ist der materielle Lohn größer, als es das Opfer war. Damit erweist sich die Welt als ein sinnvolles Ganzes; Güte wird letztendlich belohnt. Von all dem findet sich im Märchen der Großmutter das Gegenteil: Das arme Kind ist ganz allein und hat noch nicht einmal die Möglichkeit, Gutes oder Böses zu tun. Ein Sinnzusammenhang ist nicht erkennbar: Erde und Himmel sind abweisend, es ist „alles tot" (32,24 und 25).

Ein intertextueller Bezug ergibt sich weiterhin zum **Märchen von den „sieben Raben"**: Ein Vater schickt seine sieben Söhne aus, damit sie für die Nottaufe seiner gerade zur Welt gekommenen schwächlichen Tochter Wasser holen. Den Söhnen jedoch fällt der Krug in den Brunnen, und sie trauen sich nicht mehr nach Hause. Der zornige Vater verflucht seine Söhne, so dass sie sich in Raben verwandeln. Als die Tochter herangewachsen ist, macht sie sich auf, um ihre Brüder zu finden. Dabei gelangt sie bis ans Ende der Welt, dann zur Sonne und zum Mond, die beide abweisend sind. Nur die Sterne sind „freundlich und gut" und weisen ihr den Weg zum Glasberg, wo die sieben Raben wohnen. Das Mädchen begibt sich dorthin und erlöst ihre Brüder.

Gemeinsam sind hier das Motiv des Suchens und das der feindlichen Himmelskörper, aber im Unterschied zum Märchen der Großmutter sind die Sterne dem Mädchen freundlich gesonnen, und die Suche ist daher erfolgreich. Am Schluss werden die Brüder vom bösen Zauber erlöst. Wiederum liegt die moralische Nutzanwendung im Lohn der guten Tat. Die Welt erweist sich als sinnvoll, weil das Gute siegt.

Das **Märchen vom „singenden, springenden Löweneckerchen"** (= Lerche) weist das Motiv des Weinens auf. Ein Mädchen versucht ihren Gatten wiederzubekommen. Zunächst misslingt dies und sie wird „traurig, g[eht] hinaus auf eine Wiese, setzt[ ] sich da hin und weint[ ]." Am Ende gelingt es ihr jedoch, den

Gatten aus den Fängen ihrer bösen Rivalin zu befreien, und das Ehepaar lebt glücklich bis an sein Ende. Auch bei diesem Märchen ist die moralische Anwendung möglich: Treue Gattenliebe und beharrliche Suche werden belohnt.

Das Märchen der Großmutter übernimmt Motive und Erzählstrukturen aus dem Volksmärchen, versetzt diese jedoch in eine „illusionslose und entzauberte Welt" (von Wiese, S. 533) und füllt das Ganze mit einer gegenläufigen Aussage. Am Schluss gibt es keine Lösung, folglich auch keine positive Moral. Damit erweist sich die Erzählung als **Kontrafaktur des Volksmärchens**, als „**Anti-Märchen**". Zwar bedeuten die Dinge „etwas anderes, als sie scheinen", aber im Gegensatz zum Märchen bedeuten sie „nicht mehr, sondern weniger" (ebd.).

Ohne Frage steht das Märchen der Großmutter an dramaturgisch entscheidender Stelle, kurz bevor die Handlung ihre letzte Wendung zur Katastrophe nimmt. Der exponierten Stellung im Handlungsverlauf entspricht das inhaltliche Gewicht als **Allegorie der Verlassenheit**, wo Hoffnung auf Trost und Geborgenheit sich als trügerisch erweist. Dies kann in doppelter Weise verstanden werden. Im engeren Sinne als Vorausdeutung auf das Schicksal des Sohnes von Marie und Woyzeck. Auch er wird in Kürze „keinen Vater und keine Mutter" mehr haben und allein sein „auf der Welt" (32,23 ff.). In umfassenderem Sinne verweist das Märchen auf die hoffnungslose Lage der kleinen Leute, deren Fokusfigur Woyzeck ist – erbarmungslos gehetzt, physisch und psychisch ausgebeutet und vernichtet. Insofern ist das Märchen Sinnbild des Dramas *Woyzeck* als Ganzem.

Das Märchen der Großmutter enthält ferner **zentrale Wortmotive**, die sich gewebeartig durch das ganze Stück ziehen. So verweist das wiederholt vorkommende „**alles tot**" (32,24 und 25) zurück auf die 1. Szene, in der Woyzeck seine halluzinierte Welt mithilfe eines irrealen Vergleichs beschreibt („als wär die Welt tot": 9,29), und auf die 17. Szene, wo Marie ihren vergeblichen Reueversuch mit genau dieser Formulierung umschreibt (31,2). Das „**arm Kind**“ (32,23) verweist auf einen Komplex von Figuren: In der 5. Szene spricht Woyzeck von seinem Kind als „arme[m] Wurm“ (16,22 f.), sich selbst bezeichnet er als „arme[n] Kerl“ (17,14 f.) und klassifiziert seinen Stand als „arme Leut“ (16,29). Die gleiche Selbstbeschreibung findet sich in der 9. Szene („ich bin ein armer Teufel – und hab sonst nichts“: 22,33 f.). Marie sieht sich als „arm Weibsbild“ (4. Szene: 14,21) und rechtfertigt ihre bedingungslose Hingabe an den Genuss des Augenblicks damit, dass auf der „Welt [...] doch alles zum Teufel“ gehe (15,11 f.). Die **Heillosigkeit von Himmel und Erde** als Essenz des Märchens deckt sich mit Woyzecks Situationsbeschreibung: „Unsereins ist doch einmal unselig in der und der andern Welt“ (5. Szene: 16,32 f.).

Darüber hinaus lassen sich intertextuelle Bezüge ausmachen: Einzelne Wortmotive sind den Märchenvorlagen der Kontrafaktur entlehnt und beziehen sich über das Märchen, das gewissermaßen als Schaltstelle fungiert, auf das Drama *Woyzeck*. Im **Märchen von den „sieben Raben“** äußert der feindselige Mond, als das Mädchen sich nähert: „Ich rieche, rieche Menschenfleisch“. Diese Äußerung ist im Märchen der Großmutter ausgespart, aber der Narr greift sie in der 22. Szene wörtlich auf (35,29 f.). Im **Märchen vom „Löweneckerchen“** bekommt die Tochter vom „Nachtwind“ eine Nuss, die sie ins „rote Meer“ werfen soll, damit ein Baum aus dem Wasser wächst, auf dem der Greifvogel, der sie und ihren Mann in Sicherheit bringen soll, sich ausruhen kann. Vergesse sie, dieses Mittel anzuwenden, so werde der Vogel die beiden ins Wasser fallen lassen. Das „rote Meer“ kommt im Märchen der Großmutter nicht vor, führt aber zum Motivkomplex „rot – Blut – Tod“ von *Woyzeck*. Darauf wird auch in der 19. Szene selbst, aber außerhalb des Märchens, mit dem Stichwort „Herodes“ angespielt, des Königs, der auf die Nachricht von der Geburt des Messias alle Kinder Bethlehems töten ließ. – Dem Schicksal, ins „rote Meer" zu stürzen, entgeht Woyzeck nicht, und zwar in doppelter Hinsicht: Um die Mordwaffe unauffindbar zu machen, geht er in das Wasser, wirft sie in den Teich und wäscht sich die verräterischen Blutspuren aus seiner Kleidung (25. Szene: 37,7 f.). Nach seiner Festnahme wird ihn das Schicksal der Hinrichtung erwarten. Der Narr als dunkel raunende, wahrheitsfühlige Instanz kommentiert das in der letzten Szene: „Der ist ins Wasser gefallen" (37,21–28).

Teil 3: Woyzeck holt Marie ab

Woyzeck erscheint unvermutet und fordert Marie zum Mitkommen auf. Es entspinnt sich ein **kurzer Dialog voller Zweideutigkeiten**. Woyzeck begründet seine Aufforderung mit der unvollständigen Angabe „'s ist Zeit" (33,5). Im Kontext bürgerlicher Normalität würde man das etwa so vervollständigen: „Es ist Zeit, nach Hause zu gehen, da es gleich dunkel wird." Für Woyzeck gilt aber eine andere Ergänzung: „Es ist Zeit, den Mordplan auszuführen." Genauso doppeldeutig ist Maries Frage: „Wohinaus" (33,6). Marie dürfte meinen: „Wohin soll unser Spaziergang führen?", für Woyzeck bedeutet sie: „Wohin wird Maries Seele nach ihrem Tod gelangen?" Das zeigt seine Antwort, die für Marie wie eine nichtssagende Phrase klingen muss. Nur die Notwendigkeit des gemeinsamen Aufbruchs wird von beiden empfunden.

Dieser kurze Dialog zeugt von Büchners Kunst der **Verknappung**, des Weglassens alles Überflüssigen. Das gilt auch für die Verknüpfung der drei heterogenen Szenenabschnitte: Der erste ist mit dem zweiten durch die Aufforderung an die Großmutter verknüpft, zu erzählen, was diese ohne Umschweife tut. Die Reaktion der Zuhörer auf das Märchen bleibt ausgespart; übergangslos schließt sich der dritte Abschnitt an. Mit dem plötzlichen Auftreten Woyzecks scheinen nur noch er und Marie zu existieren, die anderen Figuren sind wie weggewischt, für den Fortgang der Handlung haben sie keine Bedeutung mehr.

Editions- und Wirkungsgeschichte

Büchners *Woyzeck*-Manuskripte wurden in seinem Nachlass gefunden, jedoch sollte die erste Textausgabe fast 40 Jahre auf sich warten lassen. Zwar hatten die **Brüder** Ludwig und Alexander für eine 1850 erschienene Ausgabe der *Nachgelassenen Schriften* ihres Bruders erste Entzifferungsversuche unternommen, von einer Veröffentlichung jedoch abgesehen, da ihnen die Handschrift „durchaus unleserlich" schien und „die einzelnen Scenen [...] wenig untereinander in Zusammenhang zu bringen" waren (GBMA 7/2, S. 141).

1875 stellte die Familie Büchner dem Journalisten und Schriftsteller **Karl Emil Franzos** den gesamten Nachlass des Verstorbenen zu Editionszwecken zur Verfügung, darunter auch die Entwurfstufen zum *Woyzeck*. Franzos veröffentlichte zunächst Auszüge aus dem Werk in der Wiener *Neuen Freien Presse*, drei Jahre später eine vollständige Textfassung unter dem Titel *Wozzeck* – wie er fälschlich den Namen der Hauptfigur entzifferte – im Berliner Journal *Mehr Licht!*. Diese Textfassung war philologisch sehr unzuverlässig, mit zahlreichen Lesefehlern behaftet und in der Szenenanordnung willkürlich. Franzos übernahm sie aber in seine Ausgabe der *Sämmtlichen Werke* Georg Büchners, die 1880 erschien. Diese Textgestalt bestimmte die Rezeption des Stückes bis in die 20er-Jahre des 20. Jahrhunderts.

Am **8. November 1913** fand die **Uraufführung** von *Wozzeck* am Residenztheater München statt. Von dort ging das Stück über andere Bühnen. Die relativ späte Wirkung erklärt sich unter anderem daraus, dass erst der Naturalismus – eine literarische Strömung, die in Deutschland seit 1890 Einfluss gewann – Büchner als Geistesverwandten entdeckt hatte. *Wozzeck* wurde von den

Naturalisten als erstes Drama der sozialen Misere betrachtet, das seinen Stoff sprachlich und inhaltlich realistisch darbietet. Auch die Expressionisten – deren Epoche datiert zwischen 1910 und 1925 – reklamierten Büchner als ihren Vorläufer. In den 1920er-Jahren wurde *Wozzeck* zum meistaufgeführten und erfolgreichsten Stück Georg Büchners.

Auf der Textfassung von Karl Emil Franzos beruht auch die **Oper** *Wozzeck* von **Alban Berg**, die im Jahre 1925 uraufgeführt wurde und ihrerseits als Schlüsselwerk der Oper im 20. Jahrhundert gilt.

Mit Kurt Meisel in der Titelrolle wurde das Stück 1947 unter der Regie von Georg C. Klaren erstmals **verfilmt**, ein zweites Mal 1978 unter der Regie von Werner Herzog mit Klaus Kinski als Woyzeck.

Alban Bergs Oper *Wozzeck* setzt atonale Elemente und Zwölftonmusik ein, um die Dramatik von Büchners Stück zu unterstreichen. – Michaela Schuster als Marie. Inszenierung: Andreas Kriegenburg. Musikalische Leitung: Kent Nagano. Bayerische Staatsoper München 2008

Das neu erwachte Interesse der Expressionisten an Büchners Stück hatte zur Folge, dass in den 1920er-Jahren Neueditionen veranstaltet wurden, die erstmals wieder auf die Handschriften zurückgingen. Die erste zuverlässige Textausgabe wurde 1920 von Georg Wittkowski herausgebracht, der die richtige Lesung des Namens der Titelfigur herstellte. 1922 erschien die kritische Edition der *Sämtlichen Werke und Briefe* von Fritz Bergemann, die die Büchner-Rezeption für die folgenden Jahrzehnte bestimmte. Bergemann erkannte als Erster die verschiedenen Fassungen der Handschrift, entfernte sich jedoch in späteren Auflagen seiner Edition von der ursprünglichen und richtigen Anordnung der Szenen, in der Absicht, dem Stück „eine möglichst dramatische Form" zu geben. Seine Bühnen- und Lesefassung war bis in die 60er-Jahre des vorigen Jahrhunderts maßgebend.

Neue Standards der Wissenschaftlichkeit setzte die ab 1967 erschienene historisch-kritische Edition von Werner R. Lehmann, die jedoch unvollendet blieb. Seitdem hat sich, vor allem im Zuge der in den 70er-Jahren einsetzenden neuen Büchner-Forschung, das Verständnis des Autors und seiner Werke in ungeahntem Maße vertieft, nicht zuletzt durch Erschließung neuer Quellen und eine bis dahin nicht gekannte Gründlichkeit der Recherche. Es erschienen zahlreiche Editionen des *Woyzeck*, die in Einzelzügen voneinander abweichen. Erwähnt seien nur die *Münchner Ausgabe* von 1988 und die Edition von Henri Poschmann aus dem Jahre 1992 (siehe *Literaturverzeichnis*). 1981 wurde die erste Faksimile-Ausgabe veröffentlicht, mit Transkription und Kommentar von Gerhard Schmid, der weitere folgten.

Den derzeit letzten Stand der *Woyzeck*-Philologie repräsentiert der siebente Band der von Burghard Dedner herausgegebenen historisch-kritischen Ausgabe der *Sämtlichen Werke und Schriften*, der sogenannten Marburger Ausgabe. Auf dieser Ausgabe beruht der Text der Reclam-Ausgabe von 2005, der dieser *Interpretationshilfe* zugrunde liegt.

An der Einschätzung des *Woyzeck* als eines **Schlüsselwerks der literarischen Moderne** hat sich bis heute nichts geändert. Vor allem in seinem Fragmentcharakter, an dem die Herausgeber früherer Epochen sich störten und den sie durch ihre Bearbeitungen zu beseitigen trachteten, weist das Stück Affinitäten zur literarischen Moderne auf. Deren Infragestellung des Werkbegriffs in der Kunst scheint *Woyzeck* mit seinem – durch die verschiedenen Textschichten bedingten – gleichsam polyphonen Charakter zu entsprechen.

Literaturverzeichnis

Textausgaben des „Woyzeck“

BÜCHNER, GEORG: *Woyzeck. Leonce und Lena,* hrsg. v. Burghard Dedner, Stuttgart: Reclam 2005 (RUB 18420) *(Der Text beruht auf der Marburger Ausgabe und entspricht somit dem derzeit neuesten Stand der Büchner-Philologie. Nach dieser Ausgabe wird zitiert.)*

BÜCHNER, GEORG: *Woyzeck. Studienausgabe,* Stuttgart: Reclam 1999 *(Die Ausgabe enthält neben einer „Lese- und Bühnenfassung“ die Transkription der Handschriften in Form eines emendierten und differenzierten Textes sowie ein instruktives Nachwort. Die beiden Szenen aus H3 sind nicht in die Lesefassung aufgenommen.)* (zitiert als: Studienausgabe)

BÜCHNER, GEORG: *Woyzeck,* Marburger Ausgabe, Band 7.1: Text; Band 7.2: Text, Editionsbericht, Quellen, Erläuterungsteile, hrsg. von Burghard Dedner u. a. [= Georg Büchner: Sämtliche Werke und Schriften. Historisch-kritische Ausgabe mit Quellendokumentation und Kommentar. Im Auftrag der Akademie der Wissenschaften und der Literatur, Mainz, herausgegeben von Burghard Dedner], Darmstadt: Wissenschaftliche Buchgesellschaft 2005 (zitiert als: GBMA 7)

BÜCHNER, GEORG: *Woyzeck. Faksimile, Transkription, Emendation und Lesetext,* hrsg. von Enrico De Angelis, München: Saur ²2002 (zitiert als: De Angelis)

Gesamtausgaben der Werke Georg Büchners

BÜCHNER, GEORG: *Werke und Briefe. Gesamtausgabe.* Neue, durchgesehene Ausgabe, hrsg. von Fritz Bergemann. Wiesbaden: Insel 1958

BÜCHNER, GEORG: *Werke und Briefe. Münchner Ausgabe,* hrsg. von Karl Pörnbacher u. a. München: Hanser 1988 (Taschenbuchausgabe: München: dtv 1988, dtv 12374) (zitiert als: MA)

BÜCHNER, GEORG: *Sämtliche Werke, Briefe und Dokumente in zwei Bänden,* hrsg. von Henri Poschmann. Frankfurt am Main: Deutscher Klassiker Verlag 1992 (Taschenbuchausgabe: Frankfurt am Main: insel 2002) (zitiert als: Poschmann)

Biografien

HAUSCHILD, JAN-CHRISTOPH: *Georg Büchner. Biographie,* Berlin: Ullstein 1997 (Ullstein-Taschenbuch 26505; überarbeitete Ausgabe der 1993 bei Metzler in Stuttgart erschienenen Originalausgabe).
(Die große Büchnerdarstellung; auf 848 Seiten werden Leben und zeitgeschichtlicher Hintergrund ausführlich entfaltet.)
(zitiert als: Hauschild 1997)

HAUSCHILD, JAN-CHRISTOPH: *Georg Büchner,* Reinbek: Rowohlt 1992, erweiterte Neuausgabe 2004 (rm 50670)
(Dasselbe in knapper, konzentrierter Darstellung)
(zitiert als: Hauschild 2004)

MARTIN, ARIANE: *Georg Büchner,* Stuttgart: Reclam 2007
(Einführung in Leben und Werk, beides zu gleichen Teilen berücksichtigt.)

Ausgewählte Sekundärliteratur

DEDNER, BURGHARD u. a.: *Georg Büchner – Woyzeck* [Erläuterungen und Dokumente], Stuttgart: Reclam 2000 (RUB 16013) *(Ausführliche Erklärungen zu den Realien in „Woyzeck" und reichhaltige Materialiensammlung. Die Erläuterungen nehmen Bezug auf die Studienausgabe.)* (zitiert als: EuD)

DEDNER, BURGHARD: *Die Handlung des „Woyzeck": wechselnde Orte – „geschlossene Form"*, in: Georg Büchner Jahrbuch 7 (1988/89), S. 148–170
(Der Autor argumentiert überzeugend gegen das Theorem der traditionellen Büchner-Forschung, bei „Woyzeck" handele es sich um ein offenes Drama.) (zitiert als: GBJb 7)

GLÜCK, ALFONS: *Der Woyzeck – Tragödie eines Paupers*, in: *Georg Büchner 1813–1837. Revolutionär, Dichter, Wissenschaftler* [Katalog der Ausstellung Mathildenhöhe, Darmstadt 2. August bis 27. September 1987]. Basel, Frankfurt am Main: Stroemfeld/Roter Stern 1987, S. 325–332

KLOTZ, VOLKER: *Geschlossene und offene Form des Dramas* [Literatur als Kunst. Eine Schriftenreihe, hrsg. v. Kurt May und Walter Höllerer], München: Hanser 1960

ROTH, UDO: *Das Forschungsprogramm des Doktors in Georg Büchners „Woyzeck" unter besonderer Berücksichtigung von H2,6*, in: Georg Büchner Jahrbuch 8 (1990–94), S. 254–278 (zitiert als: GBJb 8)

VON WIESE, BENNO: *Die deutsche Tragödie von Lessing bis Hebbel*, Hamburg: Hoffmann und Campe 1948; München: dtv 1983

Horst Günther Linke
Geschichte Russlands

Horst Günther Linke

Geschichte Russlands

Von den Anfängen bis heute

Einbandgestaltung: Jutta Schneider, Frankfurt a. M.
Einbandabbildung: Basilius-Kathedrale auf dem Roten Platz in Moskau
Foto: picture-alliance/ZB

Dieser Band erscheint im Rahmen
der von Michael Fröhlich
herausgegebenen Reihe „Grundzüge“.

Die Deutsche Bibliothek verzeichnet diese Publikation
in der Deutschen Nationalbibliografie;
detaillierte bibliografische Daten sind im Internet über
http://dnb.ddb.de abrufbar.

Die Herausgabe des Werkes wurde durch
die Vereinsmitglieder der WBG ermöglicht.
Satz: Setzerei Gutowski, Weiterstadt
Gedruckt auf säurefreiem und alterungsbeständigem Papier
Printed in Germany

www.primusverlag.de

ISBN-13: 978-3-89678-557-2
ISBN-10: 3-89678-557-5

Inhalt

I. Russland bis zur Mitte des 15. Jahrhunderts 7

II. Vom Moskauer Großfürstentum zum Zarenreich, 1462–1584 17
1. Ivan III. und Vasilij III., 1462–1533 17
2. Ivan IV., der Schreckliche, 1533–1584 26

III. Krise des Reiches und Etablierung der Romanow-Dynastie, 1584–1682 40
1. Die „Zeit der Wirren", 1598–1613 40
2. Die Formierung des „neuen Russland", 1613–1682 48

IV. Russlands Aufstieg zur europäischen Großmacht. Erfolge und ihr Preis, 1682–1801 57
1. Peter der Große, 1682–1725 58
2. Kurskorrekturen – Die Zeit der Palastrevolutionen, 1725–1761 76
3. Katharina die Große, 1762–1796 81
4. Paul I., 1796–1801 96

V. Koloss auf tönernen Füßen, 1801–1917 99
1. Alexander I., 1801–1825 99
2. Nikolaus I., 1825–1855 112
3. Alexander II., 1855–1881 125
4. Alexander III., 1881–1894 138
5. Nikolaus II., 1894–1917 147

VI. Die Sowjetzeit, 1917–1991 160
1. Von der „Doppelherrschaft" zur Machtergreifung der Bolschewiki, Februar bis Oktober 1917 161
2. Die Etablierung der bolschewistischen Herrschaft unter Lenin und Stalin, 1917–1928 165
3. Die Alleinherrschaft Stalins, 1929–1953 176
4. Stalins Erben – Kontinuität und Wandel bis zum Sturz Chruschtschows 1964 191
5. Breschnew, Andropow, Tschernenko, 1964–1985 195
6. Die Ära Gorbatschow, 1985–1991 201

VII. Ausblick 213

Anmerkungen 219

Auswahlbibliographie 223

Register 231
  Personen 231
  Sachen 235

I. Russland bis zur Mitte des 15. Jahrhunderts

Gewissheiten über die Frühzeit der russischen Geschichte gibt es wenige. Die älteste uns überlieferte Chronik, die „Erzählung der vergangenen Jahre“, die nach deren mutmaßlichem Vollender auch als „Nestor-Chronik“ bezeichnet wird, ist in der ersten Hälfte des 12. Jahrhunderts abgeschlossen worden. Sie berichtet, nicht ohne Gespür für effektvolle Dramatik, „woher das russische Land seinen Anfang nahm, wer in Kiew als Erster zu herrschen begann und wie das russische Land entstanden ist“, wobei Legendäres und Reales dicht miteinander verwoben sind. Ausgehend von dieser Überlieferung, aber auch in der gebotenen kritischen Auseinandersetzung mit ihr, hat sich als Konsens herauskristallisiert, die Anfänge eines sich allmählich herausbildenden russischen Einheitsstaates auf die Mitte des 9. Jahrhunderts zu datieren. Als Begründer des Reiches gelten heute nahezu unbestritten Waräger, die als Beute suchende und Tribut heischende Krieger in das Land einfielen und sich dort festsetzten oder die als streitbare Kaufleute „auf dem Weg zu den Griechen“ nach Konstantinopel den Dnjepr hinunterfuhren und befestigte Stützpunkte anlegten oder in ihre Gewalt brachten. Ein historisch nicht näher zu erfassender Rjurik sowie Askol'd und Dir errichteten – wohl begünstigt durch interne Machtkämpfe innerhalb der ansässigen Bevölkerung – in Nowgorod beziehungsweise in Kiew die ersten Herrschaften, die dauerhaften Bestand haben, miteinander verschmelzen und sich weiter ausdehnen sollten. Vladimir der Heilige öffnete 988 mit seiner Taufe das Land definitiv dem Christentum unter der kirchlichen Oberhoheit des griechisch-orthodoxen Patriarchen von Konstantinopel. Seine Blütezeit erlebte das Kiewer Reich unter den Großfürsten Jaroslav dem Weisen (1019–1054) und Vladimir Monomach (1113–1125). Exemplarisch zeugen im Innern der aufwändige, repräsentative Ausbau Kiews und die beginnende erste Kodifizierung eines eigenständigen Rechtes in der Russkaja Pravda von dem ansehnlichen Potential der Rus', während in den Außenbeziehungen ein weit verzweigtes Netz von Eheschließungen mit Fürsten- und Herrscherhäusern des westlichen Europa dokumentiert, dass Russland als ebenbürtiger Teil des Orbis christianus galt und ungeachtet seiner Randlage kein Außenseiter war. Seit der zweiten Hälfte des 11. Jahrhunderts bahnte sich aber bereits ein anhaltender Machtverfall der Kiewer Rus' an. Er resultierte zum einen aus dem Niedergang des Handels mit Byzanz, der zunehmend unter der Okkupierung der Stromschnellen sowie des Unterlaufs des Dnjepr durch asiatische Reitervölker litt, bevor die Eroberung Konstantinopels durch die Kreuzfahrer 1203/04 ein Übriges tat. Womöglich noch abträglicher für die Macht wirkten sich die kontinuierlichen Zwistigkeiten und Erbstreitigkeiten aus, die sich aus dem „Senioratsprinzip“ ergaben, wonach beim Ableben des Großfürsten der jeweils Älteste der Familie die Herrschaft übernehmen sollte. Kriegerische Auseinandersetzungen zwischen einem der Brüder des Erblassers und dem ältesten Sohn, so genannte „Onkel-Neffen-Konflikte“, waren damit vor-

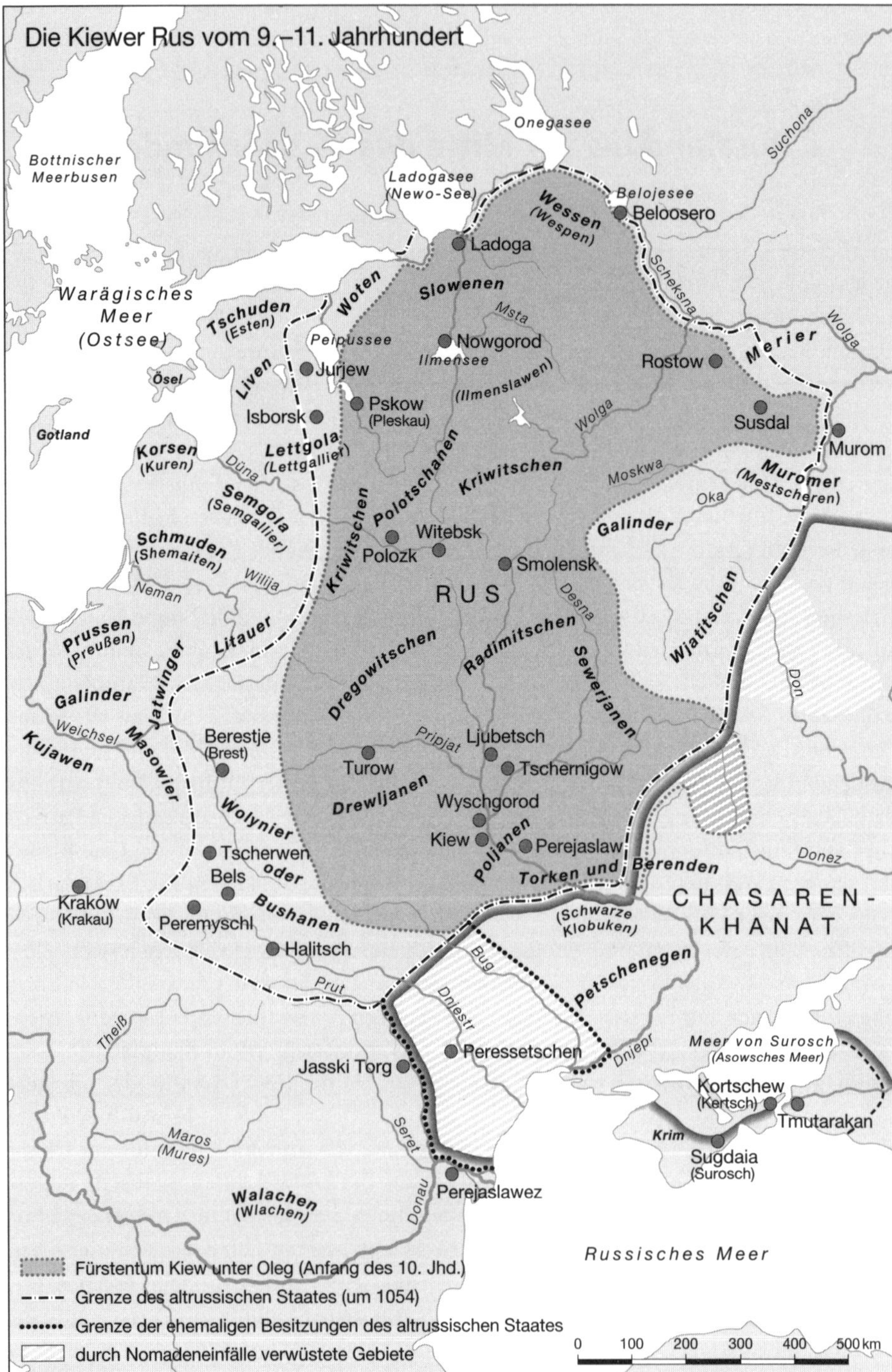
Die Kiewer Rus vom 9.–11. Jahrhundert
Bottnischer Meerbusen
Onegasee
Ladogasee (Newo-See)
Belojesee
Beloosero
Wessen (Wespen)
Ladoga
Suchona
Warägisches Meer (Ostsee)
Tschuden (Esten)
Woten
Slowenen
Scheksna
Msta
Wolga
Peipussee
Nowgorod
Ilmensee
Merier
Rostow
Ösel
Liven
Jurjew
(Ilmenslawen)
Pskow (Pleskau)
Isborsk
Susdal
Gotland
Korsen (Kuren)
Lettgola (Lettgallier)
Murom
Düna
Kriwitschen
Moskwa
Muromer (Mestscheren)
Semgola (Semgallier)
Polotschanen
Oka
Schmuden (Shemaiten)
Witebsk
Galinder
Polozk
Smolensk
Wilija
Neman
RUS
Desna
Prussen (Preußen)
Litauer
Wjatitschen
Dregowitschen
Radimitschen
Sewerjanen
Don
Galinder
Jatwinger
Kujawen
Weichsel
Masowier
Berestje (Brest)
Pripjat
Ljubetsch
Turow
Tschernigow
Drewljanen
Wyschgorod
Wolynier
Kiew
Poljanen
Perejaslaw
Tscherwen
Bels
oder
Torken und Berenden
Donez
Kraków (Krakau)
Peremyschl
Bushanen
(Schwarze Klobuken)
CHASAREN-KHANAT
Halitsch
Bug
Petschenegen
Prut
Dnjestr
Theiß
Peressetschen
Dnjepr
Jasski Torg
Meer von Surosch (Asowsches Meer)
Kortschew (Kertsch)
Tmutarakan
Seret
Maros (Mures)
Krim
Sugdaia (Surosch)
Perejaslawez
Donau
Walachen (Wlachen)
Russisches Meer
Fürstentum Kiew unter Oleg (Anfang des 10. Jhd.)
Grenze des altrussischen Staates (um 1054)
Grenze der ehemaligen Besitzungen des altrussischen Staates
durch Nomadeneinfälle verwüstete Gebiete
0 100 200 300 400 500 km

programmiert. Um den Querelen ein Ende zu setzen, beschlossen die Enkel Jaroslavs des Weisen auf dem Fürstentag zu Ljubeč 1097, dass künftighin jeder Fürst „in seinem Vatererbe herrschen“ solle. Die Vereinbarung erwies sich in der Realität allerdings als kontraproduktiv, weil die zentrifugalen Kräfte nun vollends die Oberhand gewannen. Mit dem Auseinanderbrechen des Reiches verlor auch Kiew seine hervorgehobene Stellung: 1169 eroberte der Großfürst von Wladimir die Stadt, nahm aber dort nicht mehr in traditioneller Manier seine Residenz, sondern ließ die „Mutter der russischen Städte“ brandschatzen und kehrte anschließend nach Wladimir zurück.

Insgesamt zählte die Kiewer Rus' im 12. Jahrhundert ungefähr 200 Städte, von denen viele allerdings kaum mehr gewesen sein dürften als befestigte Plätze oder nichtagrarische Siedlungen. Regiert wurden sie von dem Fürsten oder seinem Statthalter, wobei die Bewohner, zumindest in den Hauptstädten der Teilfürstentümer, aber wohl noch darüber hinaus, bis zur Tatarenherrschaft ein im Einzelnen nicht zu bestimmendes Mitspracherecht in Form der Volksversammlung, des veče, gehabt haben dürften. Auf jeden Fall von anderer Qualität, wenn auch gleichen Ursprungs, war die Macht, die die Bevölkerung von Nowgorod und seiner Beistadt Pskov gewinnen konnte. Speziell in Nowgorod gelang es der Stadtaristokratie im 12. Jahrhundert, den Fürsten vertraglich im Wesentlichen auf die Führung des städtischen Aufgebots zu beschränken und in der Stadt ein oligarchisches Regiment zu errichten. Der aus etwa fünfzig Mitgliedern bestehende „Herrenrat“, dem auch der Erzbischof angehörte, bestimmte faktisch die Richtlinien der inneren und äußeren Politik, indem er zu allen wichtigen Fragen Beschlüsse oder Gesetzesvorlagen vorbereitete. Formell war es allerdings die Volksversammlung, die das letzte Wort hatte, weil erst ihre – nach Kräften durch Geschenke oder auch Gewalt gelenkte – Abstimmung die endgültige Entscheidung herbeiführte. Die Sonderstellung Nowgorods spiegelte sich gleichfalls in der stolzen Selbsttitulierung als der „ganze Herr Groß-Nowgorod“. Dass Nowgorod eine solche Entwicklung nehmen konnte, war verschiedenen Umständen zuzuschreiben. Auch die vornehmste Gruppe der Stadtbewohner, die über großen Landbesitz verfügenden Bojaren, erwarb ihren Reichtum wie auch die nachgeordneten „begüterten Leute“ (žitye ljudi) und die Kaufleute (kupcy) durch Beteiligung am Fernhandel. Die daraus resultierende Denkweise, das eigene Leben selbstverantwortlich gestalten zu können, wurde verstärkt durch den engen Kontakt mit den gleichermaßen selbstbewussten und sich selbst organisierenden Gemeinschaften ausländischer Großkaufleute, allen voran denen der Hanse. 1195 wurde der erste erhaltene Handelsvertrag zwischen Nowgorod einerseits und der Hanse andererseits geschlossen, und bald darauf begründeten die Hanseaten in Nowgorod ein eigenes Kontor, den Peterhof. Später kam Nowgorod zugute, dass es nicht von den Tataren unmittelbar erobert wurde, wenn es im Weiteren auch Tributzahlungen leisten musste.

Betrachtet man andere Felder struktureller gesellschaftlicher Entwicklung in der Zeit der Kiewer Rus', so ergibt sich ebenfalls ein komplexes Bild zunehmender Differenzierung. Um seine Herrschaft auszuüben, war der Fürst auf seine Gefolgschaft angewiesen. Bestand sie anfänglich von der Herkunft her vor allem aus Warägern, so erweiterte sie sich durch Aufnahme von Angehörigen der indigenen Bevölkerung alsbald zu einer allgemein russischen Oberschicht. Seit dem Ende des 10. Jahrhunderts unterscheiden die Quellen zwischen einer „älteren Gefolgschaft“ (staršaja družina) und einer „jüngeren Gefolgschaft“ (mladšaja družina). Die Mitglieder der „älteren Gefolgschaft“ traten dem Fürsten durchaus selbständig gegenüber. Sie verfügten über eine beträchtliche eigene Hausmacht in Form von großen Ländereien und eigenen Gefolgschaften. Dem Fürsten stellten sie sich mitsamt ihren Leuten freiwillig zur Verfügung, sei es als Heerführer (voevody) oder als Statthalter im zivilen Bereich (posadniki). Ihre Dienste wurden dementsprechend auch nicht eigentlich entlohnt, sondern eher kompensiert durch Geld, Land oder Beute, auf jeden Fall aber durch einen Zugewinn an Ehre und Ansehen. Der Eintritt in den Dienst begründete auch nicht automatisch ein dauerhaftes Dienstverhältnis, vielmehr behielten die Großen, von denen die Vornehmsten seit dem 12. Jahrhundert als Bojaren bezeichnet werden, die auch vertraglich verbriefte Freiheit, den Dienst nach eigenem Ermessen ohne Benachteiligungen aufkündigen und den Herrn nach Gutdünken wechseln zu können. Von einem Lehnsverhältnis im westlichen Sinne konnte demgemäß weder in rechtlicher noch in politischer Hinsicht die Rede sein.

Die „jüngere Gefolgschaft“ war der „älteren“ in sozialer, rechtlicher und funktionaler Hinsicht nachgeordnet. Sie stellte die Kriegsleute, einschließlich der Leibgarde des Fürsten und war in der Hof- und Gerichtsverwaltung tätig. Die Gefolgschaftsleute, die ständig am Hof präsent waren, wurden seit der zweiten Hälfte des 12. Jahrhunderts auch als Hofleute (dvorjane) bezeichnet, woraus sich im 18. Jahrhundert die Bezeichnung für den Adel insgesamt – dvorjanstvo – herausbildete.

Wie bei den Adligen und Städtern fand in der Zeit der Kiewer Rus’ auch bei den unteren Volksschichten eine deutliche sozialrechtliche Differenzierung statt. Es kann davon ausgegangen werden, dass in der Frühzeit der Kiewer Rus’ die meisten Bauern freie Bauern waren, denen das Land, das sie bearbeiteten, gehörte und denen uneingeschränkte Freizügigkeit zustand. Sie waren lediglich dem Fürsten gegenüber abgaben- und lastenpflichtig, wobei die zu erfüllenden Leistungen anscheinend nicht individuell zugemessen wurden, sondern von dem „mir“, der schon in der Russkaja Pravda bezeugten Bauerngemeinde, kollektiv zu erbringen waren. Neben den freien Bauern gab es verschiedene Kategorien abhängiger Bauern, die vorrangig wohl aus wirtschaftlichen Gründen in ein zeitweiliges Abhängigkeitsverhältnis oder eine dauerhafte Schuldknechtschaft geraten waren. Die unterste Schicht der Bevölkerung bildeten die Unfreien (chlopy) und Sklaven (raby). Sie hatten ihr Schicksal vor allem durch Kriegsgefangenschaft, Kauf oder Heirat einer Sklavin heraufbeschworen. Die Grenzen zwischen den genannten Gruppierungen waren indes durchaus fließend und durchlässig; so waren Freilassungen nicht selten, etwa um brachliegendes Land urbar zu machen. In dem Maße aber, in dem der Besitz der Fürsten und Bojaren sowie der Kirche zunahm, wuchs auch der Bedarf an Arbeitskräften, und damit verstärkte sich die entgegengesetzte Tendenz, dass freie Bauern in Abhängigkeit gerieten oder gebracht wurden.

Die innere gesellschaftliche Entwicklung vermochte allerdings insgesamt gesehen den machtpolitischen Verfall des Kiewer Reiches nicht aufzuhalten. Als übermächtige Herausforderung erwies sich in der zweiten Hälfte der 30er Jahre des 13. Jahrhunderts der

Tatarensturm unter Führung von Batu, einem Enkel Dschingis Khans. Eine Vorwarnung war schon 1223 erfolgt, als die Tataren die Russen an der Kalka nördlich des Asowschen Meeres vernichtend schlugen. Die Sieger zogen sich dann indes wieder zurück, weil es sich für sie nur um ein Erkundungsunternehmen gehandelt hatte. 1235 aber beschlossen die Tataren den Generalangriff auf den Westen. Im Winter 1237/38 eroberten die Heerscharen der Goldenen Horde das nördliche Russland mit Ausnahme Nowgorods, das verschont blieb, weil einsetzendes Tauwetter im März 1238 die Tataren zum Rückzug nötigte. Ein weiterer großer Vorstoß zielte auf den Südwesten und war wiederum äußerst erfolgreich. Die Eroberung Kiews 1240 vollendete die Unterwerfung und den Untergang des Kiewer Reichs.

Die Zeitgenossen gedachten des Geschehenen mit Schaudern. Der Archimandrit des Kiewer Höhlenklosters und spätere Bischof von Wladimir, Serapion, klagte: „Zerstört sind unsere Gotteshäuser, besudelt die geweihten Gefäße, verheert die heiligen Stätten. … Unser Land ist von Leid und Not erfüllt. Viele unserer Brüder und Kinder sind in Gefangenschaft geschleppt worden. Unsere Äcker sind von wildem Unkraut überwuchert, zunichte gemacht ist unsere Macht. Unser Glanz ist geschwunden, unseren Reichtum haben andere genommen, die Frucht unserer Arbeit haben Heiden geraubt. Unser Land ist jetzt Eigentum fremder Barbaren."[1]

Auch spätere russische Deutungen haben die Tatarenherrschaft überwiegend negativ beurteilt, zumal wenn sie den „Westlern" nahe standen. Verwiesen wurde auf den Verlust der Selbständigkeit, die Ausbeutung des Landes, die damit verbundenen Rückschläge in allen Lebensbereichen sowie die Abkapselung vom westlichen Europa. Nur wenige, wie die „Eurasier" zu Beginn des 20. Jahrhunderts, haben in der Tatarenherrschaft eine Bereicherung gesehen, weil sie Russland zum Mittler zwischen Asien und Europa und zum „Knotenpunkt" einer sich entwickelnden neuen Weltkultur gemacht habe. Unbestreitbarer ist die rückblickende Bewertung, „unter dem Schleier der Goldenen Horde" sei der neue russische Staat entstanden.

In der Tat ist der Aufstieg Moskaus ohne die Tatarenherrschaft nicht vorstellbar. Erwähnung findet Moskau in den Quellen überhaupt erstmals 1147, als Jurij Dolgorukij den Fürsten von Nowgorod-Seversk einlud, sich mit ihm an der Landesgrenze „in dem befestigten Örtchen namens Moskau" zu treffen. Noch 1263, bei dem Tode des Großfürsten Aleksandr Nevskij, wurde Moskau so gering eingeschätzt, dass es dem jüngsten der vier Söhne als „Anteil" zugewiesen wurde. Vergleichsweise bessere Entwicklungsperspektiven schien das nordwestlich von Moskau gelegene aufstrebende und ambitionierte Fürstentum Tver' zu haben. Doch zwei Trümpfe entschieden die Konkurrenz letztlich zu Gunsten Moskaus. Um 1300 hatte der Metropolit das verarmte und unsicher gewordene Kiew verlassen und sich nach Wladimir begeben, von wo aus er beste Beziehungen zu Tver' unterhielt. Nach seinem Tode 1305 aber kam es zu Reibereien. Dem Nachfolger, Petr, wurden durch Tver' so abträgliche Schwierigkeiten bereitet, dass er sich unter den Schutz der Fürsten von Moskau stellte und zwischen 1317 und 1325 dauerhaft dorthin übersiedelte. Dieser Seitenwechsel erwies sich für die Moskauer Herrscher als außerordentlich förderlich, weil sie von nun an die entschiedene Unterstützung des Metropoli-

Sieg der Russen unter Großfürst Dmitrij Donskoj über die Tataren auf dem Kulikovo pole, dem Schnepfenfeld, 1380.
Foto: akg-images.

ten erfuhren und überdies für sich in Anspruch nehmen konnten, als vornehmste Schutzherren und Sachwalter der orthodoxen Kirche zu fungieren.

Der zweite Trumpf war machtpolitisch noch wirksamer. Nach mehrfachen Versuchen mit unterschiedlichem Ausgang gelang es Ivan I. (1328–1341) endgültig, die Rivalen aus Tver' beim Khan auszustechen. Die von den Tataren durch einen Gnadenbrief (jarlyk) verliehene Großfürstenwürde verblieb seither mit minimalen Unterbrechungen stetig bei

Moskau. Die wichtigsten Aufgaben, die der Khan dem jeweiligen Großfürsten im Sinne indirekter Ausübung von Herrschaft übertrug, waren in erster Linie die Eintreibung der festgesetzten Tribute und Steuern, ferner die Aufrechterhaltung von Ruhe und Gehorsam und nicht zuletzt die Organisation militärischer Gefolgschaft. Die ihnen zur Realisierung dieser Obliegenheiten eingeräumten weit reichenden Befugnisse nutzten die Großfürsten naturgemäß auch weidlich zur Durchsetzung eigener machtpolitischer Interessen und um kräftig in die eigene Tasche zu wirtschaften. Ivan I. agierte besonders unverfroren und erhielt dafür den dekuvrierenden Beinamen Kalita (Geldbeutel). Der machtpolitische Aufstieg wurde weiter dadurch gefördert, dass es die Großfürsten durch ihre hervorgehobene Position und ihre Geldmittel vermochten, „Gefolgschaften" zunächst unabhängiger Bojaren an sich zu binden, die von der Aussicht auf Ruhm, Ansehen und Besitz angelockt wurden. Geschickte Heiratspolitik, Erbschaften und „Käufe" von kleineren und größeren Herrschaftsgebieten trugen ihrerseits dazu bei, dass der Aufstieg Moskaus erfolgreich vonstatten ging. Er wurde ferner begünstigt durch den um die Mitte des 14. Jahrhunderts beginnenden Machtverfall der Goldenen Horde, der aus unaufhörlichen inneren Kämpfen um die Khanswürde und aus der zunehmenden Verselbständigung der Randgebiete der Horde resultierte. 1380 gelang es den Russen unter Führung des Moskauer Großfürsten erstmals, den Tataren in offener Feldschlacht auf dem Kulikovo pole, dem Schnepfenfeld, am oberen Don eine empfindliche Niederlage beizubringen. Der siegreiche Großfürst Dmitrij erhielt nicht nur den ehrenden Beinamen Donskoj, sondern wurde von den Zeitgenossen, die die Verheerungen der Tataren als Strafgericht Gottes erduldet hatten („um unserer Sünden willen"), geradezu als Auserkorener des Himmels verehrt.

Dafür, dass die Erwartungen und Hoffnungen nicht überbordeten, sorgten freilich wenig später bereits die Tataren selbst. 1382 erschien der neue Khan der Tataren Tochtamys, der den geschlagenen Heerführer Mamaj verdrängt hatte, mit einem großen Aufgebot vor Moskau, eroberte die Stadt, brannte sie nieder und tötete die Einwohner oder führte sie in die Gefangenschaft und Sklaverei. Der Großfürst, der außerhalb der Stadt weilte und vergeblich versucht hatte, ein Entsatzheer aufzustellen, musste die Tributzahlungen wieder aufnehmen. Die Großfürstenwürde wurde ihm aber nicht genommen.

Die außenpolitische Situation Moskaus komplizierte sich indes weiter dadurch, dass ihm im Westen mit dem Großfürstentum Litauen ein ernst zu nehmender Konkurrent bei dem „Sammeln des russischen Landes" entstand. So wie Moskau selbst profitierte Litauen von der zunehmenden Schwäche der Tatarenherrschaft, die sich in den am weitesten abgelegenen westlichen Randgebieten am frühesten bemerkbar machte und ausnutzen ließ. Vorbereitet schon von Gedimin (1316–1341) vermochte sein Sohn, Großfürst Olgerd, den gesamten westlichen Teil der Kiewer Rus' von der oberen Oka bis zum mittleren Dnjepr – nahezu drei Fünftel des einstigen Reichsterritoriums – für Litauen zu gewinnen. Kiew wurde endgültig 1362/63 erobert. Olgerds Ambitionen aber reichten weiter. 1368 und 1370 unternahm er zwei Feldzüge, die ihn unmittelbar bis vor die Tore Moskaus führten, wenn er auch den steinernen Befestigungsring des Kremls nicht zu bezwingen vermochte. Das Machtpotential Litauens vergrößerte sich in der Folgezeit noch durch den 1385 abgeschlossenen Unionsvertrag von Krewo mit Polen; allerdings wurde dadurch gleichzeitig Litauens Blick verstärkt nach Westen gelenkt, und durch die Taufe nach dem römisch-katholischen Ritus verlor der Großfürst zugleich an Legitimation, die orthodoxen Russen unter seiner Herrschaft zu vereinen. Nichtsdestotrotz vermochte Litauen in den folgenden Jahrzehnten seine Position gegenüber Moskau vorteilhaft auszubauen. Dem bis 1430 regierenden Großfürsten Witowt gelang es nicht nur, zusätzlich das Fürstentum Rjazan' und die kleinen umstrittenen Grenzfürstentümer an der oberen Oka unter seine Herrschaft zu bringen, sondern der Moskauer Großfürst Vasilij I. stellte in seinem Testament von 1423, sogar seinen minderjährigen Sohn Vasilij II. unter den Schutz Witowts, aus der berechtigten Sorge heraus, Vasilij II. werde innerhalb seiner eigenen Familie unter Berufung auf das Senioratsprinzip die Erb- und Thronfolge streitig gemacht werden. Der 1449 mit Moskau abgeschlossene Grenzvertrag bekräftigte nicht nur förmlich den territorialen Status quo, sondern erkannte auch ausdrücklich an, dass Nowgorod und Pskov der litauischen Einflusssphäre zuzurechnen seien.

Dann freilich wendete sich das Blatt. Anfang der 50er Jahre gelang es Vasilij II., seinen Herrschaftsanspruch als Großfürst von Moskau endgültig durchzusetzen, was er außenpolitisch nutzte, um Litauens Einfluss zurückzudrängen. Ein erster Erfolg war ihm in Hinblick auf Rjazan' beschieden. Beim Tode des dortigen Herrschers 1456 gelang es ihm, die Vormundschaft über dessen minderjährigen Nachfolger zu erlangen, was sich als Vorstufe zur 1521 erfolgenden definitiven Eingliederung erweisen sollte. Ebenfalls im Jahre 1456 vermochte Vasilij II. die Moskauer Position gegenüber Nowgorod deutlich zu stärken. Nach einem erfolgreichen Feldzug konnte er erstmals, wenn auch noch nicht dauerhaft, durchsetzen, dass die Souveränität Nowgorods eingeschränkt wurde, indem der Stadt auferlegt wurde, Urkunden nicht mehr mit dem eigenen, sondern nur noch mit dem großfürstlichen Siegel auszufertigen.

Gleichzeitig trug Vasilij II. Sorge, die großfürstliche Macht im Innern zu stärken. Er versuchte, durch Verträge das Recht der Bojaren auf freien Abzug einzuschränken, und bemühte sich, aus dem Grundbesitz generell eine Dienstpflicht abzuleiten. Wie sich aber immer wieder herausstellte, ließen sich die Bojaren vom Großfürsten nicht nach Belieben dirigieren. Als zuverlässiger und fügsamer erwiesen sich „freie Diener" (vol'nye slugi), die ihren Aufstieg und ihr Ansehen überhaupt erst dem Großfürsten verdankten. Seit dem 15. Jahrhundert werden diese mittleren und kleineren Dienstleute als „Bojarenkinder" (deti bojarskie) bezeichnet. Sie avancierten zusammen mit den „Hofleuten" zum eigentlichen Rückgrat der großfürstlichen Herrschaft und führten in der zivilen Verwaltung die Tagesgeschäfte oder fungierten im Militär als Elitetruppen des Großfürsten. Ihnen war natürlich das Recht auf freien Abzug völlig verwehrt. Zur Stärkung der Position des Großfürsten trugen auch hochgestellte Ausländer bei, die nach Moskau geflohen waren, um sich in Sicherheit zu bringen. Sie waren vollkommen auf die Gunst des Herrschers angewiesen und dienten ihm dementsprechend ergeben. Adlige aus Litauen und Tataren waren die prominentesten Vertreter in dieser Gruppe.

Mit der zunehmenden Komplexität und Verstetigung des Dienstes verstärkte sich auch die Frage nach der Rangordnung (mestničestvo) der Dienenden. Sie wurde zunächst für die höchsten Würdenträger, die Moskauer Bojaren und Teilfürsten, später auch für nachgeordnete und niedere Ränge in einer Weise gelöst, die anfänglich als Kompromiss zwischen dem Großfürsten und seiner vornehmsten Gefolgschaft erscheinen mochte, tatsächlich aber auf lange Sicht die Vor- und Alleinherrschaft des Moskauer Potentaten begünstigte. Der „Platz am Tisch" (mesto) des Großfürsten sollte zum einen bestimmt werden durch die Herkunft und das Geblüt und zum anderen durch die Dienste, die der jeweilige Adlige, aber auch seine Vorfahren dem Großfürsten geleistet hatten. Streitigkeiten um die angemessene Einschätzung der insgesamt zu berücksichtigenden Qualifikationen waren vorprogrammiert und sollten durch den Großfürsten und sein engstes Beratergremium, die Bojarenduma, entschieden werden. Tatsächlich aber oblag es mehr und mehr dem Großfürsten zu entscheiden, wen er fördern, übergehen oder gar zurücksetzen wollte. Das führte wiederum im Laufe der Zeit umgekehrt dazu, dass das Buhlen um die Gunst des Herrschers in den Vordergrund trat und die ohnehin schon vorhandene Rivalität zwischen den vornehmsten Familien und ihren Angehörigen verschärft wurde. Kooperatives Denken und Handeln konnten auch aus diesem Grunde nicht entstehen. Aber selbst unter Ivan IV. und schon gar nicht in der folgenden „Zeit der Wirren" und der Neuformierung der Autokratie ließ es sich verhindern, dass einzelne Würdenträger, die mit dem ihnen zugewiesenen Rangplatz unzufrieden waren, den Dienst quittierten. Das war naturgemäß auf Kriegszügen besonders misslich und deswegen wurde hier die Rangplatzordnung zuvörderst außer Kraft gesetzt. Weitere Bereiche folgten und 1682 wurde sie schließlich ganz aufgehoben und nach einer Übergangszeit unter Peter dem Großen durch ein neues System der Ränge ersetzt.

Noch auf einem anderen Feld ist in der Regierungszeit Vasilijs II. eine bedeutsame Weichenstellung für die weitere russische Geschichte vorgenommen worden. Es handelte sich um die Kirche und die von ihr vertretene Glaubenslehre. Um die Hilfe des Westens gegen die siegreichen osmanischen Streitkräfte zu erwirken, die 1422 sogar schon einmal bis Konstantinopel vorgedrungen waren, entschieden sich Kaiser und Patriarch, Unionsverhandlungen mit der lateinischen Kirche aufzunehmen. Die Chance, die russische Kirche in diese Pläne einzubeziehen, bot sich, als in Moskau der Metropolit Fotij starb. Zu seinem Nachfolger wurde nicht der von den russischen Bischöfen gewählte Iona von Murom und Rjazan' bestimmt, sondern der Abt des Demetrios-Klosters von Konstantinopel, Isidor, der als eifriger Verfechter und Betreiber der Kirchenunion hervorgetreten war. In diesem Sinne wirkte er – nach nur kurzem Aufenthalt in Moskau 1437 – auch auf dem erfolgreich verlaufenden Vereinigungskonzil von Ferrara und Florenz. Papst Eugen IV. honorierte seine Verdienste, indem er ihn nicht nur zum Legaten für Litauen, Livland und Russland ernannte, sondern auch zum Kardinal konsekrierte. Mit dieser Würde kehrte Isidor im März 1441 nach Moskau zurück. In der Zwischenzeit hatte sich aber dort schon die Opposition gegen die Neuerungen formiert. Als Isidor die erste Liturgiefeier tatsächlich nach dem neuen Ritus vornahm und anschließend die Unionsbulle verlesen ließ, schritt der Großfürst ein. Isidor wurde in einem Kremlkloster arretiert. Damit war die Einbeziehung Russlands in die Kirchenunion hinfällig. Es stellte sich nunmehr aber die Frage, wie das Verhältnis zum kirchlichen Oberhaupt in Konstantinopel weitergeführt werden sollte. An einer Zuspitzung des Konflikts mit der Kirche war Vasilij II., der sich zu jener Zeit noch nicht definitiv gegen seine Gegner durchgesetzt hatte, nicht gelegen. So vermochte Isidor im Herbst 1441 zu fliehen, ohne dass der Großfürst, wie der Chronist viel sagend vermerkte, ihn verfolgen ließ. Sieben Jahre blieben die Dinge in der Schwebe, bis die russische Seite vorsichtig einen Ausweg aus dem Dilemma suchte. Eine russische Synode wählte im Dezember 1448 den Bischof Iona von Rjazan' zum Metropoliten, aber in einem Sendschreiben an den Patriarchen versuchte der Großfürst sogleich diese Eigenmächtigkeit mit der – erfundenen – Begründung herunterzuspielen, Iona habe 1437 Isidor als Metropolit den Vortritt lassen müssen, sei aber damals schon zu seinem Nachfolger bestimmt worden. Der Patriarch war anfänglich nicht gewillt, diese Vorgehensweise hinzunehmen, aber nach dem Fall von Konstantinopel 1453 änderte sich die Situation. Der Patriarch kehrte wieder zur Orthodoxie zurück und war auf die materielle Unterstützung der russischen Kirche angewiesen. So fand er sich schließlich mit der Autokephalie der russischen Kirche ab. Sie wurde allerdings in ihrem Amtsbereich verkleinert, denn 1458/59 wurden die unter jagiellonischer Herrschaft lebenden orthodoxen Christen zu einer eigenen Metropolie mit Sitz in Kiew zusammengefasst. Eine nach Moskau einberufene Bischofssynode trug dem Rechnung, indem sie Iona und alle seine Nachfolger zu Metropoliten „von Moskau und der ganzen Rus'" bestimmte.

II. Vom Moskauer Großfürstentum zum Zarenreich, 1462–1584

1478	Das „Sammeln russischen Landes" findet einen Höhepunkt in der definitiven Unterwerfung Nowgorods
1480	Formelles Ende der Tatarenherrschaft über Russland
1497	Erste gesamtrussische Gesetzsammlung (sudebnik) seit dem 11./12. Jh.
1547	Krönung Ivans IV. zum ersten russischen Zaren
1552, 1556	Entwicklung Russlands zum Imperium durch Eroberung der Khanate Kazan' und Astrachan'
1558–1582	Erster, letztlich erfolgloser Krieg um Livland
1563	Druck des ersten Buches in Moskau
1565–1572	Schreckenszeit der Opričnina
1582	Eroberung Sibiriens

1. Ivan III. und Vasilij III., 1462–1533

Ivan III., der älteste Sohn Vasilijs II., ist in die russische Geschichte als eine so hervorragende Herrschergestalt eingegangen, dass er verschiedentlich den Beinamen „der Große" erhielt. In außenpolitischer Hinsicht erweiterte er den territorialen Bestand des Moskauer Großfürstentums erheblich, schüttelte das Tatarenjoch endgültig ab und verstärkte damit die Position Russlands auf der internationalen Bühne allgemein. Machtpolitisch und partiell auch kulturell förderte er die Wiedereinbindung Russlands in das westliche Europa. Andererseits war seine Politik im Innern eher dazu angetan, die durch jahrhundertelange Fremdherrschaft schon fortgeschrittene Sonderentwicklung Russlands noch weiter voranzutreiben.

Sowohl der äußere Zugewinn an Macht und Territorium als auch die Verstärkung der inneren Sonderentwicklung spiegeln sich am augenfälligsten in der Eingliederung Groß-Nowgorods in das Moskauer Reich. Die Unterwerfung des Stadtstaates, die auch die Inbesitznahme seines ausgedehnten, bis zum Ural reichenden Kolonialbesitzes einschloss, vollzog sich in zwei Etappen. Nach dem souveränitätsbeschränkenden Vertrag, den Vasilij II. Nowgorod 1456 auferlegt hatte, komplizierte sich das Verhältnis innerhalb der Bürgerschaft. Es war ohnehin schon angespannt wegen der dauernden Misshelligkeiten zwischen den wenigen reichen Familien, die die eigentliche Macht ausübten, und denjenigen, die über weniger Einfluss verfügten, aber doch in der Volksversammlung das Wort ergreifen und abstimmen durften. Nun kam noch der Streit hinzu zwischen denjenigen, die sich an Moskau halten, und denjenigen, die sich nach Polen-Litauen ausrichten wollten. Als die Letzteren obsiegten und ausdrücklich als „freie Männer von Nowgorod" einen Schutzvertrag mit dem polnischen König und litauischen Großfürsten Kasimir IV. ausfertigten, zog Ivan III. gegen die Nowgoroder im Juni 1471 zu Felde und besiegte sie schon einen Monat später. Kasimir IV. half ihnen nicht, wobei freilich nicht sicher ist, ob er den Schutzvertrag, der einseitig zu Gunsten Nowgorods abgefasst war, überhaupt in der vorliegenden Form akzeptiert hatte. Der Friede, den Ivan III. den Nowgorodern gewährte, war angesichts der realen Machtverhältnisse durchaus gemäßigt. Nowgorod verpflichtete sich, außenpolitisch nicht mehr von der Seite Moskaus zu weichen, bekannte sich zu den Bestimmungen des Friedens von 1456 und erkannte auch generell an, zur votčina, zum Vatererbe des Moskauer Großfürsten zu gehören; andererseits war aber in dem Vertrag noch die Rede von den „freien Männern von Nowgorod", und es wurde ihnen weitgehende Selbstverwaltung belassen mitsamt der Volksversammlung, dem veče.

Die engere Bindung an Moskau wurde in Nowgorod nicht grundsätzlich abgelehnt. Im Gegenteil, im März 1477 gewannen die bedingungslosen Anhänger Moskaus in dem veče sogar die Oberhand. Sie beschlossen, eine Delegation zu dem Großfürsten zu senden und ihm die vollständige Herrschaft über Nowgorod anzutragen. Die Abgeordneten sprachen Ivan III. erstmals nicht als „Herr" (gospodin), sondern als „Herrscher" (gosudar) an. Kurz darauf setzte sich freilich wieder die Opposition in dem veče durch und wollte von der Ergebenheitsadresse nichts mehr wissen. Das mochte der Großfürst nicht hinnehmen. Ende September übersandte er dem Stadtstaat nach sorgfältiger Vorbereitung die offizielle Kriegserklärung und rückte mit einem großen Heer an. Die eingeschüchterten Nowgoroder leisteten von vornherein keinen militärischen Widerstand, sondern setzten auf Verhandlungen. Erfolg war ihnen dabei kaum beschieden; Mitte Januar 1478 mussten sie sich definitiv fügen und den Treueeid leisten. Bezeichnend für den neuen Herrschaftsstil war, dass Ivan III. sich weigerte, dem Wunsch der Nowgoroder zu folgen und seinerseits die wenigen Zusagen, die er gemacht hatte, zu beschwören. Zu diesen Zugeständnissen gehörte das Versprechen, keine Massenaussiedlungen aus dem Nowgoroder Gebiet vorzunehmen und den Landbesitz der Nowgoroder Bojaren zu schonen. Beides wurde nicht eingehalten. Die veče-Glocke, das Symbol Nowgoroder Selbstherrschaft, wurde bereits im März 1478 nach Moskau gebracht, „um mit den übrigen Glocken zu läuten".

Ein rasches und abruptes Ende fanden auch die mehr als ein Jahrhundert währenden Auseinandersetzungen mit dem Großfürstentum Tver'. Allzu viele Bojaren hatten bereits von ihrem Recht auf „freien Abzug" Gebrauch gemacht und waren auf die mehr versprechende Moskauer Seite gewechselt oder zeigten sich dazu bereit, als Ivan III. im September 1485 mit einem großen Heer vor Tver' erschien und mit der Belagerung begann. Von seinen Gefolgsleuten im Stich gelassen gab es für den Großfürsten Michail keine Chance Widerstand zu leisten. „Sehend, dass er machtlos war", heißt es in einer Chronik, „floh er aus der Stadt nach Litauen."[1] Ivan III. ließ die Bewohner von Tver' auf sich vereidigen und beauftragte anschließend seinen gleichnamigen Sohn, die Herrschaft in seinem Namen auszuüben.

Nach mehrjährigen Grenzkriegen 1492 bis 1494 beziehungsweise 1500 bis 1503 gelang es Ivan III. überdies, in Westrussland beträchtliche Gebiete an den Flüssen Oka, Soz und

Desna u. a. mit den Städten Vjaz'ma, Černigov, Gomel', Nowgorod-Seversk und Brjansk für sich zu gewinnen.

Vergleichsweise unspektakulär verliefen weitere Annexionen. Unter Berufung auf bestehende Rechtstitel wurden 1471 und 1474 die Fürstentümer Jaroslavl' und Rostov endgültig inkorporiert, während die früheren Außenposten Nowgorods Perm' und Vjatka 1472 beziehungsweise 1489 militärisch unterworfen wurden. Komplettiert wurden die Annexionen unter Vasilij III. 1510 und 1521 durch die Eingliederung von Pskov, das bereits seit 1469 die Siegelaufschrift „Vatererbe des Großfürsten Ivan Vasil'evič" führte, sowie durch die Inbesitznahme des schon seit Vasilij II. von Moskau kontrollierten ehemaligen Großfürstentums Rjazan'. Als mühsamer erwies sich die Eroberung des strategisch wichtigen, aber wohlbefestigten Smolensk; doch 1514 gelang auch sie.

Das Moskauer Großfürstentum umfasste nun eine Fläche von etwa drei Millionen Quadratkilometern. Das enorme Ausmaß der Vergrößerung wird evident, wenn man sich vergegenwärtigt, dass der Moskauer Anteil, den Aleksandr Nevskij um die Mitte des 13. Jahrhunderts seinem jüngsten Sohn übertrug, auf knapp 30 000 Quadratkilometer zu veranschlagen ist. Das Moskauer Staatsgebiet erstreckte sich nun vom mittleren Dnjepr im Westen bis zum Ural im Osten und vom Weißen Meer im Norden bis zur Steppe im Süden.

Der Ruhm Ivans III. in der nationalpatriotischen Geschichtsschreibung beruht indes nicht allein auf dem „Sammeln des russischen Landes", sondern ebenso auf der von ihm vollzogenen Abschüttelung des Tatarenjochs. Auch bei dieser Gelegenheit erwies sich Ivan III. als ein Politiker, der sich von einem wachen Machtinstinkt leiten ließ, dabei aber nicht unüberlegt oder gar übereilt vorging, sondern in erster Linie auf Sicherheit bedacht blieb und unkalkulierbare Risiken scheute. Das einmal Erreichte wusste er aber zäh zu verteidigen und ließ es sich nicht wieder nehmen. Die Entscheidung in der Auseinandersetzung mit den Tataren fiel in den letzten Monaten des Jahres 1480. Die schon in einem fortgeschrittenen Stadium der Auflösung befindliche Goldene Horde schickte sich unter Khan Achmat noch einmal an, das sich emanzipierende Russland, das seinen Tributverpflichtungen nicht mehr nachkam, vollständig zu unterwerfen, um damit ihrer schon verblassenden Macht neue Autorität und furchtgebietenden Respekt zu verschaffen. Zur Gewährleistung des Erfolgs schloss der Khan einen Beistandspakt mit dem großen Rivalen Moskaus im Westen, Polen-Litauen. Achmat konnte überdies auf eine Schwächung Moskaus auf Grund innerer Zerwürfnisse rechnen, weil sich die jüngeren Brüder Ivans von dem Großfürsten zurückgesetzt und übervorteilt fühlten und aus ihrer Unzufriedenheit keinen Hehl machten. Ivan III. gelang es jedoch, seine Gegner auseinander zu dividieren. Seinen Brüdern versprach er, ihren Wünschen nach stärkerer Teilhabe an der Macht stattzugeben, was er später nicht einhielt, ihm aber zum gegebenen Zeitpunkt sogar deren militärische Unterstützung eintrug. Gegen Polen-Litauen mobilisierte Ivan III. seinen unbequemen, aber starken Verbündeten, die Krimtataren unter ihrem Khan Mengli-Girej. Ihre daraufhin gegen Podolien gerichteten Raubzüge fielen so verheerend aus, dass Kasimir IV. beschloss, sich ganz auf die Abwehr dieser Bedrohung zu konzentrieren und weitere kriegerische Unternehmungen zu unterlassen. Diese Entscheidung war aber noch nicht gefallen, als Khan Achmat mit seinen Truppen bis an die Ugra, einen Nebenfluss der Oka, vorrückte und hier Stellung bezog, um auf die Verstärkung durch seine Verbündeten zu warten. Ivan III. schickte ihm ein Heer entgegen und ließ das gegenüberliegende Ufer der Ugra besetzen. Wegen der unüberschaubaren Lage wagte aber auch er keinen Angriff. Das führte im Oktober 1480 zum wochenlangen „Gegenüberstehen an der Ugra". Als Anfang des folgenden Monats der Fluss zufror und damit seine trennende Funktion verlor, kam es am 11. 11. 1480 zu einer kuriosen, aber schicksalhaften Kettenreaktion von Irrungen und Wirrungen, die in einer Chronik folgendermaßen referiert wurde: „Auf beiden Seiten herrschte Furcht, jede fürchtete die andere. … Als unsere Truppen sich vom Ufer zurückzogen, flohen die Tataren in Panik, weil sie glaubten, die Russen hätten ihnen das Ufer überlassen, um sie in einen Hinterhalt zu locken; unsere Leute hingegen dachten umgekehrt, die Tataren hätten den Fluss überquert und würden sie verfolgen."[2] Die Russen hatten letztlich das bessere Ende für sich. Die Tataren zogen vollständig ab. Das Joch über Russland zerbrach damit definitiv, denn bevor die Krieger der Goldenen Horde Sarai erreichten, wurden sie von Tataren anderer Khanate der Beute wegen überfallen; Khan Achmat wurde erschlagen. 1502 vernichteten die mit Moskau weiterhin verbündeten Krimtataren die Goldene Horde endgültig.

Der Aufstieg Moskaus blieb im westlichen Europa nicht unbemerkt. Maximilian I. suchte sich seit Ende der 80er Jahre der russischen Hilfe gegen Polen-Litauen zur Durchsetzung seiner Erbansprüche auf Ungarn und Böhmen zu versichern. Das gelang formell auch durch zwei Verträge von 1491 und 1514, die in der strittigen Angelegenheit freilich ohne Bedeutung blieben, weil sich die Kontrahenten unmittelbar einigten. Zu weiteren Verhandlungen wurde 1517 und 1526 Sigismund von Herberstein nach Moskau geschickt. Hervorzuheben ist diese Mission vor allem deshalb, weil Herberstein später, 1549, unter dem Titel „Rerum Moscoviticarum Commentarii" einen Bericht über seine Reisen veröffentlichte, der viele Auflagen und Übersetzungen erlebte und wesentlich dazu beitrug, das westliche Russlandbild zu formen und zu prägen.

Viel spekuliert worden ist über die Frage, welche Bedeutung der 1472 vollzogenen Eheschließung Ivans III. mit Zoe-Sof'ja, der Nichte des letzten byzantinischen Kaisers, beizumessen und wie die nach 1489 erfolgte Übernahme des Doppeladlers in das Siegel des Großfürsten zu interpretieren ist. Während die einen hierin ein bewusstes Agieren mit dem Anspruch der translatio imperii von Ostrom auf Moskau sehen, weisen andere darauf hin, dass Zoe keinen Anspruch auf den byzantinischen Thron hatte und der Doppeladler eher auf Gleichberechtigung mit dem deutschen Kaiserhaus gezielt haben dürfte, vielleicht auch auf ostentative Überlegenheit über Polen, das den einköpfigen Adler im Wappen führt. Genauer betrachtet schließen die unterschiedlichen Deutungen aber einander nicht aus und könnten sehr wohl von Anfang an miteinander verbunden gewesen sein. Unbestritten ist auf jeden Fall, dass Ivan III. und Vasilij III. danach trachteten, ihren realen Machtzuwachs auch protokollarisch zur Geltung zu bringen, und dass sie dabei den auswärtigen Beziehungen sogar eine Vorreiterrolle für die Rangerhöhung im Innern beimaßen. Wie in seiner gesamten Politik ging Ivan III. Schritt für Schritt vor; wo immer die dauernde oder derzeitige Schwäche des Verhandlungspartners es erlaubte, setzte er in Verträgen Titel durch, die eine höhere Herrschergewalt bekundeten, und hielt fürderhin unnachgiebig daran fest. Das galt insbesondere für den Titel „Zar". Ivan III. verschaffte ihm über die schon seit dem 14. Jahrhundert nachweisbare ehrende Anrede für den Großfürsten hinaus eine staatsrechtliche Qualität, indem er ihn für sich und seinen Sohn in den förmlichen Waffenstillstand von 1474 mit Livland einbringen ließ. 1482 musste Schweden dasselbe vertragliche Zugeständnis machen. Seinem Nachfolger glückte der große Coup. 1514 gelang es Vasilij III. in dem schon erwähnten Bündnisvertrag mit dem Kaiser selbst, den Zarentitel aufnehmen zu lassen, ohne dass der bevollmächtigte Gesandte Jörg Schnitzenpaumer, Ritter von Sonnegg, dagegen Einwände erhoben hätte. Spätere Reklamationen der kaiserlichen Kanzlei blieben erfolglos. Welch große Bedeutung man in Moskau dieser Anerkennung beimaß, zeigt sich daran, dass noch zweihundert Jahre später Peter der Große den russisch-deutschen Vertrag von 1514 drucken ließ, um nachzuweisen, dass der russische Kaisertitel bis ins frühe 16. Jahrhundert zurückreichte und den Herrscher damit auch legitimierte, 1721 den Titel Imperator Vserossijskij („Kaiser von ganz Russland") anzunehmen.

Die Ausweitung und Intensivierung der Kontakte zum Westen schärften in Moskau auch den Blick für entwickelte Fähigkeiten und Fertigkeiten, die man übernehmen und sich selber zu Eigen machen wollte. Besonders interessiert zeigte man sich an Spezialisten im militarischen Bereich, an Büchsenmeistern etwa und Sprengmeistern, die es verstanden, die Wallanlagen des Gegners zu unterminieren; aber auch Bergleute, Silberschmiede, Architekten und Baumeister wurden gesucht. Zu einer ersten Werbereise kam es im Juli 1474. Sie erfolgte auf Anregung der Gemahlin Ivans III., Zoe-Sof'ja, die ihrerseits schon bei ihrer Übersiedlung nach Russland anlässlich der Eheschließung 1472 eine größere Anzahl hochbefähigter Männer in ihrem Gefolge mitgebracht hatte. Zu ihnen zählte der Grieche Trachaniot, der als Siegelbewahrer und Schatzmeister Ivans III. und Vasilijs III. fungierte und 1489 die erste Gesandtschaft Ivans III. zu Kaiser Friedrich III. anführte. Des Weiteren kamen aus Italien namhafte Baumeister wie Rudolfo Aristotele Fioravanti, Marco Ruffo und Pietro Antonio Solari, die den Kreml in einer gelungenen Synthese von Stilmitteln der italienischen Renaissance und altrussischen Baukunst zu einer befestigten Residenz ausbauten, deren hohe Wehrhaftigkeit und kunstvolle Prachtentfaltung die gesteigerte Macht des Großfürsten veranschaulichten.

Es läge nahe zu vermuten, dass die intensivierten Beziehungen zum Ausland auch der Entwicklung des russischen Außenhandels zugute gekommen wären. Das war in Wirklichkeit indes nur sehr begrenzt der Fall, weil mehrere Hindernisse dem entgegenstanden. Insgesamt unvorteilhaft wirkten sich die politischen Rahmenbedingungen aus. Mit dem Zerfall der Goldenen Horde in einzelne, einander vielfach bekämpfende Khanate wurde auch die Pax Mongolica hinfällig, die im Osten den ungehinderten Zugang zu den asiatischen Märkten hätte ermöglichen können; statt dessen blockierte nun vor allem das Khanat Kazan' den Wolga-Handelsweg, während das Krim-Khanat den Zugang zum Schwarzen Meer versperrte.

Im Westen erwies sich das fast durchgängig feindlich eingestellte Polen-Litauen als nahezu unüberwindliche Barriere. Es verblieb der Weg über die Ostsee, der aber fest in der Hand der Hanse war. Immerhin fungierte Nowgorod in diesem Netzwerk als gesuchter Stapel- und Umschlagplatz sowie als Warenbörse mit hohen Umsätzen; nach der Eingliederung in das Moskauer Reich wurde diese Position indes erheblich dadurch beeinträchtigt, dass Ivan III. zwischen 1481 und 1489 eine große Anzahl der wohlhabendsten und angesehensten Kaufleute aus der Stadt „herausführen" und 1494 darüber hinaus das Hansekontor schließen ließ. Ivan III. wollte dem Außenhandel nicht vorsätzlich schaden, vielmehr verkannte er die Auswirkungen seiner Gewaltmaßnahmen. 1514 ließ Vasilij III. das Hansekontor wieder öffnen, aber da war der Schaden schon geschehen und nur noch in geringem Maße wieder gutzumachen, zumal der Großfürst den Hansekaufleuten die früheren Vorrechte nicht mehr verbindlich zusagte. Pskov ging es nach der Annexion durch Vasilij III. 1510 nicht viel anders. Was die Art der gehandelten Waren betraf, so blieben die Hauptprodukte des russischen Exports Wachs, Salzfleisch, Pelze und zunehmend auch Flachs und Hanf; speziell bei den Tataren waren auch Lederwaren, Messer und Jagdfalken begehrt. Umgekehrt wurden aus dem Westen gewerbliche Artikel, Tuche, Waffen und Luxusartikel importiert, während aus dem Süden über die Krimtataren traditionell vor allem Erzeugnisse eingeführt wurden, die nur für den Großfürsten und die Vornehmsten bestimmt waren: Seide, Brokat, Gewürze, Edelsteine und edle Pferde.

Günstiger als der Außen- und Fernhandel entwickelte sich der Binnenhandel. Für ihn erwiesen sich die politischen Rahmenbedingungen wie das „Sammeln des russischen Landes" unter der alleinigen Herrschaft des Moskauer Großfürsten, die Eliminierung der Teilfürstentümer sowie das Abschütteln des Tatarenjochs als vorteilhaft. Die Zeit der Kämpfe war nicht generell vorbei, selbst Moskau blieb durch die überfallartigen Kriegs- und Beutezüge der Krimtataren gefährdet, aber insgesamt kehrten mehr Ruhe und Sicherheit ein. Die Bevölkerung wuchs von fünf bis sechs Millionen Ende des 15. Jahrhunderts auf neun Millionen Mitte des 16. Jahrhunderts an, und sowohl aus diesem Grund als auch wegen der sich entwickelnden Gewerbetätigkeit nahmen die Anzahl und die Größe der Städte zu. In der zweiten Hälfte des 15. Jahrhunderts gab es in Russland etwa 100 Städte, um die Mitte des 16. Jahrhunderts waren es 160, wobei Moskau mit einer Einwohnerzahl von mehr als 100 000 freilich eine absolute Ausnahmestellung innehatte. Vielfach bildeten die Städte die Zentren der wirtschaftlichen Entwicklung der Regionen, von denen sich einige auf die Erzeugung bestimmter Produkte zu spezialisieren begannen, wie z. B. Serpuchov-Tula und Tver' auf Eisenerzeugnisse, Vologda und Jaroslavl' auf Lederwaren sowie Kaluga auf Holzverarbeitung. Zugleich spielten die Städte eine wichtige Rolle als lokale Gebietsmärkte. Moskau konnte im 16. Jahrhundert für sich in Anspruch nehmen, nicht nur das bedeutendste Wirtschaftszentrum zu sein, sondern auch das Zentrum des gesamten Binnenhandels. Auf den Hauptmärkten nahe dem Kreml oder im Winter auf dem Eis der Moskwa wurde eine – in ausländischen Berichten immer wieder staunend hervorgehobene – Unmenge von Waren feilgeboten, von den Grundnahrungsmitteln Fleisch und Getreide bis hin zu Luxusartikeln wie Gewürzen und Seidenstoffen.

Handel konnte im Moskauer Reich jeder treiben, vom Fürsten bis zum Bauern. Daraus ergaben sich zwei Konsequenzen: Die eigentlichen Kaufleute konnten sich gegen die vielfältige Konkurrenz nur mühsam behaupten und blieben immer eine verhältnismäßig kleine Gruppe, zum anderen aber bildete sich eine eigene Kategorie der „Handelsbauern" heraus. Die berühmtesten Vertreter dieser Gruppe waren die Stroganovs, die ihren Reichtum auf der Ausbeutung von Salzbergwerken und dem Großhandel mit sibirischen Pelzen begründeten.

Erheblich war die Anzahl derjenigen aber nicht, die auf diese Weise den sozialen Aufstieg schafften. Für das Gros der freien oder „schwarzen" Bauern verschlechterte sich unter Ivan III. und Vasilij III. die sozialrechtliche Lage vielmehr beträchtlich. Ein wesentlicher Grund hierfür war, dass die freien Bauern zunehmend in Abhängigkeit von weltlichen oder geistlichen Grundherren gerieten, sei es durch selbsttätig eingegangene Schuldverpflichtungen, großfürstliche Schenkungen oder auch unrechtmäßige Aneignung. Die abhängig gewordenen Bauern hatten den Grundherren Abgaben zu leisten, die anfänglich vorrangig in Naturalien oder Geld zu entrichten waren (obrok), später zunehmend in Form von Hand- und Spanndiensten (barščina). Der sich daraus entwickelnde Prozess der faktischen Annäherung und Angleichung der „schwarzen" Bauern an die „weißen" Bauern, d.h. derjenigen, die als Halbfreie oder Unfreie auf Kirchen-, Kloster- oder Herrenland wirtschafteten, wurde durch rechtliche Verfügungen noch verstärkt. Artikel 57 des Gesetzbuches (sudebnik) von 1497 sah vor, dass die abhängigen Bauern nur noch jeweils eine Woche vor und nach dem St. Georgstag, dem 26. November, ihren Herrn verlassen durften, vorausgesetzt sie hatten zuvor die ihnen obliegenden Verpflichtungen erfüllt. Was die Lebensumstände der abhängigen Bauern betraf, so urteilte bereits Herberstein: „Diese Menschen sind arm, und der Adel und die Kriegsleute plündern sie obendrein erbarmungslos aus."[3]

Zur differenzierteren Würdigung dieser Gesamtumstände sind zwei Entwicklungen von richtungweisender Bedeutung einzubeziehen. Noch mehr und erfolgreicher als ihre Vorgänger strebten Ivan III. und Vasilij III. danach, ihre Macht nicht nur nach außen auszuweiten, sondern auch im Innern zu verstärken. Ein Weg hierzu bestand darin, die noch bestehenden Rechte der Titularfürsten und Bojaren zu beschränken. Zum alten, überkommenen Recht zählte die Freiheit, nach eigener Wahl sowohl in die Dienste eines Herrn einzutreten als sie auch wieder aufzukündigen, also das „Recht auf freien Abzug". Schon unter Vasilij II. wurde seitens Moskaus das Bestreben deutlich, dieses Recht nur noch einseitig da anzuerkennen, wo es dem eigenen Vorteil diente. Vasilij II. und in noch stärkerem Maße seine Nachfolger traten entschieden für das „Recht auf freien Abzug" aus den Diensten der Großfürsten von Tver' und Litauen ein, gleichzeitig aber suchten sie durch Verträge oder Zwang zu verhindern, dass das „Recht auf freien Abzug" auch ihnen gegenüber praktiziert wurde. Seit Ivan III. wurde der „freie Abzug" offen als Verrat gebrandmarkt und im Rahmen des Möglichen bestraft.

Ivan III. und Vasilij III. setzten im Interesse der Selbstherrschaft auch die Politik fort, sich einen ergebenen, nur auf sie selbst fixierten Dienstadel heranzuziehen, der im militärischen und zivilen Bereich eingesetzt werden konnte. Da die aus dem niederen Adel stammenden Dienstleute ihren Lebensunterhalt in der Regel nicht aus eigenen Mitteln zu bestreiten vermochten, waren sie auf Zuwendungen durch den Großfürsten angewiesen. Seit der Eingliederung Groß-Nowgorods und der Zerschlagung des inneren Gefüges des

Stadtstaates durch die Zwangsumsiedlung (vyvod) reicher Bojaren und Kaufleute samt der Konfiszierung ihres Grundbesitzes gingen die Großfürsten vermehrt dazu über, den Dienstadel mit Land in Form eines Dienstgutes (pomest'e) zu entlohnen, wobei die Bindung an den Dienst dadurch unterstrichen wurde, dass das Land nicht veräußert und nur mit Zustimmung des Großfürsten vererbt werden durfte. Auf den Nowgoroder Ländereien wurden 2000 Moskauer Adlige und „Bojarenkinder" angesiedelt. Dieses Verfahren wurde auch auf andere Ländereien unter Einschluss des „schwarzen" Bauernlandes ausgedehnt. Am Ende des 16. Jahrhunderts dürfte der mittlere Dienstadel auf etwa 25 000 Personen angewachsen sein.

Das zur Verteilung verfügbare Land hätte erheblich vergrößert werden können, wenn auch der Landbesitz der Kirche und Klöster mit einbezogen worden wäre. Er belief sich in der ersten Hälfte des 16. Jahrhunderts bereits auf nahezu ein Drittel aller privaten Ländereien und auf diese Ressource richteten sich denn auch immer wieder die Blicke der Herrscher. Um die Wende vom 15. zum 16. Jahrhundert schien die Zugriffsmöglichkeit auch durchaus günstig zu sein, denn den Großfürsten fiel eine Art Schiedsrichterrolle zu in der Auseinandersetzung zwischen verschiedenen mönchischen Reformbewegungen. Die „Uneigennützigen" oder auch Trans-Wolga-Starzen, deren Anschauungen wesentlich von Nil Sorskij geprägt wurden, suchten ihr Seelenheil in Askese und Kontemplation; weltliche Aktivitäten wie beispielsweise das Ansammeln und Verwalten von materiellen Gütern lehnten sie ab. In dem Landbesitz der Klöster sahen sie eine wesentliche Quelle der Demoralisierung und waren deshalb willens, ihn aufzugeben. Demgegenüber vertraten Iosif von Volokolamsk und seine Anhänger die Auffassung, die Klöster brauchten den Reichtum ihres Landbesitzes, um zum einen für die Armen sorgen und um zum anderen Männer aus vornehmen Familien für das Mönchsleben gewinnen zu können, was als unabdingbar galt, um würdige Kandidaten für die höheren Kirchenämter zu rekrutieren. Gelinge das nicht mehr, warnte Iosif, werde „die Reinheit des Glaubens selbst in Gefahr geraten".

Ivan III. ergriff auf der Kirchensynode von 1503 zunächst Partei für Nil Sorskij, aber die Mehrheit der Kirchenvertreter stellte sich hinter Iosif von Volokolamsk und votierte für das Recht der Kirche und Klöster auf Landbesitz. Ivan III. nahm den Beschluss hin und auch Vasilij III. schritt nicht ein, als die Iosifljanen in den Jahren und Jahrzehnten nach dem Tod von Nil Sorskij 1508 ihre Widersacher der Ketzerei beschuldigten und mundtot machten. Der Interessengegensatz in der Landfrage zwischen den Iosifljanen und den Großfürsten war freilich auch nur die eine Seite der Medaille; die andere Seite war für die Großfürsten sehr viel attraktiver und gab letztlich den Ausschlag. Seit der Übersiedlung der Metropoliten nach Moskau Anfang des 14. Jahrhunderts hatte die Kirche den Aufstieg Moskaus nicht nur wohlwollend begleitet, sondern parteiisch und effizient vorangetrieben. Auf diese Unterstützung nach außen und im Innern gegen jedweden Gegner wollten die Großfürsten nicht verzichten. Iosif von Volokolamsk war im Sinne der „Symphonie" von geistlicher und weltlicher Gewalt seinerseits bereit, die Herrscher zu glorifizieren, um in ihnen starke Schutzherren für die Kirche und den Glauben zu gewinnen; so sprach er vom Herrscher bereits als „Zar" und lehrte, „wenn der Zar körperlich auch ein Mensch wie andere ist, so ist er doch in seiner Macht Gott ähnlich"[4].

Etwa zur selben Zeit, um 1510, charakterisierte der Mönch Filofej von Pskov in mehreren Sendschreiben das ideale Verhältnis von Herrscher und Kirche als enge Verbundenheit in der Verteidigung und Bewahrung des rechten Glaubens. Auf diese Weise sei Moskau in übertragener Auslegung der biblischen Endzeitprophezeiung zum „Dritten Rom" geworden: Der russische „Herrscher … ist auf der ganzen Erde der einzige Zar über die Christen, der Lenker der heiligen, göttlichen Throne der Heiligen, Ökumenischen, Apostolischen Kirche, die anstelle der Römischen und Konstantinopler Kirche in der von Gott geretteten Stadt Moskau … ist. Sie allein leuchtet auf dem ganzen Erdkreis heller als die Sonne. … Denn zwei Rome sind gefallen, und das dritte steht. Ein viertes aber wird es nicht geben."[5] Was hier primär als Heilsbotschaft formuliert wurde, ist im Weiteren mehr oder weniger dezidiert als Anspruch auf Weltherrschaft ausgedeutet worden. Welchen Stellenwert der seinerzeit regierende Großfürst Vasilij III. den Sendschreiben Filofejs beimaß, muss offen bleiben.

Die praktizierte Politik war durchaus ambitioniert, orientierte sich aber an dem Machbaren und Erreichbaren. Sie richtete sich schon unter Ivan III. vor allem darauf, das gesamte Herrschaftsgebiet zuverlässiger in den Griff zu bekommen und nach einheitlichen Maßgaben zu regieren. Dazu bedurfte es einer effizienteren Administration, die nun erste Konturen gewann. Zu den hervorzuhebenden Neuerungen gehörte das Gesetzbuch (sudebnik) von 1497, das über die erwähnten Einschränkungen des Abzugsrechtes der Bauern hinaus eine einheitliche Rechts- und Gerichtsordnung für das gesamte Gebiet des russischen Staates einführte. Sowohl die sachlichen Voraussetzungen als auch die faktischen Interessen bewirkten in der Praxis freilich von vornherein, dass das Gesetzbuch nur insoweit umgesetzt wurde, wie die Machtmittel und der Wille der Exekutoren es erstrebten oder zuließen.

Aus einer Ausweitung der Kompetenzen der großfürstlichen Schatzkammer und der Verwaltung der großfürstlichen Hofbesitzungen entstanden zentrale Kanzleien als oberste Verwaltungsinstanzen, die späteren „Prikaze" (prikazy). Mit der Schriftlichkeit und Stetigkeit der Amtsführung wuchs auch der Einfluss der D'jaken, die in der Regel nichtadliger Herkunft waren und vorrangig mit Geld bezahlt wurden; sie hatten in früheren Zeiten wegen ihrer Schriftkundigkeit als Sekretäre oder Beauftragte des Großfürsten gedient; nun übernahmen sie auf Dauer bestimmte Verwaltungsfunktionen und führten faktisch die Geschäfte der zentralen Kanzleien. Ganz abhängig von der Gunst des Großfürsten bemühten sie sich mit Eifer, es ihm recht zu machen und in seinem Sinne zu handeln; für die Errichtung der Selbstherrschaft waren sie deshalb eine wertvolle und engagierte Hilfe. Die Bojarenduma als höchstes Beratungsgremium des Großfürsten verlor dagegen an Bedeutung; sie trat nur noch in Ausnahmefällen als Ganzes zusammen, während sich der Großfürst in der Regel mit einem persönlich ausgewählten Beraterkreis von zehn bis 15 Personen begnügte; gegenüber Vasilij III. wurde sogar der Vorwurf laut, er regiere nur noch „am Bett selbdritt".

An der lokalen Verwaltung änderte sich unter Ivan III. und Vasilij III. nichts Wesentliches. Weiterhin wurden Statthalter (namestniki) aus den Reihen der Fürsten und Bojaren in die Stadt- und Landbezirke entsandt, um hier die zivile und militärische Macht auszuüben, Recht zu sprechen und im Namen des Fürsten die Steuern und Zölle einzuziehen. Ihr eigener üppiger Unterhalt war ebenfalls von der Bevölkerung aufzubringen in Form des kormlenie, der „Ernährung" durch Naturalien und Geld.

2. Ivan IV., der Schreckliche, 1533–1584

Mit Ivan IV. gelangte eine der umstrittensten und widersprüchlichsten Persönlichkeiten der russischen Geschichte zur Herrschaft. Bis zum Ende seiner Regierungszeit vermochte er das Territorium des Moskauer Staates beinahe zu verdoppeln und mit der Unterwerfung der Khanate Kazan' und Astrachan' überdies das Tor zur Eroberung der Weiten Asiens aufzustoßen; auf der anderen Seite blieb der über 20-jährige Krieg um Livland nicht nur erfolglos, sondern führte sogar zur Abtretung Ingermanlands und anderer Grenzterritorien. Im Innern erreichte Ivan mit der Krönung zum Zaren und der folgenden Politik der Reformen wie auch der Repressionen eine bis dahin nicht gekannte Erhöhung der Herrscherposition sowie eine verstärkte Zentralisation des Staates. Gleichzeitig aber schwächte seine Politik auch die innere Widerstandskraft des Landes mit verheerenden Folgen und förderte die sozialökonomische Zerrüttung, die, zusammen mit der ebenfalls von Ivan IV. zu verantwortenden personellen Nachfolgemalaise, das Land in die fatale „Zeit der Wirren" führte.

Die Urteile der Zeitgenossen über ihn fielen unterschiedlich aus. Trotz aller Schrecken, die er verbreitete oder verursachte, wurde er im Volk geachtet und verehrt. Als er um die Jahreswende 1564/65 den Eindruck erweckte, er wolle die Herrschaft niederlegen, klagten viele: „Der Herrscher hat uns verlassen! Wir werden zugrunde gehen!"[6] Die es so sahen, deuteten seinen Beinamen groznyj, den Ivan schon zu Lebzeiten erhielt, in der ursprünglichen Wortbedeutung als „der Gestrenge", „der Dräuende". Andere aber erachteten es als treffender, den Beinamen zu übersetzen mit „der Schreckliche". Diese Version wählten vor allem die Ausländer, aber die anklagenden Worte, die der Metropolit Filipp im März 1568 an Ivan IV. richtete, könnten geradezu als symptomatische Begründung für diese Auslegung gelten: „Allergnädigster Kaiser und Großfürst! Wie lange willst du denn deiner eigenen treuen Leute und Christen unschuldiges Blut vergießen? Wie lange soll Ungerechtigkeit in diesem russischen Reich dauern? Die Tataren und Heiden und alle Welt weiß zu sagen, daß auch alle anderen Völker haben Gesetz und Recht, allein in Rußland ist es nicht."[7]

Ivan IV. empfand diese Schelte wie überhaupt jede Kritik an ihm als empörend, ja gotteslästerlich. Die Maßlosigkeit, die zu seinen hervorstechendsten Charaktereigenschaften gehörte, prägte auch die Vorstellungen von seiner Herrschergewalt, zumindest so, wie er sie nach außen hin zu vermitteln wünschte. „Unsere Herrscher", bekundete er, „sind Selbstherrscher von Gottes Gnaden."[8] Den Vorwurf ungerechter Verfolgung und Drangsalierung ließ er selbst theoretisch nicht zu. In seinem Briefwechsel mit dem abtrünnigen Fürsten Kurbskij forderte er bedingungslosen Gehorsam und selbstaufopfernde Unterwerfung als geradezu religiöses Gebot: „Denn es ist der Wille des Herrn, dass Ihr um

Wohltat willen leidet. Wenn Du gerecht und fromm bist, warum hast Du nicht durch mich, den wunderlichen Herrscher, leiden und die Krone des Lebens empfangen wollen?"[9] Zu anderen Zeiten freilich, wenn er sich nicht nach außen verteidigen musste, sondern mit sich selbst ins Reine kommen wollte, wich die anmaßende Selbstgerechtigkeit, und in büßender Reue ließ er die Namen seiner Opfer zusammentragen, um Seelenmessen für sie lesen zu lassen.

Ivan IV., Grosnyj, genannt der Schreckliche, 1530–1584.
Ikone, Nationalmuseum Kopenhagen.

Im Jähzorn tötete er seinen Sohn und einzigen regierungsfähigen Nachfolger; anschließend trauerte er öffentlich und mitleiderregend um ihn. Wie weit es sich bei diesen kummervollen Klagen um den unverfälschten Ausdruck seiner Seelennot handelte oder um eine kunstvolle Inszenierung, in der Absicht, sich vor Volk und Hof zu entlasten, damit die Tat nicht gegen ihn verwandt werden könnte, ist ungewiss. In vielem gleicht das Bild, das sich aus den schriftlichen Quellen gewinnen lässt, dem berühmten Kopenhagener Porträt Ivans IV.: Individuelle Züge sind zweifellos vorhanden, aber sie verschmelzen mit der typologischen Vorgabe der Ikonographie zu einer Einheit, die das reale Abbild Ivans IV. eher erahnen als verbindlich spezifizieren lässt.

Noch unmittelbar vor seinem Tod hatte Vasilij III. die Herrschaft auf seinen Sohn Ivan übertragen. Da der damals Dreijährige nicht selbst regieren konnte, hatte Vasilij III. zudem einen Rat aus sieben Vertrauten als Vormunde bestellt. Der Witwe Vasilijs III., Elena, gelang es indes nach einem Jahr, mit Hilfe eines Günstlings die Macht an sich zu reißen und sie – formal als Regentin – bis zu ihrem Tode 1538 zu behaupten. Zu ihren Verdiensten gehörte es, dass sie die drei potentiell gefährlichsten Feinde Moskaus, Polen-Litauen, Schweden und die Tataren, zum Stillhalten veranlassen konnte und dass sie im Innern eine Münzreform durchführte, die etwa hundert Jahre Bestand hatte. Unmittelbar nach ihrem Tod übernahmen mit Vasilij Šujskij und Ivan Bel'skij Vertreter der einflussreichsten Familien der Bojarenduma die Macht. Sie nutzten die Gunst der Stunde indes nicht, um die Bojarenduma als korporatives Gremium zu stärken, sondern konzentrierten sich im Gegenteil darauf, einander in erbitterten Rivalitäts- und Verdrängungskämpfen auszustechen. Folglich griffen im Innern allgemeine Anarchie und Gesetzlosigkeit um sich, während insbesondere der Khan von Kazan' die Schwäche des Moskauer Staates nutzte, um durch Raubzüge das Land zu verwüsten und wertvolles Beutegut mit sich zu führen. Auf den Großfürsten, der beim Tode seiner Mutter sieben Jahre alt war, nahmen die Bojaren zunächst wenig Rücksicht, während sie ihn später verstärkt in ihre Auseinandersetzungen hineinzogen, wenn sie glaubten, ihn zu einer Parteinahme zu ihren jeweiligen Gunsten bewegen zu können. So war es Ivan IV. ein Leichtes, noch Jahrzehnte später – unter Berufung auf seine Kindheitserlebnisse – dem Fürsten Kurbskij vorzuhalten, dass die Bojaren zur Herrschaft gänzlich ungeeignet seien: „Sie wähnten zu regieren und den Staat in Ordnung zu halten, statt dessen aber brachten sie Ungerechtigkeit und große Unordnung über das Land.“[10] Sie hätten sich zudem sowohl auf Kosten der Untertanen als auch durch Plünderung des großfürstlichen Schatzes maßlos bereichert. Weniger das Ende der Bojarenherrschaft als der Niedergang der Šujskijs zeichnete sich ab, als der 13-jährige Ivan in einem Wutanfall Ende 1543 das derzeitige Oberhaupt der Šujskijs, Fürst Andrej, in einen Hundezwinger werfen und von den Tieren zerfleischen ließ. Das Regiment änderte sich nur insofern, als Ivan IV. die Günstlinge nun nach eigenem Willen aussuchte. Zu ihnen zählten die Glinskijs, die nahen Verwandten seiner verstorbenen Mutter.

Von ihnen scheint die Idee ausgegangen zu sein, dass Ivan sich schon sieben Monate vor Erreichen der Volljährigkeit zum Zaren krönen lassen sollte. Auf jeden Fall geschah das am 16. Januar 1547 durch den Metropoliten Makarij. Mit diesem kühnen Schritt, den zu vollziehen Ivan III. und Vasilij III. noch nicht gewagt hatten, stärkte der junge Herrscher, dessen Prestige durch die Geschehnisse der vergangenen Jahre zwangsläufig geschwächt worden war, schlagartig sein Ansehen und verlieh ihm zusätzlichen Glanz. Auch nach außen hin hatte die Zeremonie programmatischen Charakter. Gekrönt wurde Ivan IV. mit der „Šapka Monomacha“, die der Legende nach dem Großfürsten Vladimir Monomach (1113–1125) von Kaiser Konstantin Monomach (1042–1054) als kaiserliche Insignie übersandt worden war. Die Absicht, damit ostentativ den Anspruch der „translatio imperii“ zu verbinden, wurde dadurch unterstrichen, dass die besagte Legende in den Thron Ivans IV. eingeschnitzt wurde; zudem wurde zur Bekräftigung in den Chroniken eine direkte genealogische Verbindung der Rjurikiden-Dynastie zu Kaiser Augustus konstruiert. Eine weitere Botschaft, die durch die Krönung und die sie begleitende Ansprache des Metropoliten akzentuiert wurde, lautete in Befolgung der Lehre des Iosif von Volokolamsk, dass der „von Gott gekrönte Zar und Selbstherrscher“ sich auf die Kirche stützen könne, sie aber auch achten und schützen müsse.

In der Realität schien dieses Arrangement zunächst nicht problematisch zu sein. Wie schon vor der Krönung ließ sich Ivan auch im Weiteren von Makarij unterrichten und beraten. Bezeugtermaßen noch größeren Einfluss auf den jungen Zaren übte sein Beichtvater, der Pope Sil'vestr, aus. Er unterwies ihn in religiösen, moralischen und später auch politischen Fragen. „Wie ein Magnetiseur den Magnetisierten“, heißt es in einem zeitgenössischen Bericht, habe Sil'vestr den Zaren geleitet. Neben den beiden Geistlichen gab es noch weitere Vertraute, die bis Ende der 50er Jahre als informeller „Auserwählter Rat“ dem Zaren mit Rat und Tat zur Seite standen. Zu ihnen zählten Fürst Kurbskij aus dem Hochadel, A. F. Adašev aus dem Dienstadel und I. M. Viskovatyj, der sogar nur den bescheidenen Rang eines Dumasekretärs bekleidete, d. h. den D'jaken zuzurechnen war.

Ihnen allen war gemeinsam, dass sie den Staat nach innen und nach außen stärken wollten. Die von ihnen vorgeschlagenen inneren Reformen richteten sich auf eine gerechtere und effizientere Ordnung und Verwaltung des Staates, wie sie auch von anderen Zeitgenossen gefordert wurde. Publizistisch am wirksamsten agierte I. S. Peresvetov. In Russland, klagte er, herrsche im öffentlichen Leben keine Gerechtigkeit. Schuld daran seien die Bojaren. Deshalb müsse der Zar, gestützt auf den loyalen Dienstadel, hart und kompromisslos durchgreifen und die Herrschaft uneingeschränkt selber ausüben. Ivan IV. hat Peresvetovs Petitionen nachweislich gekannt und möglicherweise haben sie ihn in seinen Vorstellungen vom Herrscheramt mit beeinflusst. Auf einen systematischen Kampf gegen die Bojaren zur Stärkung der Selbstherrschaft war die praktizierte Politik in den ersten Jahren aber nicht ausgerichtet. Im Gegenteil, eine 1549 vom Zaren einberufene Versammlung von Vertretern der Bojarenduma, der Kirche und des Dienstadels hatte als „Versöhnungssobor" das ausdrückliche Ziel, einen Schlussstrich unter die konfliktbeladene Vergangenheit zu ziehen, um den inneren Frieden wiederherzustellen.

Damit war – aus Überzeugung oder taktischem Gespür – eine günstige Ausgangsbasis geschaffen für die Reformen, die in den folgenden Jahren eingeleitet wurden. Bereits 1550 wurde ein neues „Gesetzbuch" fertig gestellt, das im Wesentlichen die Bestimmungen des „Gesetzbuches" von 1497 übernahm, einschließlich der Regelungen über die bereits auf zwei Wochen im Jahr eingeschränkte Freizügigkeit der Bauern. Zu den bedeutenderen rechtlichen Neuerungen zählte der Grundsatz, dass lokales Recht auf jeden Fall dem allgemeinen, im „Gesetzbuch" festgelegten Recht weichen müsse und dass die „Bojarenkinder", d.h. der Dienstadel, nicht mehr dem Gericht der aus den Reihen der Bojaren gestellten Statthalter unterstehen sollten.

Dies wiederum war ein Schritt auf dem Weg zu einer allgemeineren, tiefer greifenden Verwaltungsreform. Auf lokaler Ebene wurden die Statthalter über die Beschränkung ihrer Gerichtsbarkeit hinaus 1555 dadurch entmachtet, dass das bisherige System ihrer Versorgung auf der Basis der „Ernährung" durch die Bevölkerung (kormlenie), das zu weit verbreiteter missbräuchlicher Bereicherung der Statthalter geführt hatte, abgeschafft wurde zu Gunsten von Steuern, die an den Fiskus zu entrichten waren. Auf längere Sicht wurde damit die generelle Abschaffung der Statthalterschaften eingeleitet, bis sie 1775 unter Katharina II. für kurze Zeit dem Namen nach wieder entstanden. Gleichwohl darf aber die innere Stringenz der Reformen nicht überschätzt werden. So wurde das für die Begünstigten profitable „Kormlenie-System" nicht überall sofort eliminiert; im Gegenteil, nach der Unterwerfung von Kazan' 1552 wurde es dort aus Mangel an Alternativen und im Rahmen von Belohnungen überhaupt erst eingeführt und dasselbe galt nach den militärischen Anfangserfolgen 1558 für die eroberten Gebiete von Livland.

Sukzessive und uneinheitlich, aber tendenziell doch eindeutig zu Gunsten der Stärkung der Macht des Zaren und der Zentralisation erfolgte ebenfalls um 1555 die Neuformierung der Verwaltung an der Spitze des Staates. Unter der formellen Leitung von Bojaren, die der Zar auf diese Weise für sich zu vereinnahmen suchte, wurde ein System von Zentralbehörden, „Prikazen" (prikazy), geschaffen, die teils nach Sachaufgaben, teils nach dem Territorialprinzip organisiert wurden. So wurde einerseits etwa der Gesandtschaftsprikaz begründet mit der Zuständigkeit für die auswärtigen Beziehungen und andererseits der Kazanskij Prikaz, dem die Verwaltung und Inkorporation des eroberten Khanats oblag. Gleich mehrere Prikaze befassten sich mit dem Militärwesen wie der Waffenerzeugung allgemein, der Kanonenherstellung speziell und der Beschaffung sonstiger militärischer Ausrüstungen.

Dass der Stärkung der militärischen Schlagkraft das besondere Augenmerk des Zaren und seiner Berater galt, wird auch durch die weiteren Reformbemühungen dokumentiert. Um das vorhandene militärische Potential umfassend auszuschöpfen, wurde 1556 die „Verordnung über den Dienst" (uloženie o službe) erlassen. Sie verfügte, dass jeder Grundbesitzer pro 150 Desjatinen Ackerland (1 Desjatine = 1,09 ha) einen Mann „beritten und in voller Rüstung" für den Kriegsdienst zu stellen habe. Diese Bestimmung war in zweifacher in Hinsicht von großer Tragweite. Rein militärisch gesehen führte sie zu einer Verdoppelung der Heeresstärke von 150000 Mann um 1560 auf etwa 300000 Mann 1580. Dies wurde aber nur durch eine substantielle Beeinträchtigung der sozialrechtlichen Stellung der Erbgutbesitzer ermöglicht, denn sie, die bisher freiwillig, aber nicht obligatorisch dienten, wurden durch die „Verordnung" mit den Dienstgutbesitzern gleichgestellt, die zum Dienst verpflichtet waren. Lediglich das schon erläuterte mestničestvo-System verhinderte nun noch, dass die Erbgutbesitzer mit den „Dienstleuten" gänzlich auf eine Stufe gestellt wurden; aber in Kriegszeiten wurde auch schon das mestničestvo-Prinzip außer Kraft gesetzt.

Eine erhebliche Stärkung der militärischen Schlagkraft erfuhr das Zarenheer durch eine weitere Reform. Nach dem Vorbild des westlichen Europa wurden seit der zweiten Hälfte der 40er Jahre zu Fuß kämpfende Schützenregimenter gebildet, die mit Schusswaffen ausgerüstet waren. Diese Strelitzen (strel'cy, „Schützen") verschafften den Russen insbesondere gegenüber den Tataren, die noch mit Pfeil und Bogen kämpften, beträchtliche Vorteile. Ende des 16. Jahrhunderts belief sich die Zahl der Strelitzen bereits auf mehr als 20000.

Ivan IV. plante darüber hinaus Anfang der 50er Jahre, sich ein spezielles Elitekorps von „Tausend"-Dienstadligen zu schaffen, die im näheren Umkreis von Moskau angesiedelt werden und dem Zaren unmittelbar sowohl für militärische als auch zivile Aufgaben zur Verfügung stehen sollten. Als letztlich nicht lösbares Problem erwies sich bei der Realisierung indes die Beschaffung von ausreichendem Land für die einzurichtenden Dienstgüter. Ivan IV. hatte seine Hoffnungen auf die großen Ländereien der Kirche gesetzt. Hierüber zu entscheiden oblag einer 1551 zusammentretenden Kirchensynode, deren Tagesordnung von 100 Fragen bestimmt wurde, die der Zar ihr vorlegte, weshalb sie als „Hundert-Kapitel-Synode" (Stoglavnyj Sobor) in die Geschichte einging. Die Synode zeigte sich in kirchlichen Fragen als durchaus reformfreudig und willens, allzu weltliche Einflüsse auf das Kirchen- und Klosterleben zurückzudrängen, aber in der Landfrage verharrte sie grundsätzlich auf dem Standpunkt der Iosifljanen, dass die Kirchengüter nicht zur Disposition gestellt werden dürften. Lediglich die Landschenkungen an Klöster, die während der Minderjährigkeit Ivans IV. ohne seine Billigung erfolgt waren, sollten rückgängig gemacht werden können, und für die Zukunft wurde zugestanden, dass für den kirchlichen Erwerb von Erbgütern die Genehmigung des Zaren einzuholen sei. Der Zar gab sich mit diesen Konzessionen zufrieden, weil er sich noch an den überkommenen Macht- und Herrschaftsstrukturen orientierte. Das bezog sich auch auf die Bojarenduma, die während der „Versöhnungsphase“ wieder über wichtige Fragen der Innen- und Außenpolitik mitberaten und mitentscheiden durfte, wie es in der legislatorischen Formel zum Ausdruck kam: „Die Bojaren haben es verordnet, der Zar hat es befohlen.“

In der Außenpolitik stand vor allem das Verhältnis zu Kazan’ auf dem Prüfstand. Seit den Zeiten Ivans III. waren die Beziehungen zu diesem Khanat äußerst unbeständig. Zwei etwa gleich starke Parteien rangen in Kazan’ mit wechselndem Erfolg um die Macht. Die eine war bereit, sich Moskau unterzuordnen und dessen indirekte Oberherrschaft zu akzeptieren, die andere suchte ihren Rückhalt bei den Krimtataren und sah in Moskau den Feind, den es zum eigenen Nutzen durch verheerende Raubzüge zu schädigen galt. Moskau reagierte seinerseits mit einer Doppelstrategie. Es zeigte sich bestrebt, einen ihm genehmen Herrscher in Kazan’ an die Macht zu bringen, aber zunehmend reiften auch Pläne heran, mit Kazan’ reinen Tisch zu machen und das Khanat endgültig zu unterwerfen. Nach der Krönung Ivans IV. sprachen sich sowohl die Bojarenduma als auch der Metropolit und die Mitglieder des „Auserwählten Rates“ dafür aus, die definitive Entscheidung zu suchen. Zwei Feldzüge 1548 und 1550 scheiterten, aber der Wille, das Begonnene zum siegreichen Ende zu führen, zeigte sich daran, dass die Russen 1551 auf dem rechten Wolgaufer gegenüber von Kazan’ die Festung Svijažsk erbauten. Damit wurde nicht nur das Herrschaftsgebiet der Tataren verkleinert, sondern vor allem eine strategisch bedeutsame Schlüsselposition gewonnen, von der aus im August 1552 ein neuerlicher Angriff gegen Kazan’ geführt wurde, der am 2. 10. 1552 zur Eroberung der Festungsstadt führte. Ähnlich wie Kazan’ wurde in den folgenden Jahren auch das Khanat Astrachan’ an der Mündung der Wolga in den russischen Machtbereich einbezogen, zunächst durch indirekte Herrschaft und schließlich 1556 durch militärische Unterwerfung.

Die Eroberung von Kazan’ und Astrachan’ war für den Moskauer Staat von weit reichender Bedeutung. Er hatte große und fruchtbare Ländereien hinzugewonnen und mit der unumschränkten Kontrolle über die Wolga einen gut nutzbaren Handelsweg zu den Märkten des Nahen und Mittleren Orients erlangt. Die Gefahr, von den Krimtataren im Süden, die schon unter der Oberherrschaft der Osmanen standen, und von den tatarischen Machtzentren Kazan’ und Astrachan’ im Osten in die Zange genommen zu werden, war gebannt. Stattdessen eröffnete sich für Moskau als dem Nachfolger und Erben der Goldenen Horde nun die Möglichkeit, den eigenen Herrschaftsbereich weit nach Asien auszudehnen. Zugleich hatte Moskau mit der Eroberung von Kazan’ und Astrachan’ den Radius, der mit dem „Sammeln des russischen Landes“ gezogen war, überschritten und den Weg zum Vielvölkerreich in imperialen Dimensionen beschritten. Nicht zuletzt kam der Erfolg dem jungen Herrscher selbst zugute. Vor aller Welt, so wenigstens schien es, hatte Gott selbst Ivan IV. und dessen Krönung zum Zaren sichtlich gesegnet, und demgemäß durfte Ivan IV. noch stärker als zuvor auf die Anhänglichkeit und Verehrung des Volkes rechnen, was zugleich seine Position als Selbstherrscher festigte.

Zur gleichen Zeit, als Moskau im Osten mit militärischer Macht seine großen Erfolge erfocht, fiel ihm im Norden ohne eigenes Zutun ein zusätzlicher Gewinn gleichsam in den Schoß. Im Mai 1553 schickten englische Kaufleute mit Billigung des Königs Edward VI. drei Schiffe auf die Reise, um über das Nordkap einen Seeweg nach Indien auszukundschaften. Zwei Schiffe gingen verloren, aber eines, die „Bonaventura", umsegelte Skandinavien und erreichte schließlich glücklich die Mündung der Dwina. Ihr Kapitän Richard Chancellor begab sich auf Einladung des Zaren nach Moskau und hat über diese Reise einen informativen Bericht geschrieben, weil Russland in England zwar bekannt war, aber engere Beziehungen bisher nicht gepflegt wurden. John Milton, der englische Dichter, konnte deswegen rückblickend zu Recht die Reise Chancellors als „first discovery of Russia" bezeichnen. Nachdem aber einmal der Kontakt hergestellt war, entwickelte er sich rasch, zuvörderst im ökonomischen Bereich. Bereits 1554 wurde in London eine Gesellschaft zur Abwicklung des Handels mit Russland begründet, die Russian oder Muscovy Company. Der Zar gewährte ihr im folgenden Jahr nicht nur das Recht, unbesteuerten Handel in ganz Russland zu treiben, sondern auch das exklusive Privileg des freien Transithandels mit Persien und Mittelasien über Kazan' und Astrachan'. Als Gegenleistung lieferten die Engländer in den folgenden Jahren modernes Kriegsgerät und Munition, die Russland dringend benötigte, auf anderem Wege aber nicht bekommen konnte. Nach dem Beginn des Livländischen Krieges 1558 stellte England seine Exporte auf Grund des Protestes des Reiches, Polens, Dänemarks und Schwedens mehr oder weniger vollständig auf zivile Produkte um wie insbesondere Tuche und Textilien. Russland avancierte umgekehrt zum bevorzugten ausländischen Lieferanten für Seile und Tauwerk, die in großer Menge für die im Aufbau befindliche englische Flotte benötigt wurden. 1587 erreichten die russischen Importe ihren Höchststand mit einem Gesamtwert von £ 13 530. Darüber hinausgehende Bemühungen des Zaren, auch zu einer politisch-militärischen Annäherung an England bis hin zu einem förmlichen Beistandspakt zu gelangen, wurden von der englischen Monarchin Elisabeth I. indes mit Schweigen übergangen, weil sie sich nicht in den Krieg um Livland hineinziehen lassen wollte.

Ging man von der inneren Lage Russlands aus, hätte es so weit gar nicht kommen müssen, denn wünschenswerter wäre es allemal gewesen, wenn nach den Jahrzehnten innerer Wirren während der Unmündigkeit Ivans IV. und der großen militärischen Erfolge gegenüber Kazan' und Astrachan' innerer und äußerer Friede eingekehrt wäre. Die große Mehrheit der Bevölkerung, die Bauern, hätte ihn auf jeden Fall gebrauchen können. Wie schon die von Ivan III. 1497 verfügte Einschränkung des Abzugsrechtes auf zwei Wochen im Jahr erkennen lässt, empfanden die Bauern die ihnen auferlegte Bürde als so drückend, dass sie scharenweise das Land verließen, was wiederum insbesondere den weniger begüterten Dienstadel in existentielle Verlegenheit brachte. Die abziehenden Bauern hatten generell drei Möglichkeiten, sich eine neue Existenz aufzubauen: Sie konnten sich erstens einen neuen Herren suchen, der z. B. auf Grund des größeren Landbesitzes bessere Arbeits- und Lebensbedingungen versprach; das vermochten vor allem die großen Klöster. Zweitens konnten die Bauern weiter in den Norden ausweichen und bisher nicht besiedeltes Land kolonisieren, und drittens konnten sie über die Grenzen des Staates hinausziehen und sich in dem vorgelagerten „wilden Feld" (dikoe pole) niederlassen, das eine Art Glacis zwischen dem Moskauer Staat und seinen Nachbarn im Süden und Westen bildete. Gegenüber den Tataren galt das in dieser Zeit insbesondere für Gebiete am unteren Don und Donez, während die Begründung der Zaporoger Seč' am Unterlauf des Dnjepr zusätzlich im Vorfeld von Polen-Litauen erfolgte. Die in diese Grenzgebiete Geflüchteten bildeten die verschworenen, aber sich sozial zunehmend differenzierenden Gemeinschaften der Kosaken mit eigenen Organisationsformen, die zum einen basisdemokratische Züge aufwiesen, andererseits aber auch strikte Disziplin und Gehorsam gegenüber den gewählten Führern, den Atamanen beziehungsweise Hetmanen, verlangten. Sie hatten einen eigenen Ehrenkodex und waren schon auf Grund ihrer in jeder Hinsicht ungesicherten Lage genötigt, sich durch exzellente kämpferische Fähigkeiten behaupten zu können. Das Verhältnis zum Moskauer Staat erwies sich als ambivalent. Einerseits warb die Regierung die Kosaken gerne an zur Grenzverteidigung und bei Kriegszügen, andererseits sah sie in ihnen aber auch Unruhe stiftende Elemente, die Aufstände unzufriedener Bauern auszulösen oder effektiv zu unterstützen vermochten.

Wenn diese Besorgnisse sich auf lange Sicht immer wieder bestätigen sollten, dann war das auch gleichzeitig die Quittung dafür, dass sich die Lage der Bauern stetig weiter komplizierte. Was die Regierungszeit Ivans IV. betrifft, so verschlechterte sich die Situation der Bauern in den ersten beiden Jahrzehnten vor allem durch die ungerechten Übergriffe der großen Herren, die zunehmende Ausbeutung durch die Dienstadligen und durch erhöhte Abgaben an den Staat, etwa für den Loskauf russischer Gefangener aus tatarischer Sklaverei oder für Kriegszwecke; späterhin kamen die Belastungen durch den über zwei Jahrzehnte währenden Krieg um Livland hinzu sowie die Schreckensherrschaft der Opričnina. Von der Regierung geförderte Umsiedlungen russischer Bauern auf die fruchtbaren Grau- und Schwarzerdeböden der eroberten Khanate Kazan' und Astrachan' bildeten kein hinreichendes Gegengewicht zu den Repressalien. Sie begünstigten sogar noch in den Kerngebieten des Moskauer Staates den um sich greifenden Verfall von Dörfern und die Ausbreitung großflächiger Wüstungen. 1582 wurde deshalb zum ersten Mal – möglicherweise regional begrenzt – angeordnet, dass das im Gesetzbuch von 1550 noch ausdrücklich bekräftigte Recht auf zweiwöchigen Abzug um den St. Georgstag im laufenden Jahr ausgesetzt werde, womit vor der Verhängung der vollständigen Leibeigenschaft 1649 die Ära der immer häufiger verfügten „Verbotsjahre" (zapovednye leta) begann.

Ungeachtet der Widrigkeiten der inneren Lage waren sich der Zar und seine Berater nach der Eroberung von Kazan' und Astrachan' einig, dass die Politik der Expansion fortgesetzt werden sollte. Die Bojarenduma, aber auch seine engsten Vertrauten im „Auserwählten Rat" wie der Pope Sil'vestr, Adašev und Fürst Kurbskij plädierten dafür, sich gegen die Krimtataren zu wenden, weil sie durch Pest und Hungersnot geschwächt seien. Mit ihnen sollte ein Gegner überwunden werden, der immer wieder in die Grenzen des Moskauer Staates einbrach, das Land verwüstete und Tausende von Russen tötete oder in die Gefangenschaft und Sklaverei verschleppte. Ivan IV. entschied sich jedoch dafür, als Erstes gegen Livland zu Felde zu ziehen. Neben konkreten Anlässen wie ausstehenden Zinszahlungen des Stiftes Dorpat sprachen für einen Krieg gegen Livland die innere Zerstrittenheit des Landes und seine unzweifelhafte militärische Schwäche. Verlockend war der Siegespreis: Er bestand in einem freien Zugang zur Ostsee und einem Hafen, der nicht wie die 1553 von den Engländern entdeckte Nordkap-Route mehrere Monate im Jahr durch Eis blockiert sein würde. Des Weiteren stand zu erwarten, dass sich die „terms of trade" für Russland entscheidend verbessern würden; ungeachtet bestehender Verträge verboten z.B. Riga und Reval fremden Kaufleuten ohne Vermittlung Einheimischer Handel zu treiben, und sie behielten sich auch das profitable Recht vor, die angelieferten Waren zu wiegen, zu messen und zu sortieren. Schließlich versprach ein Sieg, die „livländische Barriere" zu durchbrechen, die darin bestand, dass der sich bedroht fühlende Ordensstaat nach Kräften jegliche militärische Stärkung Russlands, z.B. durch die Einreise ausländischer Fachleute, zu unterbinden suchte. Der spektakulärste Fall in dieser Hinsicht ereignete sich 1550. Ein deutscher Unternehmer, Hans Schlitte aus Goslar, hatte im Auftrag des Zaren in Deutschland zahlreiche Fachkräfte angeworben, darunter verschiedene Kriegshandwerker, die mit ihren Fähigkeiten die Moskauer Rüstung verstärken sollten. Der livländische Ordensmeister ließ ihnen aber in Lübeck die Weiterreise sperren und einen Büchsenmeister, der sich nach Moskau durchzuschleichen versuchte, 1551 in Livland ergreifen und enthaupten.

Unterstützung fand Ivan IV. bezüglich seiner Kriegspläne gegen Livland beim Dienstadel, der sich von der Eroberung Land und Beute versprach, während auf der anderen Seite außer der Bojarenduma und dem „Auserwählten Rat" sogar die russischen Kaufleute den Krieg mehrheitlich ablehnten, weil sie darin eine Störung ihres Geschäftsverkehrs sahen. Ivan IV. ließ sich durch die Widerstände indes nicht beirren. Im Gegenteil, gerade der Einspruch der Bojaren und seiner Vertrauten scheint ihn in seinem Entschluss bestärkt zu haben, weil er sich dadurch der als lästig empfundenen Bevormundung entziehen und sich als Alleinherrscher emanzipieren konnte. Ein wesentlicher Anreiz hierzu reichte bis ins Jahr 1553 zurück, als Ivan IV. während einer lebensgefährlichen Erkrankung den Eindruck gewann, dass nicht allein einzelne Bojaren, sondern sogar sein Beichtvater und Vertrauter Sil'vestr zögerten, den geforderten Eid auf den knapp sechs Monate alten Sohn des Zaren Dmitrij abzulegen, weil sie entweder eigene Ambitionen hegten oder das Land nicht schon wieder den Fährnissen der Herrschaft eines Unmündigen aussetzen wollten.

Der Krieg begann am 22. 1. 1558. Er sollte über ein Vierteljahrhundert dauern, die politische Landkarte und die Kräfteverhältnisse im östlichen Europa gravierend verändern und speziell Russland in eine tiefe Krise stürzen mit langfristigen Auswirkungen auf die innere und äußere Entwicklung. Dabei war der Krieg in der Anfangsphase für die angreifenden Russen durchaus erfolgreich. Schon im Mai eroberten sie Narwa und gewannen damit einen Zugang zur Ostsee, den sie bis 1581 hielten und mit einigem Erfolg als Basis für ihren auswärtigen Handel mit dem Westen nutzten. 1560 unterlag das Ordensheer in einer letzten großen Feldschlacht bei Ermes den russischen Truppen, und Anfang 1563 wurde unter der persönlichen Führung des Zaren die strategisch wichtige Festung Polock zur Kapitulation gezwungen. Aber die Inbesitznahme des ganzen Landes misslang. Die wichtigsten Handelsstädte Riga und Reval blieben während des gesamten Krieges unbezwungen, und bereits 1561/62 entzog sich der Ordensstaat dem Zugriff

Russlands politisch, indem er sich auflöste und sich dem Schutz der benachbarten Mächte unterstellte. Reval und die harrisch-wierische Ritterschaft huldigten dem schwedischen König, während das übrige Ordensgebiet unter die indirekte oder direkte Herrschaft Polens und Litauens fiel, mit Ausnahme des Territoriums des Bischofs von Ösel-Wiek, das dieser bereits 1559 an den dänischen König verkauft hatte. Eine weitere bittere Lektion für Ivan IV. war, dass Litauen und Polen ihre inneren Querelen überwanden und sich zur Abwehr der von Moskau ausgehenden Bedrohung 1569 in der Union von Lublin zusammenschlossen, mit der Folge dass Polen nun sehr viel engagierter als bisher eine aktive Ostpolitik betrieb.

Doch all diese Entwicklungen bewogen Ivan IV. nicht dazu einzulenken. Formal konnte er sich dabei sogar darauf berufen, dass eine von ihm 1566 einberufene „Landesversammlung“ (zemskij sobor) aus Vertretern der Geistlichkeit, der Bojarenduma, des Dienstadels und der reichen Kaufmannschaft dafür votiert hatte, polnischen Friedensofferten kein Gehör zu schenken, wenn sie nicht das Angebot enthielten, den Hafen von Riga an Moskau abzutreten. Die Landesversammlung hatte damit freilich lediglich der Auffassung des Zaren beigepflichtet. Widerspruch war auch nicht ratsam. Das hatten die in Ungnade gefallenen prominenten Mitglieder des „Auserwählten Rates“ wie Aleksej Adašev und der Pope Sil'vestr ebenso erfahren müssen wie der vorsorglich nach Polen-Litauen geflüchtete Fürst Kurbskij, den Ivan IV. in Ermangelung zupackenderer Möglichkeiten schriftlich abkanzelte. Der Metropolit Makarij, der noch am ehesten Einfluss auf den Zaren nehmen konnte, starb Ende 1563.

Die größere Eigenständigkeit, die Ivan IV. damit gewann, reichte indes nicht aus, um seinen Vorstellungen von der anzustrebenden Selbstherrschaft zu genügen. Uneingeschränkte Macht gerade in jenen Tagen war aus der Sicht des Zaren unverzichtbar, weil sich schlechte Nachrichten von den Kriegsschauplätzen in Livland mehrten und der Zar meinte, sie ließen sich nur dadurch erklären, dass führende Bojaren sich durch Versprechungen aus Polen-Litauen hätten bestechen lassen und nun gemeinsame Sache mit dem Feind machten. Der Zar reagierte mit Verhaftungen und Hinrichtungen, die das ohnehin gespannte Verhältnis zwischen dem Zaren und den Bojaren weiter belasteten und verschärften. Dass der mit grausamer Gewalt vorgehende Zar seinerseits Angst hatte, die Bojaren könnten sich gegen ihn verschwören und erheben, lässt sich einer Botschaft Ivans IV. an die britische Königin Elisabeth I. entnehmen, in der er 1567 vorschlug, dass die beiden Monarchen vereinbaren sollten, einander Asyl zu gewähren. Der Königin erschien die einseitige Zusicherung als hinreichend, der Zar könne jederzeit nach England kommen.

Zu seinem Schutz, aber auch in dem Beharren auf Selbstherrschaft hatte Ivan IV. bereits um die Jahreswende 1564/65 eine Maßnahme ergriffen, die ebenfalls ohne Beispiel in der russischen Geschichte war. Ohne die üblichen und nötigen Instruktionen zu hinterlassen, verließ der Zar Anfang Dezember 1564 mit Frau und Kindern sowie einem Tross von zahlreichen Schlitten, die mit Gold und anderen Kostbarkeiten beladen waren, Moskau, ohne Auskunft zu erteilen, wohin er sich begebe. Der verschreckten Bevölkerung ließ er einen Monat später aus der nördlich von Moskau gelegenen Aleksandrovskaja Sloboda zwei Botschaften übermitteln. In der einen beschuldigte er die Bojaren der fortgesetzten Verräterei, die ihn ins Exil genötigt habe, in der anderen versicherte der Zar den Kaufleuten und der Bevölkerung von Moskau, dass er gegen sie keinen Groll hege, sondern ihnen sein Wohlwollen gewiss sei. Die Wirkung war wie zu erwarten. Die Menge solidarisierte sich mit dem Zaren und angesichts der drohenden Gefahr, Opfer des ungestümen Volkszornes zu werden, kapitulierten die Bojaren und bekundeten ihre vorbehaltlose Unterwürfigkeit. Eine Bittgesandtschaft wurde zur Aleksandrovskaja Sloboda geschickt, den Zaren zur Rückkehr zu bewegen, wozu er sich freilich erst bereit erklärte, nachdem seine Bedingungen akzeptiert worden waren: Erstens sollte er unumschränkte Gewalt über Leben und Eigentum von „Verrätern" haben; zweitens sollte ihm, unbeschadet seiner uneingeschränkten Oberherrschaft über den ganzen Staat, das Recht zustehen, sich unmittelbar Land als persönlichen Besitz zu unterstellen und es nach eigenen Rechtstiteln und Regeln zu verwalten. Nach der herkömmlichen Bezeichnung für das als „Witwengut" abgetrennte Erbteil wurde dieses Territorium als Opričnina bezeichnet, im Unterschied zu der weiter von der Bojarenduma regierten Zemščina. Drastisch kommentierte ein russischer Chronist zu Beginn des 17. Jahrhunderts dieses Verfahren mit den Worten, der Zar „zerschlug sein Land mit dem Beil in zwei Hälften"[11].

Die Begründung für das ganze Unternehmen lag offenkundig in der Absicht, die materielle Basis zu schaffen für den Unterhalt einer zunächst auf 1000 Mann veranschlagten Truppe. Diese so genannten Opričniki, die in ihrer Gesamtheit ebenso wie das ihnen zugeteilte Land Opričnina hießen, rekrutierten sich vornehmlich aus dem niederen Dienstadel, doch auch Ausländer und sogar Bojaren kamen im Laufe der Zeit hinzu. Oberstes Kriterium für die Aufnahme war das durch einen Schwur zu bekräftigende Gelöbnis, dem Zaren unbedingt Gefolgschaft zu leisten und sich nur seinem Dienst zu widmen. Eingesetzt wurden die Opričniki vor allem, um durch Verhaftungen, Verbannungen und Hinrichtungen gegen Bojaren vorzugehen, die im Verdacht standen, „Verräter" zu sein; über die Personen bezogenen Drangsalierungen hinaus bediente sich Ivan IV. der Opričniki aber auch planmäßig, um die noch verbliebene Macht der Teilfürsten durch Umsiedlung und Enteignung zu brechen. Die Repressionen nahmen ein solches Ausmaß an, dass der Metropolit Filipp den Zaren wiederholt aufforderte, sich zu mäßigen. Als alles nichts fruchtete, griff der Metropolit zum letzten, aber auch stärksten Mittel. Während eines Gottesdienstes am 22. 3. 1568 stellte er den Zaren in aller Öffentlichkeit zur Rede, beklagte die herrschende Rechtlosigkeit und Willkür, verlangte die Auflösung der Opričnina und verweigerte dem Zaren den Segen. Ivan IV. lenkte indes nicht ein, sondern sah in den Vorhaltungen einen weiteren Beleg für die stetig anwachsende, gegen ihn gerichtete Verschwörung und entschied sich aus Angst und Zorn, noch radikaler vorzugehen. In der Folgezeit wurde die Zahl der Opričniki bis auf 6000 Mann erhöht und das Land, das zu ihrem Unterhalt durch Nahrung, Abgaben und Dienstgüter beitragen sollte, ausgeweitet. Es umfasste schließlich das Weißmeergebiet, die russischen Kerngebiete um Moskau unter Einschluss eines Teiles der Hauptstadt selbst sowie die finanziell lukrativen Zentren der Salzgewinnung wie Staraja Rusa und Kargopol'. Die vornehmsten Opfer des Argwohns des Zaren wurden sein Vetter, Vladimir von Starica, den er verdächtigte, nach der

Krone zu trachten, und der Metropolit Filipp, den er zunächst absetzen und später durch den völlig skrupellosen Maljuta Skuratov ermorden ließ. Den Höhepunkt erreichte der Terror mit rational nicht mehr hinreichend erklärbaren Massakern im Jahre 1570. Unter ihnen zu leiden hatten vornehmlich Nowgorod, das durch die Exzesse völlig ruiniert wurde und dauerhaft zu einer Provinzstadt herabsank, sowie der altmoskowitische Adel, den Ivan IV. zwar nicht, wie er androhte, physisch vollständig vernichtete, dem aber ein für alle Mal das politische Rückgrat gebrochen wurde.

Nachdem der Zar durch die Eliminierung der Macht der Fürsten und Bojaren seine Selbstherrschaft konsolidiert hatte, war es schon auf Grund seines unstillbaren Misstrauens vorhersehbar, dass die Tage der terroristischen Opričnina gezählt sein würden. Es bedurfte nunmehr eines Anlasses, um sich der Helfer zu entledigen, bevor sie zu mächtig wurden. Die Gelegenheit bot sich 1571. Die Beanspruchung des Moskauer Staates durch den Livländischen Krieg und seine zusätzliche Schwächung durch das Terrorregime im Innern hatte die Krimtataren immer wieder zu Raubzügen in das Moskauer Land verleitet. Im September 1569 waren sie sogar zusammen mit türkischen Truppen bis vor die Tore von Astrachan' vorgedrungen, mussten aber die Belagerung auf Grund der vorgerückten Jahreszeit und unzureichender Artillerie nach zehn Tagen wieder aufgeben. Im Mai 1571 unternahmen sie einen neuen Angriff, der sich diesmal gen Norden richtete. Die Russen waren vollkommen überrascht und vermochten den raschen Vormarsch der Feinde nicht aufzuhalten. Am 23. Mai erreichten die Tataren Moskau und steckten am folgenden Tag die Vorstädte in Brand. Wegen eines stürmischen Windes breitete sich das Feuer rasch aus, übersprang die Befestigungswälle und legte die gesamte Innenstadt in Schutt und Asche. Tausende verbrannten oder wurden in der ausbrechenden Panik zu Tode getrampelt. Da die Stadt verloren und nicht zu plündern war, zogen sich die Tataren wieder zurück, wobei sie freilich auf dem Rückmarsch eine breite Schneise der Verwüstung in das Moskauer Land schlugen und Zehntausende Gefangene verschleppten.

Der Zar war unversehrt geblieben, weil er sich mit Müh und Not vor den eilends vorrückenden Tataren in Sicherheit hatte bringen können. Sowohl seine persönliche Gefährdung als auch das generelle Ausmaß des Desasters führte er – diesmal nicht zu Unrecht – auf Verrat zurück; außer den Bojaren machte er jetzt auch die Opričniki verantwortlich, zumal Nachrichten aus Nowgorod und Livland ihn in der Auffassung bestärkten, man dürfe diesen Leuten nicht trauen. Schon im Juni 1571 bekundete er in einem Schreiben: „So bin ich jetzt weder mit der Zemščina noch mit der Opričnina."[12] Er steuerte nun einen mittleren Kurs. Seit dem Herbst 1571 wurden Zemščina und Opričnina militärisch und administrativ wieder zusammengeführt, und Anfang August 1572 verlor die Opričnina nach dem bedeutsamen Sieg des vereinten russischen Heeres über die erneut anstürmenden Krimtataren ihre Sonderstellung ganz und gar. Als oberstes Verwaltungsorgan wurde 1573 der „Hof" (dvor) etabliert, in den neben den Opričniki auch viele Zemščina-Dienstadlige aufgenommen wurden. In den Opričnina-Landkreisen wurde eine Revision des Grund- und Bodenbesitzes vorgenommen mit dem Ziel, zumindest teilweise die depossedierten Erbgüter an die Zemščina-Leute zurückzugeben beziehungsweise die Größe der Dienstgüter der Opričnina und der Zemščina einander anzugleichen. Den Namen

Opričnina zu erwähnen, wurde bei Strafe verboten, was freilich nicht als eine radikale Abwendung von dem Regime zu verstehen ist, sondern eher als vorbeugende Maßnahme, dass es nicht öffentlich kritisiert werden konnte.

1575/76 scheint Ivan IV. sogar an eine Wiederbelebung des Opričnina-Regimes in modifizierter Form gedacht zu haben. Zu diesem Zweck setzte er den tatarischen Khan Simeon Bekbulatovič auf den Zarenthron und übernahm selbst ein „Teilfürstentum", von dem aus er sich anschickte, erneut gegen die „Verräterei" vorzugehen, die er diesmal an der Spitze des Hofes und in der engsten Umgebung seines Sohnes Ivan, des Thronfolgers, vermutete. Nach einem Jahr entschied sich der Zar indes, den Thron wieder selber einzunehmen und den loyalen Khan zum „Großfürsten" von Tver' zu machen.

Die letzten Jahre des Zaren waren geprägt von persönlichen und politischen Debakeln. Im Zorn verwundete er den Zarevič Ivan tödlich, was über die menschliche Tragödie hinaus die fatale politische Konsequenz hatte, dass der sichtlich an Geistesschwäche leidende zweite Sohn Ivans IV., Fedor, zum Thronfolger avancierte. In außenpolitischer Hinsicht endete der Krieg um Livland für Russland ebenfalls unglücklich. Nachdem es Ivan IV. zusammen mit seinem dänischen Verbündeten Magnus als Prätendenten auf die livländische Königswürde unter russischer Oberhoheit noch 1577 gelungen war, mit Ausnahme der Städte Riga und Reval ganz Livland zu erobern, ging der 1576 als Nachfolger von Sigismund II. August zum polnischen König gekrönten Stefan IV. Báthory 1579/80 zur strategischen Gegenoffensive über. Nach der Eroberung der wichtigen Festungen Polock und Velikie Luki begannen die königlichen Truppen im September 1581 mit der Belagerung von Pskov. Zum selben Zeitpunkt gelang den Schweden die Einnahme von Narwa. Der resignierende Zar hatte schon zuvor den Papst gebeten, einen Frieden zwischen ihm und dem polnischen König zu vermitteln. Gregor XIII. willigte ein, weil er hoffte, auf diese Weise doch noch die schon 1439 in Florenz vorbereitete Kirchenunion verwirklichen zu können. Die Erwartung trog auch diesmal, aber ein zehnjähriger Waffenstillstand, der de facto ein Friedensvertrag war, kam am 6. 1. 1582 zustande. Ivan IV. musste zustimmen, sich völlig aus Livland zurückzuziehen und überdies Polock an Polen abzutreten. Massivem polnischen Druck war es überdies zuzuschreiben, dass Ivan IV. auch gegenüber Schweden schwerwiegende Zugeständnisse machen musste. In dem dreijährigen Waffenstillstand vom 10. 8. 1583 erklärte sich Ivan IV. widerstrebend bereit, auf Narwa, das er zum Handelstor nach Westeuropa ausbauen wollte, zu verzichten wie auch generell auf Estland; zudem hatte er sogar mit Ingermanland einen Streifen russischen Gebietes abzutreten. Der einzige Zugang zur Ostsee, der Russland vorerst noch verblieb, war das Mündungsgebiet der Newa.

Der Niedergang des überlasteten, erschöpften russischen Reiches schien vorgezeichnet. Es war demgemäß durchaus nachvollziehbar, dass der Zar verärgert reagierte, als er im Spätjahr 1582 erfuhr, die Stroganovs hätten mehrere hundert Kosaken unter ihrem Ataman Ermak ausgerüstet und mit dem Auftrag versehen, gegen den sibirischen Khan Kučum zu ziehen. Die Stroganovs wollten auf diese Weise ihre ausgedehnten Ländereien an der Kama südlich von Perm' vor den wiederholten Einfällen der Truppen des Khans schützen. Doch Ivan IV. fürchtete, dass dem geschwächten Reich in dem Khanat Sibir ein neuer Gegner erwachsen werde, der sich mit den noch unbefriedeten Völkern an der unteren Wolga und den Krimtataren zusammentun und Russland mit Raub- und Kriegszügen überziehen könnte. Der Zar befahl deshalb den Stroganovs im November 1582 unter Androhung „großer Ungnade“, Ermak und seine Kosaken zurückzurufen. Doch der Ukas kam zu spät, da die Kosaken bereits Ende Oktober die Hauptstadt des Khanats, Kaschlyk, erreicht und erobert hatten. Trotz der Unterstützung durch einheimische Stämme, die von Kučum unterdrückt worden waren, vermochte die kleine Schar von Kosaken das eroberte Land jedoch nicht auf Dauer zu behaupten. Nachdem Ermak im August 1585 in einen Hinterhalt geraten und auf der Flucht im Irtysch ertrunken war, verließen die noch überlebenden Kosaken Kaschlyk und kehrten nach Russland zurück. Als die russische Regierung aber einmal die Schwäche Kučums erkannt hatte, ergriff sie selbst die Initiative und schob die russische Grenze durch das Anlegen von Festungen und Stützpunkten sukzessive nach Osten vor. 1598 wurde Kučums Armee endgültig geschlagen. Damit war der letzte militärische Widerstand von Bedeutung gebrochen. Um die Mitte des 17. Jahrhunderts erreichte die kontinuierlich fortgesetzte russische Expansion ihre natürliche Grenze mit der Küste des Pazifiks.

III. Krise des Reiches und Etablierung der Romanow-Dynastie, 1584–1682

1589	Errichtung des Moskauer Patriarchats
1598	Ende der Herrschaft der Rjurikiden-Dynastie
1612	Das russische (Volks-)Aufgebot von Kuz'ma Minin und Fürst Požarskij beendet die polnische Besetzung des Kreml
1613	Begründung der Herrschaft der Romanows durch die Wahl von Michail Fedorovič zum Zaren
1649	Gesetzbuch (uloženie) schreibt die Leibeigenschaft der Bauern bis 1861 endgültig fest
1654	Der Hetman der Zaporoger Kosaken Bohdan Chmel'nyc'kyj leistet für die linksufrige Ukraine den Treueeid auf den Zaren
1666/67	Von Patriarch Nikon eingeleiteter Reformprozess der russischen Kirche mündet in der Spaltung (raskol) zwischen mehrheitlichen Anhängern der Amtskirche und „Altgläubigen"
1667	Im Waffenstillstand von Andrusovo willigt Polen in die Abtretung der linksufrigen Ukraine mit Kiew und Smolensk ein
1670/71	Großer „Bauernaufstand" unter „Sten'ka" Razin.

1. Die „Zeit der Wirren", 1598–1613

Boris Godunov

Dass sein ältester überlebender Sohn Fedor nicht selbständig würde regieren können, weil er schwachsinnig war, wusste auch Ivan IV. Er hatte deshalb vor seinem Tod die Einsetzung eines fünfköpfigen Regentschaftsrates angeordnet, in dem die alten Eliten durch die Fürsten Ivan F. Mstislavskij und Ivan P. Šujskij sowie Nikita Romanovič Jur'ev vertreten waren, während Bogdan Ja. Bel'skij und Boris F. Godunov als ehemalige Opričniki ihren Aufstieg und Rang dem Zaren verdankten. Diese Konstellation war von sich aus schon konfliktträchtig, und der persönliche Ehrgeiz der Protagonisten trug das Seine dazu bei, dass das Agieren des Regentschaftsrates nicht durch Kooperation, sondern durch Konfrontation bestimmt wurde. Als Sieger aus dem Machtkampf ging Boris Godunov hervor. Ohne seine instinktsichere Geschicklichkeit und Rücksichtslosigkeit wäre schon seine dauerhaft erfolgreiche Karriere unter Ivan IV. nicht vorstellbar gewesen; nun kam zu seinen Gunsten noch hinzu, dass es ihm 1580 gelungen war, seine Schwester mit dem späteren Zaren Fedor Ivanovič zu verheiraten. Die hervorgehobene Position von Boris Godunov spiegelte sich in der offiziellen Titulatur „Des großen Herrschers Schwager und Regent“. Ausländer beschrieben seine Machtfülle mit der Charakterisierung als „Gubernator der reußischen Monarchie“.

Seine umsichtig kalkulierende Tatkraft erbrachte für die äußere Stellung des Reiches durchaus bemerkenswerte Vorteile: Mit Polen wurde der 1582 geschlossene Waffenstillstand 1587 um weitere 15 Jahre verlängert. Die dadurch gewonnene Rückendeckung nutzte Boris Godunov, um offensiv gegen Schweden vorzugehen. Das eigentliche Ziel des Angriffs, durch die Eroberung von Narwa einen nutzbaren Hafen an der Ostsee zu gewinnen, misslang zwar, aber immerhin konnten im „ewigen Frieden“ von Täyssinä vom 15. 5. 1595 die wichtigen Festungen Ivangorod, Jam und Kopor’e am Finnischen Meerbusen sowie Kexholm auf der Karelischen Landenge wenigstens kurzzeitig für Russland zurückgewonnen werden. Die Konzentration der russischen Kräfte im Norden nutzten allerdings die Krimtataren zu neuerlichen Vorstößen, und 1591 gelang es ihnen sogar noch einmal, bis in die Nähe von Moskau vorzustoßen, aber es war das letzte Mal, dass sie so erfolgreich waren. Die stetig nach Süden vorgeschobenen russischen Grenzsicherungen erfuhren unter Boris Godunov eine Verstärkung durch die Anlage befestigter Städte wie Voronež (1586), Kursk (1587) und Belgorod (1593). Am Don wurde eine neue Verteidigungslinie angelegt. Bereits 1588 errichteten die Russen die ersten Festungen am Terek und drangen darüber hinaus in den nördlichen Kaukasus vor.

Außer den territorialen und machtpolitischen Gewinnen konnte Boris Godunov einen zusätzlichen beachtlichen Erfolg erzielen. Als Patriarch Jeremias II. von Konstantinopel 1588 nach Moskau kam, um materielle Unterstützung für die Not leidende orthodoxe Kirche unter osmanischer Herrschaft zu erwirken, machte Boris Godunov die Zusage von der Begründung eines eigenen Moskauer Patriarchats abhängig. Jeremias II. hatte keine andere Wahl als sich zu fügen. Den anderen Patriarchen blieb ebenso nichts anderes übrig als zuzustimmen. 1590 bestätigten sie die Errichtung des neuen Patriarchats in Moskau, wenn sie ihm in der Rangfolge auch nicht den gewünschten dritten Platz, sondern lediglich den fünften, den letzten, einräumten. Die russische Kirche erfuhr mit der Rangerhöhung dennoch einen bedeutsamen Zugewinn an Ansehen und Prestige, ohne dass freilich für sie als Institution damit auch eine verbesserte Positionierung gegenüber der weltlichen Macht des Zaren verbunden gewesen wäre. Schon die ausschlaggebende Mitsprache des Herrschers bei der Berufung des Metropoliten Iov zum ersten russischen Patriarchen Anfang 1589 legte dafür Zeugnis ab. An einer ernsthaften Machtprobe war aber niemand interessiert. Zar und Kirche standen in der iosifljanischen Tradition und wussten, was sie aneinander hatten. Sie suchten deshalb bei divergierenden Interessen vorrangig den Kompromiss. Das zeigte sich Anfang der 80er Jahre wieder einmal besonders deutlich bei der für beide Seiten wichtigen Landfrage. Trotz des großen Bedarfs an Grund und Boden zur Entlohnung und Konsolidierung des Dienstadels gaben sich sowohl Ivan IV. als auch sein Nachfolger damit zufrieden, dass die Kirche einwilligte, auf den Aufkauf von Land verarmter Dienstadliger zu verzichten. Des Weiteren signalisierte sie ihre Bereitschaft, auf ihre Steuer- und Abgabenfreiheit zu verzichten. Die Abschaffung dieses Privilegs sollte nicht nur dazu dienen, die leeren Kassen des Fiskus aufzufüllen, sondern auch dazu beitragen, dass die Bauern, die auf den Gütern der Dienstadligen von Abgaben erdrückt wurden, nicht mehr in Erwartung eines leichteren Loses ihre Herren verließen und auf Kirchenland flüchteten. Der schwachsinnige Zar Fedor, der während seiner knapp 14-jährigen Herrschaftszeit als eigenständig handelnde Person so gut wie gar nicht in Erscheinung trat, vermochte indes nicht, die Kirche zur Einhaltung ihrer Zusagen zu nötigen, und Boris Godunov, der sich erst noch gegen seine mächtigen Gegenspieler im Regentschaftsrat durchsetzen musste, blieb seinerseits inaktiv, um zusätzlichen Auseinandersetzungen aus dem Weg zu gehen. Da somit die bevorzugte Stellung der Kirche gewahrt blieb, wurde der Flucht der Bauern von den Gütern ihrer Herren, insbesondere denen der Dienstadligen, kein Riegel vorgeschoben. Das für das innere Gefüge des Staates bedrohliche Problem verschärfte sich sogar noch dadurch, dass die fruchtbaren Schwarzerdegebiete im Süden, die unter Ivan IV. erobert und im Weiteren pazifiziert worden waren, eine zunehmende Sogwirkung ausübten. Die dortigen Grundherren nahmen die ihnen zulaufenden Bauern als willkommene Arbeitskräfte gerne auf. Boris Godunov sah sich damit einem zusätzlichen Dilemma gegenüber. Einerseits musste die gefährliche Entvölkerung der russischen Kerngebiete gestoppt, andererseits mussten die südlichen Gebiete aufgesiedelt werden, um sie für den russischen Staat verlässlich in Besitz nehmen und besser verteidigen zu können.

Was die konkreten Maßnahmen angeht, die ergriffen wurden, so zeugen sie von dem Bestreben, in erster Linie den Dienstadel zu begünstigen, aber diese Absicht ließ sich nur bedingt realisieren. Umgekehrt stand außer Frage, dass die Bauern die Hauptleidtragenden waren. Sie traf die ganze Härte der Gesetze auf Grund der Verschärfung und Prolongierung der Schollenbindung. „Freiwillig" eingegangene Knechtschaftsverhältnisse konnten selbst bei Begleichung der Schuld seit 1586 erst mit dem Tod des Herrn gelöst werden. Seit 1592 wurden die bis dahin nur zeitweilig und vorrangig lokal verfügten „Verbotsjahre", in denen die Bauern die Scholle überhaupt nicht verlassen durften, kontinuierlich und flächendeckend verhängt, bis sie schließlich – nach kurzfristigen Ausnahmen zu Beginn des 17. Jahrhunderts – 1649 in der permanenten Erbuntertänigkeit mündeten. 1597 wurde ergänzend dekretiert, dass die Bauern, die seit 1592 entflohen waren, ihrem rechtmäßigen Grundherrn zurückzugeben seien. Den Dienstadligen in den entvölkerten Kerngebieten half diese Regelung freilich wenig, weil sie im Allgemeinen gar nicht die Mittel hatten, um groß angelegte Fahndungen nach ihren Bauern durchführen zu können. Eher schon hatten die großen weltlichen und kirchlichen Grundherrn diese Möglichkeit, und sie profitierten von der Anordnung denn auch am meisten. Aber die Hocharistokratie gab trotzdem ihre Vorbehalte gegenüber dem „Emporkömmling" Boris Godunov nicht auf.

Wie labil seine Position blieb, wurde Boris Godunov 1591 vor Augen geführt. Damals starb der jüngste, acht Jahre alt gewordene Sohn Ivans IV., Dmitrij, in Uglič, wohin er mit seiner Mutter von Boris Godunov abgeschoben worden war. Wie es zu dem frühen Tod kam, blieb im Dunkeln, doch die Gerüchte, Boris Godunov habe seine Hand im Spiel gehabt, wurden mit solcher Hartnäckigkeit und Intensität verbreitet, dass sich der Beschuldigte genötigt sah, eine Untersuchungskommission einzusetzen, die die wahre Todesursache herausfinden sollte. Geschickt stellte Godunov an die Spitze der Kommission mit Fürst Vasilij Šujskij einen Vertreter der Hocharistokratie, der erwiesenermaßen nicht im Verdacht stand, mit ihm zu sympathisieren. Gleichwohl musste Šujskij auf jeden Fall zu Gunsten Godunovs aussagen, wollte er sich nicht selber in Gefahr bringen. So geschah es denn auch. Šujskij bestätigte, dass Dmitrij sich bei einem epileptischen Anfall mit einem Messer selbst die tödliche Wunde beigebracht habe.

Solchermaßen exkulpiert, im Besitz der realen Macht, unterstützt von der Kirche, deren höchster Würdenträger ihm wegen der Ernennung zum Patriarchen auch zu persönlichem Dank verpflichtet war, wurde Boris Godunov nach dem Ableben des Zaren Fedor im Januar 1598 von einer Landesversammlung einen Monat später zum Zaren gekürt. Die Wahl war ein staatsrechtliches Novum, das sich freilich allein daraus erklärte, dass die Moskauer Rjurikidendynastie im Mannesstamm ausgestorben war. Es handelte sich auch nicht um eine „freie“ Wahl, denn die Landesversammlung rekrutierte sich nicht aus gewählten, sondern aus ernannten Vertretern der Geistlichkeit, des Adels und der Städte. Boris Godunov tat ein Übriges, um eventuelle Mitsprachegelüste von vornherein im Keim zu ersticken. Theatralisch lehnte er die Wahl zum Zaren zunächst ab und zwang damit die Landesversammlung, die nicht gut einen anderen wählen konnte, ihm die Macht ohne jegliche Einschränkung geradezu aufzudrängen.

Die Erlangung der Herrschaft war damit geglückt, die Ausübung der Herrschaft aber stand unter keinem guten Stern. 1601 bis 1603 wurden vor allem die ohnehin schon verelendeten und bis zu 70% der Wüstung anheim gefallenen zentralen und nördlichen Gebiete Russlands von Missernten heimgesucht, die Hungersnöte und Seuchen zur Folge hatten, die alles bisherige in den Schatten stellten. Menschen in ungemessener Zahl, notierte der deutsche Kaufmann Konrad Bussow als Augenzeuge, verhungerten oder wurden zu Räubern, Mördern und Kannibalen. Dienstgutbesitzer jagten ihre Knechte vom Hof, weil sie sie nicht mehr ernähren konnten. Alle menschlichen Bande und Normen schienen außer Kraft gesetzt zu sein.

Was Boris Godunov dagegen tun konnte, war nicht viel mehr als die aus den Fugen geratene Bewegung versuchsweise zu kanalisieren und zu reglementieren. In rechtlicher Hinsicht hob er für zwei Jahre die „Verbotsjahre“ auf, und den vertriebenen Knechten wurden Urkunden über die reguläre Entlassung aus dem Dienstverhältnis zugesagt. Darüber hinaus trat der Zar mit großzügig bemessener Mildtätigkeit, aber auch mit rigiden Strafaktionen hervor. Die Wirkung all dieser Maßnahmen war indes sehr begrenzt, und verlässlichen Rückhalt konnte Boris Godunov bei keiner Schicht der Bevölkerung gewinnen. Im Gegenteil, zunehmend formierte sich Widerstand gegen ihn, und als er im April 1605 starb, befand sich das Land bereits im offenen Aufruhr gegen ihn.

Der „falsche Demetrius“

Wesentlichen Anteil daran hatte der „falsche Demetrius“. Er machte um die Jahrhundertwende auf sich aufmerksam mit der Beteuerung, Dmitrij, der jüngste Sohn Ivans IV., zu sein, der im Jahre 1591 durch Gottes Fügung dem Tod entronnen sei. In Wirklichkeit hieß er wohl Grigorij (Griša) Otprep'ev, war ein entlaufener Mönch und entstammte einer Sippe des Kleinadels, die zur Klientel der Romanows zählte. Kaum jemand hätte vermutlich auf ihn gehört, wenn nicht seine Ambitionen auf den Zarenthron, die gleichzeitig die Entmachtung Boris Godunovs und seiner Familie implizierten, zusammengefallen wären mit den Interessen und Wünschen hoch gestellter ehrgeiziger Persönlichkeiten und weiter Kreise der Not leidenden Bevölkerung. So aber fand er zunächst in Polen, wohin er sich begeben hatte, Beachtung. König Sigismund III. selbst hielt sich zwar wegen des bestehenden offiziellen Waffenstillstands mit Moskau bedeckt, aber der angesehene Wojewode von Sandomierz, Georg Mniszech, und andere Magnaten, die sich von dem Erfolg des „falschen Demetrius" Belohnungen und Macht versprachen, unterstützten ihn. Nachdem der Samozvanec, der „Selbstberufene", im April 1601 heimlich konvertiert war, förderte ihn auch die katholische Kirche in Weiterverfolgung ihrer traditionellen Unionspläne. Im Oktober 1604 überschritt er an der Spitze eines kleinen Heeres aus Kosaken und polnischen Kleinadligen im Südwesten die Grenze zu Russland und rückte rasch vorwärts, bis ihn im Januar 1605 reguläre Truppen in der Nähe der Stadt Sevsk zum Kampf stellten und ihm eine vernichtende Niederlage bereiteten. Dennoch erhielt er weiterhin großen Zulauf aus den Reihen der städtischen und ländlichen Bevölkerung, die in ihm den Retter aus der Not und den von Gott berufenen legitimen Herrscher und Verteidiger der „alten Gerechtigkeit" (staraja pravda) sahen. Viel versprechende Aufrufe des Prätendenten bestärkten sie in ihrer Auffassung. Der Tod von Boris Godunov am 13. 4. 1605 leitete die definitive Entscheidung zu Gunsten des „falschen Demetrius" ein. Die Hocharistokratie wollte sich seiner bedienen, um die Godunovs und ihre Anhänger endgültig aus dem Feld zu schlagen. Auf Betreiben der Golicyns und Šujskijs unterstellte sich das Moskauer Heer am 7. 5. 1605 dem „falschen Demetrius". Der 16-jährige Sohn Boris Godunovs, Fedor, wurde ermordet, während Fürst Vasilij Šujskij Zweifel an der wahren Identität des Prätendenten zerstreute, indem er nun im Gegensatz zu seiner früheren Aussage beschwor, dass Dmitrij 1591 nicht ums Leben gekommen sei, sondern sich habe retten können. Begeistert begrüßt von dem getäuschten Volk zog der „falsche Demetrius" am 20. 6. 1605 in den Moskauer Kreml ein und wurde einen Monat später, am 21. 7. 1605, in der Uspenskij-Kathedrale zum Zaren gekrönt.

Der neue Herrscher erfüllte die in ihn gesetzten Erwartungen indes nur sehr bedingt. Er heiratete am 8. 5. 1606 die Tochter seines Förderers G. Mniszech, aber bedeutsamere Versprechungen, die er den Polen gemacht hatte, wie die Abtretung der westrussischen Randgebiete, konnte er nicht verwirklichen. Die Gutsbesitzer in den südlichen Gebieten Russlands begrüßten sein Verbot, Nachforschungen nach dem Verbleib von Bauern anzustellen, die von 1601 bis 1603 ihre Herren eigenmächtig verlassen hatten, aber ansonsten setzte er im sozialökonomischen Bereich die Politik Boris Godunovs im Wesentlichen fort. Um sich aus der Vormundschaft seiner russischen Gönner zu befreien, wandte er sich gegen Fürst Vasilij Šujskij und schickte ihn unter der Anschuldigung der Meuterei in die Verbannung. Die Romanows, auf die er setzte, und deren Oberhaupt, Filaret, er zum Metropoliten von Rostow machte, erwiesen sich indes als nicht stark genug, um ihn zu schützen. Die empörten Šujskijs zettelten einen Aufruhr der Moskauer Bevölkerung an, der darin gipfelte, dass der Kreml gestürmt und der „falsche Demetrius" getötet wurde.

Vasilij Šujskij

Die sich aus dem Tod des „falschen Demetrius" ergebende Verwirrung und Orientierungslosigkeit nutzte Vasilij Šujskij, um ein fait accompli zu schaffen. Ohne um die Legitimierung durch eine „Landesversammlung" zu ersuchen, ließ sich Vasilij Šujskij durch gelenkte Akklamation von einer auf dem Roten Platz versammelten Volksmenge zum Zaren bestimmen. Am 1. 6. 1606 wurde er feierlich gekrönt. Als zusätzliche Legitimation konnte er für sich in Anspruch nehmen, dass er einer Seitenlinie der Rjurikiden entstammte. Doch all das reichte nicht, um sich als anerkannter Herrscher durchzusetzen. Ja, es kam für ihn noch schlimmer als für seine Vorgänger. Alles, was sich aufgestaut hatte, drängte zur gewalttätigen Entladung. Die erste Welle wogte von Süden und Osten heran. Vereint unter der fadenscheinigen Losung, den angeblich nicht ums Leben gekommenen Zar Dmitrij wieder inthronisieren zu wollen, empörten sich Vertreter der verschiedensten sozialen Gruppen gegen Vasilij Šujskij. Das Gros stellten Kosaken und Bauern, die zu Recht von dem neuen Zaren eine Verschärfung der Grundherrschaft befürchteten. Als ihr Führer trat Ivan Bolotnikov auf, ein Unfreier, der in die türkische Sklaverei verschleppt worden war, aber nach mehreren Jahren hatte fliehen können. Er motivierte und vermehrte seine Gefolgschaft durch Aufrufe, in denen er die alte Ordnung nicht grundsätzlich verwarf, sondern eher versprach, sie auf den Kopf zu stellen. Seine Parteigänger sollten nicht allein die persönliche Freiheit erhalten, sondern zu höchsten Ehren und Würden aufsteigen und ihre vormaligen Herren in jeder Hinsicht beerben. Wesentlich verstärkt wurden die Aufständischen durch zu ihnen stoßende Dienstadlige aus Rjazan und anderen Landesteilen, die in Šujskij den Repräsentanten der Hocharistokratie bekämpften. Erst als die Scharen, jeden Widerstand brechend, vor Moskau erschienen und die Stadt belagerten, gelang es Šujskij den Dienstadligen klar zu machen, dass sie zusammen mit den unfreien Bauern nicht nur gegen ihn, sondern auch gegen ihre eigenen sozialökonomischen Interessen kämpften. Das Lager der Aufständischen spaltete sich daraufhin, und da mit den Dienstadligen gerade die kampfstarken Verbände auf die Seite Šujskijs übergingen, wandelte sich das Kräfteverhältnis so, dass Šujskij Bolotnikov und seine Leute zurückschlagen konnte, bis diese nach zähem Widerstand schließlich im Oktober 1607 in Tula kapitulieren mussten. Bolotnikov wurde gefangen genommen und bald darauf umgebracht.

Mit den Aufrührern waren aber die Probleme nicht beseitigt, und so war es nicht verwunderlich, dass alsbald neue Herausforderer auftraten, die zur höheren Legitimierung ihrer Bestrebungen der Einfachheit halber gleich für sich selbst in Anspruch nahmen, der wahre Zarensohn Dmitrij zu sein. Der erfolgreichste unter ihnen war der „zweite falsche Demetrius", denn es gelang ihm nicht nur, seine eigene Anhängerschaft durch eine große Anzahl der versprengten Haufen des Ivan Bolotnikov zu verstärken, sondern er verstand es auch, polnische Magnaten erneut aktiv in die Auseinandersetzungen hineinzuziehen. Mit ihrer Unterstützung kämpfte er sich 1607/08 über Brjansk und Kaluga den Weg nach Moskau frei, das er allerdings nicht einnehmen konnte. Er setzte sich in dem nahe gelegenen Tušino fest, wo er die vornehmsten Gegner Šujskijs um sich sammelte, unter ihnen Filaret, das Haupt der Romanows, den er zum Gegenpatriarchen machte. Militärisch suchte er derweil die nördlich und östlich von Moskau gelegenen Gebiete seiner Herrschaft zu unterwerfen, was dank der großen Sympathie, die er bei der Bevölkerung genoss, anfänglich gut vonstatten ging, bis sich wie so häufig zeigte, dass die vermeintlichen Befreier die Bevölkerung genauso, wenn nicht noch schlimmer drangsalierten und auspressten wie die bisherige Obrigkeit. Die Folge waren Gegenaufstände, die im Winter 1608/09 einen großen Teil des Wolgagebiets und des Nordens wieder unter die Herrschaft Vasilij Šujskijs brachten.

Der Zar erachtete die Lage allerdings weiterhin als so bedrohlich, dass er sich nach mächtigeren Bundesgenossen umsah; er fand sie in den Schweden, denen er für die erbetene Hilfe freilich im Vertrag von Wiborg vom 28. 2. 1609 die Festung Kexholm am Ladogasee überlassen musste. Die auf dieser Basis gewährte Unterstützung erwies sich als effektiv. Unter Führung des Neffen des Zaren M. V. Skopin-Šujskij drangen die von Norden her angreifenden Truppen in den folgenden Monaten bis Moskau vor und konnten schließlich am 12. 3. 1610 siegreich in die Stadt einziehen. Zuvor schon hatte die Stunde des „zweiten falschen Demetrius“ geschlagen. Dem Gegner unterlegen und von seinen polnischen Gönnern im Herbst 1609 im Stich gelassen, flüchtete er Ende des Jahres nach Kaluga, wo er von einem seiner eigenen Gefolgsleute erschlagen wurde.

Vasilij Šujskij konnte von der Entmachtung des „Gauners von Tušino“ jedoch nicht lange profitieren, weil nun der polnische König Sigismund III. selbst auf den Plan trat. Seiner Streitmacht unter Führung des Hetmans Żółkiewski war das russische Heer samt den schwedischen Hilfstruppen nicht gewachsen. Am 24. 6. 1610 wurden sie westlich von Možajsk vernichtend geschlagen. Die stark geschwächten Schweden zogen nach Norden ab, was die Position Vasilij Šujskijs völlig unhaltbar machte. Er war jetzt nicht nur dem äußeren Feind, sondern auch den Gegnern im Innern schutzlos ausgeliefert. Am 17. 7. 1610 wurde er gestürzt und gezwungen, als Mönch in das Čudov-Kloster einzutreten. Die Regierungsgewalt übernahm ein siebenköpfiger Bojarenrat mit Fürst Fedor I. Mstislavskij an der Spitze. Seine Hauptaufgabe bestand darin, einen neuen Zaren zu küren und sich mit den vorrückenden Polen zu arrangieren. Eine erfolgreiche Erfüllung dieses Auftrags bot sich auf der Basis einer Vereinbarung an, die ehemalige russische Gefolgsleute des „zweiten falschen Demetrius“ mit dem polnischen König Sigismund III. am 4. 2. 1610 geschlossen hatten. Danach sollte der damals 15-jährige Sohn des Königs, Władysław, russischer Zar werden. Seine Macht wäre allerdings in einer Weise eingeschränkt worden, die sich allenfalls formal an russischen Traditionen orientierte, real aber ein Novum darstellte, da die vorgesehene Teilhabe des Landes an der Regierung präzisiert, institutionalisiert und verbindlich in einer Wahlkapitulation festgeschrieben werden sollte. Vorgesehen war im Einzelnen, dass keine neuen Steuern erhoben und keine Todesurteile vollstreckt werden durften ohne die vorherige Zustimmung der Bojarenduma, die überdies als oberstes Gericht fungieren sollte. Die Gesetzgebung sollte der „Landesversammlung“, dem zemskij sobor, obliegen. Verfassungsmäßig hätte sich die russische Autokratie damit der polnischen Rzeczpospolita angenähert, wenn auch ausdrücklich festgelegt wurde, dass die beiden Reiche voneinander unabhängig bleiben sollten und die Stellung der orthodoxen Kirche in Russland keinesfalls beeinträchtigt werden dürfte.

Am 17. 8. 1610 einigten sich der polnische Hetman Żołkiewski und die russischen Unterhändler darauf, diese Übereinkunft zur weiteren Richtschnur des Handelns zu machen. Demgemäß wählte der Bojarenrat Władysław zum russischen Zaren und öffnete den Polen die Tore der Stadt, so dass diese in der Nacht vom 20./21. 9. 1610 kampflos einrücken und den Kreml in Besitz nehmen konnten. Unerwarteterweise aber änderte der polnische König seine Meinung. Bei Verhandlungen mit russischen Unterhändlern in den letzten Monaten des Jahres 1610 machte er klar, dass er selber russischer Zar werden wollte, und zwar ohne jede Beschränkung. Außerdem kündigte der König an, er wolle für sich selbst an dem römisch-katholischen Glaubensbekenntnis festhalten. Um den Druck auf die russischen Abgesandten zu erhöhen, ließ er deren Führer, soweit sie sich ihm widersetzten, in Haft nehmen; hierzu zählte auch Metropolit Filaret.

In dieser Situation trat in Moskau Patriarch Hermogen an die Spitze der Opposition. In einem Sendschreiben rief er zum Widerstand gegen Sigismund III. mit den Worten auf, das russische Volk werde „das Kreuz nicht vor einem katholischen König küssen“. Ein erster Akt der nationalen Gegenwehr zeitigte freilich keinen Erfolg, weil die sozialen Spannungen zwischen den Opponenten übermächtig blieben, denn die Adligen wollten gleichzeitig die Schollenbindung der Bauern verschärfen und die Freiheit der Kosaken beschneiden. Ein „Zweites Aufgebot“ konnte sich jedoch durchsetzen und das erstrebte Ziel der nationalen Befreiung realisieren. Die Initiative hierzu ging von den Gebieten und Städten an der Wolga aus, insbesondere von Nižnij Nowgorod, von wo aus der Stadtälteste Kuz'ma Minin seit dem Herbst 1611 eine rege und effiziente Werbetätigkeit entfaltete. Den Befehl über die neue Landwehr übernahm der kampferprobte Fürst Dmitrij Požarskij. Von Jaroslavl' aus brach er Ende Juni 1612 mit Truppen, die noch aus dem Norden und Osten verstärkt worden waren, gen Moskau auf, um das er im August einen Belagerungsring zog. In einer zweitägigen Schlacht wurde der Versuch eines polnischen Entsatzheeres, zu den Toren der Stadt durchzustoßen, abgewehrt. Damit war gleichzeitig das Schicksal der von jedem Nachschub abgeschnittenen polnischen Garnison im Kreml besiegelt; am 27. 10. 1612 kapitulierte sie.

Erneut stellte sich solchermaßen die Frage, wer in Russland zum Herrscher bestellt werden sollte. Die Entscheidung wurde einer „Landesversammlung“ übertragen, die Anfang 1613 in Moskau ihre Beratungen aufnahm; außer den Unfreien waren alle Schichten der Bevölkerung von den Bojaren bis zu den „schwarzen“, also freien Bauern einschließlich der Kosaken vertreten. Nachdem man sich grundsätzlich darauf verständigt hatte, keinen Ausländer zu nominieren, sondern einen Angehörigen der „großen moskowitischen Geschlechter“, fiel die Wahl schließlich auf Michail Fedorovič Romanow. Er war der ideale Kompromisskandidat; seine Familie zählte rangmäßig zu den Bojaren, aber nicht zu der titulierten Hocharistokratie; sie stammte zwar nicht direkt von den Rjurikiden ab, stand aber seit der ersten Ehe Ivans IV. mit Anastasija in einem verwandtschaftlichen Verhältnis zu ihnen; das derzeitige Haupt der Romanows, der Metropolit Filaret, hatte sich durch die „Zeit der Wirren“ geschickt hindurchlaviert und war deshalb für alle akzeptabel, während sein als Zar auserkorener Sohn Michail 1613 erst 16 Jahre alt war und zu kontroversen Beurteilungen noch keinen Anlass gegeben hatte.

Die realen Kräfteverhältnisse hätten durchaus auch die Möglichkeit eröffnet, das „Land" weiterhin an der Regierung zu beteiligen und den neuen Zaren durch eine Wahlkapitulation zu binden; aber offenbar galt eine solche Verfahrensweise durch das „polnische Abenteuer" und das sichtbar gewordene Bestreben der Bojaren, vor allem sich selber eine privilegierte Stellung zu sichern, als diskreditiert. Man suchte Ruhe und Stabilität in strikter Anlehnung an die eigenen Traditionen, und das begünstigte gerade in diesen Zeiten der ungefestigten Herrschaft das Bekenntnis zur Autokratie, zumal der erstarkte Dienstadel in ihr seine bestmögliche Interessenvertretung sah. Am deutlichsten zeigte sich der Wille aller Repräsentanten des Volkes, die Befugnisse des Herrschers nicht einzuschränken, darin, dass sie die Wünsche und Anträge, die sie aus ihren angestammten Bezirken mitbrachten, lediglich in der Form von Bittschriften vorlegten. Ohne konstitutionelle Auswirkung blieb auch, dass der zemskij sobor erstmals über mehrere Jahre zusammenblieb und erst 1622 auseinander ging. Obwohl er in dieser Zeit Urkunden ausstellte, Steuern einzog und außenpolitische Aktivitäten entfaltete, leitete er doch daraus niemals den Anspruch ab, an der Regierung förmlich beteiligt zu werden, sondern verstand sich lediglich als Gremium, das den Zaren in dem Maße beriet und unterstützte, wie es gewünscht oder gebilligt wurde.

2. Die Formierung des „neuen Russland", 1613–1682

Michail Fedorovič Romanow wurde am 11. 7. 1613 zum Zaren gekrönt, aber die Herrschaft übten andere für ihn aus. Als dominante Persönlichkeit trat vor allem sein Vater hervor. Nach der Entlassung aus der polnischen Inhaftierung 1619 war Filaret zum Patriarchen geweiht worden; seinen darüber hinausgehenden Anspruch auf weltliche Herrschaft brachte er dadurch zum Ausdruck, dass er sich wie sein Sohn als „großer Herrscher" (Velikij gosudar) titulieren ließ.

Erste bedeutsame außenpolitische Entscheidungen waren schon vor seiner Rückkehr realisiert worden. Schweden hatte die „Zeit der Wirren" genutzt, um sich gegen den bisherigen russischen Bundesgenossen zu stellen und auf dessen Kosten Land zu erobern. Im Frieden von Stolbovo zeigte es sich gegen eine Entschädigung von 20000 Rubeln zwar bereit, das besetzte Nowgorod wieder zurückzugeben, aber die 1595 an Russland abgetretenen Gebiete Ingermanland und Ostkarelien mit den Festungen Ivangorod, Jam, Kopor'e sowie Korela blieben in seinem Besitz. Noch ungünstiger war die russische Position gegenüber Polen. Władysław hatte 1617/18 noch einmal einen Feldzug bis vor die Tore Moskaus geführt. Wenn er die Stadt auch nicht einzunehmen vermochte, so konnten die Russen einen Waffenstillstand auf viereinhalb Jahre doch nur erreichen, indem sie förmlich auf das von den Polen zuvor eroberte Gebiet von Smolensk wie auf die severischen Städte an der Desna verzichteten. Nicht einmal seinen Anspruch auf den Zarenthron gab Władysław förmlich auf; das geschah erst 1634. Allerdings implizierte bereits der Vertragsabschluss von 1618 eine De-facto-Anerkennung Michails als russischer Herrscher. Die weiterhin bestehenden äußeren Gefahren wurden noch erhöht durch die Krimtataren, die mit ihren Raub- und Beutezügen zwar nicht mehr den russischen Staat insgesamt, wohl aber die südlichen Regionen in schwere Bedrängnis brachten. Im Innern selbst machten umherstreifende Kosakentrupps sowie gewalttätige Banden unterschiedlicher Herkunft und Zielsetzung das Land unsicher.

Um all diesen Herausforderungen gewachsen zu sein und letztlich die Handlungsdominanz zurückzugewinnen, war die russische Regierung bestrebt, vor allem ihr militärisches Potential zu vergrößern. Die waffenmäßige Ausrüstung nach bestmöglichen technischen Standards und die ebenfalls am westlichen Vorbild ausgerichtete Aufstellung von Truppen „neuer Ordnung“ erforderte indes zusätzliche finanzielle Mittel in erheblicher Größenordnung. Die dafür notwendigen Aufwendungen wurden in erster Linie den Bauern aufgebürdet, was für diese umso schwerer zu ertragen war, als das Land noch gezeichnet war von den Folgen des „großen Moskauer Ruins“ mit ausgedehnten Wüstungen in den russischen Kerngebieten und einem geschätzten Bevölkerungsrückgang von mehr als 25%. Vielfach versuchten sich die Bauern dem Übermaß der Lasten, die in gesteigerten Fronleistungen bestanden, durch Flucht zu entziehen. Dies wiederum brachte aber auch die kleinen Dienstgutbesitzer, die Pomeščiki, dem Ruin näher, weil sie trotz der Einbuße an Arbeitskräften ihre Verpflichtungen gegenüber dem Staat in vollem Umfang erfüllen mussten. In ihrer materiellen Existenz bedroht fühlten sich darüber hinaus wegen der erhöhten Abgaben auch große Teile der steuerzahlenden städtischen Bevölkerung, zumal sie ohnehin schon in einem unlauteren Wettbewerb mit Konkurrenten standen, die keine direkten Steuern zu entrichten brauchten wie die unfreien Bauern, die in den Städten Handel und Gewerbe im Namen ihrer Herren betrieben, oder wie diejenigen Städter, die auf steuerfreiem Gebiet der Adligen und der Kirche wohnten. Ein eigenständiger, selbstbewusster Mittelstand konnte sich unter diesen Bedingungen nicht entwickeln.

Außen- und machtpolitisch freilich erbrachte der Raubbau auf Kosten der eigenen Bevölkerung durchaus bemerkenswerte Erfolge. Das galt allerdings erst auf lange Sicht, während die Dividende der ersten Jahrzehnte eher bescheiden ausfiel. Im Süden gelang es in den 30er und 40er Jahren, die Grenzgebiete durch den Bau einer neuen, weiter vorgeschobenen Verteidigungslinie, der „Belgoroder Linie“, besser zu schützen, aber über die Defensive hinaus wollte die zarische Regierung in diesem Bereich wohlweislich nicht gehen. Als die Kosaken, die 1637 die türkische Festung Azov erobert hatten, vier Jahre später die zarische Regierung um Unterstützung bei der Verteidigung der Festung baten, lehnte diese aus Furcht vor einem Konflikt mit dem Sultan ab. Die Kosaken mussten daraufhin Azov wieder aufgeben.

Am sinnfälligsten manifestierte sich die noch ungefestigte Stellung Moskaus zu dieser Zeit im Verhältnis zu Schweden. Auf Grund der gemeinsamen Gegnerschaft zu Polen und wegen russischer Getreidelieferungen während des 30-jährigen Krieges führte die schwedische Regierung 1648 zwar in den Friedensverträgen von Münster und Osnabrück Russland als ihren Verbündeten auf, aber gleichzeitig machte sie den aus ihrer Sicht bestehenden Rangunterschied deutlich, indem sie den Zaren nicht als ebenbürtigen „Selbstherrscher“ titulierte, sondern lediglich als „Magnus dux Muscoviae“, als Großfürst von Russland.

Es gab freilich dringlichere Sorgen, mit denen sich die zarische Regierung um eben diese Zeit beschäftigen musste. Am 13. 7. 1645 war Zar Michail Fedorovič Romanow gestorben, und gemäß den nun wieder anwendbaren Regeln der Erbfolge wurde sein Sohn Aleksej sein Nachfolger. Der gerade 16-Jährige überließ die Regierung aber faktisch seinem Erzieher und Schwager Boris I. Morozov, der zusammen mit anderen Günstlingen die Macht nutzte, um sich maßlos zu bereichern. Das brachte in der ohnehin angespannten inneren Lage das Fass zum Überlaufen. Anfang Juni 1648 brach in Moskau ein heftiger Aufstand aus, der nicht nur zur Entmachtung Morozovs führte, sondern auch zur Bildung einer Kommission unter Vorsitz von Fürst Nikita I. Odoevskij, die zur Stabilisierung der öffentlichen Ordnung die bestehenden Gesetze und Dekrete sichten, vereinheitlichen und nötigenfalls an die gegenwärtigen Erfordernisse anpassen sollte. Das solchermaßen erarbeitete Gesetzbuch, das Uloženie, wurde 1649 vom Zaren gebilligt und blieb fast 200 Jahre lang bis 1835 in Kraft. In Übereinstimmung mit den bekannten zarischen Interessen kamen die Neuerungen vor allem dem grundbesitzenden Dienstadel zugute. Ihm wurden die Bauern in einem noch stärkeren Maße als bisher ausgeliefert. Umgekehrt wurde damit erneut den abhängigen Bauern das größte Opfer abverlangt und zugemutet. Sie wurden mit ihren Familien ein für alle Mal ohne Ausnahme an den von ihnen bestellten Boden gebunden; schon geflüchtete Bauern mussten ohne Verjährungsfrist ihrem rechtmäßigen Herrn zurückgegeben werden; fremde Bauern aufzunehmen, wurde strikt untersagt. Da die Bauern überdies persönlich von ihrem Grundherrn abhängig waren und immer mehr den Status einer Rechtsperson verloren, entwickelten sich die Schollenpflichtigkeit und Erbuntertänigkeit weiter zur realen Leibeigenschaft. Eine gemischte Bilanz ergab sich durch das Uloženie für die Stadtbewohner. Um das Steueraufkommen berechenbar zu machen und gleichzeitig noch zu steigern, wurden die lastenpflichtigen Stadtbewohner an die Steuergemeinde gebunden und gleichzeitig ihre Abgaben erhöht. Auf der anderen Seite sollten sie von der privilegierten Konkurrenz, die keine Steuern zahlte, befreit werden. Alle von Steuererhebungen ausgenommenen städtischen Bezirke, die Sloboden, sollten, sofern sie nicht dem Zaren gehörten, aufgehoben werden. Das galt auch für die umfangreichen Sloboden der Kirche, aber diese Vorgaben wurden nur ansatzweise realisiert, obwohl ein zentrales „Klosteramt“ (monastyr'skij prikaz) eingerichtet wurde, das den gesetzlichen Bestimmungen Geltung verschaffen sollte.

Sehr viel schmerzlicher und folgenreicher als die materiellen Auflagen erwiesen sich für die Kirche in der Regierungszeit des Zaren Aleksej Michajlovič die unvorhergesehenen Folgen ihrer inneren Reformanstrengungen. Dabei ließ sich zu Beginn alles viel versprechend an. Eine von den Klöstern an der Wolga ausgehende Bewegung der „Glaubenseiferer“, die vor allem die sittlichen Missbräuche, die in das Kloster- und Kirchenleben Eingang gefunden hatten, beseitigen wollten, fand Anklang und Unterstützung bei der Moskauer Geistlichkeit, insbesondere auch bei dem Archimandriten des Novospasskij-Klosters, Nikon, der 1652 zum Patriarchen gewählt wurde. Nikon verfolgte allerdings von Anfang an weiter gesteckte Ziele. Zuvörderst ging es ihm darum, die reine Glaubenslehre, die durch schriftliche wie auch mündliche Überlieferung und Gewohnheit entstellt worden war, wiederherzustellen. Das erwies sich als umso dringlicher, als bei der nunmehr

Palmsonntag-Prozession auf dem Roten Platz vor dem zum Kreml führenden Erlösertor. Kupferstich von Chr. L. Rothgiesser aus: Adam Olearius, Vermehrte Newe Beschreibung der Muscowitischen und Persischen Reyse, Schleswig 1647.
Foto: akg-images.

anstehenden Drucklegung der Kirchenbücher vorab geklärt werden musste, welche der unterschiedlichen Versionen aus den vorliegenden Handschriften den Vorzug erhalten sollte. Was die Reform des Gottesdienstes betraf, so ging es zum einen um die Ausmerzung durchaus wissentlich begangener „Eigeninterpretationen" wie das „Vieltönen" (mnogoglasie), das in dem gleichzeitigen Vortragen verschiedener Passagen der langen Liturgie zum Zwecke der Zeitersparnis bestand. Darüber hinaus ging es aber auch um die Berichtigung alter, durch die Tradition etablierter Riten wie das Kreuzschlagen mit zwei statt mit drei Fingern. Der Zar zeigte sich gegenüber den Reformbestrebungen des Patriarchen, der zugleich sein engster Berater und Mentor war, aufgeschlossen und wohlwollend.

Viele Gläubige verhielten sich indes anders. Für sie stand das „Heilige Russland", das „Dritte Rom", in der Gefahr, sich den griechischen Häretikern zu unterwerfen, denen man vorhielt, durch die Union von 1439 mit der lateinischen Kirche den wahren Glauben verraten zu haben und dafür vor aller Augen mit der Eroberung Konstantinopels durch die Türken 1453 bestraft worden zu sein. Dass es jetzt um ganz andere Probleme ging als um die Kirchenunion, die von den griechischen Patriarchen längst aufgekündigt worden war, tat der Überzeugung keinen Abbruch, dass man von den geheiligten Traditionen nicht abweichen dürfe, ohne das Seelenheil einzubüßen. Die Opponenten wollten sich auch nicht den Beschlüssen verschiedener Synoden in den 50er und 60er Jahren beugen, die Nikons Reformen ausdrücklich guthießen. Da sich der Patriarch aus theologischer Überzeugung und persönlicher Unnachgiebigkeit ebenfalls außerstande sah, Zugeständnisse zu machen, war die Kirchenspaltung, der „Raskol", unausweichlich. Die „Altgläubigen" wurden aus der Kirche ausgestoßen und mit dem Kirchenbann belegt, während sie seitens der weltlichen Gewalt drangsaliert und mit dem Tode bedroht wurden. Dieses Schicksal widerfuhr auch dem bedeutendsten Widersacher Nikons in Glaubensfragen, dem Protopopen Avvakum, der 1682 in seinem Verbannungsort Pustozersk auf dem Scheiterhaufen verbrannt wurde.

Nikon hatte an der Hinrichtung allerdings keinen persönlichen Anteil mehr. Sein Stern war schon Ende der 50er Jahre gesunken, als er in Überschätzung seiner eigenen Autorität wie auch in Fehleinschätzung der realen Kräfteverhältnisse die Überordnung der geistlichen Gewalt über die weltliche Macht postulierte. Die Rolle eines Gregors VII. war ihm nicht vergönnt. Der Zar ging nicht nach Canossa, sondern ließ den Patriarchen 1660 von einer Synode absetzen. 1666 bestätigte eine weitere Synode das Urteil.

Die Auswirkungen all dieser Vorgänge konnten für das Verhältnis von Kirche und Staat gar nicht anders als prägend und richtungsweisend sein. Alle Vorstellungen, die die wechselseitigen Beziehungen auf gegenseitiger Anerkennung, Gleichberechtigung und Harmonie begründet sahen, hatten sich nun endgültig erledigt. Der Staat dominierte nicht allein wegen der gewonnenen Machtprobe mit Nikon, sondern auch weil die Kirche stärker als bisher auf den Staat angewiesen war, damit er ihr als Büttel in der Auseinandersetzung mit den Altgläubigen zur Seite stünde. Wie sich zeigen sollte, konnte der Staat fürderhin mit der Kirche quasi nach Belieben umspringen.

Fürs Erste aber sorgte die Kirchenspaltung dafür, dass die vielfältigen Spannungen im Lande, die durch die verschärfte Erbuntertänigkeit der Bauern seit 1649 neue Nahrung gefunden hatten, noch weiter zunahmen. Hinzu kamen das konfliktträchtige Verhältnis von Staat und Kosaken sowie die wachsende Unzufriedenheit bei den Fremdvölkern, die dem zunehmenden Druck der russischen Staatsgewalt ausgesetzt waren. Lokale Unruhen und Revolten gab es häufig im ganzen Land, wie etwa 1662 den „Kupfergeld-Aufruhr“ in Moskau, der durch eine Münzverschlechterung und die daraus resultierende Teuerung ausgelöst wurde. Aber all diese Aufstände waren trotz der auch ihnen innewohnenden Gefährlichkeit gering zu veranschlagen gemessen an dem großen Flächenbrand, den der Kosakenführer Sten'ka Razin an der unteren und mittleren Wolga auslöste. Bereits bekannt und berühmt geworden durch beutereiche Raubzüge bis zur persischen Grenze von 1667 bis 1669, verlieh er seinen Aktionen 1670/71 zwischen Astrachan' und Simbirsk eine zusätzliche sozialrevolutionäre und antiklerikale Dimension. Er rief alle Unzufriedenen, Verfolgten und Unterdrückten auf, sich ihm anzuschließen, wobei er vorgab, Willensvollstrecker des „guten Zaren“ zu sein und in seinem Namen gegen die überhand nehmende Bojarenwillkür zu kämpfen; überdies machte er aus seiner Abneigung gegen die Popen keinen Hehl. Er verhieß allen, die ihm folgten, Freiheit und Selbstverwaltung nach Art der Kosaken und versprach den Bauern zusätzlich das Land und Eigentum der Gutsbesitzer. Seine Verlautbarungen wurden vom Volk begeistert aufgenommen und fanden rasche Verbreitung. Ohne die Ankunft Razins abzuwarten, rotteten sich die Bauern vielerorts zusammen und töteten ihre Herren. Das Blatt wendete sich, als es regulären Truppen im Oktober 1670 gelang, Razin und seine Anhänger vor Simbirsk zu schlagen; in den folgenden Monaten wurden die Aufständischen von den nachrückenden Regierungstruppen unnachsichtig aufgerieben. Sten'ka Razin selbst wurde auf Grund von Verrat gefangen genommen und am 6. 6. 1671 in Moskau hingerichtet. Das Volk verherrlichte ihn in Liedern und Legenden und machte ihn zu dem, was er nicht war, aber das Volk in ihm sehen wollte: den messianischen Vorkämpfer für das Wohlergehen der Unterdrückten und die Überwindung der vorherrschenden Ungerechtigkeit.

Zar Aleksej starb 1676. Ihm folgte sein erst 14-jähriger Sohn Fedor, der überdies von schweren Krankheiten gezeichnet war. Gleichwohl wurden in seiner sechsjährigen Regierungszeit bedeutsame Reformen konzipiert und ansatzweise auf den Weg gebracht, die im Hinblick auf die territorialen Verwaltungseinheiten und die Rangordnung manches präformierten, was Peter der Große später weiterführen und in die Tat umsetzen sollte. Realisiert wurden bereits unter Fedor fiskalische Maßnahmen mit gravierenden sozialökonomischen Konsequenzen. Um die Steuereinnahmen, die wegen der großen Brachen dramatisch gesunken waren, wieder zu steigern, wurde die bisher auf das Land erhobene Grundsteuer in eine auf die Behausung fokussierte Höfesteuer umgewandelt. Damit wurden nicht allein diejenigen wieder steuerpflichtig, die kein Land mehr bewirtschafteten, sondern es kamen auch diejenigen hinzu, die einen Hof ihr Eigen nannten, aber bisher als abhängige Bauern keine Steuern zu entrichten hatten. Fedor sprach als erster Zar vom „Allgemeinwohl“, doch die Betroffenen sahen in der Neuerung verständlicherweise in erster Linie die zusätzliche persönliche Belastung und sannen in zunehmendem Maße mit Erfolg auf Wege, sich ihr – etwa durch die Zusammenlegung von Höfen – zu entziehen.

Trotz der ungefestigten Lage im Innern konnte Moskau in der Außenpolitik seit der Mitte des 17. Jahrhunderts beträchtliche Erfolge erzielen. Unter ähnlichen sozialen Bedingungen wie in Russland hatten sich in den umkämpften südlichen Grenzgebieten Polen-Litauens Kosaken etabliert. Ihre Hauptgruppierung kontrollierte das Gebiet jenseits der Stromschnellen des Dnjepr (za porogami), weshalb sie Zaporoger Kosaken genannt wurden. Ihr Verhältnis zur Staatsgewalt war dauerhaft gespannt. Ebenso wie der Zar versuchte der polnische König stets, die Kosaken seiner Herrschaft verlässlich zu unterwerfen und ihnen möglichst wenige Sonderrechte zuzugestehen, während die Kosaken gerade umgekehrt nach möglichst weit gehender Selbstherrschaft strebten. Die ethnische Zugehörigkeit der Kosaken zu den Ostslawen und ihr Bekenntnis zur Orthodoxie im Unterschied zur römisch-katholischen Konfession der Polen konnten als Anlass oder bisweilen auch als Ursache für eine zusätzliche Verschärfung der Beziehungen zwischen Krone und Kosaken gelten. Aus dieser Gesamtkonstellation entwickelte sich unter Führung von Bohdan Chmel'nyc'kyj, der sich zusätzlich noch von persönlichen Fehdemotiven leiten ließ, 1648 ein Kosakenaufstand, der mit Unterstützung der Krimtataren zunächst sehr erfolgreich verlief und weite Teile der Ukraine unter Einschluss von Kiew in die Gewalt der Kosaken brachte. Mit dem Wechsel der Krimtataren auf die polnische Seite veränderten sich indessen die Kräfteverhältnisse zu Ungunsten der Kosaken. Sie waren dringend auf Unterstützung angewiesen und wandten sich deshalb an den Zaren in Moskau. Aus russischer Sicht gab es jedoch gute Gründe sich zurückzuhalten. Das Land brauchte Ruhe, ein Krieg gegen Polen barg erfahrungsgemäß erhebliche Risiken, und ein Bündnis mit Chmel'nyc'kyj konnte von den eigenen Kosaken durchaus als unerwünschte Ermutigung eigener Autonomiebestrebungen missverstanden werden – andererseits bestand die reale Chance, die Ukraine in den russischen Herrschaftsbereich einzubeziehen und damit das „Sammeln des russischen Landes“ außerordentlich gewinnbringend fortzuführen. Die definitive Entscheidung fiel im Oktober 1653. Nachdem die Kosaken zugestanden hatten, sich in einem größeren Maße dem Zaren unterzuordnen, als sie ursprünglich angeboten hatten, und Aleksej Michajlovič sich überdies bei einer eigens zu diesem Zweck einberufenen „Landesversammlung“ rückversichert hatte, ergriff Moskau offen Partei für die Kosaken. Die realen Machtverhältnisse spiegelten sich in dem weiteren Procedere. Am 8. 1. 1654 leistete Chmel'nyc'kyj in Perejaslavl' den Treueeid auf den Zaren vor dessen Bevollmächtigtem V. V. Buturlin. Erst zwei Monate später sicherte Aleksej Michajlovič seinerseits den Kosaken sowie dem ukrainischen Adel, der Geistlichkeit und den Städten weit gehende Autonomie zu. Die Wahl des Hetmans sollte aber der zarischen Zustimmung bedürfen, und mit den gefährlichsten Rivalen Moskaus, der Pforte und Polen, sollten die Kosaken keine eigenständigen Beziehungen unterhalten dürfen. Von einem „Vertrag“ mit einem „Kosakenstaat Ukraine“ zu sprechen, wie es in der nationalukrainischen Geschichtsschreibung geschieht, erscheint demgemäß kaum als angemessen. Dessen ungeachtet war der Krieg mit Polen aber natürlich unvermeidlich. Er begann um die Jahresmitte und verlief für Moskau überraschend erfolgreich. Während die Kosaken von Süden her vordrangen, griffen die Russen in der Höhe von Smolensk an, nahmen die wichtige Festung bereits im September 1654 und eroberten nicht nur die südlich und nördlich angrenzenden Gebiete, sondern drangen 1655 weiter nach Westen vor, wobei sie u.a. Minsk, Wilna, Kowno und Grodno in ihre Gewalt brachten. Aleksej Michajlovič nannte sich nun Selbstherrscher der „ganzen Großen und Kleinen Rus'“ sowie „Großfürst von Litauen, Weißrussland, Wolhynien und Podolien“. Da der Zar überdies unverhohlen nach der polnischen Königskrone strebte, sah sich Schweden zur Wahrung seiner Interessen zum Eingreifen veranlasst. Moskau reagierte rasch. Es schloss einen Waffenstillstand mit Polen unter Ausklammerung der strittigen Territorialfragen und wandte sich gegen den neuen Gegner. Nach anfänglichen Erfolgen in Livland, die aber wiederum – wie schon unter Ivan IV. – vor Riga ein Ende fanden, wurde am 1. 7. 1661 in Kardis Frieden auf der Basis des Status quo geschlossen. Moskau verstand sich hierzu nicht zuletzt deshalb, weil die ursprüngliche Auseinandersetzung um die Ukraine eine ungünstige Wendung zu nehmen drohte. Nach dem Tode B. Chmel'nyc'kyjs im Juli 1657 kam es zu heftigen Auseinandersetzungen unter den Kosaken über den weiter zu verfolgenden politischen Kurs. Die einen wollten unter der Herrschaft des russischen Zaren bleiben, die anderen wollten sich unter Bruch des Treueschwurs von Perejaslavl' wieder dem polnischen König unterstellen; schließlich bildeten sich zwei eigenständige Hetmanate rechts und links des Dnjepr heraus. Die Polen waren überdies seit 1660 auch gegenüber den russischen Heerführern wieder siegreich in die Offensive gegangen. 1663/64 drangen sie mit Hilfe der Krimtataren sogar erneut bis vor die Tore Moskaus vor. Dem russischen Wunsch, den Krieg nun so rasch wie möglich zu beenden, kamen auf polnischer Seite innenpolitische Querelen entgegen. So gelang es Moskau 1667 in Andrusovo einen Waffenstillstand abzuschließen, der gemessen an der militärischen Lage als sehr günstig zu bezeichnen war. Russland konnte die Gebietsverluste aus der „Zeit der Wirren" – Smolensk, Černigov, und Sewerien – wieder wettmachen und gewann zudem vor allem die durch den Dnjepr geteilte, linksufrige Ukraine mit Kiew als Brückenkopf auf dem rechten Ufer.

Wie sehr Russlands Macht und Ansehen durch dieses Arrangement gemehrt wurden, lässt sich auch daran ablesen, dass das Zarenreich nun verstärkt in die europäische Großmachtdiplomatie einbezogen wurde. Die Bemühungen konzentrierten sich zunächst darauf, Russland für die vom Kaiser, Papst, Venedig und Polen 1684 begründete „Heilige Liga" zum Kampf gegen das Osmanische Reich zu gewinnen. Das Interesse an dem russischen Beitritt war so groß, dass sich der polnische König schließlich sogar bereit fand, dem hartnäckigen russischen Drängen nach einer verbindlichen Festschreibung der Bestimmungen von Andrusovo zu willfahren. 1686 verzichtete er in dem „ewigen Frieden" von Moskau ein für alle Mal auf die linksufrige Ukraine und Kiew. Russland schloss sich daraufhin der „Heiligen Liga" an, aber die ersten beiden Feldzüge, die Fürst Golicyn gegen die Krim als vorgeschobene Bastion der Türken unternahm, endeten mit Misserfolgen.

Zurückstecken musste Moskau Ende des Jahrhunderts auch in Asien. Während die Eroberung des nördlichen und zentralen Sibiriens bis zum Pazifischen Ozean trotz teilweise heftiger Gegenwehr der indigenen Bevölkerung um die Jahrhundertmitte als erfolgreich abgeschlossen gelten konnte, kam es bei der anschließenden Expansion in Fernost nach Süden zu Komplikationen. Die russischen Vorstöße stießen hier auf den Widerstand Chinas.

Es war nicht das erste Mal, dass die beiden großen Reiche miteinander in Berührung kamen. Das russische Interesse an einer Ausweitung profitablen Handels und der Gewinnung von zusätzlichen Absatzmärkten für die sibirischen Rauchwaren hatte bereits 1618 Ivan Petlin in inoffizieller Mission nach Peking geführt. Er kehrte mit Geschenken nach Moskau zurück, was freilich den Blick dafür verstellte, dass die Chinesen den Besuch Petlins dahingehend deuteten, dass die Russen die tributäre Oberhoheit Pekings anerkennen wollten. Dem Russen wurde zwar ein entsprechendes Dokument mitgegeben, das aber in Moskau nicht entschlüsselt werden konnte, weil es in chinesischer Sprache abgefasst war. Als eine erste offizielle russische Gesandtschaft um die Mitte des Jahrhunderts weisungsgemäß auf Gleichrangigkeit bestand, kam es demgemäß zu lang andauernden protokollarischen Streitigkeiten, die nur oberflächlich überspielt werden konnten. Unabhängig hiervon drangen Kosakenabteilungen zur gleichen Zeit in die Amurregion vor und errichteten in herkömmlicher Vorgehensweise zur Sicherung der Oberhoheit einen befestigten Stützpunkt, das Fort Albazino. Die Chinesen verstanden dies zu Recht als Gefährdung ihrer Tributansprüche in dieser Region und entsandten nach längerer Verzögerung Streitkräfte, die 1685 das Fort Albazino belagerten und einnahmen. Auf die Kunde hiervon entschloss man sich in Moskau zu einer grundsätzlichen Regelung des Verhältnisses mit Peking, woran sich umgekehrt auch die chinesische Regierung interessiert zeigte. So kam es 1689 in dem russischen Stützpunkt Nerčinsk zu mehrwöchigen Verhandlungen über alle anstehenden strittigen Probleme. In der Territorialfrage sahen sich die Russen genötigt, die chinesische Überlegenheit vor Ort anzuerkennen. Die Zugeständnisse waren allerdings größer als ursprünglich von Moskau beabsichtigt. Die Russen mussten das gesamte nördliche Einzugsgebiet des Amur räumen und das Stanovoj-Gebirge bis zum Pazifik als Grenze anerkennen. Auch im diplomatischen Bereich konnten sich die Russen nicht in der gewünschten Weise durchsetzen. Es gelang ihnen nicht, eine verbriefte Anerkennung der Gleichrangigkeit zu erreichen; sie erhielten lediglich die mündliche Zusage, dass russische Gesandte künftighin mit Respekt behandelt würden. Positiver fielen die kommerziellen Abmachungen aus, an denen beide Seiten interessiert waren. Angehörigen beider Staaten sollte es danach gestattet sein, zu Handelszwecken die Grenze zu überschreiten, wenn sie Beglaubigungsschreiben ihrer Regierungen mit sich führten. Eine Revision dieser Übereinkunft in Detailfragen erfolgte 1727 durch den Vertrag von Kjachta. Speziell im Hinblick auf die territorialen Regelungen behielten die Vereinbarungen ansonsten ihre Gültigkeit bis zu den „ungleichen Verträgen“ von Aigun und Peking 1858 und 1860.

IV. Russlands Aufstieg zur europäischen Großmacht. Erfolge und ihr Preis, 1682–1801

1689	Vertrag von Nerčinsk mit China
1697/98	Erste Auslandsreise Peters I.
1700–1721	Nordischer Krieg
1700–1724	Tief greifende und folgenreiche innere Reformen, die Staat, Kirche sowie alle Schichten der Bevölkerung betreffen
1703	Gründung von St. Petersburg; Hauptstadt seit 1712
1709	Entscheidender Sieg Peters I. über Karl XII. bei Poltava
1730	Versuch scheitert, Autokratie durch eine „Wahlkapitulation" einzuschränken
1755	Gründung der Universität Moskau
Febr. 1762	Peter III. hebt die Dienstpflicht des Adels auf
April 1762	Russland scheidet definitiv aus dem Siebenjährigen Krieg aus („Mirakel des Hauses Brandenburg")
Juni 1762	Entmachtung Peters III. und Krönung Katharinas II. zur Kaiserin
1762–1767	Unter den Bedingungen der Leibeigenschaft schwächen Ukasse zur Liberalisierung von Handel und Gewerbe den Mittelstand nachhaltig
1764	Säkularisation des gesamten Kirchenbesitzes
1768–1774	Nach siegreichem Krieg gegen das Osmanische Reich gewinnt Russland neben weiteren Territorien das Gebiet zwischen dem Unterlauf von Bug und Dnjepr; die Krim wird formell unabhängig
1772–1795	Vollständige Eliminierung des polnischen Staates in drei Teilungen
1773–1775	Pugačev-Aufstand
1775	Gouvernementsreform
1782	Katharina II. formuliert strategische Zielsetzungen gegenüber dem Osmanischen Reich („griechisches Projekt")
1785	Gnadenurkunden für den russischen Adel und die russischen Städte
1787–1791	Nach neuerlichem erfolgreichen Krieg mit der Pforte gebietet Russland über die gesamte Schwarzmeerküste bis zum Dnestr, einschließlich der Krim
1798/99	Russland tritt unter Paul I. aktiv in den Kampf gegen das revolutionäre Frankreich ein

1. Peter der Große, 1682–1725

Werdegang und Würdigung

Nach dem Tod von Zar Fedor 1682 übernahm dessen Schwester Sof'ja Alekseevna die Regentschaft für ihren debilen Bruder Ivan und ihren ebenfalls minderjährigen Halbbruder Peter. Sie regierte nicht ohne persönlichen Ehrgeiz mit pragmatischem Geschick, doch sich häufende Misserfolge der russischen Außenpolitik in der zweiten Hälfte der 80er Jahre unterminierten ihre Position. Bedeutsamer für ihren Sturz im August/September 1689 waren allerdings die inneren Kräfteverhältnisse. Als es hieß, sie plane mit Hilfe der Strelitzen Peter auszubooten, zeigte sich nach kurzem Kräftemessen, dass die stärkeren Bataillone hinter Peter standen. Sof'ja musste sich beugen und ins Kloster gehen.

Damit sah Peter seine hervorgehobene Position als einer der beiden Zaren wie auch seine persönliche Sicherheit fürs Erste als genügend gewährleistet an. Befreit von gängelnder Bevormundung widmete er sich nun ganz seinen persönlichen Interessen mit vorurteilsloser Wissbegier; seit dem Frühjahr 1690 verkehrte er regelmäßig in der nemeckaja sloboda, der „deutschen Vorstadt", die auf Drängen der Kirche 1652 begründet worden war, damit die rechtgläubigen Russen nicht unter den Einfluss der häretischen Ausländer, gleich welcher Nationalität, gerieten. Peter aber zeigte sich fasziniert von der so andersartigen Welt, in die er von dem Schweizer Francis Lefort eingeführt wurde. Amüsement und Trinkgelage kamen nicht zu kurz, doch Peter weitete vor allem seinen Blick und erwarb neue Kenntnisse und Fertigkeiten, wobei es kennzeichnend für ihn war, dass er stets danach strebte, die Nützlichkeit und Anwendbarkeit des Gelernten in der Praxis zu überprüfen. Die Anregungen und Ratschläge etwa, die er insbesondere von dem schottischen General Patrick Gordon zum Militärwesen erhielt, probierte er sogleich an seinen „Spielregimentern" aus. Außerhalb der „Vorstadt" verwandte Peter viel Zeit auf eine weitere Leidenschaft, den Bau von Schiffen und ihre fachkundige Handhabung. Zur Erlangung dieser Fähigkeiten ließ er sich von angeworbenen holländischen Schiffsbauern unterweisen. Um die Innen- und Außenpolitik aber kümmerte sich Peter wenig; sie überließ er mehr schlecht als recht seiner Mutter, ihren Verwandten und Beratern.

Erst nach dem Tod der Mutter 1694 begann Peter, der nach dem Ableben seines Halbbruders Ivan Anfang 1696 auch formell zum Alleinherrscher avancierte, die Macht in einer Weise auszuüben, die ihm den Beinamen „der Große" eintragen sollte. Noch treffender mag die Charakterisierung Puschkins sein, der Peter in seinem Poem „Der eherne Reiter" als „Giganten" anspricht. In dieser Apostrophierung klingt noch deutlicher die überragende Stellung an, die Peter in der russischen und mittelbar auch in der europäischen Geschichte zukommt; zugleich aber mischt sich in die Bewunderung für das schier Übermenschliche, was Peter geleistet hat, auch das Grauen vor dem Unmenschlichen, das seiner Vorgehensweise eigen war. Exemplarisch veranschaulichen lässt sich beides an der Gründung von St. Petersburg. Es war eine ungeheure Idee, in einem sumpfigen, vom Hochwasser ständig bedrohten Gebiet, fernab von dem traditionellen Zentrum, formell zunächst nicht einmal auf dem Territorium des Reiches, eine Stadt aus dem Boden stampfen zu lassen, die alsbald zur Hauptstadt ausersehen wurde und deren Bedeutung in strikter Abkehr von moskowitischen Traditionen darin liegen sollte – wie es ein italienischer Reisender später treffend formulierte –, „ein großes Fenster im Norden aufzustoßen, durch welches Russland nach Europa blickt".[1] Eine noch größere Leistung war es, mit unbändigem Willen diese grandiose Idee über Jahre und Jahrzehnte in die Wirklichkeit umzusetzen, aber der Preis, der damit verbunden war, war nicht minder hoch. Wie Galeerensklaven wurden die Arbeiter in Ketten mittels Zwangsaushebungen herangeschafft, um unter widrigsten Umständen die repräsentativen Bauten des Zaren und der Kirche sowie die Paläste der Adligen zu errichten. Niemand weiß, wie viele Zigtausende an Hunger, Krankheiten und Erschöpfung zugrunde gingen oder in den Erdlöchern, in denen sie dahinvegetierten, bei Überschwemmungen ertranken. Sogar der den Zaren glorifizierende Historiker Nikolaj Karamzin musste ein Jahrhundert später einräumen, die Stadt sei „auf Tränen und Leichen" erbaut worden. Peter, der die Bauern in altmoskowitischer Tradition lediglich als dienstpflichtige Massen wahrnahm, kümmerte das wenig. Im April 1706 schrieb er seinem Günstling A. D. Menšikov: „Ich kann nicht umhin, Dir aus diesem Paradies zu schreiben; wirklich, wir leben hier im Himmel."[2]

Diese Ambiguitäten sind immer mitzubedenken und sie waren besonders stark ausgeprägt in Zeiten des Krieges, die ihrerseits mit geringen Intervallen die gesamte Regierungszeit Peters bestimmten. Der erste Krieg richtete sich 1695 gegen die Türken. Der Zar wollte die Scharte der beiden fehlgeschlagenen Feldzüge von Fürst Golicyn 1687 und 1689 auswetzen, die überlegene Kampftüchtigkeit seiner „Spielregimenter" unter Beweis stellen und sich im In- und Ausland als strahlender Held und siegreicher Bekämpfer der Ungläubigen profilieren. Alles das misslang. Während die zur gleichen Zeit am Dnjepr vorrückenden Truppen „alter Ordnung" beachtliche Erfolge erzielen konnten, musste Peter am Don die Belagerung der Festung Azov nach drei Monaten ergebnislos abbrechen. Ein abschließender Triumphzug in Moskau mit einem einzigen Gefangenen vermochte die Dinge auch nicht in einem besseren Licht erscheinen zu lassen. Aber es zählte zu Peters großen Stärken, sich nicht selbst zu betrügen und die jeweilige Lage schonungslos zu analysieren, um die Schwachstellen zu finden und realisierbare Gegenentwürfe zu konzipieren, die er dann mit Hartnäckigkeit in die Tat umsetzte. Was Azov betraf, so erkannte er, dass ein zentraler Mangel darin bestand, dass die Festung nicht von ihrem Nachschub von See her hatte abgeschnitten werden können. Mit rücksichtsloser Energie und ohne sich selbst zu schonen, ließ er im Winter 1695/96 binnen weniger Monate Schiffswerften bei Voronež am Oberlauf des Dons errichten und auf ihnen Galeeren und Flussschiffe bauen. Die erste Galeere, an der er selber mitgearbeitet hatte, erhielt den signifikanten Namen „Principium". Mit dieser Armada und einer auf das Doppelte verstärkten Streitmacht zog Peter im Mai 1996 erneut vor Azov und erzwang bereits im Juli die Kapitulation der nunmehr völlig eingeschlossenen Festung. Der Sieg erregte großes Aufsehen und wurde auch gebührend gefeiert; auffallend war indes, dass Peter bei der Siegesparade nicht als Triumphator in Moskau einzog, sondern in der Uniform eines deutschen Kapitäns mit anderen zu Fuß der Kutsche des zum Admiral ernannten Francis Lefort folgte. Peter war kein Mann der Zeremonien und ihm war es nicht angenehm zu repräsentieren, aber das erklärt sein Verhalten nicht vollständig; offenkundig wollte er auch zum Ausdruck bringen, dass nicht Geblüt und Geburt, sondern die Leistung entscheidend sei; insofern nahm er für sich selbst bereits die Grundidee der 1722 offiziell eingeführten „Rangtabellen" vorweg.

Er tat dies freilich eher spielerisch als ernsthaft, denn an seiner Stellung als Selbstherrscher ließ er nicht ernstlich rühren. Im Gegenteil, er erwartete, selbst in der Verkleidung als Zar erkannt und respektvoll geehrt zu werden; rein äußerlich war er insofern nicht leicht zu verkennen, als er mit seiner Größe von zwei Metern seine Mitmenschen deutlich überragte. Für wie unverzeihlich er eine Nichtbeachtung seiner zarischen Majestät hielt, selbst wenn er durch ein förmliches Inkognito dazu einlud, musste die schwedische Regierung im Jahre 1700 erfahren, als Peter es als überzeugende Begründung für die Kriegserklärung erachtete, „vor allem" zu monieren, er habe „während seiner Reise durch Riga Behinderungen und Unfreundlichkeiten seitens der Bevölkerung erdulden" müssen. Wenn es ihm gefiel, ließ er sich freilich herumkommandieren wie ein einfacher Handwerksbursche.

Angesprochen ist damit seine Reise nach Europa 1697/98 mit längeren Aufenthalten in Holland und England und bedeutsamen Stationen in Wien und im polnischen Rawa Ruska im Rahmen der „Großen Gesandtschaft", der er inkognito als Desjatnik (Zehnerschaftsführer) Peter Michaijlovič angehörte. Sowohl die geheimnisvollen Umstände als auch die Tatsache, dass sich ein russischer Zar erstmals ins ferne Ausland begab, erregte bereits die Gemüter der Zeitgenossen. Was Peter zu diesem Schritt bewog, ist nicht auf einen einfachen Nenner zu bringen. Gemäß dem russischen Sprichwort „einmal sehen ist besser als zehnmal hören" wollte er sich ein eigenes, umfassendes Bild von der westlichen Lebensweise machen und insbesondere die technischen Errungenschaften vor Ort studieren beziehungsweise seine eigenen handwerklichen Fähigkeiten vervollkommnen. Insofern war die Reise ein großer Erfolg, der dadurch gekrönt wurde, dass es außer dem Ankauf aller möglichen Gerätschaften ziviler und militärischer Art auch gelang, mehr als 600 Spezialisten, vor allem Offiziere, Schiffsbauer, Techniker und Ärzte, für Russland anzuwerben. Weniger zufrieden stellend wurde der offizielle Zweck der Gesandtschaft erfüllt. Peter I. erstrebte über die Eroberung von Azov hinaus zumindest den Erwerb der Festung Kertsch, um damit den Zugang zum Schwarzen Meer zu gewinnen; er rechnete dabei auf die Solidarität der „Heiligen Liga". Wie sich zeigen sollte, war die Unterstützung des Kaisers aber nur in Form von nichts sagenden Wohlverhaltenserklärungen zu erlangen. Das westliche Europa rüstete sich für den Kampf um die spanische Thronfolge, und der Kaiser suchte deshalb den Krieg mit der Pforte so schnell wie möglich zu beenden. Als die Türken in richtiger Einschätzung der Interessen bei den Friedensverhandlungen in Karlowitz die russischen Forderungen nach der Abtretung von Kertsch rundweg ablehnten, gaben die Verbündeten der Russen nach und schlossen ohne sie Frieden. Auf sich allein gestellt, konnte Russland im Frieden von Konstantinopel vom 3./13. 7. 1700 lediglich Azov erlangen; immerhin setzte es noch durch, dass die Tributzahlungen an die Krimtataren endgültig eingestellt wurden.

Auf der Rückreise trug der Zar dem Scheitern seiner Hoffnungen auf ein gemeinsames Agieren der „Heiligen Liga" gegenüber der Türkei bereits Rechnung. Als der sächsische Kurfürst und polnische König August der Starke ihm bei einem mehrtägigen Treffen in

Rawa Ruska in den kurzen Phasen der Nüchternheit den Plan entwickelte, die durch den Tod Karls XI. bedingte vermeintliche Schwäche Schwedens auszunutzen und dessen baltische Besitzungen in schon abgesprochener Gemeinschaft mit Dänemark zu erobern, war der Zar sogleich begeistert. Allzu verlockend war die Aussicht, nicht nur die schmählichen Friedensschlüsse von Stolbovo 1617 und Kardis 1661 zu revidieren, sondern viel weitergehend Land und Häfen an der Ostsee zu gewinnen und damit das zu realisieren, was Ivan IV. versucht, aber nicht erreicht hatte. Kriegsruhm und die Chance, Schweden als Großmacht des Nordens abzulösen, waren weitere Perspektiven, die Peter I. gefielen und ihn bewogen, sich mit August II. zu verbünden.

Wie sehr die Reise insgesamt Peter darin bestärkt hatte, sich auf Europa einzulassen und Russland in Europa einzubringen, zeigte sich sofort nach seiner Rückkehr nach Moskau im August 1698. Provokativ forderte er von den Adligen und Wohlhabenden, dass sie sich ihre Bärte scheren lassen und europäische Kleidung anlegen sollten. Erheblich wichtiger aber war die von ihm angeordnete Kalenderreform. Ab dem 1. 1. 1700 wurden Jahresbeginn und Jahreszählung der europäischen Zeitrechnung angeglichen, allerdings mit der wesentlichen Einschränkung, dass aus konfessionellen Gründen nicht der gregorianische, sondern der julianische Kalender für verbindlich erklärt wurde, was zur Folge hatte, dass die russischen Daten den entsprechenden westeuropäischen im 18. Jahrhundert um elf Tage, im 19. Jahrhundert um zwölf Tage und im 20. Jahrhundert um 13 Tage „nachhinkten", bis die Bolschewiki die vollständige Angleichung anordneten und zu diesem Zweck den Kalendersprung vom 1./14. 2. 1918 verfügten.

Wie uneingeschränkt Peter I. seine Herrschergewalt wahrnahm, gaben die begleitenden Anordnungen zur Kalenderreform zu erkennen. Der Zar dekretierte bis ins Einzelne, was die Untertanen als „Zeichen des Glücks" zu unternehmen hätten, um die neue Zeitrechnung geziemend zu feiern. Widersetzlichkeiten bestrafte der Zar, wie sich bei anderen Gelegenheiten zeigte, unnachsichtig und auf das Grausamste, zumindest wenn sie ihn so empörten wie die Strelitzenrevolte von 1698, von der er unbewiesenermaßen wähnte, es habe sich um eine Verschwörung gegen seine Person gehandelt. Sein selbstgewisses, bedingungslos forderndes Regiment begründete und rechtfertigte er später einmal mit den Worten: „Ist denn nicht alles unter Zwang gemacht worden? Aber schon werden hinter mir Worte des Dankes laut."[3]

Aufmerksame Beobachter gewannen einen anderen Eindruck von der Stimmung im Lande, selbst wenn sie Peter aufrichtig bewunderten; am bekanntesten ist wohl die düstere Prognose des hannoverischen Geschäftsträgers F. C. Weber: „Es wird in diesem Reich alles mal ein Ende mit Schrecken nehmen, weil die Seufzer so vieler Millionen Seelen wider den Zar zum Himmel steigen, auch dem glimmenden Funken der in allen Menschen verborgenen Wut nichts als ein Wind und Anführer fehlet."[4]

Der Nordische Krieg

Als Weber diese Prophezeiung im Jahre 1718 niederschrieb, währte der Große Nordische Krieg schon fast 20 Jahre, war aber noch nicht beendet. Begonnen hatte er 1700, nachdem Russland im Jahr zuvor auch förmliche Angriffsbündnisse gegen Schweden mit Dänemark und Polen geschlossen hatte. Der Auftakt stand für die Herausforderer unter keinem guten Stern. Dänemark wurde sogleich von den Schweden überrannt, und die polnische Armee belagerte vergeblich Riga, konnte sich aber wenigstens ungeschlagen zurückziehen. Als Letzte traten die Russen auf den Plan. Am 16. 9. 1700 begannen sie mit der Belagerung von Narwa; aber obwohl sie 40 000 Mann aufzubieten hatten und gut verschanzt waren, konnten sie einem schwedischen Entsatzheer von nur 10 000 Mann unter Führung Karls XII. nicht standhalten. Innerhalb weniger Stunden wurden sie am 30. 11. 1700 vernichtend geschlagen. Peter I. hatte sich bereits am Vortag fluchtartig abgesetzt. Fatalerweise bewirkte der glänzende Sieg außerdem, dass Karl XII. von nun an die Russen sträflich unterschätzte; bis zu seinem Lebensende glaubte er, sie letztlich auf die Knie zwingen zu können. Er verkannte den Willen und die Fähigkeit Peters I., die aufgedeckten Mängel entschlossen zu bekämpfen und zu beheben. So gelang es dem Zaren in den folgenden Jahren, das gesamte Rekrutierungs- und Ausbildungssystem zu vereinheitlichen und überdies auch die Bewaffnung in einer Weise zu modernisieren, dass sie insgesamt den Vergleich mit den stehenden Heeren im westlichen Europa nicht zu scheuen brauchten.

Karl XII. blieb freilich zunächst in der Offensive. Sich wieder seinen übrigen Gegnern zuwendend schlug er in Polen und Sachsen jedes Heer, das sich ihm entgegenstellte, bis sich August der Starke gezwungen sah, im Vertrag von Altranstädt vom 13./24. 9. 1706 auf den polnischen Königsthron zu verzichten und das Bündnis mit Russland aufzukündigen. Wenn die Russen derweil auch ihrerseits auf den von Karl XII. verlassenen Kriegsschauplätzen durchaus beachtliche Siege erfochten und nicht zuletzt 1704 auch Narwa eroberten, so war doch unverkennbar, dass dies nur vorläufige Erfolge waren, solange Karl XII. mit seinen Hauptarmeen nicht selbst eingegriffen hatte. Peter I. hätte den Entscheidungskampf gerne vermieden und wandte sich deshalb an die großen Mächte Europas mit der Bitte um Vermittlung, aber soweit sie dem Wunsch überhaupt nachkamen, taten sie es ohne großen Nachdruck. Sie fürchteten, Karl XII. könne sich, wenn er die Hände frei habe, in den Spanischen Erbfolgekrieg einmischen, die fragilen Koalitionen sprengen, das Gleichgewicht der Kräfte zu seinen Gunsten verändern und schließlich als der eigentliche Sieger und Hegemon Europas aus dem Krieg hervorgehen. Karl XII. kalkulierte indes anders. Er wollte das Riesenreich im Osten seiner Herrschaft unterwerfen und überdies mit dem beispiellosen Feldzug Ruhm erwerben, der ihn mit Alexander dem Großen und anderen Heroen der Weltgeschichte auf eine Stufe stellen würde. Peter I. spielte ihm bei dem Vorhaben, ohne es zu wollen, in die Hände, indem er alle Friedensfühler mit der Einschränkung versah, St. Petersburg müsse unabdingbar mit dem für die Verteidigung notwendigen Hinterland in russischem Besitz bleiben. Der Zar glaubte diesen Vorbehalt schadlos einbringen zu können, weil er gleichzeitig finanzielle Entschädigungen anbot. In nicht sehr glaubhaft, aber edel klingendem Rigorismus verwarf der schwedische König den Handel jedoch mit der Erwiderung, er werde seine baltischen Untertanen nicht für Geld verkaufen.

Karl XII. fühlte sich auf die definitive Machtprobe gut vorbereitet. Als er am 27. 8. 1707 aus Sachsen aufbrach, konnte er über professionell ausgebildete und ausgerüstete Truppen in einer Gesamtstärke von nahezu 70000 Mann verfügen, von denen ihm 40000 unmittelbar folgten. Sehr rasch zeigte sich freilich die verhängnisvolle Schwachstelle des großen Unternehmens. Die Russen münzten ihre anfängliche militärische Unterlegenheit in zunehmende Stärke um, indem sie dem Kampf auswichen, aber beim Rückzug das aufgegebene Gebiet bis zu einer Breite von 200 Kilometern niederbrannten und das Trinkwasser durch hineingeworfene Leichen verseuchten. Zur Überraschung Karls XII. agierten sie so nicht allein im östlichen Polen, sondern auch auf ihrem eigenen Territorium. Je schwieriger es für den schwedischen König wurde, den direkten Nachschub zu organisieren, desto mehr waren seine Soldaten darauf angewiesen, versteckte Lebensmittelvorräte bei den Bauern aufzutreiben und zu requirieren. Letzteres gelang in der Regel nur unter Ausübung schlimmster Grausamkeiten, was aber wiederum zur Folge hatte, dass es zu einem regelrechten Kleinkrieg kam, der unter den ausschwärmenden Soldaten umso mehr Opfer forderte, je mehr sie sich auf der Suche nach Nahrung von der Haupttruppe entfernten, zumal sie dann auch von regulären, aus der Distanz operierenden Kosakentrupps angegriffen wurden. Schließlich ließ sich der ursprüngliche Plan, auf kürzestem Weg nach Smolensk und von dort aus direkt auf Moskau zu marschieren, nicht mehr realisieren. Mitte September 1708 bogen die Schweden nach Süden ab, womit sie zunächst nur die Zeit überbrücken wollten, bis der große Train mit Nachschub an Lebensmitteln, Waffen und anderem notwendigen Bedarf, der von Livland aus bereits unterwegs war, sie erreichen würde. Es war schon so etwas wie eine Vorentscheidung, als dieser Konvoi von den Russen unter aktiver Mitwirkung des Zaren Ende September 1708 südöstlich von Mogilev gestellt und vollständig zerschlagen wurde. Peter urteilte im Nachhinein, dieser Sieg „war die Voraussetzung für das spätere Glück Russlands". Karl XII. blieb nichts anderes übrig, als seinen Marsch nach Süden fortzusetzen. Dadurch ließ sich wenigstens die existentielle Versorgungsmisere lindern. Die darüber hinausgehenden Erwartungen, sich auf diese Weise auch durch zusätzliche Truppen verstärken zu können, erfüllten sich indes nicht in dem veranschlagten Maße. Das Kalkül basierte vor allem auf Versprechungen des Kosakenhetmans Ivan Mazepa, die dieser getätigt hatte, als Karl XII. noch wie der sichere Sieger aussah. Mazepa stand zwar auch unter den verschlechterten Umständen – zögerlich – zu seinem Wort, aber unter der massiven Drohung des Zaren und der Präsenz russischer Streitkräfte kam es nicht zu einem generellen Aufstand und Fahnenwechsel der Kosaken, sondern nur zu Überläufern in begrenzter Zahl; nicht zuletzt gelang es den Russen, die für die Verproviantierung und Versorgung mit Schießpulver wichtige Kosakenfestung Bartulin vor dem Einmarsch der Schweden in ihre Gewalt zu bringen. Vollkommen ergebnislos verliefen schwedische Versuche, die Krimtataren zum gemeinsamen Kampf gegen die Russen zu bewegen; ihr oberster Gebieter, der Sultan in Konstantinopel, versagte die Zustimmung.

Als es schließlich am 27. 6. 1709 zur Entscheidungsschlacht bei Poltava kam, zeigte sich, dass die Russen seit Narwa ihre Lektion gelernt hatten. Sie hatten mit 40000 Mann und mehr als 70 Geschützen gegenüber den verbliebenen 20000 Schweden und ihren lediglich vier Geschützen ein großes Übergewicht an Personal und Material auf ihrer Seite, aber das war nicht das Entscheidende. Sie vermochten ihr Potential unter persönlichem Einsatz des Zaren auch effizient zur Geltung zu bringen und hatten am Ende der Schlacht mit 1345 Gefallenen und 3290 Verwundeten weniger Verluste zu beklagen als die freilich als Angreifer auch gefährdeteren Schweden, die 6901 Tote und Verwundete zählten. Der russische Sieg wurde dadurch zum Triumph, dass Karl XII. vom Schlachtfeld floh und die demoralisierte schwedische Armee am 1. Juli kapitulierte, ohne noch einmal den Kampf aufzunehmen.

Mit einem Schlage hatte sich sowohl die militärische als auch die politische Gesamtsituation fundamental geändert. Alle Hoffnungen oder Befürchtungen, Russland könne in das Schlepptau eines siegreichen Schweden gelangen oder gar zertrümmert werden, erwiesen sich von einem Tag auf den anderen als obsolet, Dänemark trat erneut in den Krieg gegen Schweden ein, der sächsische Kurfürst August der Starke bemächtigte sich wieder der polnischen Krone, und die alten Koalitionen mit Russland wurden wiederbelebt. Es war nun aber ausschließlich das Wort Peters I., das zählte. Davon, dass Polen Livland und Estland erhalten sollte, wie es noch zu Beginn des Krieges vereinbart worden war, war nicht mehr die Rede. 1710 schuf der Zar vollendete Tatsachen. Nach mehrmonatiger Belagerung ergaben sich die Verteidiger der stark befestigten Handelsstädte Riga und Reval und leisteten den Treueeid. Im Gegenzug sicherte der Zar der Bürgerschaft sowie der livländischen und estländischen Ritterschaft in den „Kapitulationen" weit gehende Autonomie zu unter Einschluss ständischer Selbstverwaltung, Weitergeltung des altdeutschen Rechtes und der deutschen Behördensprache sowie Respektierung der evangelisch-lutherischen Landeskirche. Das war mehr, als der schwedische Absolutismus toleriert hatte.

Aber Karl XII. gab sich noch nicht geschlagen. Er floh zu den Türken, und seine Agitation trug wesentlich dazu bei, dass sich die Pforte im November 1710 entschloss, Russland den Krieg zu erklären. Nachdem die realen Kriegshandlungen im Frühjahr 1711 begonnen hatten, schien sich die Lage nach wenigen Monaten noch einmal binnen kürzester Frist grundlegend ändern zu können, denn den Türken gelang es, die russische Hauptarmee unter Führung Peters I. Anfang Juli 1711 am Pruth zu umzingeln, so dass jede Gegenwehr aussichtslos erscheinen musste. Peter I. machte auch gar nicht den Versuch, sondern schickte seinen Vizekanzler P. P. Šafirov zum Großwesir, der den Oberbefehl über die türkische Armee führte, um zu sondieren, ob es eine Verständigungsmöglichkeit gebe. Als Verhandlungsgrundlage gab der Zar Šafirov detaillierte Anweisungen mit, wies ihn aber zusätzlich an, nötigenfalls alle Bedingungen der Türken zu akzeptieren, „ausgenommen Sklaverei". Doch Peter sollte sehr viel glimpflicher davonkommen, als seine eigenen konkretisierten Zugeständnisse beinhalteten. Der Großwesir konzentrierte sich im Wesentlichen darauf, den Status quo wiederherzustellen, wie er vor der Eroberung Azovs 1696 bestanden hatte. Die Russen mussten also diese Festung sowie das später von ihnen selbst angelegte Taganrog abtreten, außerdem die von ihnen errichteten Befestigungsanlagen am unteren Dnjepr schleifen und sich bereit erklären, die von ihnen erbaute Flotte im Asowschen Meer an die Pforte zu verkaufen. Wegen der gemeinsamen Grenze mit Polen lag es auch durchaus im unmittelbaren türkischen Interesse, den Rückzug der Russen aus der Rzeczpospolita zu verlangen. Ansonsten schien der Großwesir mehr daran interessiert, sich des schwedischen Königs zu entledigen als ihm zu helfen. Peter I. musste sich lediglich verpflichten, Karl XII. freies Geleit zur Rückkehr in seine Heimat zu gewähren. Dass dem Großwesir für seine Bemühungen eine entsprechende „Provision" zustand und diese auch entrichtet wurde, war selbstverständlich; ob sie so hoch war, dass sie sich mildernd auf die Substanz der zu erfüllenden Bedingungen auswirkte, muss dahingestellt bleiben.

Auf jeden Fall unterzeichnete Peter I. verständlicherweise den Vertrag sogleich bei Vorlage am 12. Juli und beeilte sich, von dem daraus resultierenden Recht auf freien Abzug Gebrauch zu machen. Weniger drängte es ihn, seine vertraglichen Verpflichtungen im Hinblick auf die Türkei auch wirklich zu erfüllen; erst nach mehrmaligen neuen Kriegserklärungen der Pforte und dem Abschluss des förmlichen Friedensvertrags von Adrianopel vom 13./34. 6. 1713 fügte er sich.

Karl XII. kehrte im Spätjahr 1714 aus seinem türkischen Exil zurück. Er nahm den Kampf gegen die Russen sofort wieder auf und träumte trotz aller Rückschläge davon, letztlich das Blatt doch noch wenden und zumindest die an Russland verlorenen Gebiete zurückerobern zu können, selbst wenn das „vierzig Jahre Krieg" bedeuten sollte; es wäre, argumentierte er, „für Schweden viel schädlicher, in einen harten und ungewissen Frieden einzuwilligen, als einen langen Krieg außerhalb der eigentlichen schwedischen Grenzen zu führen"[5].

Peter I. hingegen, der bereits mehr Territorien erobert hatte, als er behalten wollte, sah den Krieg zunehmend als eine drückende Belastung an, die das Land in seiner inneren Entwicklung behinderte. Er strebte deshalb danach, den Krieg abzukürzen, und unternahm zu diesem Zweck sogar 1717 seine zweite große Auslandsreise. Er begab sich nach Versailles, dessen majestätische Pracht ihn wie das übrige Europa so in seinen Bann zog, dass es ihn später bei dem Bau von „Peterhof" zur Nacheiferung anregte. Politisch fielen die Ergebnisse nicht so einhellig aus. Der Versuch Peters I., Frankreich von seinem bisherigen Verbündeten Schweden zu lösen und ganz auf seine Seite hinüberzuziehen, gelang nur teilweise. Deutlich wurde allerdings, dass die französische Diplomatie Russland nun als Großmacht betrachtete, der ein generelles Mitspracherecht in europäischen Angelegenheiten zukam. So ließ sich Frankreich von Russland im Vertrag von Amsterdam vom 4./15. 8. 1717 die Ergebnisse des Spanischen Erbfolgekrieges bestätigen und sagte dafür Neutralität im weiteren Krieg zwischen Russland und Schweden zu.

Das militärische Übergewicht Russlands und seiner Verbündeten, zu denen inzwischen noch Preußen, Mecklenburg und Hannover gestoßen waren, stand freilich auch vorher schon nicht in Frage. Nicht allein die vorpommerschen Besitzungen Schwedens und das ihm gleichfalls zugehörige Wismar waren erobert worden, sondern Peter I. hatte auch Finnland unterworfen und im Sommer 1714 die Aland-Inseln eingenommen. Wesentlichen Anteil hieran hatte die Ostseeflotte mit ihren Linienschiffen, Fregatten und Galeeren, die Peter der Große seit 1710 in großer Stückzahl unter gewaltiger Kraftanstrengung bauen ließ.

Die russischen Erfolge wurden schließlich so groß, dass sie sogar die eigenen Verbündeten zu beunruhigen begannen; insbesondere Georg I. gab das zu erkennen. Als Kurfürst von Hannover hatte er mit Peter I. im Oktober 1715 in Greifswald einen Bündnisvertrag geschlossen, weil er sich – durchaus berechtigt – Hoffnungen auf die schwedischen Besitzungen Bremen und Verden machte. Die Verheiratung der Nichte des Zaren Katharina Ivanovna mit dem Herzog von Mecklenburg, der anschließende Allianzvertrag und die von Preußen erzwungene Abtretung des eroberten Wismar an Mecklenburg wenige Monate später führten indes zu einem Sinneswandel bei Georg I. Er fürchtete nun, die politische und militärische Präsenz Russlands in Norddeutschland könne dazu führen, die Integrität und Unabhängigkeit Hannovers zu beeinträchtigen. Da Georg I. seit 1714 zugleich den englischen Thron innehatte, gedachte er, die Macht Großbritanniens ins Spiel zu bringen, zumal er überdies befürchtete, die Dominanz Russlands in der Ostsee könne den englischen Handelsinteressen abträglich sein. Beide Besorgnisse erwiesen sich zwar als unbegründet, aber Georg I. blieb bei seiner Skepsis und wirkte darauf hin, dass Preußen, Dänemark und Polen 1719/20 mit Schweden Frieden schlossen und damit aus der Koalition mit Russland ausschieden. Eine starke englische Flotte, die in die Ostsee einlief, sollte ihrerseits Druck auf Russland ausüben, mit Schweden Frieden zu schließen.

Die Bereitschaft Schwedens hierzu konnte als gegeben gelten, seit Karl XII. Ende November 1718 im Kampf gegen Dänemark ums Leben gekommen war. Die neue schwedische Regierung war zu größeren Zugeständnissen bereit, wollte aber nicht auf Livland verzichten. Unter dem nötigenden Druck der seit 1719 jährlich und planmäßig unternommenen Raub- und Verwüstungszüge der Russen entlang der schwedischen Küste in nicht allzu großer Entfernung von Stockholm gab sie indes schließlich nach und einigte sich mit Russland am 30. 8./10. 9. 1721 in Nystad auf einen Frieden, wonach Livland, Estland, Ingermanland und Karelien bis Wyborg „auf Dauer“ an Russland fallen sollten, während das übrige Finnland an Schweden zurückgegeben wurde. Als Entschädigung für Livland verpflichtete sich der Zar, zwei Millionen Reichstaler, verteilt auf vier Jahre, zu zahlen; außerdem sollte Schweden das Recht haben, jährlich livländisches Getreide bis zur Summe von 50000 Rubeln zollfrei in den baltischen Häfen einzukaufen. Die der deutschbaltischen Bevölkerung in Livland und Estland 1710 gewährten Sonderrechte wurden als Artikel 9 und 10 in den Friedensvertrag aufgenommen und erhielten damit völkerrechtliche Verbindlichkeit.

Als Ausdruck gebührender Ehrerbietung baten der Senat und der „Heiligste Regierende Synod“ Peter I. den Titel anzunehmen: „Vater des Vaterlandes, Peter der Große, Allrussischer Imperator.“ Der Zar stimmte zu. In seiner Antwortrede brachte er die Spannweite des Geleisteten mit den Worten zum Ausdruck: „Durch unsere Kriegstaten sind wir aus der Dunkelheit ins Licht der Welt emporgestiegen, und diejenigen im Licht, die wir nicht kannten, haben jetzt Achtung vor uns.“[6]

Mit dem Erreichten gab sich Peter I. jedoch nicht zufrieden. Er strebte danach, den neu gewonnenen Handelsweg über die Ostsee durch die Wasserstraßen Russlands zu verlängern und mit dem lukrativen Fernhandel von China und Indien nach Europa zu verknüpfen. Zu diesem Zweck beabsichtigte er, die nordpersischen Provinzen am Kaspischen Meer zu erobern, was ihm umso gebotener schien, als die bekannte Schwäche der persischen Regierung auch die Türkei zur Expansion einlud. Der Zar selbst beteiligte sich an dem Feldzug 1722, wofür auch von Bedeutung gewesen sein könnte, dass es von der Stadt Derbent – bis zu der Peter I. mitzog – hieß, sie sei von Alexander dem Großen gegründet worden. Späterhin und im folgenden Jahr wurde der russische Vorstoß über Baku bis Rescht an der Südküste des Kaspischen Meeres fortgesetzt. Am 12./23. 9. 1723 trat Persien im Vertrag von St. Peterburg förmlich Derbent, Baku und die am südwestlichen und südlichen Ufer des Kaspischen Meeres gelegenen Provinzen Ghilan, Masanderan und Astrabad an Russland ab. Die ungünstigen klimatischen Verhältnisse in diesen Gebieten und die Führungsschwäche der russischen Regierung nach Peters I. Tod führten freilich dazu, dass die Provinzen 1732 wieder aufgegeben wurden und erst Anfang des 19. Jahrhunderts unter Alexander I. endgültig in russischen Besitz übergingen.

Die Umgestaltung Russlands

Wie bereits der erste Feldzug gegen Azov 1695 erwies und der Große Nordische Krieg nachdrücklich bekräftigte, konnte Russland seine außenpolitischen Zielsetzungen nur realisieren, wenn es zu substantiellen Reformen bereit war. Darüber hinaus gab es weitere gewichtige Gründe, Neuerungen einzuführen. Jeder Staat muss auf die Herausforderungen seiner Zeit reagieren und den sich wandelnden Bedürfnissen Rechnung tragen. Das galt auch für Russland. Eine offene Frage ist allerdings stets, was als das summum bonum, das höchste Gut, auf das alles zu orientieren ist, angesehen wird. Für Peter I. war es die Staatsraison. Sie bestand für ihn in der Mobilisierung aller Kräfte unter den Bedingungen größtmöglicher, rational kalkulierter Effizienz zur Mehrung des Gemeinwohls. Der Staat sollte funktionieren wie ein mechanisches Uhrwerk, in dem ein Rädchen in das andere greift.

Mehrere Hindernisse standen dieser Idee von vornherein entgegen. Ohne wegweisende Konzeption und unter den Bedingungen des Krieges entsprangen manche Reformmaßnahmen den Eingebungen und Bedürfnissen des Augenblicks und hatten auf Dauer keinen Bestand. Ein durchgängiger struktureller Widerspruch in dem Reformwerk bestand darin, dass Peter I. als Selbstherrscher alles regulieren und kontrollieren wollte und strikte Ausführung seines Willens verlangte, auf der anderen Seite aber in den von ihm eng vorgezeichneten Bahnen Engagement und Eigeninitiative anforderte. Als nicht minder problematisch erwies sich, dass die Vorstellungen Peters I. von dem Vorrang der Staatsraison vielfach nicht mit den Wertvorstellungen seiner Untertanen harmonierten. Exemplarisch lässt sich das an dem „Einerbengesetz“ von 1714 aufzeigen. Es verlangte, dass der adlige Grundherr seinen gesamten Landbesitz dem Sohn überließ, der aus seiner Sicht am besten geeignet war, das Erbe zu wahren und zu mehren. Das war von der Warte der Staatsraison durchaus vernünftig, weil dank dem ungeteilten Erbe der soziale Status erhalten blieb, die Steuerzahlungen gewährleistet wurden und die unversorgten Söhne in den Staatsdienst treten oder sich anders nützlich machen mussten. Aus der Sicht der betroffenen Adligen aber widersprach das Einerbengesetz den traditionellen Verpflichtungen familiärer Fürsorge für alle Kinder. Da das Gesetz in den Einzelbestimmungen überdies unklar und widersprüchlich formuliert war, summierten sich Verstöße gegen Geist und Buchstaben der Verordnung, bis sie schließlich 1730 förmlich außer Kraft gesetzt wurde.

Ungeachtet aller Einwände und Rückschläge haben die Reformen Peters I. aber doch tiefe Spuren in der russischen Geschichte hinterlassen. Ohne die grundlegende Umstrukturierung des militärischen Bereichs wäre der Sieg über Karl XII. nicht denkbar gewesen – aber eine reine Erfolgsgeschichte war auch dies nicht. Den Ausgangspunkt der umfassenden Reorganisation bildete die Niederlage bei Narwa 1700. In Reaktion hierauf schuf Peter I. als erster Monarch ein stehendes Heer auf der ausschließlichen Basis der allgemeinen Dienstpflicht. 1705 wurde verordnet, dass von je 20 Bauernhöfen ein lediger 15- bis 20-Jähriger auszuheben sei; die Quotenpflichtigen wurden erstmals als Rekruten bezeichnet, und diese Benennung bürgerte sich fortan ein. Die Soldaten hatten lebenslänglich zu dienen. Sie wurden nach westeuropäischem Vorbild gedrillt, in der Formation von Linientruppen gleichzeitig auf Kommando zu schießen und mit dem Bajonett zu kämpfen; ausgerüstet wurden sie nach und nach mit modernen Steinschlossgewehren, die in großer Anzahl in England gekauft und später in Russland nachgebaut wurden. Als schwieriger erwies es sich, die Truppen mit Geschützen auszurüsten, aber auch das gelang erstaunlich rasch. Zur Ausbildung ließ der Zar zunächst verstärkt ausländische Offiziere anwerben, die im Laufe der Zeit aber mehr und mehr durch russische Offiziere ersetzt wurden, die zu ihrer praktischen Ausbildung in der Truppe zusätzlich theoretischen Unterricht auf Kriegsschulen erhielten. Schon vor Poltava waren ausländische Experten des Lobes voll über die Kriegstüchtigkeit der russischen Soldaten. Der schottische General Ogilvy, der in Wien Dienst geleistet hatte, urteilte bereits 1705, kein Volk könne besser mit Mörsern und Kanonen umgehen als die Russen, und ihre Soldaten seien „viel besser als die deutschen und jeder anderen Nation ebenbürtig".

Die Verluste waren dennoch hoch; von 1699 bis 1725 fanden insgesamt 53 Aushebungen statt; allein zwischen 1700 und 1709 zog der Zar mehr als 300000 Mann zum Heer ein. Bei seinem Tod 1725 zählten das Feldheer und die Garnisonstruppen zusammen dennoch nicht mehr als 260000 Mann. Der enorme Menschenverschleiß hatte verschiedene Ursachen. Auffälligerweise waren es nicht die Schlachten, die die meisten Opfer forderten. Mehr Soldaten starben an Hunger, Krankheiten und Erschöpfung auf den langen Märschen, die für viele schon mit der Rekrutierung begannen. Der harte Drill und die drakonischen Strafen bei den kleinsten Verfehlungen kosteten ebenfalls vielen Soldaten das Leben. Bis zu einem Drittel der ausgehobenen Rekruten entschied sich vor diesem Hintergrund, die Fahne fluchtartig zu verlassen und zu desertieren. Die Behörden wussten sich zeitweise nicht anders zu helfen, als den angehenden Soldaten zur Identifizierung ein Kreuz auf die linke Hand einzubrennen.

Den hohen Wert, den Peter I. – über seine ganz persönliche Vorliebe hinaus – der Flotte beimaß, brachte er in dem Seereglement von 1720 mit den Worten zum Ausdruck: „Jeder Potentat, der nur ein Landheer besitzt, hat eine Hand; wer auch eine Flotte besitzt, hat beide Hände."[7] Um die Schiffe bauen zu können, warb er Meister aus allen seefahrenden Nationen Europas an, insbesondere aber Holländer und Engländer, so wie er umgekehrt seit 1696/97 kontinuierlich Adelssöhne ins Ausland schickte, um dort – so wie er selbst es getan hatte – den Schiffsbau und die Seefahrt zu erlernen. Auch hier galt, dass Peter I. auf lange Sicht die Russen befähigen wollte, alleine zurechtzukommen. Das größte zusammenhängende Bauvorhaben bildete die Ostseeflotte. Sie bestand am Ende der Herrschaft Peters I. aus 34 Linienschiffen, die mit 60 bis 80 Kanonen bestückt waren, ferner aus 15 Fregatten und etwa 800 Galeeren, die insgesamt mit 28000 Matrosen bemannt waren. Wie das Landheer genoss die Flotte bei ausländischen Experten einen guten Ruf. Die russischen Schiffe, urteilte der englische Resident James Jefferies, „sind ebenso gut gebaut wie irgendeines in Europa", und den russischen Matrosen prophezeite er, dass sie „mit der Zeit ebenso gute Seeleute werden können, wie die Landtruppen gute Soldaten geworden sind".[8] Außer Peter I. hatten freilich nur sehr wenige diesen Ehrgeiz, und da auch die unmittelbaren Nachfolger für die Seefahrt wenig übrig hatten, verfiel die Flotte, bis sie unter Katharina II. kampftauglich reaktiviert wurde.

Für keinen anderen Bereich ist in der Regierungszeit Peters I. so viel Geld ausgegeben worden wie für den militärischen. Der Zar führte ja während seiner gesamten eigenverantwortlichen Regierungszeit mit minimalen Pausen beständig Krieg, und die Aufstellung und Ausrüstung der Landarmee sowie der mehrmalige Neubau von Flotten auf dem Asowschen Meer, dem Kaspischen Meer und insbesondere auf der Ostsee verschlangen außerordentlich hohe Summen. Die erste Bilanz der Staatsfinanzen, die 1710 veröffentlicht wurde, wies folgende Einzeltitel aus: Für die Armee wurden 2161176 Rubel und für die Flotte 444288 Rubel aufgewandt; für die Artillerie und Munition wurden 221799 Rubel ausgegeben, für die Anwerbung von Rekruten 30000 Rubel und für den Ankauf sonstiger Waffen 84104 Rubel. Das ergab mit 2941367 Rubeln eine Summe, die fast so hoch war wie die gesamten Einnahmen des Staates, die auf 3026128 Rubel beziffert wurden. Da aber für den Hof, Gesandtschaften, Beamte, angeworbene Ausländer und verschiedene andere Posten ebenfalls Geld aufgebracht werden musste, errechnete sich schließlich ein Defizit von mehr als 808000 Rubeln.

Geld einzusparen und zusätzliches Geld aufzutreiben, zählte demgemäß zu den Hauptsorgen des Zaren und seiner Mitarbeiter. Das einfachste Mittel bestand darin, neue Steuern zu erfinden. Eine besondere Gruppe von Beamten, die „Gewinnmacher" (pribyl'ščiki), widmete sich dieser mehr Ärgernis als Geld einbringenden Aufgabe; besteuert wurde schließlich alles Mögliche: Bärte, Droschkenfahrten, Lebensmittel, Geburten, Beerdigungen, Badstuben usw. Zu den einträglichsten Steuern dieser Art zählte die aus Italien übernommene „Stempelsteuer", die auf Eingaben und Schriftverkehr mit den Behörden erhoben wurde. Auch nicht russischerseits erst erfunden zu werden brauchte eine weitere Einnahmequelle – die vorsätzliche Münzverschlechterung.

Den westeuropäischen Staaten voran ging Russland freilich auf einem anderen Gebiet: Peter I. belebte den von seinem Vater Aleksej Michajlovič 1649 begründeten Klosterprikaz von neuem und wies ihm die Aufgabe zu, die Besitztümer der Kirche und Klöster zu verwalten; gleichzeitig und in späteren Ukassen bis zum Ende seiner Regierungszeit wirkte er darauf hin, dass für den Eintritt in die Klöster ein Numerus clausus geschaffen und den Mönchen und Nonnen aufgetragen wurde, sich „nützlich" zu machen durch Übernahme karitativer Dienste; nur dafür und ihren eigenen unabdingbaren Unterhalt sollten sie noch Geld bekommen; der größte Teil des kirchlichen Einkommens floss dadurch in die Staatskasse.

Eine weitere ansehnliche Vermehrung der Staatseinnahmen erfolgte nach 1710 durch die Umstellung der Besteuerung von der Hofsteuer auf die Kopf- oder Seelensteuer. Sie wurde 1724 zum ersten Mal erhoben und erhöhte die staatlichen Einnahmen um zwei Millionen Rubel. Ertragreich wie sie war, blieb sie bis 1887 in Kraft. Der fiskalische Gewinn wurde freilich mit schwer wiegenden sozialen Konsequenzen erkauft, denn das System der Leibeigenschaft wurde weiter verschärft. Eine rechtliche Angleichung von Bauern und Knechten erfolgte dadurch, dass für die bis dahin abgabefreien Knechte ohne Haus und Hof nun auch die Kopfsteuer zu entrichten war, während die Bauern noch stärker dem Grundherrn ausgeliefert wurden, indem sie allein seiner Gerichtsbarkeit unterstellt wurden. Faktisch erwies sich dies als ein wesentlicher Schritt zur vollständigen persönlichen Übereignung der Bauern an den Grundherrn. Über den 1721 erreichten Status heißt es sogar in einem zarischen Ukas kritisch: „Es war und ist in Russland Brauch, dass der kleine Landadel Bauern und Hofleute einzeln an jeden Kauflustigen wie Haustiere verkauft, was auf der ganzen Welt nicht üblich ist.“[9] Dank der übergeordneten Staatsraison wurde indes nichts geändert und die verbale Kritik verhallte wirkungslos.

Die nivellierende Tendenz in der sozialen und rechtlichen Stellung der Bauern wurde nicht zuletzt dadurch verstärkt, dass seit 1724 nach und nach alle Bauern, die nicht einem privaten Grundherrn gehörten, in der großen Gruppe der „Staatsbauern“ zusammengefasst wurden. Hierzu zählten etwa die noch verbliebenen „schwarzen“, freien Bauern, zuzüglich derer, die in Sibirien siedelten, eine Vielzahl von Nichtrussen sowie sogar verarmte Dienstadlige, die als „Einhöfer“ (odnodvorcy) auf das Niveau von Bauern herabgesunken waren. Sie alle mussten außer der Kopfsteuer eine zusätzliche Abgabe entrichten als Anerkenntnis des Anspruchs des Herrschers beziehungsweise des Staates, Obereigentümer des Landes zu sein. Dieser obrok war allerdings in der Regel erheblich geringer als der, den die Leibeigenen zu entrichten hatten. Wie diese wurden aber auch die Staatsbauern zunehmend in die Pflicht genommen, zusätzliche Dienste zu leisten wie Spanndienste, Straßenbau und Rekrutenstellung. Durch die Säkularisation, Gebietsgewinne und definitorische Ausweitungen wuchs die Zahl der Staatsbauern, bis sie 1861 ungefähr ebenso groß war wie die der Gutsbauern.

Um Geld einzusparen, aber auch um langfristig die Wohlfahrt des Staates zu mehren, bemühte sich der Zar, die Produktivität und Rentabilität der Wirtschaft zu steigern. Bodenschätze wurden erschlossen, Manufakturen begründet und das Verkehrsnetz insbesondere durch den Bau von Kanälen erweitert. Ausländische Spezialisten gingen auch hier wegweisend und helfend voran, wobei wie immer die Devise galt, dass die Spezialisten ihr Wissen und ihre Fähigkeiten den Russen vollständig vermitteln sollten, damit diese das Gelernte selbständig anwenden und weiterentwickeln könnten. Die Erfolge dieser Politik waren beachtlich. Im Ural wurde im Umkreis der 1723 gegründeten Stadt Jekaterinburg hochwertiges Eisen abgebaut und verhüttet, so dass Russland schließlich jährlich über 100 000 Tonnen Gusseisen erzeugte, was der englischen Produktion entsprach und nur noch von Schweden überboten wurde. Die Zahl der Manufakturen stieg in der Regierungszeit Peters I. von knapp zwei Dutzend auf fast 200. Solange das Hauptaugenmerk dem Krieg galt, konzentrierte sich die Produktion vor allem auf die Herstellung von Waffen und Munition; hinzu kamen Werften für den Schiffsbau und der Ausbau der Textilindustrie, um von der Einfuhr ausländischer Tuche unabhängig zu werden – was freilich nicht völlig gelang. Nachdem der Sieg im Nordischen Krieg als gesichert gelten konnte, verlagerte sich die Produktion stärker auf Waren des zivilen Gebrauchs und Bedarfs. So nahm die Papierfabrikation so weit zu, dass schließlich der Bedarf der Ämter durch russisches Papier gedeckt werden konnte. Weniger erfolgreich verlief trotz hoher Subventionen und großer Privilegien die Herstellung von Luxusartikeln wie Samt, Seide und Brokat sowie Posamenten. Dass ein solcher Versuch aber überhaupt unternommen wurde, unterstreicht, dass die Wirtschaftspolitik Peters I. wesentlich von merkantilistischen Ideen geprägt wurde. Die rigide Schutzzollpolitik, mit der die wachsende russische Industrie vor ausländischer Konkurrenz geschützt wurde, bezeugt das ihrerseits.

Die russischen Kaufleute zeigten aber dennoch wenig Neigung, ihr Geld aus dem Handel abzuziehen und in die Industrie zu investieren. Wer als privater Unternehmer wagemutig und kenntnisreich war wie der Waffenschmied N. D. Demidov konnte aber in relativ kurzer Zeit einen großen Besitz und ein riesiges Vermögen anhäufen; auch die Stroganovs ließen sich die Chance der ökonomischen und finanziellen Expansion nicht entgehen. Da aber das private Engagement insgesamt nicht ausreichte, wurde der Staat selber zum Unternehmer. Er versuchte freilich im Laufe der Zeit die von ihm begründeten Manufakturen an kapitalkräftige Privatleute zu übergeben. Zwang war auch hier das probate Mittel, wenn die Gesinnung nicht so war, wie der Zar sie sich wünschte. „Und wenn sie es nicht wollen", bekundete er in der ihm eigenen rigiden Weise, „dann eben gegen ihren Willen."[10]

Eine weitere gravierende Schwierigkeit, die es zu überwinden galt, bestand in dem Mangel an Arbeitskräften, waren doch mehr als 90% der Bevölkerung unfreie Bauern, die ihr Land nicht verlassen durften. Nach dem bei allen Reformen üblichen Hin und Her von mehr und weniger praktikablen Einzelmaßnahmen wurde 1721 als Lösung dekretiert, dass auch Nichtadlige berechtigt sein sollten, ganze Dörfer mit den Bauern aufzukaufen, unter der Bedingung, dass diese Bauern „für immer unablösbar" als Leibeigene an die Fabriken gekettet bleiben sollten als so genannte „Possessionsbauern".

Sowohl unter dem Einfluss der Ideen der Frühaufklärung als auch wegen des Bedarfs in der beruflichen Praxis sowie in dem Streben, Russland in die „Gemeinschaft policierter Völker" zu integrieren, erachtete es Peter I. als unabdingbare Aufgabe, Kenntnisstand und Bildung in Russland umfassend zu mehren und zu vertiefen. 1714 befahl der Zar in jedem Gouvernement „Ziffernschulen" einzurichten, in denen die Anfangsgründe der Arithmetik und Geometrie gelehrt werden sollten – was freilich nur punktuell realisiert wurde. Als Spitze der Bildungsinstitutionen war – einem Ukas von 1724 zufolge – die zu begründende Akademie ausersehen, die auch zugleich als Universität und Gymnasium fungieren sollte. Kurz nach dem Tode Peters I. konnte sie eröffnet werden. Anfangs waren alle Mitglieder Ausländer, vorrangig Deutsche, aber mit Michail Lomonosov, der seinerseits zur Begründung der ersten russischen Universität in Moskau beitrug, erhielt sie auch ein patriotisch-russisches Profil.

Einen ebenfalls nicht innerlich zusammenhängend konzipierten, aber inhaltlich zusammengehörigen Komplex bildeten die Verwaltungsreformen. Von dem Wohlstand der sich selbst verwaltenden Städte im westlichen Europa beeindruckt wollte Peter I. dieses Modell sogleich nach seiner Rückkehr von der Reise 1699 auf Russland übertragen; er beabsichtigte allerdings nicht, das Selbstbewusstsein und die Eigenständigkeit der Bürger zu stärken, sondern wollte die Selbstverwaltung lediglich mechanisch als Kosten sparende und gewinnbringende Methode der Steuereinziehung zu Gunsten des Staates nutzen. Demgemäß machte er 70 Städten den Vorschlag, sie von der üblichen Voivodenverwaltung zu befreien, wenn sie dafür Abgaben in doppelter Höhe entrichten würden, was im Übrigen auch einen Einblick in das Ausmaß der vermuteten Korruption erlaubt. Immerhin nahmen elf Städte das Angebot an, die anderen mussten dazu bei gleich bleibender Belastung gezwungen werden. 1708 wurde das Projekt wieder aufgegeben, um einige Jahre nach der Einverleibung der baltischen Städte noch einmal aufgegriffen zu werden. Zwischen 1718 und 1721 ergingen Befehle, dass in allen russischen Städten Magistrate nach dem Muster Rigas und Revals einzurichten seien. Sie sollten in eigener Initiative alles unternehmen, um das Wohl der Stadt, unter besonderer Berücksichtigung von Handel und Gewerbe, zu fördern; die Bereitschaft zur Übernahme von persönlicher Verantwortung wurde indes gleichzeitig reglementiert durch die Weisung, dass jeder Angehörige des Magistrats zu schwören habe, ein „treuer, redlicher und gehorsamer Knecht und Untertan" zu sein. Da die Vorgabe nicht lediglich als allgemeine Wohlverhaltensklausel, sondern vielmehr als konkrete Dienstanweisung aufgefasst wurde, war damit auch der zweite Ansatz zur Selbstverwaltung gescheitert. 1727 wurde er förmlich annulliert.

Es gab indes noch weitere Versuche Peters I., das Steueraufkommen zu vergrößern und die Verwaltung des Landes, insbesondere auch die Rekrutenaushebung, effizienter zu gestalten. In Weiterentwicklung schon bestehender regionaler Prikazverwaltungen wurde das gesamte Land 1708 in acht Gouvernements, die später auf elf erhöht wurden, aufgeteilt. Da diese Verwaltungseinheiten noch immer zu groß und unübersichtlich waren, wurden sie 1719 in 50 Provinzen unterteilt, die ihrerseits wiederum in Distrikte untergliedert wurden. Auch hier zeigte sich freilich, dass rationales Kalkül allein für den Erfolg nicht ausreichte. Enttäuscht schrieb der Zar 1711, dass die Gouverneure, die in der Mehrzahl gar nicht in ihren Gouvernements residierten, es bei der Wahrnehmung ihrer Aufgaben an Eifer fehlen ließen und ihn nicht einmal hinreichend unterrichteten.

Das lag allerdings auch an den Bedingungen des Krieges, und um hier Abhilfe zu schaffen rief Peter I. noch im gleichen Jahr 1711 den „Regierenden Senat" (Pravitel'stvujuščij Senat) ins Leben. Er sollte ursprünglich lediglich im Falle der Abwesenheit des Zaren die Verwaltung dirigieren und vor allem daraufhin wirken, „so viel Geld wie möglich einzusammeln, denn Geld ist die Arterie des Krieges"[11]. Wie viele Provisorien konnte sich der Senat aber im Laufe der Zeit unentbehrlich machen. Er avancierte nicht nur zur obersten Verwaltungs- und Justizbehörde, sondern auch zum engsten Beratergremium des Zaren. Damit trat er zugleich an die Stelle der Bojarenduma, die sich schon seit der zweiten Hälfte des 17. Jahrhunderts als Plenum mit nunmehr weit über hundert Mitgliedern immer seltener versammelte; auch an der Gesetzgebung wirkte sie längst nicht mehr regelmäßig mit.

Zur Unterstützung des Senats bei der Überwachung der Verwaltung wurde nach schwedischem Vorbild das Amt der Fiskale unter einem Oberfiskal geschaffen. Sie sollten finanzielle Unterschleife aufdecken, und ihr Eifer wurde dadurch angestachelt, dass sie für berechtigte Anschuldigungen eine beträchtliche Belohnung erhielten, während sie für unzutreffende Denunziationen nicht zur Rechenschaft gezogen wurden. Diese Regelung überhob freilich die Fiskale nicht durchweg der Versuchung, sich in eigener Regie zusätzliche Einkünfte zu verschaffen nach dem gewohnheitsmäßigen Verständnis, dass ein Amt im besonderen Maße der Selbstversorgung zu dienen habe. 1722 wurde sogar der Oberfiskal A. Ja. Nesterov der Bestechlichkeit überführt und hingerichtet.

Die Appelle Peters I., nur dem gemeinen Wohl zu dienen, verloren freilich auch dadurch an Überzeugungskraft, dass er sie selber nicht immer beherzigte. Während seiner Regierungszeit wurden rund 175000 Bauern an Günstlinge und Würdenträger vergeben. Unter seinen Augen bereicherte sich sein immer währender Günstling Menšikov skrupellos und unersättlich, bis er, der aus einfachen Verhältnissen stammte, allein 90000 Leibeigene besaß. Die Nachsicht, die Peter der Große gegenüber Menšikov walten ließ, war freilich eine Ausnahme. Selbst die Senatoren ließ er überwachen und bestellte zu diesem Zweck als sein „Auge" 1722 einen Generalprokurator. Das Missliche auch an dieser Einrichtung war, dass sie ihr eigentliches Ziel nur unvollkommen erreichen konnte. Kontrolle, Rügen und Strafen vermochten zwar bis zu einem gewissen Grad Unterschleife und Korruption einzudämmen, aber sie förderten zugleich Duckmäuserei, Unterwürfigkeit sowie Verantwortungsscheu und wirkten damit der Bereitschaft zu zupackendem, selbsttätigem Handeln entgegen, die Peter I. wünschte und die er brauchte, wenn das Allgemeinwohl seinen Vorstellungen gemäß nach Kräften gefördert werden sollte.

Reformwillen und gleichzeitig Misstrauen in die designierten Exekutoren der Reformen bestimmten auch die Umgestaltung der obersten Zentralbehörden. Die 35 alten, nach und nach gewachsenen Prikaze mit ihrer unklaren Geschäftsaufteilung und ihrer unübersichtlichen inneren Organisation hatten sich überlebt und wurden zwischen 1717 und 1720 nach schwedischem Vorbild ersetzt durch neue, klarer strukturierte Kollegien. Die kollegiale Führungsspitze fand Peter I. nach eigenem Bekunden besonders zweckdienlich, „weil sie eine Versammlung vieler Personen sind, in der die Vorsitzenden nicht so viel Macht haben wie die alten Leiter der prikazy, welche taten, was sie wollten. In den Kollegien kann der Präsident nichts ohne Zustimmung seiner Kollegen tun."[12] Unvermeidlich, wenn auch ungewollt, wurden mit diesem Prinzip aber auch Eifersüchteleien, Intrigen und Kompetenzstreitigkeiten Tür und Tor geöffnet, was zusammen mit der unzulänglichen Kooperation zwischen Kollegien einerseits und Gouvernements- und Provinzialbehörden andererseits dazu führte, dass der preußische Gesandte im Juni 1724 klagte: „Es sind keine Expressiones stark genug, um Ew. Kgl. Maj. eine juste Idée von der unerträglichen Nachlässigkeit und Verwirrung zu geben, mit welcher die allerwichtigsten affairen Allhier tractiert werden."[13]

Ungeachtet solcher Probleme wurde auch die Führung der Kirche nach dem Muster der Kollegien reformiert. Peter I. hatte bereits seit 1700 das Amt des Patriarchen nur noch durch einen Exarchen wahrnehmen lassen. 1721 wurde ein „Geistliches Reglement" erlassen, demzufolge der Patriarch dauerhaft durch ein geistliches Kollegium, den „Heiligsten Regierenden Synod", ersetzt wurde. In Glaubensfragen blieb die Kirche autonom, aber in allen weltlichen Angelegenheiten wurde sie in die gesamtstaatliche Verwaltung integriert. Wie der Senat wurde der ihm formell gleichgestellte Synod von einem Oberprokurator überwacht. Als Ersten betraute Peter I. mit diesem Amt einen Kavallerieoffizier.

Eine weitere Anordnung tangierte darüber hinaus das Selbstverständnis der Geistlichen als Seelsorger sowie ihr Ansehen bei den Gläubigen als Vertrauenspersonen, denn beim Eintritt in die „Geistliche Verwaltung" mussten sie schwören, „alle Rechte und Privilegien, die Gesetze wurden oder werden und die sich auf die Hoheitsgewalt, Macht und Autorität Seiner Zarischen Majestät beziehen, zu verteidigen und zu hüten nach bestem Wissen, Können und Vermögen"[14]. Vom Beichtgeheimnis war nicht ausdrücklich die Rede, aber gerade das schürte Misstrauen, und die Erfahrung lehrte, dass dieser Argwohn nicht gänzlich unbegründet war.

Exemplarisch spiegeln sich das utilitaristische Denken Peters I. und seine praktische Umsetzung in einer der letzten und wirkungsmächtigsten Reformen des Zaren wider. 1682 war die altmoskowitische Rangplatzordnung, das mestničestvo-System, endgültig aufgegeben worden; andererseits war die Dienstpflicht des Adels verschärft worden durch den Ukas von 1714, wonach die bisherigen Erb- und Dienstgüter rechtlich gleichgestellt wurden mit der Auflage, die nun alle Güter gleichermaßen zum Dienst verpflichtete. Peter I. verband diese Vorgaben mit der rationalen Erwägung, dass dann, wenn der Adel seine Reputation aus dem Dienst ziehe, auch ein entsprechender Dienst mit der Aufnahme in den Adel honoriert werden müsse. Daraus erwuchsen 1722 die parallelen Rangtabellen für den Militär-, Zivil- und Hofdienst. Die acht obersten Ränge wurden mit dem erblichen, die sechs unteren mit dem persönlichen Adel belohnt. Die Rangtabellen blieben bis 1917 Maßstäbe der russischen Gesellschaftsordnung, aber sie brachten nicht so sehr das erstrebte Denken in Kategorien der persönlichen Tüchtigkeit und der Verbundenheit mit dem Staat hervor, als dass sie eine formalistisch hierarchische Binnendifferenzierung der Gesellschaft nach militärischem Vorbild begünstigten; immerhin konnten sie aber auch eine Leiter des sozialen Aufstiegs sein. Lenins Vater wurde 1874 automatisch nobilitiert, als er den Rang eines Wirklichen Staatsrates verliehen bekam.

Innere Opposition

Die ungeheuren Belastungen und Opfer, die Peter I. der Bevölkerung zumutete, sei es um den Krieg gegen Schweden zu führen, sei es um die innere Umgestaltung des Reiches voranzutreiben, ferner die mutwillig anmutenden Verstöße gegen altmoskowitische Normen und Prinzipien lösten allseits – wenn auch in unterschiedlichem Maße – Unmut und Empörung aus und führten in ihrer schärfsten Ausformung zu passivem und aktivem Widerstand. Verordnungen wurden nicht ausgeführt, Rekruten und zu öffentlichen Arbeiten Gepresste desertierten und Bauern flohen trotz aller Verbote in großen Massen von den Besitzungen ihrer Herren. Der preußische Gesandte berichtete 1723: „Das mécontentement … in allen Ständen kann wohl nicht größer sein als es wirklich ist."[15] Zu offenem Aufruhr kam es vor allem im ersten Jahrzehnt des 18. Jahrhunderts. Ein erster großer Aufstand brach in Astrachan' 1705 aus auf Grund exzessiver Missstände insbesondere bei der Steuereinziehung sowie irreführender Gerüchte wie der Behauptung, der Zar sei von den Ausländern getötet worden, damit sie selbst die Herrschaft über Russland ausüben könnten. Nur unter Einsatz regulärer Truppen konnte die Erhebung niedergeschlagen werden. Das galt auch für die zeitgleichen Revolten der Baschkiren, die sich ihrerseits gegen angeordnete Abgaben und willkürliche Repressionen seitens der Amtsinhaber vor Ort zur Wehr setzten.

Das Land war noch nicht vollständig befriedet, als im September 1707 ein dritter Aufstand ausbrach, der die beiden zuvor genannten an räumlicher Ausbreitung und destabilisierender Bedrohlichkeit weit übertraf. Alles kam hier zusammen vor dem Hintergrund des gleichzeitig seinem Höhepunkt zustrebenden Krieges gegen Schweden: offener Widerstand gegen den Versuch, entlaufene Bauern einzufangen, weit verbreiteter Protest gegen die Drangsalierungen durch die zentralen und lokalen Behörden, Bestrebungen von Kosaken und mit ihnen sympathisierender Tataren, ihre Freiheiten zu behaupten, und der Argwohn gegenüber den Machenschaften der Ausländer, die auch verdächtigt wurden, den orthodoxen Glauben verdrängen zu wollen. Angeführt wurde die Erhebung von dem Kosakenhetmann Kondratij Bulavin, aber auch nach dessen Tod im Juli 1708 setzte sich der Aufruhr fort und erfasste alles in allem weite Gebiete links und rechts des Dons in seiner gesamten Länge. Erst 1710 konnte er endgültig niedergeschlagen werden; er blieb aber sowohl im Bewusstsein des Volkes als auch der Mächtigen ein Menetekel in der Tradition des Sten'ka Razin, das in der zweiten Hälfte des 18. Jahrhunderts seine dramatische Wiederkehr erfahren sollte in dem großen Aufstand des Emeljan Pugačev.

Es waren indes nicht allein die Not und Unzufriedenheit des niederen Volkes, die zur Revolte drängten. Der Zar wusste, dass auch in seiner nächsten Umgebung Pläne geschmiedet wurden, nach seinem Tod die Reformen rückgängig zu machen und alles wieder in die alten Bahnen zu lenken. Die Opposition setzte ihre Hoffnungen auf den einzigen Sohn Peters I., Aleksej, der aus seiner Abneigung gegenüber den Neuerungen keinen Hehl machte. „Es ist allen bekannt", warf ihm Peter I. im Januar 1716 vor, „dass du meine Werke verabscheust, die ich ohne Rücksicht auf meine Gesundheit für mein Volk unternehme, und nach mir ihr Zerstörer sein wirst."[16] Aleksej seinerseits suchte indes nicht die Konfrontation, sondern wollte dem Konflikt ausweichen. Er floh 1716 nach Wien zu seinem Schwager, dem Kaiser, ließ sich aber von einem Sendboten Peters I. zur Rückkehr überreden. Vor Gericht gestellt und gefoltert belastete er sich und andere, aber selbst die erpressten Geständnisse erwiesen nur, dass es weit verbreitete Unzufriedenheit gab, nicht aber, dass ein konkreter Umsturzversuch geplant worden wäre. Um nicht ebenfalls in den Verdacht zu kommen, mit dem Zarevič zu sympathisieren, verurteilten ihn die Richter zum Tode, wohl einkalkulierend, dass der Zar ihn begnadigen werde. Bevor Peter I. aber eine endgültige Entscheidung fällte, starb Aleksej, vermutlich an den Folgen der Folter. Von der Thronfolge hatte der Zar seinen abtrünnigen Sohn bereits zuvor ausgeschlossen. 1722 dekretierte er als absoluter Herrscher, seinen Nachfolger nach eigenem Ermessen frei bestimmen zu wollen. Wen er aber ausersehen hatte, ließ er offen, und in seiner Todesstunde konnte er nur die Worte zu Papier bringen: „Gebt alles ..."

2. Kurskorrekturen – Die Zeit der Palastrevolutionen, 1725–1761

Entschieden wurde nach dem Tod Peters des Großen die ungelöste Nachfolgefrage durch dessen bedenkenlosen Günstling A. D. Menšikov, der die Garde aufmarschieren ließ und damit Katharina, der Gemahlin des verstorbenen Zaren, den Thron sicherte. Katharina I. war zwar bereits 1724 von Peter I. zur Kaiserin gekrönt worden, aber förmliche Ansprüche auf den Thron hatte sie, die aus niedrigsten Verhältnissen stammte, nicht. Uneigennützig hatte Menšikov aber auch in diesem Fall nicht gehandelt. Er war nun der mächtigste Mann in Russland – doch auch sein Schicksal war besiegelt, als Katharina I. im Mai 1727 starb. Es glückte ihm zwar noch, den nicht einmal ganz zwölf Jahre alten Nachfolger, Peter II., den Sohn des 1718 ums Leben gekommenen Zarevič Aleksej, in seinen Palast zu ziehen, aber bereits wenige Monate später gelang es seinem Rivalen, dem Fürsten Ivan Dolgorukij, Peter II. zum Seitenwechsel zu bewegen. Menšikov wurde nach Sibirien verbannt. Der Triumph der Dolgorukijs währte indes nicht lange, denn Peter II. starb bereits im Januar 1730. Die nun zur Herrschaft berufene Nichte Peters des Großen, Anna Ivanovna, brachte aus Mitau, wo sie als Witwe des Herzogs von Kurland residiert hatte, ihren eigenen Günstling mit, den vom Sekretär zum Geliebten avancierten Ernst Johann von Biron, der einer westfälischen Adelsfamilie entstammte. In den Augen der Russen hatten damit für ein Jahrzehnt faktisch die „Deutschen" die Herrschaft übernommen, denn neben Biron agierten mit Heinrich Johann Friedrich Ostermann und Burchard Christoph Münnich noch zwei weitere Deutsche im engsten Kreis der Macht. Die beiden Letzteren hatten ihre Karriere bereits unter Peter dem Großen begonnen und sich bis zum Ersten Kabinettsminister beziehungsweise bis zum Präsidenten des Kriegskollegiums emporgedient. Wenn Ostermann und Münich auch mehr gegeneinander als miteinander arbeiteten, so fühlten sich doch beide Peters I. Idee der Staatsraison verpflichtet. Von Biron kann das nicht gesagt werden. Er war vor allem auf sein persönliches materielles Wohlergehen erpicht und sicherte seine Stellung, indem er auf der einen Seite der Zarin in jeder Hinsicht willfährig war und auf der anderen Seite jeden mit seinem unversöhnlichen Hass verfolgte, dem er misstraute. Seine Unlust, sich der Mühe zu unterziehen, Russisch zu lernen und sich mit den ihm anvertrauten Geschäften zu befassen, kompensierte er durch verletzenden Dünkel und indem er in beleidigender Arroganz von den Russen verlangte, die deutsche Kultur als Maß aller Dinge anzuerkennen. Wie vorherzusehen bewirkte er eher das Gegenteil. Die Herrschaftsweise Birons, die Bironovščina, wurde zum Synonym für unerträgliche Fremd- und Vorherrschaft in deutscher Ausprägung. Es verstand sich von selbst, dass Biron den Tod der Zarin Anna Ivanovna Mitte Oktober 1740 politisch nicht überlebte. Schon drei Wochen später wurde er von Münnich gestürzt. Damit wurde auch in einer Art Schlusspointe noch einmal verdeutlicht, dass personenbezogene Rivalitäten, aber nicht der nationale Faktor das Handeln der Protagonisten bestimmten. Nominell fiel die Herrschaft nach dem Tode der Zarin an ihren Großneffen Ivan VI. Da er jedoch im Oktober 1740 noch ein Säugling von zwei Monaten war, übernahm seine Mutter Anna Leopoldovna die Regentschaft. Ansprüche auf den Thron erhob aber alsbald auch die Tochter Peters des Großen aus zweiter Ehe, Elisabeth. Sie wusste die

Das Winterpalais in St. Petersburg, errichtet 1754–1764.
Aquarell von L. F. K. Bohnstedt nach Wassili S. Sadownikow, 1847.
Foto: akg-images.

Garde hinter sich, und mit ihrer Hilfe putschte sie sich Ende November 1741, ohne auf ernsthafte Gegenwehr zu stoßen, an die Macht. Anna Leopoldovna wurde interniert und Ivan VI. in verschiedenen Festungen inhaftiert, bis er 1764 – schon in der Regierungszeit Katharinas II. – bei einem Befreiungsversuch getötet wurde.

Ebenso wie ihre Vorgänger(innen) regierte Elisabeth nicht selbst, sondern überließ die Ausübung der Macht ihren Günstlingen, die diese Freiheit in unterschiedlicher Weise, aber immer zu ihrem eigenen Vorteil nutzten. Die Zarin zog es vor, ein genussfrohes und aufwändiges Hofleben zu führen, das Unsummen kostete. Der verschwenderischen Prachtentfaltung ist allerdings auch ein so repräsentatives, beeindruckendes Bauwerk wie das von Bartolomeo Francesco Rastrelli entworfene Winterpalais zu verdanken. Vorweggenommen hatten das Schwelgen in Luxus bereits Katharina I. und Anna Ivanovna, und auch insofern folgte Elisabeth ihren Vorgängerinnen. Unterhalb der glänzenden, leichtfertigen und unsteten Oberflächlichkeit all dieser Jahrzehnte mit mehrfachen Machtwechseln in kurzen Abständen und dem unterschiedlichen Gebaren verschiedener Günstlinge vollzog sich aber ein durchaus gradliniger struktureller Wandel von langfristiger Bedeutung. Die von Peter dem Großen als oberste Maxime proklamierte „Staatsraison“ im Sinne des „allgemeinen Wohles“ wurde verengt auf die personenbezogenen oder ständischen Interessen des Adels. Schon unter Katharina I. war 1726 als Gegengewicht gegen den Senat und zur Unterstützung Menšikovs ein zunächst sechsköpfiger „Oberster Geheimer Rat" begründet worden, der nach und nach das faktische Machtvakuum an der Spitze zu seinen Gunsten nutzte, indem er, ohne die Autokratie formell in Frage zu stellen, selbst die höchste legislative, exekutive und judikative Macht ausübte. Anfänglich gehörte dem Obersten Geheimen Rat nur ein Vertreter des titulierten Moskauer Hochadels an, aber nach dem Sturz Menšikovs änderten sich die Kräfteverhältnisse, und 1730 dominierten in dem Gremium die Golicyns und Dolgorukijs, die sechs der nunmehr insgesamt acht Mitglieder stellten. Von Fürst D. M. Golicyn ging die Idee aus, das offizielle Angebot an Anna Ivanovna, den Zarenthron zu besteigen, insgeheim mit „Konditionen" zu verbinden. Er ließ sich dabei konkret von den Vorgängen inspirieren, die 1719 nach dem Tod Karls XII. zur Wahl seiner Nachfolgerin Ulrike Eleonore geführt hatten. Im Einzelnen sollte Anna zusagen, den Obersten Geheimen Rat nie abzuschaffen, sondern ihn vielmehr an allen wichtigen Entscheidungen zu beteiligen, als da sind Krieg und Frieden, neue Steuern und die Besetzung der leitenden Posten im Zivil- und Militärdienst. Die „Garden und andere Regimenter" sollten dem Obersten Geheimen Rat direkt unterstehen. Anna wurde außerdem auferlegt zu geloben, keinem Adligen seine Güter ohne Gerichtsurteil zu nehmen und umgekehrt kein Staatsland aus eigenem Ermessen zu verschenken. Sie hatte des Weiteren zu versprechen, weder erneut zu heiraten noch von sich aus einen Nachfolger zu ernennen. Bei einem Verstoß gegen eine der ihr diktierten „Konditionen" sollte die Herrscherin ihr Anrecht auf den Thron verwirken.

Dieses Dokument hätte grundsätzlich zur Magna Carta libertatum des russischen Adels werden und die autokratische Monarchie in eine konstitutionelle Monarchie transponieren können. Aber die konspirative Vorgehensweise machte bereits deutlich, dass der Oberste Geheime Rat primär nicht als Interessenvertreter des gesamten Adels auftreten wollte, sondern lediglich als Anwalt seiner eigenen Bestrebungen und Anliegen. Als seine Aktivitäten trotz aller Vorkehrungen ruchbar wurden, hatte der Oberste Geheime Rat verspielt. Der aufgeschreckte Adel machte geschlossen Front gegen ihn, wobei die einen verlangten, die „Konditionen" müssten auf den gesamten Adel ausgedehnt werden und dürften nicht lediglich einer kleinen Gruppe zugute kommen, während andere, insbesondere aus den Reihen des Dienstadels, forderten, die Autokratie ungeschmälert beizubehalten, weil es erträglicher sei, von einem Herrscher regiert zu werden als mehreren selbstherrlichen und übermächtigen Familien ausgeliefert zu sein. Obschon Anna Ivanovna die „Konditionen" in Mitau bereits unterschrieben hatte, vermochte sie dank der offen zu Tage tretenden Uneinigkeit des Adels ihr Wort nach der Inthronisierung zurückzunehmen und die „Konditionen" in aller Öffentlichkeit zu zerreißen. Der Oberste Geheime Rat wurde aufgelöst. Die Autokratie hatte die Oberhand behalten.

Die Zarin war sich aber bewusst, dass ihr Sieg die Gefahr nicht grundsätzlich bannte, eines Tages mit neuen, nicht minder gewichtigen Forderungen konfrontiert zu werden. Um einer solchen Situation zuvorzukommen, machte sie dem Adel von sich aus Zugeständnisse. 1736 wurde die Dienstpflicht der Adligen auf 25 Jahre begrenzt und von Familien, die mehrere Söhne hatten, wurde einer von der Dienstpflicht völlig freigestellt, um sich gänzlich der Verwaltung der Güter widmen zu können. Damit den jungen Adligen erspart bliebe, ihren Militärdienst als gemeiner Soldat zu beginnen, wurde in St. Petersburg eine Kadettenschule eingerichtet, nach deren Besuch die Absolventen sogleich als Offiziere in die Armee eintreten konnten. Überdies wurde die Verfügungsgewalt der adligen Grundherrn über ihre Bauern durch Ausweitung der Strafgewalt erhöht.

Elisabeth beschritt diesen Weg weiter. Die schon befristete Dienstpflicht der Adligen wurde zusätzlich dadurch reduziert, dass Söhne von Adligen bereits kurz nach der Geburt in die Mannschaftsverzeichnisse eines Regiments eingetragen werden konnten und damit ihre tatsächliche Dienstzeit verringerten. Die Privilegien des Adels wurden erweitert. Die Gutsherren durften selbst die Listen ihrer kopfsteuerpflichtigen Untergebenen aufstellen, sie konnten unliebsame Leibeigene nach Sibirien abschieben und sich die Deportierten auf die Zahl der zu stellenden Rekruten anrechnen lassen, ja sie konnten jetzt völlig legal und unbeanstandet ihre Bauern mit und ohne Land wie lebendes Vieh verkaufen.

Die ansatzweise Herausbildung einer nichtadligen Unternehmerschicht, die Peter I. und sogar Anna Ivanovna dadurch ermöglicht hatten, dass auch Kaufleute und schließlich überhaupt Angehörige aller Stände Bauern als Arbeitskräfte für ihren Betrieb kaufen durften, wurde von Elisabeth ebenfalls zu Gunsten des Adels torpediert, indem nur noch Angehörigen dieses Standes gestattet wurde, solche Käufe zu tätigen, bis schließlich die Nichtadligen sogar gezwungen wurden, ihren Grundbesitz mitsamt den „Possessionsbauern“ zu verkaufen. Diese Operationen wurden dadurch forciert, dass Elisabeth 1754 eine Hypothekenbank eröffnen ließ, die den Adligen Kredite zu besonders günstigen Bedingungen gewährte. Auch die Abschaffung der Binnenzölle kam vor diesem Gesamthintergrund in erster Linie dem Adel zugute. Die Anregung hierzu ging bezeichnenderweise von ihrem Günstling Petr Šuvalov aus, der von der Eliminierung persönlich profitierte; komplementär hierzu wurde 1755 ein protektionistischer Zolltarif erlassen.

Der unmittelbare Nachfolger Elisabeths, Zar Peter III., führte die Privilegierung des Adels 1762 zu einem vorläufigen Abschluss, indem er dessen formelle Dienstpflicht vollständig aufhob. Einschränkend brachte er freilich die Erwartung zum Ausdruck, dass sich der Adel nicht zurückziehen, sondern ihm freiwillig dienen werde. Diese Zuversicht erwies sich durchaus als berechtigt, weil es neben der loyalen Selbstverpflichtung gewichtige Eigeninteressen gab, die die Adligen zum Dienst drängten. Zum einen waren es materielle Zwänge. Wohlstand wurde nicht nach dem Umfang des Landbesitzes bemessen, sondern nach der Anzahl der leibeigenen Bauern. Wer über 1000 Revisionsseelen sein Eigen nannte, galt als sehr reich, wer zwischen 100 und 25 Leibeigene aufweisen konnte, galt in abnehmendem Maße als mäßig begütert, wer aber weniger als 25 Leibeigene besaß, galt als arm. Nach vorliegenden Zahlen für 1777 hatten 32% der Adligen weniger als zehn Leibeigene, weitere 30% zwischen zehn und 30, und nur 16,2% der Adligen hatten über 100 Leibeigene; lediglich eine Handvoll wie die Voroncovs, Orlovs, Golicyns und Stroganovs besaßen mehrere zehntausend Leibeigene; Graf N. P. Šeremetev als Reichster soll sogar 185 610 männliche und weibliche Leibeigene besessen haben. Für alle Adligen gleichermaßen gab es einen weiteren Grund zu dienen, denn wichtiger als Name und Herkunft waren für das Ansehen und das Prestige des Adligen seine jeweilige Rangstellung, vorzugsweise in den Streitkräften oder am Hof.

Anders als in der Innenpolitik blieb zwischen 1725 und 1762 in der Gestaltung der auswärtigen Beziehungen die Staatsraison im Sinne Peters des Großen das vorherrschende Prinzip. Konzipiert und dirigiert wurde die Außenpolitik bis 1741 von Heinrich Friedrich Ostermann und dann für fast zwei weitere Jahrzehnte bis 1758 von Aleksej Petrovič Bestužev-Rjumin. Dank dem Sieg über Schweden war es nun Russland, in dessen Macht es stand, „in dem Norden Gesetze zu geben" (Ranke). Die zarische Politik nutzte diese Möglichkeiten, um zum einen Schweden niederzuhalten und vor allem um die Kontrolle über Polen zu gewinnen und zu behaupten. Defensiv sollte hierdurch jede direkte oder mittelbare Bedrohung russischen Territoriums ausgeschlossen werden, offensiv bot die indirekte Beherrschung Polens über den unmittelbaren Machtgewinn hinaus die Möglichkeit, Einfluss auf die angrenzenden deutschen Staaten und darüber hinaus auf die gesamteuropäische Politik zu nehmen.

In richtiger Einschätzung der realen Machtverhältnisse und in der Hoffnung, mit russischer Unterstützung Kurland gewinnen zu können, ordnete sich der preußische König Friedrich Wilhelm I. den Vorgaben der russischen Diplomatie unter. Er bekundete seine Devotion spektakulär durch das opulente Geschenk des „Bernsteinzimmers" und vertraglich durch das wiederholt bestätigte Potsdamer Abkommen von 1720, in dem die uneingeschränkte Bewahrung der „goldenen Freiheit" des polnischen Adels als probates Mittel der Intervention durch die Signatarmächte vereinbart wurde. Noch in seiner letzten Ansprache an den Kronprinzen mahnte der König 1740, „mit dem Rußisch Kayserl. Hoffe ... guthe Freundschaft und Harmonie zu unterhalten", wenn er auch eingedenk der enttäuschten Erwartungen bezüglich Kurlands grundsätzlich einschränkte, „indeßen müste man doch auch den Rußen nicht viel trauen."[17]

Auch Österreich schloss sich der Hegemonialpolitik Russlands gegenüber Polen an; darüber hinaus verband beide Mächte traditionell die gemeinsame Gegnerschaft gegen das Osmanische Reich. Die Allianz der drei „Schwarzen Adler" bestand ihre erste Bewährungsprobe nach dem Tod Augusts des Starken 1732. Im anschließenden polnischen Thronfolgekrieg von 1733 bis 1735 gelang es Russland und Österreich mit dem Sohn August des Starken, August III., ihren Thronprätendenten durchzusetzen gegenüber dem von den Polen gewählten und von Frankreich unterstützten Stanisław Leszczyński, dem Schwiegervater Ludwigs XV.

Vor eine grundsätzlich neue außenpolitische Entscheidungssituation sah sich die zarische Politik gestellt, als 1740 Friedrich II. in das österreichische Schlesien einfiel und mit den sich daraus ergebenden Kriegen der Allianz der drei „Schwarzen Adler" den Boden entzog. Aleksej P. Bestužev-Rjumin, der nunmehrige Leiter der russischen Außenpolitik, fürchtete, Preußen könne zu stark werden, und ergriff mit Rückendeckung der Zarin Partei für Österreich. 1746 schlossen die beiden Mächte auch förmlich ein gegen Preußen gerichtetes Bündnis. Das renversement des alliances zum Auftakt des Siebenjährigen Krieges 1756 mit dem Wechsel Frankreichs auf die österreichische Seite kam allerdings auch für Bestužev-Rjumin überraschend und konfrontierte ihn mit dem Dilemma, dass die Ausschaltung Preußens vorhersehbar zu einer verstärkten Einmischung Frankreichs in die polnische Frage führen würde. Die scheinbare Zögerlichkeit der russischen Kriegführung in der Anfangsphase des Krieges schien die Unschlüssigkeit der russischen Diplomatie widerzuspiegeln und genügte den internen Gegnern Bestužev-Rjumins, um ihn des Doppelspiels zu bezichtigen und im Februar 1758 seinen Sturz herbeizuführen. Sein Nachfolger, Michail I. Voroncov, war erklärter Anhänger der Allianz mit Frankreich. Er trat für die entschlossene Fortsetzung des Krieges ein. Der territoriale Gewinn für Russland sollte Ostpreußen sein. Mit dem russisch-österreichischen Sieg bei Kunersdorf 1759 schien die Entscheidung gefallen zu sein. Im September/Oktober 1760 besetzten russische Truppen sogar vorübergehend Berlin. Der Tod der Kaiserin Elisabeth am 25. Dezember 1761 führte indes zu einem abrupten Kurswechsel. Peter III., der Friedrich II. bewunderte, hatte kaum den Zarenthron bestiegen, als er den Befehl zum Rückzug der russischen Truppen gab. Dem Abschluss eines Friedensvertrages am 24. 4./5. 5. 1762 folgte am 8./19. 6. 1762 sogar die Unterzeichnung eines russisch-preußischen Bündnisvertrages, den Katharina II. dann freilich nicht ratifizierte. Friedrich II. vergaß seinerseits nicht, wem er das „Mirakel des Hauses Brandenburg“[18] zu verdanken hatte, fürchtete freilich auch, dass Russland wegen der kontinuierlichen innereuropäischen Zwistigkeiten „die gefährlichste Macht Europas“ werden könne. Gleichwohl kam er in seinem „Politischen Testament“ 1768 zu dem Schluss, dass „unser dauerndes Interesse erfordert, daß wir an unserm Bündnis mit der russischen Zarin festhalten, daß wir es sogar noch enger knüpfen“[19].

3. Katharina die Große, 1762–1796

Innenpolitik

Eine glänzende Zukunft konnte der Prinzessin Sophie von Anhalt-Zerbst bei ihrer Geburt 1729 als Tochter eines deutschen Duodezfürsten, der seinerseits für Geld und Ehre in der preußischen Armee als General diente, nicht vorhergesagt werden. Doch gerade wegen ihrer unscheinbaren, zu nichts verpflichtenden Herkunft und auf Grund geschickter preußischer Machinationen erwählte Zarin Elisabeth sie 1744 zur Gemahlin für ihren Neffen Peter von Holstein-Gottorp, den sie zu ihrem Nachfolger ausersehen hatte. Einen eigenen Herrschaftsanspruch erwarb Katharina, wie sie seit ihrem Übertritt zum orthodoxen Glauben hieß, mit der Hochzeit nicht. Doch die junge Frau nutzte ihre Chance. Aus der von gegenseitiger Abneigung geprägten kinderlosen Ehe brach sie Anfang der 50er Jahre mit Billigung des Hofes aus, und nachdem sie 1754 einen Sohn zur Welt gebracht hatte, der den Namen Paul erhielt, suchte sie ihre weiteren Liebhaber auch unter politischen Gesichtspunkten aus. Als Elisabeth um die Jahreswende 1761/62 starb, war Katharina mit Grigorij Orlov liiert, der – wie seine vier Brüder – als Offizier in der Garde diente. Sie waren bereit, Katharina zur Herrschaft zu verhelfen, und konnten die Truppe, aber auch zahlreiche hohe Würdenträger für sich gewinnen, weil Peter die schikanöse und demütigende Behandlung, die er seiner Umgebung seit Jahr und Tag angedeihen ließ, auch nach seiner Inthronisierung als Zar fortsetzte. Die dem Adel weit entgegenkommenden Gesetze, die Peter III. in kurzer Folge erließ, konnten der Konspiration gegen ihn keinen Abbruch tun, weil die Verschwörer davon ausgehen durften, dass Katharina die bewilligten Wohltaten nicht nur beibehalten, sondern ihnen weitere hinzufügen würde. Zudem stand zu erwarten, dass Katharina sich leichter lenken ließe als der misanthropische Zar, wenn sie es nicht überhaupt vorziehen würde, sich aus der Leitung der Staatsgeschäfte herauszuhalten, wie es ihre Vorgängerinnen auch schon getan hatten. Ende Juni 1762 wurde der Staatsstreich in die Tat umgesetzt. Gestützt auf die Garde ließ sich Katharina am 28. 6. 1762 unter Mitwirkung der hohen Geistlichkeit in der Kazan'er Kathedrale zur Kaiserin von ganz Russland proklamieren; ihr Sohn Paul wurde ihr nachgeordnet zum Thronfolger bestimmt. Der noch regierende Zar Peter III. vermochte keine Gegenwehr zu organisieren und musste am 29. 6. 1762 förmlich abdanken; eine Woche später wurde er – was nicht geplant war, aber auch kein Bedauern hervorrief – von den ihn bewachenden Verschwörern ermordet.

Katharina II. erwies sich in der Folgezeit für die ihr geleisteten Dienste dankbar, indem sie ihren Geliebten Grigorij Orlov zum General und Befehlshaber über die Artillerie ernannte und vor allem großzügig Belohnungen verteilte. Noch im Jahre 1762 erhielten die Verschwörer Land mit insgesamt 18 275 Bauern geschenkt; in den folgenden Jahren waren es noch einmal 48 000 „Seelen", wie die leibeigenen Bauern offiziell genannt wurden. Die Erwartungen von hochrangigen Mitwissern, auch verbindlich an der Macht beteiligt zu werden, enttäuschte sie indes. So wurde Graf Nikita Ivanovič Panin zwar bis 1781 ihr wichtigster Berater in der Außenpolitik, aber seinen Vorschlag, einen Rat von nicht absetzbaren Vertrauenspersonen zu bilden, dem ihre Erlasse zur Gegenzeichnung vorzulegen wären, akzeptierte sie nicht. Die „Selbstherrschaft" war für sie der rocher de bronze, an dem sie nicht rütteln lassen wollte, obschon oder gerade weil sie sensibel genug war, sorgsam einzukalkulieren, dass sie ihre Verfügungen an den gegebenen Kräfteverhältnissen auszurichten hatte und sich nicht so isolieren durfte, wie ihr Gemahl, Peter III., es getan hatte.

So nahm sie – wider eigener Überzeugung und entgegen den fiskalischen Interessen – das Dekret Peters III. vom 21. 3. 1762 über die Wiederbegründung eines „Ökonomiekollegiums", das den Kirchenbesitz verwalten sollte, zurück, um die Kirchenführung auf ihre Seite zu ziehen und sie für sich einzunehmen, was angesichts der mehr als zweifelhaften Umstände ihrer Thronbesteigung äußerst ratsam erschien. Als sie aber ihr Ziel erreicht hatte und die Kirche den Herrscherwechsel öffentlich abgesegnet hatte, gewann der stets dringliche Bedarf an Geld, der sich durch den Siebenjährigen Krieg bis zur partiellen Zahlungsunfähigkeit gesteigert hatte, wieder die Oberhand. Ideologisch legitimiert durch die Maximen der Aufklärung wie auch durch traditionelle russische Vorstellungen erließ Katharina II. am 26. 2. 1764 ein Säkularisierungsdekret, das noch über die Vorgaben Peters III. beträchtlich hinausging. Es wurde nicht nur der gesamte Kirchenbesitz dem Ökonomiekollegium unterstellt, sondern gleichzeitig die Zahl derjenigen Klöster mehr als halbiert, die vom Staat als Entschädigung für die Enteignung noch auf die Gewährung von Unterhaltszahlungen rechnen durften. Auf das Ausmaß der Säkularisation verweist auch, dass zwischen ein und zwei Millionen Landbewohner von ihr betroffen waren. Die

Bauern begrüßten die Umstellung in der Regel, weil der neue Status als „Ökonomiebauern" und im Weiteren als „Staatsbauern" für sie berechenbarere und meist geringere Abgaben mit sich brachte und ihnen einen größeren persönlichen Freiraum eröffnete.

Bei Einzelmaßnahmen wollte Katharina II. es aber dem Anschein nach nicht bewenden lassen. Im Dezember 1766 kündigte sie an, sie beabsichtige unter Anhörung der Stände die Gesetzgebung des Landes auf breiter Basis neu zu gestalten. Zu diesem Zweck ordnete sie an, dass die Bevölkerung unter Ausschluss der nicht direkt betroffenen Geistlichkeit und der leibeigenen Bauern Deputierte zu wählen habe. Die nahezu sechshundert Abgeordneten, unter denen dank der vorgegebenen Wahlregularien die Vertreter der Städte vor denen des Adels als stärkste Gruppierung rangierten, begannen ihre Beratungen im Juli 1767. Als Leitlinie hatte Katharina II. eine „Große Instruktion" (Bol'šoj Nakaz) vorgegeben, die sich in den staatstheoretischen Ausführungen vor allem an Montesquieus Abhandlung „Über den Geist der Gesetze" sowie Baron Bielfelds „Traktat über Politische Institutionen" orientierte, während sie im Hinblick auf das Strafrecht insbesondere Cesare Beccarias Werk „Von den Verbrechen und Strafen" verpflichtet war. Bemerkenswerter als diese geistige Urheberschaft waren indes die Auswahl und Ausdeutung der Ideen, die Katharina II. vornahm. In Anlehnung an Montesquieu rechtfertigte die Zarin die autokratische Regierungsform in Russland rational mit der Größe des Staates, was insofern zweckdienlich war, als Katharina II. auf diese Weise ihre Herrschaft, die sich nicht auf das traditionelle „Gottesgnadentum" berufen konnte, zu legitimieren vermochte: „Der Souverän herrscht unumschränkt; denn keine Macht als die in seiner einzigartigen Person ruhende kann mit dem Nachdruck handeln, welcher der Ausdehnung eines solchen riesigen Reiches entspricht. ... Die Geschwindigkeit der Entscheidungen, in Ansehung der von weither kommenden Sachen, muß die aus der Entfernung der Oerter entstehende Langwierigkeit ersetzen" (Art. 9,10). Montesquieus Auffassung, wonach Russland eine Despotie asiatischer Prägung sei, in der die Angst dominiere, konnte Katharina II. demgegenüber nichts Positives abgewinnen. Sie ließ sie dementsprechend nicht nur unerwähnt, sondern postulierte pointiert gegensätzlich und programmatisch: „Rußland ist eine Europäische Macht."[20] Das Grundprinzip der Herrschaft sei nicht die Willkür, sondern das Gesetz, dessen Einhaltung von den Gerichten zu gewährleisten sei, wobei „in der That selbst ... der Regent die Quelle aller Reichs- und bürgerlichen Macht" sei (Art. 19). Das aber, so argumentierte die Zarin, entspreche durchaus den Interessen der Menschen, „weil es besser ist, unter einem einzigen Herrn den Gesetzen unterworfen zu seyn, als sich nach dem Willen vieler zu richten" (Art. 12).

„Aufgeklärter Absolutismus" war das sicherlich noch nicht, da die Zarin sich ausdrücklich über die Gesetze stellte, aber unverkennbar war doch das Bestreben, mehr Ordnung und Rechtlichkeit in Russland zu verankern. Ungeachtet des Pochens auf Selbstherrschaft blieb sich Katharina II. überdies bewusst, dass sie dem Adel nicht nur verpflichtet, sondern in beträchtlichem Maße sogar ausgeliefert war, weil abgesehen von ihrer eigenen Angreifbarkeit bereits ihre Vorgänger den zunehmend selbstbewusster agierenden Adel so sehr privilegiert hatten, dass sich die Frage stellen ließ, ob die Autokratie generell Bestand haben könne, falls sie substantiell gegen die Interessen des Adels verstieß. Die Zarin trug dem Rechnung. Ihren Regierungsstil charakterisierte sie selbst mit den Worten: „Ich sondiere die Lage, ich nehme Ratschläge an, ich erkunde die Auffassungen des aufgeklärten Teils der Öffentlichkeit und bedenke, welche Auswirkungen mein Erlass haben wird.“[21] Darin, raisonierte Katharina II. nicht ohne einsichtige Ironie, liege das Geheimnis dessen, was Außenstehende als ihre uneingeschränkte Macht ansähen. Wie sich das in der Praxis zutrug, lässt sich im Rahmen der „Instruktion“ am Beispiel der Leibeigenschaft veranschaulichen. Katharina II. hatte in dem Entwurf zu der „Instruktion“ ihrer persönlichen Überzeugung gemäß dafür plädiert, den leibeigenen Bauern die Möglichkeit einzuräumen, so viel Eigentum zu erwerben, dass sie sich freikaufen könnten, und ihre Hörigkeit zeitlich zu begrenzen. „Sofern wir nicht bereit sind, dieser Grausamkeit Einhalt zu gebieten und eine für Menschen unerträgliche Lage zu verbessern“, insistierte sie bei anderer Gelegenheit, „werden sie es früher oder später selbst tun.“[22] Doch die Vertreter des Adels ließen sich nicht beeindrucken. Der von ihr ins Vertrauen gezogene Graf Nikita I. Panin warnte die Zarin nachdrücklich, ihre Ansichten seien geeignet, „Wände zum Einsturz zu bringen“[23]. Daraufhin verzichtete Katharina II. auf die inkriminierten Passagen.

Sollte sie die Erwartung gehegt haben, die Gesetzgebungskommission würde vielleicht von sich aus das brisante Thema ansprechen, sah sie sich getäuscht. Die Deputierten verstanden sich nicht als Repräsentanten der Nation, sondern als Vertreter ihrer spezifischen Wählerschaft. Die ihnen mitgegebenen Aufträge und Klagen waren – wie wichtig und erörterungswürdig sie für sich genommen auch sein mochten – ebenfalls nur bedingt kompatibel mit dem konzeptionellen Ansatz, den Katharina II. mit ihrer „Instruktion“ verband. So redeten Abgesandte und Zarin im Grunde aneinander vorbei, und die enttäuschte Herrscherin nutzte 1768 den äußeren Anlass des Kriegsbeginns mit der Türkei, die Versammlung als Plenum aufzulösen. Erreicht hatte sie lediglich zweierlei: Zum einen hatte die Kommission sie auf eine Stufe mit Peter dem Großen gestellt, indem sie ihr offiziell die Titel „Katharina die Große“ und „Mutter des Vaterlandes“ angeboten hatte. Das gefiel der Zarin, weil es ihrer immer nachbesserungsfähigen Legitimation diente und weil sie sich gerne in der direkten Nachfolge Peters sah, dem sie 1782 das gewaltige Denkmal an der Newa stiftete mit der ausdrucksstarken Widmung: „Peter dem Ersten – Katharina die Zweite.“ Des Weiteren erhöhte die öffentlichkeitswirksam in vier Sprachen gedruckte „Große Instruktion“ den Ruf der Zarin im westlichen Europa, eine aufgeklärte Herrscherin von Format zu sein. Ludwig XV. trug unwillentlich zu diesem Ruhm bei, indem er die Verbreitung der „Instruktion“ wegen zu großer Liberalität verbieten ließ. Das schmeichelte der effekthaschenden Eitelkeit der Zarin, die danach strebte, auf allen Gebieten zu brillieren – aber gemessen an dem großen Aufwand war es doch ein etwas mageres Ergebnis.

Für das Gros der Bevölkerung war auf jeden Fall bei der spektakulären Veranstaltung gar nichts herausgekommen. Im Gegenteil, große Teile des Volkes empfanden die Herrschaft Katharinas II. als zunehmende Belastung und Verletzung ihrer Interessen. Besonders stark betroffen waren die Bauern. Als die Kaiserin im Frühjahr 1767 eine Reise nach Kazan' unternahm, wurden ihr mehr als 600 Bittschriften überreicht. Die Herrscherin stellte unter Beweis, dass sie die von Panin erteilte Lektion gelernt hatte, indem sie den Leibeigenen verbot, sich direkt an sie zu wenden. Bei einem Verstoß gegen diese Weisung wurden Strafen nicht nur angedroht, sondern tatsächlich auch exekutiert. Bereits 1765 hatten Gutsbesitzer das Recht erhalten, aufsässige Leibeigene zur Zwangsarbeit auf Zeit an das Admiralitätskollegium zu überweisen. Mit dem Beginn des Krieges gegen die Türkei 1768 wurde das Leben der Bauern und ihrer Familien zusätzlich erschwert. Hatte es zwischen 1762 und 1767 keine Aushebungen gegeben, so wurden in den folgenden fünf Jahren 323 360 Männer zu den Soldaten eingezogen. Gleichzeitig stiegen die Steuerlasten. All diese Bürden boten einen guten Nährboden für Gerüchte unter den Bauern, wonach ihre Knechtschaft gar nicht mehr rechtens sei, weil Zar Peter III. mit der Dienstpflicht des Adels auch die Leibeigenschaft aufgehoben habe; das eine sei an das andere gekoppelt und, so wurde kolportiert, nur dem Eigennutz der Gutsbesitzer sei es zuzuschreiben, dass das Befreiungsmanifest unter Verschluss gehalten und geleugnet werde.

Soweit sie es mitbekamen, musste es für die Bauern auch irritierend sein, dass Katharina II. seit 1762/63 unter beträchtlichem Werbeaufwand Kolonisten – insbesondere aus Deutschland – nach Russland holte, ihnen Land an der unteren Wolga und im südlichen Russland zuwies (späterhin unter Einbeziehung der von den Tataren und Türken eroberten Gebiete) und sie, die freie Menschen blieben, überdies durch Freistellung von Steuern und Kriegsdienst privilegierte. Die Zarin hätte darauf hinweisen können, dass sie sich von Ideen der Physiokraten und zeitgenössischen Peuplierungstheoremen leiten ließ, wonach sich der Wohlstand eines Staates auf die Erträgnisse von Grund und Boden und den Bevölkerungsreichtum begründete, und die Kolonisten hätten ihrerseits hervorheben können, dass zwischen den verlockenden Werbeaufrufen und der Realität eine beträchtliche Kluft bestand, die sich späterhin in der sprichwörtlichen Redensart spiegelte: „Der ersten Generation der Tod, der zweiten die Not, der dritten das Brot." Aber all das lag jenseits der Wahrnehmung der Bauern.

Außer den Bauern waren es die Fremdvölker im Uralgebiet, insbesondere die Baschkiren, die sich durch die vordringende russische Verwaltung und Siedlungspolitik in ihren Lebensräumen und -gewohnheiten eingeschränkt und bedroht sahen. Vergleichbares galt für die Kosaken, denen die Zarin in Durchsetzung einer zentralistischen, rational kalkulierten Staatlichkeit ihre Autonomie und Freiheitsrechte nahm. Begonnen hatte das bereits 1764, als Katharina II. das Hetmanat in der linksufrigen Ukraine abgeschafft und ein Jahr später die so genannte Sloboda-Ukraine in das Sloboda-Ukrainische Gouvernement umgewandelt hatte; fortgesetzt wurde diese Praxis 1771 am Jaik im Ural, als die Zarin von den Kosaken verlangte, sie sollten in einer „Moskauer Legion" als „reguläre Soldaten" dienen.

Diese Gesamtpolitik war nicht ohne Widerstand geblieben, zumal die übermäßige Ausbeutung und Misshandlung der leibeigenen Bauern durch unmenschliche Gutsherren noch hinzukamen. Allein 1767 wurden 27 größere Unruhen gezählt und 1772 kam es zur erbitterten Revolte der Kosaken am Jaik, die erst nach mehreren Monaten durch die Armee niedergeschlagen werden konnte. Sie war indes ihrerseits nur ein vergleichsweise bescheidener Vorläufer der großen Erhebungen von 1773/74, an der sich Fremdvölker, Kosaken, Altgläubige, Arbeiter aus Berg- und Hüttenwerken sowie Bauern in großen Massen beteiligten und die nicht nur weiträumig das Gebiet links und rechts der Wolga erfassten, sondern auch politisch die Grundfeste des Systems erschütterten. Geleitet und zu einer Einheit zusammengefasst wurden sie von Emel'jan I. Pugačev, einem Donkosaken, der sich als Zar Peter III. ausgab. Das hatten andere vor ihm auch schon getan, aber er war eine charismatische Persönlichkeit, die die Massen zu mobilisieren verstand. Seiner Gefolgschaft versprach er Rache für erlittenes Unrecht, Befreiung von Steuern und Militärdienst sowie Wohltaten und Belohnungen nach den jeweiligen Bedürfnissen und Wünschen der Angesprochenen. Der Verlauf der Aufstandsbewegung lässt sich in zwei Abschnitte unterteilen. In der ersten Phase von September 1773 bis zur Niederlage bei Orenburg im April 1774 wandte sich Pugačev vorrangig an die Kosaken und versprach ihnen die Restitution ihrer alten Privilegien; in der zweiten, radikaleren Phase bis zur Niederlage bei Černyj Jar am Unterlauf der Wolga im August 1774 rief Pugačev vor allem die Bauern zur Ermordung ihrer Herren und zur Inbesitznahme von deren Hab und Gut auf. Es waren speziell diese Vorgänge, die den Begriff Pugačevščina für den grundbesitzenden Adel und die Herrschenden bis zur Aufhebung der Leibeigenschaft 1861 zum Menetekel eines stets zu befürchtenden Untergangsszenarios machten. Ereignisgeschichtlich hingegen war die Kraft der Aufstandsbewegung schon in den letzten Monaten des Jahres 1774 gebrochen. Pugačev selbst hatte seine Sache verloren gegeben und war geflohen. Durch Verräter, die sich auf diese Weise freikaufen wollten, fiel er der Staatsmacht in die Hände und wurde im Januar 1775 zusammen mit anderen Rädelsführern in Moskau hingerichtet.

Katharina II. hätte in dem Geschehen sehr wohl eine Bestätigung ihrer Warnung sehen können, die Leibeigenen nicht in die Verzweiflung zu treiben, aber da während des Aufstandes 1572 Adlige unter Einschluss von Frauen und Kindern grausamst ermordet worden waren, verbot sich auch nur die Erwägung von Konzessionen an die Bauern. Die Zarin beschritt einen anderen Weg: Zum einen suchte sie die Erinnerung an die Erhebung vergessen zu machen, indem sie verbot, öffentlich von ihr zu sprechen, und indem sie Orte des Geschehens umbenannte, zum anderen machte sie sich mit neuem Eifer daran, den Staatsaufbau rationaler und effizienter zu gestalten und darüber hinaus ein Kartell der Kräfte zu schmieden, die disponiert wären, sich für das Wohlergehen des Staates aus wohlverstandenem Eigeninteresse einzusetzen und als Bollwerk gegen innere Unruhen zu fungieren.

Als eine der ersten Maßnahmen wurde nicht nur den Kosaken am Jaik, der jetzt Ural hieß, sondern auch den Zaporoger Kosaken ihre Eigenständigkeit genommen, und im Weiteren wurden sie in das russische Rechts- und Verwaltungssystem vollständig integriert. Die Oberschicht der Kosaken wurde für diese Regelung gewonnen, indem sie ihren Wünschen gemäß in den russischen Adel eingegliedert wurde. Dass es sich bei diesen Regelungen nicht allein um zeitbedingte Reaktionen auf den Pugačev-Aufstand handelte, sondern um die konsequente Fortsetzung der schon in den 60er Jahren initiierten Assimilierungspolitik, lässt sich daran erkennen, dass in der Folgezeit auch die Verwaltung der baltischen Ostseeprovinzen und anderer Gebiete, die „nach ihren eigenen Gesetzen lebten", an die russischen Normen angepasst wurde.

Auf das ganze russische Reich bezogen sich die Reformen der Regional- und Lokalverwaltung, die Katharina II. 1775 einleitete. Da sich die von Peter dem Großen geschaffenen elf, bis 1762 auf 20 vermehrten Gouvernements als zu große und unübersichtliche Verwaltungseinheiten erwiesen hatten, wurden nun nach strikt rationalen Kriterien Gouvernements eingerichtet, die jeweils eine Einwohnerzahl von 300000 bis 400000 Revisionsseelen haben sollten. Sie waren in etwa vergleichbar mit den Provinzen Peters I., die jetzt als eigenständige Einheit wegfielen. Bis 1796 wuchs die Zahl der Gouvernements neuen Zuschnitts auf 50 an. Neben der Größe wurden auch die inneren Verwaltungsstrukturen reformiert. Die Gouverneure beziehungsweise die an der Spitze von mehreren Gouvernements stehenden Generalgouverneure oder Statthalter wurden von der Zarin eingesetzt und unterstanden unmittelbar ihr selbst und dem Senat, in welchem sie bei Anwesenheit in St. Petersburg Sitz und Stimme beanspruchen konnten. Demgegenüber wurden die Kollegien als Zentralbehörden weit gehend entmachtet oder ganz abgeschafft. Die Verkündung und Ausführung der von der Regierung erlassenen Dekrete sowie alle Maßnahmen zur Aufrechterhaltung von Ruhe und Ordnung oblagen in den Gouvernements der vom Gouverneur präsidierten Verwaltung (pravlenie); von ihr getrennt amtete eine Finanzkammer (kazennaja palata), die für die Erhebung von Steuern und die Verwaltung der Staatsgüter zuständig war. Eine ansatzweise Gewaltenteilung erfolgte durch separate Gerichte, und eine begrenzte Teilhabe der Gesellschaft wurde insbesondere dem Adel durch die Wahl eines den Gouverneur beratenden Adelsmarschalls ermöglicht. Territoriale und administrative Untergliederungen der Gouvernements bildeten die Kreise (uezdy), die ebenfalls mechanisch auf eine Größe von jeweils 20000 bis 30000 Revisionsseelen festgelegt wurden und analoge Institutionen erhielten; beim Tode Katharinas II. belief sich die Zahl der Kreise auf 493. Insgesamt hat sich das territoriale Gliederungsprinzip bewährt und blieb im Wesentlichen bis zum Ende des Zarenreiches 1917 erhalten. Anders verhielt es sich mit der Qualität der Verwaltung. Eine juristische Ausbildung war in Russland erst seit der Begründung der Moskauer Universität 1755 zu erwerben, und nicht einmal die engsten Berater Katharinas II. verfügten über eine solche Qualifikation. Der Dienst in der Provinz galt überdies für den Adel nicht als prestigefördernd; sehr viel reputierlicher waren die Streitkräfte oder eine Verwendung in den Hauptstädten oder gar am Hof. Von Beginn an waren die Ämter berüchtigt wegen ihrer Langsamkeit und Willkür, wobei die Beamten dazu neigten, Bestechungsgelder als regulären Teil der Entlohnung zu betrachten, die in den unteren und mittleren Rängen in der Tat sehr kärglich ausfiel. Praxis und Erfahrung verstärkten noch den schlechten Ruf der Provinzverwaltung. Eine gewisse Ausnahme von diesem Schema bildeten die gewählten Standesvertreter des Adels, die Adelsmarschälle, aber ihre große Stunde kam auch erst, als sie 1812 den Widerstand gegen Napoleon I. organisierten.

Ein besonderes Augenmerk widmete Katharina II. den Städten. In einer ihnen gewidmeten Gnadenurkunde vom 21. 4. 1785 wurde die Stadtbevölkerung in Fortschreibung früherer Verfügungen in sechs Kategorien eingeteilt: 1. die „eigentlichen Stadtbewohner" oder „Leute mittleren Standes", die in der Stadt mindestens ein Haus oder Grundstück besaßen, 2. Die „Kaufleute", die je nach Kapitalbesitz von 500, 1000 oder 10000 Rubeln bereits in drei „Gilden" zusammengefasst waren, 3. die Handwerker, 4. die Kaufleute aus anderen Städten und aus dem Ausland, 5. die „namhaften Bürger" und 6. die „Stadtleute" (posadniki), die keiner der fünf zuvor genannten Kategorien zuzurechnen waren. Der gesamten Einwohnerschaft wurde das Recht zugebilligt – ausgehend von ihrer jeweiligen Eingruppierung – eine Stadtversammlung und einen Bürgermeister zu wählen. Die von dieser Regelung erhofften anspornenden Impulse für das Wohlergehen der Städte und ihrer Bewohner blieben indes weit gehend aus. Allzu deutlich war, dass die gewählten Vertreter – wie schon zu Zeiten Peters I. – in erster Linie Erfüllungsgehilfen der Regierung bei der Eintreibung von Steuern und der Ausführung von Erlassen sein sollten.

Des Weiteren ließ sich das Modell nur in wenigen Städten realisieren, weil die Mehrzahl der so genannten Städte eher kleine Agrarstädte, wenn nicht lediglich größere Dörfer waren. Noch 1856 hatte von 678 Städten die reichlich bemessene Hälfte weniger als 5000 Einwohner; lediglich St. Petersburg (490 800), Moskau (368 800) und Odessa (101 500) hatten mehr als 100 000 Bewohner. Der Grad der Urbanisierung war ungewöhnlich niedrig. Zur Zeit Katharinas II. betrug er durchgängig etwas mehr als 4%, während sich die Gesamtbevölkerung auf Grund der großen Eroberungen von 23,25 auf 37,4 Millionen Menschen vermehrte.

Zu dem verhaltenen Aufwuchs der Städte trug auch bei, dass Katharina II. sich zwar an der Entwicklung von Handel und Industrie interessiert zeigte, sie aber nicht den registrierten Städtern vorbehielt. Die Zarin trat vielmehr für die Beseitigung aller noch bestehenden Barrieren und für freie Konkurrenz ein, was in der Realität freilich durchaus nicht auf Chancengleichheit hinauslief. Gravierend benachteiligt wurden Nichtadlige bereits dadurch, dass ihre Möglichkeiten, Arbeitskräfte zu rekrutieren, äußerst begrenzt waren, weil die Kaiserin die Ukasse ihre Vorgänger Elisabeth und Peter III. bestätigte, wonach nur Adlige über Leibeigene verfügen durften. Nahezu tödlich für die Entfaltung eines „dritten Standes" zwischen Adel und Bauern erwiesen sich aber die Dekrete Katharinas II. vom 23. 10. 1762, 17. 3. 1775 und aus dem Jahre 1779, wonach alle Stände das Recht haben sollten, unbehindert Handel und Gewerbe jeglicher Art zu betreiben. Reiche Adlige verdrängten daraufhin die nichtadlige Konkurrenz sogar aus Sparten, in denen sie bereits etabliert war. Schon 1773 besaßen Adlige ein Fünftel der Fabriken, die fast ein Drittel des gesamten Umsatzes der russischen Manufakturen erwirtschafteten. Nach statistischen Angaben von 1813/14 verstärkte sich dieser Trend dahingehend, dass Adligen formell 78% der Tuchfabriken gehörten sowie 60% der Papiermühlen, 64% der Bergwerksunternehmen, 66% der Glas- und Kristallmanufakturen und 80% der Pottasche-Fabriken. In der Regel traten die Adligen nicht selbst als Unternehmer auf, sondern ließen die Geschäfte und Betriebe auf den Namen von Leibeigenen führen. So kam es in beträchtlichem Umfang zu der merkwürdigen Konstellation, dass leibeigene Unternehmer ihrerseits über Leibeigene als Arbeitskräfte verfügten. Ein viel zitiertes Beispiel hierfür ist die Textilindustrie von Ivanovo, dem „russischen Manchester", das formell dem Grafen Šeremetev gehörte.

Definitiv bekräftigt wurde die Vorherrschaft des Adels durch die Gnadenurkunde, die Katharina II. ihm am 21. 4. 1785 ausstellte. In ihr waren alle Privilegien und Standesrechte zusammengefasst, gipfelnd in der Zusage: „Wir bestätigen für ewige Zeiten, erblich für künftige Geschlechter, dem russischen Adel seine Unabhängigkeit und Freiheit."[24] Ausdrücklich garantiert wurden Leben und Eigentum, Befreiung vom Dienst und von persönlichen Steuern, Anspruch auf standesgemäße Gerichtsverfahren sowie die Erlaubnis zu korporativen Zusammenschlüssen. Wenn damit im Einzelnen auch nichts wesentlich Neues konzediert wurde, so gewann die Privilegierung des Adels durch die systematische Zusammenstellung und feierliche Bestätigung der Vorrechte doch eine neue Qualität. Verglichen mit den Zeiten Ivans IV. und Peters I. hatten sich die inneren Kräfteverhältnisse geradezu umgekehrt. Der Adel war nicht mehr obligatorisch der Autokratie dienstpflichtig, sondern die Autokratie stellte sich formell in den Dienst des Adels. Was sich bisher schon angebahnt und ausgewiesen hatte, wurde jetzt gleichsam mit Brief und Siegel versehen. Die nunmehrige Situation ließ sich wieder einmal an der zentralen Frage der Leibeigenschaft verdeutlichen. Die Zarin wagte es schon nicht einmal mehr, eine ausgearbeitete „Ordnung für die freien ländlichen Bewohner", die sich auf die Kronbauern bezog, zu veröffentlichen und in Kraft zu setzen, weil sie befürchtete, die Leibeigenen würden ebenfalls Ansprüche stellen, was wiederum die adligen Grundherren aufbringen könnte. Um ihre Herrschaft zu stabilisieren, verschenkte Katharina II. überdies alles in allem 800000 Bauern als Leibeigene an Adlige, wobei es sich freilich weniger um Staatsbauern gehandelt haben soll als um Bauern, die auf Grund der polnischen Teilungen in die Verfügungsgewalt der Zarin gelangt waren. Zu den am meisten Begünstigten zählte ihr berühmtester Favorit, Fürst Grigorij A. Potemkin, der insgesamt zweifellos eine schillernde Persönlichkeit war, wenn auch die hartnäckige Fama, er habe der Zarin „potemkinsche Dörfer" vorgegaukelt, im Wesentlichen auf Verleumdungen seiner Widersacher zurückzuführen ist.

Ein schwieriges Feld war für Katharina II. nicht zuletzt die Bildungspolitik. Der sozialökonomische Fortschritt, die Anforderungen einer kompetenten Verwaltung und der zivilisatorische Anschluss an das westliche Europa verlangten unabweislich eine Ausweitung und Vertiefung der Bildungsanstrengungen; andererseits war sich die Zarin der Risiken, die sich aus der Bildung für das herrschende System ergeben konnten, durchaus bewusst. Katharina II. glaubte aber, sie unter anderem durch Lehrbücher eliminieren zu können, die darauf ausgerichtet waren, die Kinder zu nützlichen und loyalen Untertanen zu erziehen. Nach eher tastendem Beginn mit der Begründung einzelner Institute wie dem bis 1917 bestehenden Smolny-Institut für die Erziehung junger adliger und im Weiteren auch nichtadliger Mädchen wurde 1786 ein generelles Schulstatut erlassen, wonach in jedem Gouvernement eine höhere Schule und in jeder Kreisstadt eine Volksschule einzurichten war. Eine Schulpflicht wurde nicht eingeführt, aber es gab auch keine Zulassungsbeschränkung mit der Ausnahme, dass Kinder von Leibeigenen die Zustimmung des adligen Grundherrn benötigten. Schulgeld wurde nicht erhoben. Die praktische Umsetzung des Schulstatuts ging freilich nur langsam voran; am Ende des Jahrhunderts gab es 315 staatliche Schulen mit 790 Lehrern und nahezu 20000 Schülern, von denen etwa ein Zehntel Mädchen waren.

Nach Ausbruch der Französischen Revolution von 1789, die sie zutiefst verabscheute, achtete die Zarin noch strenger darauf, dass keine Schriften verbreitet wurden, die der Macht und dem System gefährlich werden konnten. Die aufrüttelnde Anklage A. S.

Radiščevs in seinem 1790 publizierten Werk „Eine Reise von St. Petersburg nach Moskau“[25] ahndete sie mit zehnjähriger Verbannung des Autors nach Sibirien. Die willfährigen Richter hatten sogar die Todesstrafe für angemessen gehalten.

Außenpolitik

Mit dem Ausscheiden aus dem Siebenjährigen Krieg hatte sich Russland die berechnende Dankbarkeit Preußens gesichert und das eingetrübte Verhältnis zu England bereinigt, aber es hatte sich zugleich auch den Zorn seiner früheren Verbündeten Österreich und Frankreich zugezogen. Zu den Friedensverhandlungen von Hubertusburg und Paris 1763 wurde Russland nicht eingeladen. Nikita I. Panin, der unter Katharina II. bis 1781 als Vorsitzender des Kollegiums für auswärtige Angelegenheiten die Leitung der zarischen Außenpolitik innehatte, entwickelte von dieser Situation ausgehend eine Konzeption, wonach Russland als Führungsmacht einen „Nordischen Accord“ mit Preußen, England und Dänemark und im Weiteren auch Polen und Schweden herbeiführen sollte als Gegenformation gegen das Bündnis der Südstaaten Österreich, Frankreich sowie Spanien. Die Umsetzung dieser Idee gedieh indes nicht weit. Auf der einen Seite wollten sich die Staaten von Russland nicht in der gewünschten Weise dirigieren lassen, auf der anderen Seite ließen sich die russischen Interessen selber nicht auf das „Nordische System“ einengen. Nur mit Preußen kam 1764 ein regulärer Beistandspakt zustande, der aber seinerseits mit seiner Absprache einer gemeinsamen Politik gegenüber Polen und Schweden bereits der verlässlichen bilateralen Kooperation den Vorzug gab vor einer kollektiven Konsenspolitik.

Erhärtet und verstärkt wurde diese Tendenz durch die faktisch gegenüber Polen exekutierte Politik. Zunächst konzentrierte sich Katharina II. darauf, die informelle Herrschaft über die polnische „Adelsdemokratie mit monarchischer Spitze“ (Fr. Engels) zu behaupten. Als August III. im Oktober 1763 starb, votierte sie für Stanisław Poniatowski als Nachfolger, weil sie ihn, der der prominenten „Familie“ der Czartoryskis zugehörte und zudem ihr einstiger Liebhaber war, als sujet convenable erachtete. Berlin stimmte zu, und mit der zusätzlichen Rückendeckung russischer Truppen, die auf Wunsch der Anhänger Poniatowskis einmarschiert waren, wurde der Favorit am 7. 9. 1764 (n. St.) auf dem Wahlfeld bei Warschau zum neuen König von Polen gewählt. Zum Verdruss Katharinas II. erwies sich Poniatowski in der Folgezeit freilich nicht als so gefügig, wie die Zarin es sich wünschte. Er begünstigte Reformen, die auf eine Einschränkung des Liberum veto zielten und damit auch geeignet waren, die Einflussnahme von außen zu erschweren. Dem begegnete die Zarin, indem sie nicht nur die Verteidiger der „Goldenen Freiheit“ unterstützte, sondern zudem als Beschützerin der nichtkatholischen „Dissidenten“ auftrat. Die so ermutigte polnische Opposition fand sich 1767 in der Generalkonföderation von Radom zusammen und erzwang die Einberufung eines außerordentlichen Reichstages. Der russische Botschafter in Warschau, Fürst Nikolaj V. Repnin, sorgte dafür, dass die auch hier noch vertretenen unbedingten Gegner der Dissidenten zum Schweigen gebracht wurden, indem er die katholischen Wortführer, insbesondere die Bischöfe von Krakau und Kiew, gegen jegliches Recht verhaften und nach Russland deportieren ließ.

Damit war der Weg frei für die Ausarbeitung und den Abschluss eines „ewigen Vertrags“ zwischen Polen und Russland, in dem das Zarenreich die „Kardinalrechte“ wie das Liberum veto und die freie Königswahl garantierte; polnischerseits wurde die Tolerierung der Nichtkatholiken zugesichert. Damit, so befand der österreichische Staatskanzler Fürst Kaunitz pointiert, habe Russland die Möglichkeit gewonnen „disposer … privativement de toutes les affaires de la Pologne et d'en faire en effet … une province de la Russie“[26]. Es war selbstverständlich, dass Russland unter diesen Umständen an der territorialen Integrität des polnischen Staates interessiert blieb und sie im Vertrag ausdrücklich bekräftigte.

Auf der anderen Seite rief gerade diese unübersehbare Fremdbestimmung durch Russland eine starke nationalpolnische Opposition hervor, die sich ihrerseits 1768 in der Konföderation von Bar zusammenschloss. In den mit Waffen ausgetragenen Konflikt griff nicht nur Russland ein, sondern auch das Osmanische Reich, das über die wachsende Machtausweitung des Zarenreiches in seiner unmittelbaren Nachbarschaft besorgt war und überdies durch Frankreich zu aktivem Vorgehen ermuntert wurde. Ein von marodierenden Kosaken provozierter Grenzzwischenfall, wie er häufig vorkam, genügte als Vorwand für die türkische Kriegserklärung an Russland am 25. 9. 1768. Dieses Vorgehen entpuppte sich freilich alsbald als verhängnisvoller Fehler. Die russischen Streitkräfte erwiesen sich zu Wasser und zu Lande aufs Ganze gesehen als so überlegen, dass sich St. Petersburg nicht um den militärischen Triumph, wohl aber um dessen politische Auswirkungen auf die europäischen Großmächte Sorgen machen musste. Insbesondere Österreich näherte sich dem Osmanischen Reich sogar mit Hilfszusagen an, um zu verhindern, dass Russland in irgendeiner Form die Donaufürstentümer Moldau und Walachei in Besitz nahm. Preußen, das Russland auf Grund des Bündnisvertrages von 1764 mit Hilfsgeldern unterstützte, wollte dem Zarenreich ebenfalls keinen Blankoscheck für territoriale Eroberungen ausstellen und drängte auf Kompensationen. Ein Ausweg aus dieser Zwangslage ließ sich aus der Sicht aller drei Großmächte auf Kosten Polens finden. Preußen war – wie Prinz Heinrich von Preußen im Dezember 1770 in St. Petersburg bekräftigte – an einer Landbrücke zwischen Pommern und Ostpreußen sowie an der freien Stadt Danzig interessiert. Österreich hatte schon im Sommer 1769 die an Polen verpfändeten 13 Städte der Zips besetzt und proklamierte im Dezember 1770 ihre erneute Eingliederung in das Habsburgerreich. Katharina II. sah in einer Annexion polnischer Gebiete einen Ausgleich für eine Ermäßigung der territorialen Forderungen gegenüber dem Osmanischen Reich. Zusätzlich trugen die Kämpfe mit der Konföderation von Bar dazu bei, dass für die Zarin die Idee einer indirekten Herrschaft über ein ungeteiltes Polen an Attraktivität verlor, zumal damit zu rechnen war, dass die anderen Großmächte – unter Einschluss Frankreichs – Russland das Feld nicht alleine überlassen würden. Die auf diesem Gesamthintergrund im Frühjahr 1771 beginnenden Verhandlungen zwischen Österreich, Preußen und Russland mündeten am 25. 7./5. 8. 1772 in den endgültigen Teilungsvertrag. Katharina II., die für Russland den flächenmäßig größten Anteil ausgestochen hatte, begründete den Zugewinn von Gebieten bis zum Dnjepr und zur Düna zum einen rational im Sinne der Aufklärung damit, dass Russland durch den Erwerb seine „natürlichen Grenzen“ erreicht habe und zum anderen historisierend in Berufung auf die

Kiewer Rus' damit, dass sie „Entrissenes zurückgebracht" habe. Ebenso bemühten sich die beiden anderen Teilungsmächte darum durch historisierende Argumentationen zu legitimieren, was moralisch – z. B. selbst aus der Sicht von Kaiserin Maria Theresia – nicht zu rechtfertigen war. Konkret erhielt Preußen die erstrebte linea communicationis zwischen Pommern und Ostpreußen, wenn auch ohne Danzig und Thorn, während Österreich einen Teil Kleinpolens, Wolhyniens und Podoliens, „Galizien und Lodomerien", bekam.

Obwohl Polen durch die erste Teilung fast 30% seines Territoriums und etwa 35% seiner Einwohner verlor, blieb es doch einer der großen Staaten Europas, vom Umfang her vergleichbar dem heutigen Frankreich, wenn auch mit deutlich geringerer Bevölkerungszahl. Aber es war abzusehen, dass dem ersten Schritt, nachdem er ungeahndet vollzogen war, weitere folgen würden. Polen hatte eigentlich nur zwei unbefriedigende Perspektiven: Entweder es verharrte in seiner derzeitigen konstitutionellen Schwäche und war damit der Einmischung von außen hilflos ausgeliefert, oder es versuchte, sich durch innere Reformen zu stabilisieren, bot damit aber auch gleichzeitig einen neuen Vorwand zur Intervention, weil in dem Teilungsvertrag von 1772 zwar die Integrität des verbleibenden Territoriums garantiert wurde, aber gleichzeitig erklärt wurde, Polen dürfe seine Verfassung nur mit Zustimmung der Teilungsmächte abändern. Die Hoffnung der gemäßigten reformwilligen Kräfte in Polen, die Revolution in Frankreich 1789 könne zu einem Gesinnungswandel bei der Zarin führen und ihr eine Stärkung der königlichen Zentralgewalt und der inneren Strukturen gelegen erscheinen lassen, erwies sich als irrig. Katharina II. nutzte die entsprechenden Abänderungen in der Verfassung vom 3. 5. 1791 (n. St.) vielmehr, um unter Berufung auf dieses Dokument sowie auf durchaus auch vorhandene radikale Faktionen zu behaupten, in Polen hätten jakobinische Elemente die Oberhand gewonnen und erzwängen ihr Eingreifen so, wie Preußen und Österreich seit 1792 gegen das revolutionäre Frankreich kämpften. Begünstigt durch die Konföderation reformunwilliger polnischer Adliger in Targowica marschierten russische Truppen im Mai 1792 in Polen ein. Preußen solidarisierte sich nicht mit den Angegriffenen, wie es ein polnisch-preußisches Bündnis vom 29. 3. 1790 (n. St.) erwarten lassen konnte, sondern wechselte auf die russische Seite über, die größeren Gewinn versprach. Am 12./23. 1. 1793 wurde in St. Petersburg der zweite preußisch-russische Teilungsvertrag abgeschlossen. Russland vergrößerte sich um rund 250 000 Quadratkilometer bis etwa zur Linie Dünaburg–Chocim, Preußen erhielt 58 000 Quadratkilometer mit den begehrten Städten Danzig und Thorn. Österreich beteiligte sich nicht an der neuerlichen Teilung, sondern ließ sich Unterstützung bei seinen auf Bayern gerichteten Plänen zusichern.

Den polnischen Widerstand, der aus dieser Regelung wie aus der zunehmenden russischen Repressionspolitik resultierte und der in den nationalen Freiheitskämpfen unter Tadeusz Kościuszko seinen Höhepunkt fand, nutzten die Teilungsmächte, um den letzten, definitiven Schritt zu vollziehen. Nur interne Streitigkeiten verzögerten nach der Eroberung von Warschau im November 1794 den Abschluss des dritten Teilungsvertrags bis zum 13./24. 10. 1795. Dem russischen Reich fiel wiederum der Löwenanteil zu, der unter Einschluss von Litauen und Kurland und einem breiten Streifen ostpolnischer Gebiete mehr als doppelt so groß war wie der Anteil der beiden anderen Mächte zusammen.

Preußen schob seine Grenzen bis zur Weichsel, dem Njemen und dem Bug vor, was auch die Eingliederung von Warschau implizierte, und Österreich nahm das südwestliche Gebiet bis an die Pilica und den Bug mit Krakau und Lublin in Besitz. Obschon selbst die Teilungsmächte die Spuren ihres Tuns zu verwischen suchten, indem sie die ihnen zugefallenen Gebiete administrativ neu ordneten oder anders benannten, legten die übrigen Großmächte keinen Protest ein, sondern nahmen die beispiellose gänzliche Aufteilung eines europäischen Staates schweigend hin. Sowohl Frankreich als auch England verschanzten sich – schon die gleiche Verfahrensweise im 19. und beginnenden 20. Jahrhundert vorwegnehmend – hinter ihren nationalen Interessen. Beide Großmächte schauten in erster Linie auf Russland. Das revolutionäre Frankreich wollte verhindern, dass das Zarenreich aktiv die Reihen seiner militärischen Gegner verstärkte, während Großbritannien gerade umgekehrt danach strebte, Russland in die kämpfende Koalition gegen Frankreich einzubeziehen.

So wie Russland im Westen mit den polnischen Teilungen außer großen territorialen Gewinnen auch den endgültigen und irreversiblen Sieg über seinen historischen Konkurrenten Polen-Litauen feierte, konnte es im Süden nicht allein ausgedehnte Eroberungen vollziehen und seine Grenzen in breiter Front bis ans Schwarze Meer vorschieben, es vermochte auch gleichzeitig seine jahrhundertelang gefürchteten Rivalen, die Krimtataren, definitiv zu unterwerfen. So glänzend unter machtpolitischen und symbolhaften Aspekten die Erfolge auch waren, bargen sie doch ebenfalls gefährliche Weiterungen. Im Westen konnten die annektierten polnisch-litauischen Gebiete politisch nicht in das Zarenreich integriert werden und wurden vielmehr im 19. und beginnenden 20. Jahrhundert zu einer tendenziell zunehmenden inneren und äußeren Belastung für Russland. Im Süden wurden hingegen mit den Eroberungen programmatisch weitergehende Erwartungen geweckt, die sich nicht erfüllen ließen, aber auf der einen Seite die russische Außenpolitik fesselten und auf der anderen Seite den Widerstand verschiedener Großmächte, insbesondere Großbritanniens, mobilisierten.

Mit solchen Konsequenzen hatte sich Katharina II. allerdings noch nicht auseinander zu setzen. Als die Pforte 1768 dem Zarenreich den Krieg erklärte, konnte die Herrscherin auf Hilfsgelder Preußens rechnen, und Großbritannien unterstützte Russland ebenfalls, indem es seine Häfen öffnete, damit die russische Ostseeflotte durch den Kanal und die Straße von Gibraltar Kurs auf die Ägäischen Inseln nehmen konnte, wo es Ende Juni 1770 in der Bucht von Tschesme nahe der Insel Chios zur Schlacht kam, in der die türkische Flotte faktisch vernichtet wurde. Zu Lande kämpften die russischen Truppen ebenfalls erfolgreich und eroberten vor allem die strategisch wichtigen Festungen Izmail, Bender und Akkerman. Das über die russischen Siege und vermuteten Kriegsziele beunruhigte Österreich konnte durch den deklarierten Verzicht auf die Donaufürstentümer sowie durch die erste polnische Teilung zufrieden gestellt werden, und so gelang es den Russen nach einem weiteren strategisch bedeutsamen Erfolg nordwestlich von Varna im Juni 1774 den unterlegenen Türken ihre Bedingungen aufzuzwingen.

In territorialer Hinsicht musste die Pforte im Frieden von Kučük-Kainardžij vom 10./21. 7. 1774 an Russland das Dreieck zwischen Bug, Dnjepr und dem Gebiet der Zaporoger Kosaken abtreten, ferner die Große und Kleine Kabardei im Nordkaukasus sowie die den Zugang zum Schwarzen Meer kontrollierenden Festungen Kinburn, Kertsch und Jenikale. Drei weitere Bedingungen sollten ihre weit reichende Relevanz erst in der näheren und ferneren Zukunft erweisen. Zum einen handelte es sich dabei um die Zusage, dass russische Handelsschiffe die Meerengen ungehindert passieren dürften, was eine Grundvoraussetzung für den im 19. Jahrhundert einsetzenden Getreideexport in großem Umfang war. Zweitens wurde den Russen zugestanden, zu Gunsten einer bestimmten Kirche des „griechisch-russischen Glaubens" in Konstantinopel zu intervenieren, woraus die zarische Regierung aber im 19. Jahrhundert den Rechtsanspruch ableitete, eine generelle Schutzherrschaft über die orthodoxen Christen im Osmanischen Reich ausüben zu dürfen. Drittens wurde vereinbart, dass das Krimkhanat mit seinem ausgedehnten territorialen Bestand über die Krim hinaus vom Osmanischen Reich unabhängig sein sollte. Beiden Parteien war klar, dass das nur eine provisorische Verfügung sein konnte. Entweder würde das Osmanische Reich seine Oberhoheit zurückerobern oder das Krimkhanat würde unter die direkte Herrschaft Russlands fallen. Wie die Kräfteverhältnisse nun einmal beschaffen waren, erwies sich die zweite Variante als die realistische. Nach heftigen internen Kämpfen im Khanat um die Macht sorgten 1783 russische Truppen für klare Verhältnisse. Sie marschierten ein, und die russische Regierung annektierte im April 1783 das Krimkhanat förmlich. Damit beherrschte Russland das gesamte nördliche Ufer des Schwarzen Meeres vom Kuban bis zum Bug unter Einschluss der Halbinsel Krim.

Mit diesem Stand der Dinge mochte sich die Zarin aber nicht ein für allemal begnügen. In Kenntnis von Gedanken, die bereits Feldmarschall Münnich in den 30er Jahren geäußert hatte und die von dem späteren Nachfolger N. I. Panins, A. A. Bezborodko, aufgegriffen worden waren, fand Katharina II. an Ideen gefallen, die später als „griechisches Projekt" bezeichnet wurden. Am deutlichsten entwickelte sie ihre Vorstellungen in einem Brief an Kaiser Joseph II. vom 10. 9. 1782, in dem sie über einen allfälligen Krieg mit der Pforte räsonierte, „wenn unsere Erfolge in diesem Krieg uns in die Lage versetzen sollten, Europa vom Feind der Christenheit zu befreien, indem wir ihn aus Konstantinopel vertreiben, dann würde Ew. Kaiserl. Majestät mir sicher nicht seine Unterstützung verweigern, die alte griechische Monarchie wiederzuerrichten auf den Trümmern des barbarischen Regimes, das jetzt dort herrscht, unter der ausdrücklichen Zusicherung meinerseits, diese erneuerte Monarchie in völliger Unabhängigkeit von der meinen zu erhalten. Wenn an die Spitze derselben mein jüngster Enkel, der Großherzog Konstantin, gestellt würde, dann würde er sich zur gleichen Zeit feierlich verpflichten, niemals einen Anspruch auf die russische Monarchie zu erheben, so dass diese beiden Reiche niemals unter ein- und derselben Person vereint werden können."[27]

Katharina II. war allerdings Realpolitikerin genug, solche Visionen nicht zur konkreten Richtschnur ihrer tatsächlich exekutierten Außenpolitik zu machen. So war es denn auch nicht die russische Herrscherin, die 1787 den Konflikt wollte, sondern die Pforte, die sich nicht mit der Annexion der Krim abfinden mochte und sich von der Entfaltung der Macht und Pracht brüskiert fühlte, wie sie die Zarin auf ihrer Reise 1787 in das den Türken abgenommene nunmehrige „Neurussland" zelebrierte. Im August begann die Pforte den Krieg, der freilich für die Türken nicht erfolgreicher verlief als das erste Kräftemessen 1768 bis 1774. Am Ende stand das Eingeständnis der Niederlage. Im Frieden von Jassy vom 29. 12. 1791/9. 1. 1792 musste der Diwan den Küstenstreifen zwischen Bug und Dnestr an Russland abtreten; über die russische Annexion der Krim wurde nicht einmal mehr geredet.

Zur gleichen Zeit wie das Osmanische Reich musste auch Schweden anerkennen, dass man Russland nicht unterschätzen durfte. Ein 1788 beginnender militärischer Versuch, die günstige Konstellation der Bindung Russlands im Süden auszunutzen, um eine Revision der Ergebnisse des Nordischen Krieges herbeizuführen, verlief alles in allem erfolglos. Im August 1790 wurde im finnischen Verelä ein Frieden auf der Basis des Status quo ante geschlossen.

Außer den genannten Mächten gegenüber präsentierte sich Russland noch auf weiteren Schauplätzen als durchsetzungsstarke, respektheischende Großmacht. Sein gestiegenes Ansehen wurde nicht zuletzt dadurch verdeutlicht, dass es sowohl auf Wunsch Berlins als auch Wiens die Vermittlung zur Beendigung des bayrischen Erbfolgekrieges 1778/79 übernahm und des Weiteren dazu bestellt wurde, den Friedensschluss zu garantieren. Russland übernahm damit den Part als Hüter der Reichsverfassung, der 1648 Schweden übertragen worden war, und wuchs langsam sowohl auf Betreiben der deutschen Potentaten als auch aus eigenem Antrieb in die Rolle des arbiter Germaniae hinein.

Sogar der noch anspruchsvollere Rang eines arbiter Europae schien erreichbar zu sein. Katharina II. hatte 1780 zum Schutz des russischen Seehandels in Zeiten des Krieges die „bewaffnete Neutralität" nach dem Prinzip „frei Schiff, frei Gut" verkündet und weitere Mächte wie Schweden, Dänemark, Österreich und Preußen für die Durchsetzung dieser Politik gewonnen. Frankreich, das sich mit England wegen der amerikanischen Kolonien im Krieg befand, wusste die russische Haltung zu schätzen und zeigte sich willens, Russland als Vermittler zur Beendigung des Konflikts anzuerkennen. Großbritannien, das abgesehen von der „bewaffneten Neutralität" ja gute Beziehungen zu Russland unterhielt, erklärte sich einverstanden. Die entscheidenden Verhandlungen wurden dann aber doch ohne russische Beteiligung geführt, wobei die Absorption der russischen Kräfte durch die Annexion der Krim 1783 mitbedacht werden muss.

Wie schon zu ihren Lebzeiten sind auch nach dem Tod der Zarin die Auseinandersetzungen über ihren Rang und ihre Bedeutung für die russische Geschichte nicht verstummt. An der wertenden Frage „Katharina II." oder „Katharina die Große" scheiden sich nach wie vor die Geister. Unstrittig ist jedoch, dass Katharina mit ihren realisierten Maßnahmen, aber auch mit ihren Projekten in der Innen- und Außenpolitik entscheidende Weichenstellungen vorgenommen hat, die den ferneren Weg der russischen Geschichte geprägt haben.

4. Paul I., 1796–1801

Katharina II. sah in ihrem ältesten, 1754 geborenen Sohn Paul vor allem den besser legitimierten potentiellen Rivalen um die Macht. Sie schenkte ihm deswegen weder mütterliche Zuneigung noch Fürsorglichkeit, hielt ihn von den Regierungsgeschäften fern und tat alles, um der nächsten Umgebung den Eindruck zu vermitteln, dass der bereits von Zarin Elisabeth als künftiger Thronfolger ausersehene Großfürst zur Ausübung der Herrschaft nicht geeignet sei. Um ihn nachdrücklich herabzusetzen, lancierte sie sogar die realiter nicht verfolgte Idee, ihn von der Thronfolge zu Gunsten seines Sohnes Alexander auszuschließen. Allein dieses Verhalten Katharinas II. würde genügen, um nachvollziehbar zu machen, dass Paul seinerseits eine tiefe Abneigung gegen seine Mutter hegte und nach der Devise zu leben schien, grundsätzlich alles anders machen zu wollen als sie. Dem festlichen, leichtfertigen, von Intrigen, Libertinage und modischer Freigeisterei geprägten Hofleben von St. Petersburg stellte er das auf strikten Befehl und Gehorsam, stetige Dienstbereitschaft, permanenten Drill und perfektes Paradieren ausgerichtete uniformierte Soldatenleben von Gatčina gegenüber in einer äußerlich von Preußen abgeschauten Form. Dass dieser Vergleich weder bei dem Glanz und Luxus liebenden Hofadel noch bei dem bescheideneren, aber standesbewussten Adel aus der Provinz zu seinen Gunsten ausfiel, war nahe liegend. Das willkürliche, unberechenbare Gebaren Pauls, der nicht zuletzt als Kompensation für die selbst erlittenen Zurücksetzungen argwöhnisch darauf achtete, als unumschränkter Selbstherrscher anerkannt und gefürchtet zu werden, ließ die Willigkeit, ihm zu dienen, noch weiter sinken.

Paul konnte indes auch Pluspunkte sammeln. Mit Genugtuung registrierte der grundbesitzende Adel, dass der Zar knapp einen Monat nach Antritt seiner Herrschaft im November 1796 ein Dekret erließ, wonach die Freizügigkeit der Bauern auch in den bisher nicht betroffenen Kosakengebieten am Don und Dnjepr sowie in den von den Türken abgetrennten Gebieten des südlichen Russland aufgehoben und damit die Leibeigenschaft ausgedehnt wurde. Es waren ebenfalls die Oberschichten, die an der Peripherie des Reiches von den Ende 1796 erlassenen Ukassen profitierten, wonach in den „privilegierten Gouvernements“ wie den baltischen Provinzen, Weißrussland, Wolhynien und Podolien die alten, von Katharina II. eingeschränkten oder abgeschafften Rechtszustände wiederhergestellt wurden. Die kontinuierlichen Bemühungen Pauls I., sich unter den Adligen eine zuverlässige, ihm persönlich ergebene Klientel zu schaffen, spiegeln sich auch darin, dass er in seiner rund vierjährigen Herrschaftszeit 600 000 Bauern an Günstlinge verschenkte.

Als vorteilhaft für die wirtschaftliche und koloniale Expansion erwies sich die Gründung der Russisch-Amerikanischen Kompanie im Juli 1799 und ihre Privilegierung, in Nordwestamerika Handel zu treiben. Entlang der Küste wurden in den folgenden Jahrzehnten befestigte Stützpunkte wie Fort Ross etwas nördlich des heutigen San Francisco angelegt, und sogar Hawaii geriet in das russische Blickfeld. Die 1823 erlassene Monroe-Doktrin mit ihrer Betonung der Eigenständigkeit und Unabhängigkeit des amerikanischen Kontinents von den europäischen Mächten richtete sich auch gegen das russische

Agieren. An einem Konflikt war aber keine der beiden Seiten interessiert, und so einigte man sich im Vertrag von St. Petersburg vom 17./28. 4. 1824 auf eine Grenzlinie längs der nördlichen Breite von 54° 40´.

Von weiteren Anordnungen Pauls I., die beibehalten beziehungsweise weiterentwickelt wurden, sind insbesondere die bis 1917 gültig bleibende Regelung der Nachfolgefrage auf der Basis der Primogenitur hervorzuheben sowie erste Ansätze zur Bildung von Fachministerien mit einem allein verantwortlichen Leiter.

Das alles wog aber letztlich nicht so schwer wie die fatalen Anweisungen des unbeständigen Zaren, die das Ehr- und Selbstwertgefühl des Adels sowie seine sozialökonomischen Interessen massiv verletzten und perspektivisch grundsätzlich alle in der Gnadenurkunde von 1785 verbrieften Privilegien in Frage stellten. Anzusprechen sind in diesem Rahmen vor allem folgende Maßnahmen: Immer wieder kam es vor, dass der Zar auf Grund geringfügiger Versehen oder auf bloßen Verdacht hin adlige Offiziere gröblichst beschimpfte, einsperren oder gar nach Sibirien verbannen ließ; auch körperliche Züchtigungen waren nicht mehr ausgeschlossen. All das war gemäß der Gnadenurkunde unzulässig, aber es bedurfte seitens der Adligen gar nicht dieser rechtlichen Vergewisserung, um derartige Befehle des Zaren als infam und unerträglich zu empfinden.

Nicht nur einzelne Adlige, sondern der ganze Stand wurde unmittelbar durch Weisungen des Herrschers herausgefordert, die den sensibelsten Bereich des inneren Gefüges betrafen, die Leibeigenschaft. Noch als eher lästig denn effizient erwies sich der Ukas Pauls I. vom Februar 1797, der die Versteigerung von Gesinde und landlosen Bauern verbot. Die Verfügung war einfach zu umgehen, indem man ein symbolisches Stückchen Land mit anbot. Wenige Wochen später, an seinem Krönungstag, am 5. 4. 1797, erließ der Zar aber ein Dekret, über das man nicht so leicht zur Tagesordnung hinweggehen konnte. Paul I. ordnete nicht allein an, aufs genaueste darüber zu wachen, dass „niemand und unter keinen Umständen es wage, am Sonntag die Bauern zur Verrichtung von Arbeiten zu zwingen", sondern er fügte noch eine Begründung hinzu, von der nicht eindeutig zu sagen war, ob sie als erläuterndes Rechenexempel oder ebenfalls als verbindliche Order zu werten war, nämlich dass die verbleibenden sechs Tage der Woche für die landwirtschaftlichen Arbeiten ausreichen würden, „auch wenn man sie halb und halb für die Bauern selbst und für die zugunsten der Gutsbesitzer zu leistenden Frondienste verwendet"[28]. Die Unklarheit war offenbar beabsichtigt und führte in der Praxis zu unterschiedlichen Auslegungen, die aber allesamt als unstatthafte Einmischung in die geschützte Sphäre der adligen Gutsbesitzer missbilligt wurden. Das galt auch für einen dritten Ukas vom März 1798, der den aus der Sicht der Adligen schon gewonnenen Kampf um das Besitzrecht an Leibeigenen wieder eröffnete, indem er nichtadligen Unternehmern erneut den Erwerb von Leibeigenen als Arbeitskräfte gestattete.

Wie in der Innenpolitik erwuchsen dem Zaren auch aus seiner Außenpolitik zunehmend Gefährdungen. Erfolgreich umworben von England und Österreich und empört über Napoleon Bonaparte, der auf seinem Weg nach Ägypten im Juni 1798 die Insel Malta erobert hatte, für die sich Paul I. als Protektor und späterer Großmeister des Malteser Ordens während seiner gesamten Regierungszeit verantwortlich fühlte, beschloss der

Zar, sich am Zweiten Koalitionskrieg gegen Frankreich zu beteiligen, was in seinen Augen die nicht minder bedeutsame und verlockende Perspektive eröffnete, die Welt von der revolutionären Hydra ein für alle Mal zu befreien – und zwar durch das triumphierende Zarenreich. Die Russen engagierten sich auf verschiedenen Kriegsschauplätzen, waren aber am erfolgreichsten zum einen im östlichen Mittelmeer, wo ihre Flotte gemeinsam mit den Türken Ende 1798/Anfang 1799 die Ionischen Inseln mit Korfu von den Franzosen zurückeroberte, und zum anderen in Oberitalien, wo es Feldmarschall Suvorov zwischen April und August 1799 gelang, die Franzosen in mehreren siegreichen Schlachten aus der Po-Ebene zu vertreiben.

Doch mit den Erfolgen wuchsen auch die Probleme. Österreichisch-russische Streitigkeiten über die nächsten Kriegsziele führten dazu, dass Suvorov mit seinen Truppen aus Italien abberufen und in die Schweiz beordert wurde. Der Übergang über den St. Gotthart war zwar eine neuerliche Meisterleistung, aber unmittelbar vor der Vollendung hatten die Franzosen eine weitere heranziehende russische Armee bei Zürich geschlagen und endgültig die Oberhand in der Schweiz gewonnen. Der Zar machte die Österreicher für das Desaster verantwortlich, sistierte Ende Oktober 1799 das Bündnis mit ihnen und rief im Januar 1800 die russischen Truppen zurück. Da es auch mit den Briten zu wachsenden Reibereien kam, die sich noch steigerten, als London die russischen Ansprüche auf Malta nicht anerkennen wollte, zerbrach die Koalition vollends.

Gleichzeitig revidierte der Zar seine Politik gegenüber Frankreich. Nach dem Staatsstreich vom 18. Brumaire 1799 sah Paul I. in Napoleon einen Mitkämpfer gegen die Revolution, und da der Erste Konsul seinerseits mit schmeichelhaften Gesten nicht geizte und gewandt genug war, dem Zaren das begehrte Malta zuzusagen, zögerte Paul I. nicht, die Seiten gänzlich zu wechseln. Russischerseits wurden damit weit reichende Träumereien verbunden wie die Teilung der Türkei und die Inbesitznahme Konstantinopels. Als realer Erfolg ließ sich aber nur die Annexion des ohnehin schon vom Zarenreich abhängigen Königreiches Georgien im Januar 1801 verbuchen. Die Beziehungen zu Großbritannien verschlechterten sich derweil zusehends. Um die Jahreswende 1800/1801 kam es zu einem regelrechten Handelskrieg, und im Januar 1801 gab der Zar sogar einem Korps der Donkosaken von 23000 Mann den Befehl, nach Indien vorzustoßen. Das völlig unzureichend ausgestattete Unternehmen wäre vorhersehbarerweise zum Scheitern verurteilt gewesen, wäre es nicht im März 1801 abgebrochen worden.

Das geschah allerdings schon auf Befehl des Nachfolgers Pauls I., denn in der gespannten inneren und äußeren Gesamtsituation hatten sich adlige Verschwörer unter Führung des Militärgouverneurs von St. Petersburg, Graf Peter von der Pahlen, zum Staatsstreich entschlossen. Sie erwirkten die Zustimmung des Thronfolgers Alexander unter der Bedingung, dass seinem Vater kein Leid zugefügt werde. Auf diese Einschränkung wurde aber bei der Ausübung des Coups keine Rücksicht genommen, vielmehr wurde der Zar in der Nacht vom 11./12. 3. 1801 absichtlich ermordet. Der Autokratie waren wieder einmal ihre Grenzen aufgezeigt worden

V. Koloss auf tönernen Füßen, 1801–1917

1812	Zunächst erfolgreicher Feldzug Napoleons I. gegen Russland (Eroberung Moskaus) endet in desaströser Niederlage; Alexander I. avanciert im Weiteren zum „Befreier Europas“
1815	Wiener Kongress beschließt im Juni definitiv Proklamation des Königreiches Polen in Personalunion mit Russland
1815, Sept.	„Heilige Allianz“
1825, Dez.	Dekabristenaufstand
1831/32	Polnischer Aufstand („Große Emigration“)
1848/49	In Reaktion auf Revolutionen in West- und Mitteleuropa verschärfte Repression in Russland und militärische Intervention in Ungarn
1853–1856	Krimkrieg mit – aus russischer Sicht – demütigendem Frieden von Paris
1860	„Ungleiche“ Grenzverträge von Peking zwischen Russland und China
1861, 19.2.	Manifest Alexanders II. zur Bauernbefreiung
1863/64	Erfolgloser Aufstand setzt Entrechtung Polens fort (Weichselland)
1865	Eroberung Taschkents; In der Folgezeit weitere Expansion in Mittelasien
1867	Verkauf Alaskas an die USA
1877/78	Russisch-türkischer Krieg; Friedensregelung auf dem „Berliner Kongress“
1904/05	Krieg gegen Japan endet mit russischer Niederlage
1905, 9. 1.	„Blutsonntag“; Beginn der russischen Revolution
1905, Okt.	Manifest des Zaren; Beginn halbherziger Reformen, u.a. Verfassung
1914, 19. 7./1. 8.	Beginn des Ersten Weltkrieges: Deutsche Kriegserklärung an Russland nach russischer Generalmobilmachung vom 17. 7./30. 7. 1914
1917, 2. 3./15. 3.	Abdankung Nikolaus‘ II. Beginn der revolutionären „Doppelherrschaft“

1. Alexander I., 1801–1825

Innenpolitik

Obwohl auch früher kein vernünftiger Mensch hohe Ansprüche an die Aufrichtigkeit und Glaubwürdigkeit von Spitzenpolitikern gestellt hat, galt und gilt Alexander I. , der unter dem Eindruck des gewaltsamen Todes seines Vaters die Herrschaft antrat, selbst nach so reduzierten Maßstäben als „rätselhafter Zar“ oder „Sphinx“. Zur Begründung wird vielfach darauf hingewiesen, dass Alexander I. sich von Kind auf verstellen und durchlavieren musste, um sowohl seiner Großmutter Katharina II. als auch seinem Vater Paul I. zu gefallen und um in so gegensätzlichen Welten wie auch zwischenmenschlichen Spannungsverhältnissen bestehen zu können. Die Herausforderung wurde noch dadurch verstärkt, dass er sich sowohl zu der aufgeklärten, humanen Gedankenwelt hingezogen fühlte, wie sie ihm sein Erzieher, der Schweizer Laharpe, im Auftrag Katharinas II. vermittelte, als auch zu dem stupiden, Menschen schindenden Paradedrill, wie er am Hof Pauls I. in besonders rücksichtsloser Weise von Aleksej A. Arakčeev vorexerziert wurde.

Schließlich sah sich Alexander I. vor die Aufgabe gestellt, eine „mittlere Linie" zu finden zwischen dem auf seinen Vorrechten pochenden Adel und notwendigen Reformen, um die Ruhe im Innern zu wahren und die Großmachtstellung Russlands zu festigen. Alexander I. stellte sich diesem Problem, indem er anders als Katharina II. mit ihrer „Großen Instruktion" oder sein Vater mit seinen eigenmächtigen Befehlen sich stärker zurücknahm und abwartete, welche Initiativen an ihn herangetragen würden. Er verhielt sich dabei nicht lediglich passiv, sondern steuerte den Prozess indirekt, indem er Anregungen gab, Beratungen abhielt und dabei seine jeweiligen Partner aus der Reserve lockte, indem er den Anschein erweckte, als unterstütze er ihren Standpunkt und stehe ganz auf ihrer Seite. Zu ihrer immer wieder zu beobachtenden Enttäuschung ließ er sich aber nie vereinnahmen, sondern beließ es vielfach bei geweckten Erwartungen oder traf Entscheidungen, mit denen nicht gerechnet worden war. Insgesamt gesehen eher vorsichtig als mutig vermochte er auf diese Weise die Selbstherrschaft zwar zu behaupten, konnte aber nicht verhindern, dass sich zum Ende seiner Regierungszeit Oppositionsgruppen herausbildeten, die sich nicht länger vertrösten und entmündigen lassen wollten.

Zunächst einmal war aber das Taktieren des Zaren recht erfolgreich. Den aufgebrachten Adel besänftigte er, indem er gleich bei seinem Regierungsantritt in einem Thronmanifest verkündete, er werde nach den Gesetzen und im Geist seiner erlauchten Großmutter, Katharina II., regieren. Demgemäß wurden die ständischen Vorrechte des Adels wiederhergestellt, und noch Jahre später, 1816, wurde zum Schaden von Handel und Industrie die Erlaubnis Pauls I. von 1798 kassiert, dass nichtadlige Unternehmer Leibeigene als Arbeitskräfte kaufen dürften. Der Zar erweckte sogar den Eindruck, als wolle er sich ganz der Führung des Adels anvertrauen. So ließ er den Senat im Juni 1801 wissen, dass er ihm seine – von Paul I. beschnittene – Position innerhalb der Regierung zurückzugeben wünsche, und bat gleichzeitig darum, ihn zu unterrichten, welche Befugnisse er, der Senat, beanspruche. Unter Anführung von N. S. Mordvinov und G. R. Deržavin glaubten die Senatoren die Unerfahrenheit oder Nachgiebigkeit des Zaren nach Kräften ausnutzen zu können. Sie verlangten nicht nur die Oberhoheit über alle anderen Regierungsorgane, sondern beanspruchten zusätzlich und präzedenzlos, auch regulär an der Gesetzgebung beteiligt zu werden. Ihre Stellung gegenüber Alexander I. wollten sie überdies dadurch verstärken, dass nicht mehr alle Senatoren vom Zaren ernannt werden sollten, sondern ein Teil von ihnen vom Adel auf Gouvernementsebene gewählt würde. Alexander I. willfahrte den Wünschen scheinbar insoweit, als er in einem Dekret vom 8. 9. 1802 den Senat als „höchstes administratives Organ unseres Reiches" bezeichnete und ihm ein Mitspracherecht bei der Gesetzgebung einräumte. Tatsächlich aber drängte er den Senat gleichzeitig beiseite, indem er in einem Dekret vom selben Tag die Begründung von Fachministerien als faktisch höchste Exekutivorgane unterhalb des Zaren ankündigte und im März 1803 den ersten Versuch des Senats, gegen ein neues Gesetz Einspruch einzulegen, mit der

Order zurückwies, dem Senat sei es lediglich gestattet, vor längerer Zeit erlassene Gesetze auf ihre Vereinbarkeit untereinander zu überprüfen.

Ermutigung und Unterstützung erfuhr Alexander I. beim gelungenen Ausmanövrieren der ranghöchsten Adelsvertretung zu Gunsten der Autokratie durch sein „inoffizielles Komitee“ (neglasnyj komitet). Hierbei handelte es sich um einen Kreis von überwiegend gleichaltrigen Freunden und Vertrauten Alexanders aus vornehmsten Familien, mit denen er in seiner Kronprinzenzeit unorthodoxe Diskussionen geführt hatte, wie Russland ein liberaler und humaner Staat werden könne. Nach seinem Regierungsantritt sammelte er sie wieder um sich, als wolle er seinen früheren Worten nun Taten folgen lassen. Er verstärkte diesen Eindruck, indem er von dem „Komitee“ in Anspielung auf die Französische Revolution als von seinem „comité de salut public“ sprach, während der verbitterte Deržavin den Kreis sogar als „Jakobinerbande“ denunzierte. Die Freunde wollten aber – zumindest in diesem Stadium – keine Beschränkung der Monarchie; vielmehr plädierten sie gegen den Senat dafür, dass die Selbstherrschaft ungeschmälert erhalten bleiben müsse, weil der Zar sonst nicht in der Lage sei, unbehindert Reformen zum Wohle der Nation durchzuführen. Das war ganz im Sinne Alexanders I., aber die insgeheim mitschwingende Hoffnung des Komitees, auf diese Weise selber das Geschick Russlands mitbestimmen zu können, wurde im Laufe der Zeit ebenso enttäuscht wie zuvor die Erwartungen des Senats. An dem zentralen Problem der Leibeigenschaft wurde das besonders deutlich. Wie seine Freunde verurteilte Alexander I. sie wiederholt als „Schande Russlands“. Einschränkende Maßnahmen mochte er aber angesichts der befürchteten Gegenwehr des Adels nicht von sich aus anordnen. Sein Wunsch, im Rahmen des ihm möglich Erscheinenden etwas zu ändern, war aber daran zu erkennen, dass er einschlägige Initiativen unterstützte, wenn sie aus den Reihen des Adels selbst kamen. Demgemäß machte er sich einen von Graf S. P. Rumjancev ausgehenden Vorschlag zu Eigen und erließ im Februar 1803 ein Dekret, wonach Gutsbesitzer Leibeigene als Einzelpersonen oder als ganze Dorfgemeinschaften auf der Basis einvernehmlich ausgehandelter Verträge freilassen durften. Die gewollte Breitenwirkung des Gesetzes wurde dadurch unterstrichen, dass es die Schaffung eines eigenen Standes der „freien Landbewohner“ (svobodnye chlebopašcy) versprach. Tatsächlich wurden unter Alexander I. indes nicht mehr als 47 000 Bauern nach den vorstehenden Bedingungen befreit; unter Nikolaus I. waren es noch einmal 66 000, insgesamt also weniger als ein Prozent der Leibeigenen. Größer angelegte Initiativen zur Bauernbefreiung gingen zwischen 1817 und 1819 von den baltischen Ritterschaften aus, die ihre Bauern persönlich, aber ohne Land freilassen wollten. Auch diesen Plänen stimmte Alexander I. zu.

Die generelle Reformwilligkeit des Zaren wird auch durch die bereits angesprochene Schaffung von Fachministerien im September 1802 unterstrichen. Alexander I. setzte hier das Werk fort, das sein Vater schon begonnen hatte. Konkret gab es schließlich acht Ministerien für Krieg, Marine, auswärtige Angelegenheiten, Justiz, innere Angelegenheiten, Handel, Finanzen und Volksaufklärung. Die an der Spitze stehenden Fachminister bildeten in ihrer Gesamtheit den Ministerrat, dessen vorrangige Aufgabe darin bestand, die laufenden politischen Angelegenheiten von Bedeutung zu diskutieren und in Abwesenheit des Zaren – anstelle des Senats – Entscheidungen zu fällen, die keinen Aufschub vertrugen. Eine stringente Verwaltung war damit aber noch nicht geschaffen worden. Die Minister waren allein dem Zaren verantwortlich und absichtlich so ausgesucht, dass sie untereinander rivalisierten und dem Zaren nicht als einheitliches Kabinett gegenübertraten, so dass er stets – in Wahrung der Selbstherrschaft – das letzte und ausschlaggebende Wort behielt. Hinzu kam, dass sich die Kompetenzen der einzelnen Ministerien überschnitten. Sie standen überdies mit den nachgeordneten Institutionen auf Gouvernements- und Kreisebene nur in einem flüchtigen Kontakt. Zur Illustration mag genügen, dass die Staatsländereien sowohl in den Zuständigkeitsbereich des Finanzministeriums als auch in den des Innenministeriums fielen. Steuern wurden auf Kreis- und Gouvernementsebene eingezogen und nach Abzug der Summen, die auf der jeweiligen Ebene als nötig angesehen wurden, an das Finanzministerium weitergereicht. Bis in die 30er Jahre hinein war im Finanzministerium unbekannt, welchen Wert die eingezogenen Abgaben insgesamt hatten. Die Wirksamkeit der Ministerien wurde nicht zuletzt auch beeinträchtigt durch ihre unübersichtliche Binnenorganisation; manches wendete sich freilich hier zum Besseren durch die in sich schlüssige Geschäftsordnung, die zunächst für das Innenministerium erarbeitet und dann auch auf andere Ministerien übertragen wurde.

Geistiger Urheber dieser vorbildhaften Musterlösung war M. Speranskij. Er stammte aus unscheinbaren sozialen Verhältnissen, hatte aber auf Grund überragender administrativer und organisatorischer Fähigkeiten sowie wirksamer Protektion eine steile Karriere gemacht. Alexander I. selbst förderte ihn seit 1807. Dabei war für Alexander I. anscheinend nicht allein das genialische Können Speranskijs maßgeblich, sondern gerade auch das Faktum, dass sein Protegé weder in Standesinteressen befangen war noch eine eigene Hausmacht besaß, so dass er als absolut verlässlicher Diener des Zaren wirken konnte und vollständig von ihm abhängig war. Unter diesen Auspizien avancierte Speranskij zum vertrautesten Ratgeber Alexanders I. Der sardische Gesandte sprach zu dieser Zeit von ihm als „dem großen und alles vermögenden Speranskij …, dem tatsächlichen Premierminister und vielleicht einzigen Minister überhaupt“[1]. 1809 betraute ihn der Zar mit der kniffligsten Aufgabe, die es zu lösen galt. Speranskij sollte für Russland eine „Konstitution“ erarbeiten. Was darunter zu verstehen sei, ließ der Zar offen, aber Speranskij ging wohl auf Grund seiner intimen Kenntnis Alexanders I. nicht fehl in der Annahme, dass diesem alles recht sein würde, was zu einer Stabilisierung oder gar Stärkung der Selbstherrschaft führte, beginnend bei einer wohl funktionierenden Verwaltung bis hin zu einer stärkeren Verankerung der Autokratie in der Gesellschaft. Seinerseits von der Rationalität des napoleonischen Frankreich und dem progressiven Konservatismus Englands beeindruckt, entledigte sich Speranskij seines Auftrags, indem er ein umfassendes Organisationsschema für die gesamte Administration entwarf, das auf der Gewaltenteilung basierte und sich an der französischen Konsulatsverfassung orientierte. Innerhalb dieses Rahmens regte er auf der Basis von Zensuswahlen die Konstituierung von Volksvertretungen an, beginnend auf der Gemeindeebene und gipfelnd in der Staatsduma als höchster Repräsentanz der Gesellschaft. Diese Staatsduma sollte keine gesetzgebenden Befugnisse haben, wohl aber alle von der Regierung beabsichtigten Gesetzesvorhaben zur Beratung und Stellungnahme vorgelegt bekommen. Speranskij warb für seinen Vorschlag mit der Begründung, die Regierung werde auf diese Weise die Vorstellungen und Wünsche der Bevölkerung kennen lernen, und umgekehrt werde im Volk das Vertrauen in die Güte und Zweckmäßigkeit der erlassenen Gesetze wachsen. Wie aus den Marginalien Alexanders I. zu entnehmen ist, erkannte der Zar aber auch, die Kehrseite der Medaille, nämlich dass die Staatsduma ihn unter Druck setzen könnte. Besonders stark zeichnete sich diese Möglichkeit im Hinblick auf die von ihm ernannten Minister ab, die der Duma jährliche Rechenschaftsberichte vorlegen und ihr für die vorgenommene Amtsführung juristisch verantwortlich sein sollten. Eine solche potentielle Beeinträchtigung seiner Selbstherrschaft mochte der Zar nicht hinnehmen. Einer seiner engsten Vertrauten unmittelbar vor und nach der Thronbesteigung, Fürst Adam Czartoryski, urteilte rückblickend mit deutlicher Bitterkeit: „Er wünschte gern der ganzen Welt die Freiheit zu schenken, unter der Bedingung, dass sich alle freiwillig seinem Willen unterziehen."[2]

Realisiert wurde von Speranskijs großem Projekt schließlich nur ein Teilaspekt. In Fortführung der seit den Zeiten der „nahen Duma" von den Zaren unter wechselnden Namen einberufenen Gremien hochrangiger Vertrauenspersonen wurde 1810 der „Reichsrat" als eine staatliche Institution begründet, die im Wesentlichen bis 1917 Bestand hatte. Seine Mitglieder – unter Alexander I. waren es 35 – wurden vom Zaren berufen. Sie sollten insbesondere vorliegende Gesetzesentwürfe erörtern und mit einer Entscheidungshilfe für den Herrscher versehen. Der Reichsrat übernahm damit zentrale Aufgaben des Senats, der dadurch in seiner Bedeutung weiter auf die Rolle des obersten Gerichtshofs eingeschränkt wurde.

Gar kein Erfolg war Speranskijs Bemühungen beschieden, auftragsgemäß das russische Recht zu kodifizieren. Frühere Versuche seit Peter dem Großen waren immer wieder daran gescheitert, dass sich von den Zaren erlassene „Gesetze" und „Verordnungen" nicht eindeutig voneinander trennen ließen, und die aus verschiedenen Anlässen und zu verschiedenen Zeiten getroffenen Verfügungen zu ein und derselben Rechtsfrage untereinander widersprüchlich waren. Speranskij suchte den gordischen Knoten zu zerschlagen, indem er von einem ausschließlich rationalen Ansatz ausging und sich eng an dem Code Napoléon orientierte. Eine solche Vorgehensweise war bereits bei Beginn der Kodifizierungsarbeiten 1808 fragwürdig, sie war aber überhaupt nicht mehr konsensfähig, als die Arbeiten Anfang 1812 beendet wurden. Angesichts des unverkennbar bevorstehenden Krieges mit Frankreich galt es in jeder Hinsicht auf Distanz zu dem Gegner zu gehen und die inneren Reihen zu schließen. Gegen Speranskijs Rigorismus, der auch eine grundsätzliche Ablehnung der Leibeigenschaft einschloss, hatte sich aber schon seit längerem eine vehemente Adelsopposition gebildet. Ihr Wortführer war der hochgebildete, rhetorisch versierte Schriftsteller und Hofhistoriograph Nikolaj M. Karamzin, der seine Kritik am wirkungsvollsten 1811 in seinem „Memorandum über das alte und neue Russland" zum Ausdruck brachte, in dem er gegen eine sklavische Nachahmung des westlichen Europa polemisierte und argumentierte, zuverlässiges Unterpfand für Russlands Wohlergehen sei allein das vertrauensvolle Zusammenwirken von Autokratie und Adel. Alexander I., der eher darauf aus war, seine immanente Abhängigkeit vom Adel zu lockern, glaubte doch unter den gegebenen Umständen, sich fügen zu müssen. Er tat es mit gnadenloser Rücksichtslosigkeit gegenüber Speranskij, indem er ihn Mitte März 1812 ohne Vorwarnung unvermittelt nach Sibirien verbannte. Jahre später, als sich die Position Alexanders I. durch den Triumph über Napoleon gefestigt hatte, kam Speranskij allmählich wieder zu Ehren, wobei der Zar freilich aus persönlichen wie politischen Gründen darauf achtete, dass sein früherer Vertrauter nicht wieder in seine Nähe gelangte.

Alexander I. setzte jetzt auf andere Mitarbeiter, unter denen Graf A. A. Arakčeev der bekannteste und berüchtigtste war. Ihm unterstanden die seit 1816 planmäßig angelegten Militärkolonien, die auf der Basis schon bestehender oder erst begründeter Bauerndörfer landwirtschaftliche Tätigkeit und soldatisches Exerzieren miteinander verbinden sollten. Der Zar war von dieser Idee angetan, weil sie Geld zu sparen versprach und als Chance begriffen wurde, landwirtschaftliche Musterbetriebe hervorzubringen, die weithin als Vorbild gelten sollten. Tatsächlich aber kamen die Militärkolonien rasch in Verruf, weil in ihnen kleinlichste Reglementierung und drakonische Strafen vorherrschten, so dass es wiederholt zu verzweifelten Aufständen kam, die wiederum brutal niedergeschlagen wurden. Dennoch wurden die Einrichtungen erst nach dem verlorenen Krimkrieg im Zuge der einsetzenden Reformen seit 1856 definitiv aufgelöst.

Ihre Existenz trug aber auch dazu bei, dass sich in den letzten Jahren der Regierungszeit Alexanders I., insbesondere unter adligen Offizieren, eine neuartige Oppositionsbewegung herausbildete, die nicht mehr primär auf ihre Standesinteressen fixiert war – die späterhin so genannten „Dekabristen".

Außenpolitik

Zu den ersten Maßnahmen Alexanders I. in der Außenpolitik gehörte es, die unpopuläre, dem russischen Export Schaden zufügende Frontstellung gegen England, die Paul I. vorgenommen hatte, zu revidieren. Auch mit Österreich wurden die Beziehungen, die 1799 wegen der Zwistigkeiten im Zweiten Koalitionskrieg unterbrochen worden waren, am 10./22. 5. 1801 wieder aufgenommen. Gleichzeitig betonte der Zar aber auch sein Interesse an der Aufrechterhaltung eines guten Verhältnisses zu Frankreich. Im April 1801 ließ er Napoleon wissen, Russland strebe nichts an als den allgemeinen Frieden in Europa. Alexander I. befand sich mit dieser Beteuerung durchaus im Einklang mit den vorherrschenden Tendenzen der damaligen Zeit. Der besiegte deutsche Kaiser Franz II. hatte mit Napoleon am 9. 2. 1801 (n. St.) in Lunéville Frieden auf der Basis geschlossen, dass das gesamte linke Rheinufer an Frankreich fallen sollte, mit der Maßgabe, dass die depossedierten deutschen Fürsten durch Reichsterritorium entschädigt würden. Großbritannien beendete den Krieg mit Frankreich am 27. 3. 1802 (n. St.) durch den Frieden von Amiens. Napoleon seinerseits kam das russische Friedensbegehren sehr gelegen und honorierte es, indem er dem aus dem Frieden von Teschen 1799 abgeleiteten russischen Wunsch erfüllte und sich bereit fand, dem förmlichen französisch-russischen Friedensvertrag vom 26. 9./8. 10. 1801 zwei Tage später eine Geheimkonvention hinzuzufügen, der zufolge auch Russland ein Mitspracherecht bei der anstehenden Neuordnung der deutschen Angelegenheiten zugestanden wurde. Bei dem anschließend einsetzenden verdeckten Tauziehen um die Führungsrolle bei der Regelung der zu vereinbarenden Entschädigungen zog die russische Diplomatie freilich eindeutig den Kürzeren. Sie war weder kompetent noch durchsetzungsstark genug, um sich in der komplizierten Materie bestimmend in Szene setzen zu können, was sich auch darin spiegelte, dass der Zar schließlich nur unter ultimativem Druck bewogen werden konnte, den an den Vorstellungen und Interessen Frankreichs ausgerichteten Entschädigungsplan zu akzeptieren.

Daraus resultierende Bestrebungen Russlands, das verlorene Terrain zurückzugewinnen und einen weiteren Machtzuwachs Napoleons zu verhindern, führten zur Bildung der Dritten Koalition mit Österreich und England sowie zu Bündnisabsprachen mit Preußen, die aber allesamt nicht den erwarteten Erfolg zeitigten. Die Allianz mit Österreich wurde von Napoleon I. in der Dreikaiserschlacht von Austerlitz am 2. 12. 1805 (n. St.) effektiv zerschlagen, und dem von Napoleon I. in der Doppelschlacht von Jena und Auerstedt am 14. 10. 1806 (n. St.) massiv geschwächten Preußen konnte Russland auch nur hinhaltende Unterstützung gewähren, bis die Kräfte nach der schweren Niederlage bei Friedland vom 2./14. 6. 1807 endgültig erschöpft waren. Der Zar fürchtete, Napoleon I. könne in Russland einmarschieren, und war umso erleichterter, als Napoleon I. ihm bei einer pompös inszenierten Begegnung auf einem Floß in der Mitte des Njemen am 13./25. 6. 1807 eine scheinbar gleichberechtigte Partnerschaft mit den Worten anbot: „Ich werde Ihr Sekretär sein und Sie der meine." Das am 25. 6./7. 7. 1807 unterzeichnete Vertragswerk, das aus dem offiziellen Friedensvertrag mit geheimen Zusatzklauseln und einem russisch-französischen Schutz- und Trutzbündnis bestand, ließ aber keinen Zweifel daran, dass Russland in dieser Koalition die Rolle des Juniorpartners zugewiesen war. Der Zar musste die von Napoleon I. in Europa errungene Machtstellung in vollem Umfang anerkennen; er konnte nicht verhindern, dass aus Preußens polnischen Teilungsgebieten das jederzeit erweiterbare Herzogtum Warschau als französischer Vasallenstaat gebildet wurde, und musste sich damit zufrieden geben, dass Preußen bei weiteren Gebietsabtretungen westlich der Elbe wenigstens als Reststaat erhalten blieb; außerdem war vertraglich vorgezeichnet, dass Russland kaum eine andere Wahl blieb, als mit England zu brechen und sich der Kontinentalsperre anzuschließen – was denn auch in formellem Protest gegen den englischen Angriff auf die dänische Flotte vor Kopenhagen am 26. 10./7. 11. 1807 geschah.

Eine langfristige Perspektive konnte einer solchen Beziehung nicht eingeräumt werden, zumal Frankreich in den folgenden Jahren seine Machtposition in Europa weiter ausbaute, ohne – wie etwa bei der Annexion des mit der Zarenfamilie eng verbundenen Oldenburgs 1810 – auf Empfindlichkeiten des Verbündeten Rücksicht zu nehmen, während sich Russland gleichzeitig durch die ihm auferlegten Bedingungen – wie insbesondere die Teilnahme an der Kontinentalsperre – zunehmend beeinträchtigt fühlte. Hinzu kam nach der territorialen Vergrößerung und Aufwertung des Herzogtums Warschau zum Großherzogtum durch österreichische Teilungsgebiete 1809 die wachsende Sorge, Napoleon I. könne die traditionelle französische Barrière-de-l'Est-Politik wiederbeleben und durch die Restituierung Polens auf Kosten der russischen Teilungsgebiete vollenden wollen. Gegenläufige Tendenzen, wie sie durch die von Frankreich unterstützte Annexion Finnlands 1808/09 und Bessarabiens 1812 begünstigt wurden, zeigten – wenn überhaupt – nur kurzfristige Wirkung. Dominant blieb die wechselseitige – auch in der russischen Gesellschaft stark verbreitete – Unzufriedenheit, die sich aus immer neuen Quellen speiste, wobei aus französischer Sicht die Änderung des russischen Zolltarifs zu Lasten französischer Waren Ende 1810 und das kaum verhüllte Ausscheren Russlands aus dem System der Kontinentalsperre besonders empörend wirkten. Letztlich ging es aber nicht um das eine oder andere Problem, sondern um die grundsätzliche Frage, wer sich wem zu fügen habe. Keine der beiden Parteien glaubte, ohne substantielle Beschädigung ihrer Großmachtposition nachgeben zu dürfen, und so drängte der Konflikt zum Krieg.

Da Napoleon I. sich als der militärisch Stärkere wähnte und zugleich glaubte, durch einen Sieg nicht allein die Hegemonie über den Kontinent zu erringen, sondern auch England zum resignierenden Einlenken nötigen zu können, ergriff er die Initiative. Am 12./24. 6. 1812 eröffnete die grande armée auf seinen Befehl ohne Kriegserklärung die Feindseligkeiten. Über die Gesamtstärke der Heerscharen, die in drei Angriffskeilen vordrangen, existieren nur Schätzungen; es sollen mindestens 550 000, wenn nicht gar 650 000 Mann gewesen sein, von denen etwa die Hälfte Franzosen waren, während sich die übrige Streitmacht aus Österreichern, Preußen und anderen vorwiegend pflichtmäßig dienenden Verbündeten zusammensetzte. Napoleon I. hoffte, die russischen Truppen in Grenznähe stellen und vernichtend schlagen zu können, aber diese Erwartung trog. Zunächst eher auf Grund der hoffnungslosen Unterlegenheit, später zunehmend aus strategischem Kalkül zogen sich die Russen zurück, indem sie dem Gegner den Vormarsch durch die Taktik der verbrannten Erde mehr und mehr erschwerten. Erst kurz vor Moskau stellten sie sich am 26. 8./7. 9. 1812 bei Borodino zum entschlossenen Kampf, weil die alte Hauptstadt, das Herz Russlands, nicht ohne Gegenwehr dem Feind überlassen werden durfte. Sie hielten dem Ansturm der Franzosen stand, erlitten dabei aber so hohe Verluste, dass es ihrem Oberbefehlshaber, Feldmarschall Kutuzov, geraten erschien, den Rückzug anzuordnen, um den Truppen Gelegenheit zu geben sich zu regenerieren und um den Kampf später, unter günstigeren Bedingungen, wieder aufnehmen zu können. Der Preis für diese vorsorgliche Maßnahme war, dass Moskau dem Feind überlassen werden musste. Der Triumph der Sieger schlug aber rasch in Enttäuschung und Entsetzen um. Die wohlhabende Bevölkerung hatte die Stadt mit Hab und Gut verlassen, so dass die eingesammelte Beute erheblich geringer ausfiel als erhofft, und selbst die verlassenen Wohnungen ließen sich allenfalls kurzfristig zur Einquartierung nutzen, denn bereits am Tag des Einmarsches, am 2./14. 9. 1812, begann die vornehmlich aus Holzhäusern bestehende Stadt zu brennen, und in den folgenden Tagen fielen drei Viertel aller Gebäude den Flammen zum Opfer. Bis heute ist nicht geklärt, ob der russische Gouverneur Graf F. V. Rostopčin die Stadt vorsätzlich anzünden ließ oder ob es marodierende Soldaten waren, die unachtsam oder betrunken die Brände verschuldeten; überwiegend wird angenommen, beide Ursachen seien zusammengekommen und hätten sich gegenseitig verstärkt. Da Moskau damit als Winterquartier für die französische Armee ausschied, der Zar zudem Friedensangebote unbeantwortet ließ und ein weiterer Vormarsch – zumal bei der vorgeschrittenen Jahreszeit – keine erfolgversprechende Perspektive bot, entschloss sich Napoleon I. nach 33-tägiger Besatzung am 7./19. 10. 1812 zum Abzug.

Den vorgesehenen Durchbruch in den unversehrten Süden vermochte indes Kutuzov durch die Schlacht bei Malojaroslawez vom 12./24. 10. 1812 zu vereiteln. So sah sich Napoleon I. genötigt, wieder auf die alte Heerstraße nach Smolensk einzuschwenken. Der unter diesen Bedingungen vonstatten gehende Rückzug geriet mehr und mehr zum Desaster. Es war nicht allein der mit Schnee und Frost einbrechende Winter, der die Moral und Disziplin der Soldaten schwinden ließ, sondern die Summe der Entbehrungen und Gefährdungen, zu denen Hunger und Krankheiten ebenso zählten wie die überfallartigen, gnadenlosen Angriffe der rechts und links der französischen Armee operierenden Kosakenabteilungen; hinzu kam nicht zuletzt das Bewusstsein, geschlagen und in der Weite des Landes verloren zu sein. Die unter russischem Beschuss zusammenstürzende Brücke über die Berezina, die Tausende mit sich in den Tod riss, besiegelte versinnbildlichend den Untergang der grande armée. Als die vorrückenden russischen Streitkräfte sich der Grenze näherten, begannen die unwillentlichen Verbündeten Napoleons I. die Seite zu wechseln. Der preußische General Yorck von Wartenburg machte den Anfang, indem er auf eigene Verantwortung am 30. 12. 1812 (n. St.) in der Konvention von Tauroggen die ihm unterstellten Truppen für neutral erklärte, bis zwei Monate später, am 28. 2. 1813 (n. St.), ein förmliches preußisch-russisches Schutz- und Trutzbündnis in Kalisch geschlossen wurde. Österreich ließ sich mehr Zeit und wandte sich erst im August 1813 direkt gegen Napoleon I. Der „vaterländische Krieg" zur Befreiung Russlands von der Fremdherrschaft ging immer mehr über in einen europäischen Krieg gegen den Hegemonialanspruch Napoleons I.; militärisch obsiegten die Verbündeten definitiv in der Völkerschlacht von Leipzig vom 16.–19. 10. 1813(n. St.) und schließlich in der Schlacht von Waterloo vom 18. 6. 1815 (n. St.).

Als eigentlicher „Befreier Europas" aber durfte Zar Alexander I. gelten. Die Außenminister Österreichs und Englands, Fürst von Metternich und Viscount Castlereagh, fürchteten sogar, dass Russland so dominant werden könnte, dass anstelle der französischen Vorherrschaft die russische Hegemonie drohe. Um zu signalisieren, dass sie nicht geneigt seien, das hinzunehmen, schlossen sie am 3. 1. 1815 (n. St.) kurzfristig eine Defensivallianz, der auch Frankreich beitrat. Konkret resultierte die Besorgnis aus der Hauptforderung Alexanders I. auf dem Wiener Kongress, dem es nach dem Sturz Napoleons I. oblag, eine neue Friedensordnung für Europa zu vereinbaren. Der Zar verlangte, dass ihm mit geringen Abstrichen das gesamte Großherzogtum Warschau übereignet werde, das er als „Königreich Polen" in Personalunion mit Russland verbinden wollte. Der preußische König unterwarf sich unter ultimativem Druck, mit der Aussicht, durch Sachsen entschädigt zu werden, aber der Widerstand der übrigen Großmächte reichte aus, um dem Zaren eine allseits akzeptierte Kompromisslösung abzuringen. Demgemäß erhielt Preußen bei der „vierten Teilung Polens" einen beträchtlichen Teil seines Gebietserwerbs aus der polnischen Teilung von 1793 mit den Städten Posen und Thorn zurück, während Österreich im Wesentlichen die Gebiete aus der Teilung von 1772 zurückerstattet bekam. Damit war Russland wieder ein Stück aus dem mittleren Europa zurückgedrängt worden, beherrschte aber doch alles in allem 82 Prozent des alten polnischen Staatsgebiets von 1772.

Nach Abschluss des Wiener Kongresses trat der Zar im September 1815 noch mit einem weiteren ambitionierten Projekt hervor, das sowohl die Ideen der französischen Revolution als auch die herkömmliche Macht- und Kabinettspolitik ablösen und überwinden sollte. Unter dem Einfluss pietistisch-mystischer Heils- und Erweckungslehren plädierte er dafür, dass künftighin die Grundsätze des christlichen Glaubens mit seinen Geboten der Brüderlichkeit, Friedensliebe und Gerechtigkeit zur Richtschnur des Miteinanders der Regierungen und Völker in Europa werden sollten. Wieder waren es die Vertreter Österreichs und Englands, die am unverhohlensten ihre Kritik äußerten, indem sie von einem „lauttönenden Nichts“ (Metternich) beziehungsweise einem „Stück sublimen Mystizismus' und Unsinns“ (Castlereagh) sprachen. Metternich erkannte und nutzte aber auch die Chance, den Entwurf der Verlautbarung so zu redigieren, dass sie auf ein Solidaritätsversprechen der Monarchen untereinander verengt wurde. Dass sich der Zar mit dieser Uminterpretation einverstanden erklärte, ließ erkennen, dass auch für ihn die unanimité des souverains oberste Priorität hatte. Am 26. 9. 1815 (n. St.) wurde die „Heilige Allianz“ durch die Unterschriften der Monarchen Preußens, Österreichs und Russlands besiegelt. Mit Ausnahme des Papstes und des britischen Königs, die formelle Vorbehalte hatten, traten auch die übrigen Herrscher Europas im Weiteren der „Heiligen Allianz“ bei. Unter ideologischen Aspekten ist die Konvention nicht zu Unrecht als Schlüsselmanifest der Reaktion bewertet worden, doch für die praktizierte Politik hat sie allenfalls eine begleitende, aber keine bestimmende oder gar determinierende Rolle gespielt. Alexander I. legte sogar anfänglich Wert darauf, nicht mit der Politik der Reaktion und Repression, die sich in den Jahren nach 1815 mehr und mehr durchsetzte, identifiziert zu werden, wenn das auch eher aus taktischen Erwägungen geschah.

Er wollte in der Öffentlichkeit andere Akzente setzen. Dem „Königreich Polen“ gewährte er im November 1815 eine Verfassung, die als die liberalste des damaligen Europa gelten durfte. Sie war in den wesentlichen Grundzügen von Fürst Adam Czartoryski erarbeitet worden, der sich seinerseits an der napoleonischen Verfassung von 1807 für das Herzogtum Warschau sowie an der polnischen Verfassung vom 3. 5. 1791 orientierte. Festgeschrieben wurde gemäß den Vereinbarungen auf dem Wiener Kongress, dass das Königreich für immer mit Russland in Personalunion verbunden und der Zar dementsprechend gleichzeitig polnischer König sein sollte, aber im Übrigen wurde den Polen des Königreiches weit gehende Autonomie zugebilligt. Sie bekamen eine von Landsleuten gebildete Regierung, ferner wurde ihnen ein an der Gesetzgebung obligatorisch zu beteiligendes Parlament mit zwei Kammern, der Sejm, zugestanden sowie eine eigene Armee; außerdem wurde verfügt, dass in öffentliche Ämter nur Polen berufen werden dürften und dass Polnisch die offizielle Amtssprache sei. Die Bewohner des Königreiches erhielten als garanties générales Grundrechte wie Pressefreiheit, Glaubensfreiheit, Recht auf Eigentum und Schutz vor willkürlicher Verhaftung. Alexander I. beschwor die Verfassung und gab bei verschiedenen Gelegenheiten sogar zu verstehen, dass sie unter Umständen in geeigneter Form auch auf Russland übertragen werden könne. Hoffnungen in dieser Hinsicht erhielten Auftrieb durch ein Verfassungsprojekt, das N. N. Novosil'cev 1819 im Auftrag des Zaren ausarbeitete.

Allerdings gab es auch gleichzeitig Anzeichen, die in eine andere, restriktive Richtung wiesen. Nicht Czartoryski, sondern der absolut zarentreue General Zajączek wurde als Vertreter Alexanders I. zum Statthalter in Polen berufen; gar nicht in der Verfassung vorgesehen war das einflussreiche Amt des kaiserlichen Kommissars, das zudem mit einem Russen, N. N. Novosil'cev, besetzt wurde, und ebenfalls nicht durch die Verfassung gedeckt war, dass an die Spitze der polnischen Armee der Bruder des Zaren, Großfürst Konstantin, gestellt wurde, der sich zudem noch durch sein beleidigendes, harsches Auftreten beim Offizierskorps und bei führenden Kreisen der polnischen Gesellschaft unbeliebt machte. Alexander I. selbst veranlasste im September 1820 seinen Bruder, unter Missachtung der Verfassung gegen missliebige Abgeordnete des Sejm vorzugehen und ihnen das Mandat zu entziehen.

Als der Zar kurz darauf, im Oktober 1820, bei einem Kongress in Troppau von einer Meuterei im Semenov-Garderegiment, das auch seine Leibwache stellte, erfuhr, schwenkte er vollends auf die offensive antirevolutionäre Linie Metternichs ein, weil er es für glaubhaft hielt, dass ganz Europa bereits von einem geheimen Netzwerk revolutionärer Konspiration überzogen sei. Am 26. 11./8. 12. 1820 verkündete er zusammen mit dem österreichischen und preußischen Monarchen in einer Zirkularnote, „Europa vor der Geißel neuer Revolutionen" nötigenfalls auch „durch Gewalt" schützen zu wollen.[3] Da London und Paris als eigentliche Adressaten der Note ein so weit reichendes und eigenmachtiges Interventionsrecht ablehnten, zeichnete sich in Europa die Formierung neuer Mächtegruppierungen auf der Basis divergierender Ideologien ab, wobei sich die Ostmächte für den Primat des „monarchischen Prinzips" einsetzten, während die Westmächte als Verfechter des „demokratischen Prinzips" auftraten. Die Frontlinien blieben allerdings flexibel, je nachdem wie die Mächte im konkreten Einzelfall ihre Interessen definierten.

Die Dekabristen

Im Innern des Zarenreiches führte die wachsende Revolutionsfurcht zu einer verstärkten repressiven Reglementierungs- und Überwachungspolitik. Bisher geduldetes, wenn nicht gar gefördertes liberales Gedankengut wurde verpönt, die Zensur verschärft und die der Konspiration verdächtigten Geheimgesellschaften wurden verboten. Die Gesellschaft befolgte die prohibitiven Ukasse allerdings nur partiell. Das „Verfassungsfieber" hatte sich schon zu sehr der Gemüter bemächtigt. Der französische Botschafter berichtete im April 1820 seiner Regierung: „Die gesamte Jugend und vor allem die Offiziere leben von und in liberalen Doktrinen. Es sind gerade die kühnsten Theorien, die am meisten Anklang finden."[4] Zwei unterschiedliche Konzeptionen, wie Russland regiert werden sollte, kristallisierten sich heraus. Beide wurden von Nachfolgeorganisationen des Anfang 1821 aus Tarnungsgründen offiziell aufgelösten „Wohlfahrtsbundes" entwickelt.

Für den in St. Petersburg agierenden „Nordbund" erarbeitete einer seiner Führer, der aus einer sehr begüterten und angesehenen Familie stammende Nikita M. Murav'ev, mehrere Verfassungsentwürfe, die im Grundsätzlichen übereinstimmten, aber in Einzelbestimmungen voneinander abwichen. Hinsichtlich der politischen Strukturen orientierte sich Murav'ev eng an der Verfassung der Vereinigten Staaten von Amerika. Nach seinen insgesamt eher moderaten Vorstellungen sollte an der Spitze des Staates weiterhin der Zar stehen, freilich nicht mehr als Autokrator, sondern als konstitutioneller Monarch mit Befugnissen, wie sie aufs Ganze gesehen dem amerikanischen Präsidenten zustanden. Den Staatsaufbau gedachte Murav'ev föderalistisch zu organisieren. Er schlug vor, Russland in 13 Bundessstaaten aufzuteilen, die aber nicht nach historischen oder ethnischen, sondern nach rationalen Berechnungen und Gesichtspunkten ökonomischer Effizienz gebildet werden und nach geographischen Merkmalen, insbesondere Flüssen, benannt werden sollten. Murav'ev glaubte, auf diese Weise eine starke Staatsmacht schaffen und gleichzeitig das hiermit verbundene Risiko der Gefährdung der Freiheiten der Bürger bannen zu können. Letztere sollten überdies durch die Prinzipien des Rechtsstaates und die klassischen Grundrechte zusätzlich geschützt werden.

Für das zentrale sozialpolitische Problem Russlands, die Leibeigenschaft, bot Murav'ev in seinen verschiedenen Verfassungsentwürfen leicht differierende Lösungsvorschläge an. Allen gemeinsam war, dass die Bauern persönlich frei werden und die Grundherren grundsätzlich das Land behalten sollten. Da damit den Bauern aber auch die unmittelbare materielle Existenzgrundlage entzogen worden wäre, machte Murav'ev in dieser Hinsicht in den späteren Verfassungsentwürfen Konzessionen. Er wollte zunächst den Bauern Haus und Garten überlassen und fand sich schließlich darüber hinaus bereit, ihnen ein kleines Stück Ackerland bis zu etwas mehr als einem Hektar zuzusprechen.

Sowohl diese Bestimmungen als auch der gesamte Verfassungsentwurf gingen dem radikaleren „Südbund" in der Ukraine nicht weit genug. Sein profiliertester Vertreter, Oberst Pavel I. Pestel', erstellte in dezidierter Auseinandersetzung mit den Vorschlägen des „Nordbundes" einen eigenen Verfassungsentwurf, die Russkaja Pravda. Genau genommen sollte das nicht vollständig überlieferte Dokument als „Instruktion" für eine provisorische Regierung dienen, die nach der geglückten Revolution die Macht übernehmen würde. Was die Leibeigenschaft betraf, so forderte Pestel' nicht nur die persönliche Freiheit für die Bauern, sondern auch eine Versorgung mit Land, die über die von Murav'ev letztlich konzedierte Grundausstattung hinausging. Prinzipiell sollte laut Pestel' aller Grund und Boden in zwei Kategorien aufgeteilt werden – einen gesellschaftlichen sowie einen privaten Landfonds. Aus der ersten Kategorie waren vorrangig alle Bauern mit so viel Land zu versehen, dass sie sich und ihre Familien ernähren könnten; darüber hinaus wollte Pestel' in dieser Kategorie eine Landreserve einrichten, aus der jeder Bürger, wenn er es wünschte oder brauchte, seinen Landanteil zur Nutzung erhalten könnte, damit er nicht der Armut anheim fiele. Demgemäß durfte das Land dieser ersten Kategorie nicht verkauft oder verpfändet werden. Anders verhielt es sich mit dem Land der zweiten Kategorie. Als staatlich garantierter Privatbesitz sollten seine Eigentümer frei darüber verfügen können. Pestel' gab allerdings durch Abänderungen und Einlassungen zu erkennen, dass er seine Ausführungen zur Landfrage noch nicht als letztes Wort erachtete. Hinsichtlich der Staatsform favorisierte Pestel' ebenfalls radikaler als Murav'ev nicht die konstitutionelle Monarchie, sondern die Republik. Um gegenrevolutionären Aktionen im Namen des Zaren den Boden zu entziehen, verlangte er nicht nur die Ermordung des Potentaten selbst, sondern darüber hinaus die der ganzen zarischen Familie. Den Staatsaufbau beab-

Aufstand der Dekabristen 1825. Aufmarsch von Militär gegen die Aufständischen der Garnison. Gemälde von W. G. Timm, 1853.
Foto: akg-images.

sichtigte Pestel' nicht föderalistisch, sondern zentralistisch zu gestalten, mit der Begründung, das Vielvölkerreich könne sonst auseinander brechen. Lediglich den Polen konzedierte er – auch da etliche zu den Mitverschworenen des „Südbundes" zählten – unter Einschränkungen, die allesamt Russland begünstigten, staatliche Unabhängigkeit.

Gemeinsam war den Wortführern des „Nordbundes" und des „Südbundes" wie auch späterhin vielen Revolutionären, dass sie für das Volk handeln wollten, ohne mit ihm in Kontakt zu treten oder seine Vertreter in ihre Pläne einzuweihen. Während die einen zur Begründung meinten, das einfache Volk sei noch nicht reif, seine Interessen zu erkennen und selbsttätig zu handeln, glaubten andere gerade umgekehrt, man müsse unverzüglich die Initiative ergreifen, weil die Bauern besonders erbittert seien, dass sie keine Belohnung für ihren aufopferungsvollen Einsatz in den Befreiungskriegen bekommen hätten, weshalb es jederzeit zu einer neuen Pugačevščina kommen könne.

Den Zeitpunkt zum Aufstand sahen die Revolutionäre der „Nordgruppe" gekommen, als nach dem unvermuteten Tod Alexanders I. am 19. 11./1. 12. 1825 in Taganrog für mehrere Wochen unklar blieb, welcher der beiden Brüder des verstorbenen Zaren, Konstantin oder Nikolaus, sein Nachfolger würde. Als die Petersburger Garnison am 14./26. 12. 1825 auf Nikolaus I. vereidigt werden sollte, beschlossen die Verschwörer, die für die Allgemeinheit noch immer nicht durchschaubare Situation zu ihren Gunsten zu nutzen. Es gelang ihnen, etwa 3000 Soldaten – fälschlich – davon zu überzeugen, dass Nikolaus keinen rechtmäßigen Anspruch auf den Thron habe. Anschließend ließen sie die Soldaten auf dem Senatsplatz aufmarschieren, in der Erwartung, Nikolaus werde kampflos nachgeben und sich zur Einschränkung seiner Macht bereit finden. Doch Nikolaus verlangte seinerseits die Kapitulation und als diese nicht erfolgte, ließ er am Nachmittag des 14./26. 12. 1825 Kanonen auffahren und die Truppen, die in ihrer überwiegenden Mehrheit loyal geblieben waren, zum Angriff übergehen. Die rebellierenden Soldaten leisteten keinen Widerstand, sondern ergriffen die Flucht; ungefähr 250 von ihnen wurden von Kugeln niedergestreckt, während die übrigen nach und nach gestellt und gefangen genommen wurden. Ein knapp drei Wochen später, am 3./15. 1. 1826 unternommener Aufstandsversuch der „Südgruppe" scheiterte ebenfalls bereits im Ansatz. Die Strafen für die Anführer sollten abschreckend wirken und waren dementsprechend hart. Fünf wurden zum Tode verurteilt und mehr als hundert wurden zu langjähriger Zwangsarbeit nach Sibirien deportiert.

Selbst Gegner der Vorgehensweise sowie der Zielsetzungen der ersten russischen Revolutionäre, die nach dem Aufstandsmonat als „Dekabristen" bezeichnet wurden, haben deren persönliche Lauterkeit, die Schärfe ihres Intellekts und ihren idealistischen Heroismus vielfach anerkannt. Sogar Zar Nikolaus I., der das ganze Unterfangen natürlich aufs entschiedenste verurteilte, nahm die Kritik der Dekabristen ernst und studierte sie sorgfältig. Untrennbar verbunden mit dem hohen Ansehen, das die Dekabristen in Russland immer genossen haben, waren der Respekt und die Hochachtung, die ihren Frauen entgegengebracht wurden. Sie begleiteten fast ausnahmslos aus freiem Entschluss ihre Männer in die Verbannung und harrten zusammen mit ihnen dort aus. Die letzten Dekabristen wurden erst 1856 von Alexander II. bei seinem Regierungsantritt begnadigt.

2. Nikolaus I., 1825–1855

„Gendarm Europas" lautete der Beinamen, mit dem Liberale und Verfechter des demokratischen Prinzips im westlichen Europa den Regierungsstil Nikolaus' I. schon zu dessen Lebzeiten brandmarkten. Viele brachten mit dieser Charakterisierung ihre idealistisch motivierte Empörung darüber zum Ausdruck, dass der Zar rücksichtslos gegen alle freiheitlichen Bestrebungen Partei ergriff, anderen war bei der Verurteilung das politische Kalkül wichtiger. Vor allem in Österreich und Preußen kritisierte man auf diese Weise die eigenen Regierungen, die mit einem solchen Despoten verbündet waren, während in Großbritannien und Frankreich die Regierungen selbst die Angriffe auf Nikolaus I. guthießen, um Russlands dominierende Stellung seit den Befreiungskriegen zu unterminieren und Russland als eine aggressive Macht herauszustellen, der man nötigenfalls auch mit militärischen Mitteln entgegentreten müsse, wie es denn im Krimkrieg auch geschah. Insbesondere im linken Lager, das von Karl Marx und Friedrich Engels mitgeprägt wurde, verfestigte sich im Laufe der Zeit die Auffassung von der reaktionären, Völker und Freiheit unterdrückenden Zwingherrschaft im Osten durch immer neue einseitige Belege zu einer Stereotype, die es der deutschen kaiserlichen Regierung im Juli 1914 erleichterte, die Sozialdemokratie wohl kalkuliert in den Krieg mit Russland hineinzulotsen.

In ähnlich dezidierter Einseitigkeit wie die „Linken" traten die Konservativen, insbesondere in Preußen, als Verteidiger Nikolaus' I. auf, obwohl der Zar 1848/49 aus seiner Missbilligung der preußischen Innen- und Außenpolitik keinen Hehl machte, indem er die Berliner Regierung als „Narren und Halbverrückte" diskreditierte und dem Land kaum verhohlen mit Krieg drohte; gleichwohl lobten die Konservativen Nikolaus I. als Hüter der „wahren Zivilisation", und 1855 titelte die offiziöse „Kreuzzeitung" beim Tode Nikolaus' I.: „Unser Kaiser ist tot."

In Russland selbst fielen die Urteile über Nikolaus I. ähnlich zwiespältig und leidenschaftlich bewegt aus. Die Ablehnung der Herrschaftsweise des Zaren war die gemeinsame verlässliche Basis einer gesellschaftlichen Opposition, die sich erst langsam herausbildete und untereinander ansonsten durchaus nicht einig war: „Die Hauptschwäche der Regierung von Nikolaus Pavlovič", formulierten die Kritiker den Generalvorwurf, „lag in der Tatsache, dass sie ein einziger Irrtum war." Demgegenüber rühmte ein Vertreter der etablierten Gesellschaft, die ihre Privilegien und die Größe Russlands durch den Zaren vorbildlich gewahrt sah: „Zar Nikolaus Pavlovič … war in unseren Augen ein russischer Volksheld. In den Augen seiner Zeitgenossen war seine Person geheiligt."

Das Zwiespältige war auch Nikolaus I. selbst nicht fremd. Als dritter Sohn Pauls I. geboren war er nicht auf die Übernahme der Herrschaft vorbereitet worden und zögerte bei der überraschenden Nachricht vom Tode Alexanders I., sie anzutreten, bis sein älterer Bruder Konstantin seinen schon früher ausgesprochenen Verzicht auf den Thron, der in seiner morganatischen Ehe begründet lag, bekräftigte. Nachdem die Entscheidung aber einmal gefallen war, fasste es Nikolaus I. als offenkundige und untrügliche Fügung der göttlichen Vorsehung auf, dass er ausersehen sei, das monarchische Prinzip im Allgemeinen und die Autokratie in Russland im Besonderen gegen alle Anfeindungen der Revolution zu verteidigen. Je mehr Erfolge ihm dabei beschieden waren, desto selbstsicherer und unnachgiebiger wurde er, was im Innern im „Zensurterror" gipfelte, der jeden eigenen freien Gedanken zu ersticken suchte, während es in den äußeren Beziehungen die Selbstisolation Russlands begünstigte, die den Krimkrieg heraufbeschwor. Der unglückliche Verlauf des Krieges ließ ihn in seiner Grundüberzeugung nicht schwankend werden. Kurz vor seinem Tod bedauerte er zwar gegenüber seinem Sohn und Thronfolger Alexander II., dass er ihm das „Kommando" nicht in jener Ordnung übergeben könne, wie er sie sich gewünscht hätte, fügte aber erklärend hinzu: „Die Vorsehung hat es anders bestimmt."

Innenpolitik

In seinem Krönungsmanifest vom August 1826 verlieh Nikolaus I. seiner Auffassung, wie „unser Vaterland die höchsten Höhen von Glück und Ruhm erreicht, die ihm die Vorsehung bestimmt hat", folgendermaßen Ausdruck: „Nicht durch verwegene Schwärmereien, die stets destruktiv sind, sondern nach und nach, von oben her, werden Gesetze gemacht, Unzulänglichkeiten beseitigt und Missbrauch wieder gutgemacht. Auf diese Weise werden sich alle Hoffnungen auf eine Stärkung der Herrschaft des Rechts und alle Erwartungen im Bezug auf die Verbreitung wahrer Erkenntnis und die Entwicklung der Industrie allmählich erfüllen."[5] Nikolaus I. meinte, was er sagte. Er erachtete jeden Angriff auf die Autokratie nicht nur als ein politisches Verbrechen, sondern geradezu als gotteslästerliche Sünde, weil er zutiefst überzeugt war, nur ihm sei von der Vorsehung die Befehlsgewalt über das Reich übertragen worden. Er gewann aber aus den Aussagen und Aufzeichnungen der Dekabristen, die er sorgfältig studierte, auch einen ungeschminkten Einblick in die inneren Zustände des Landes und verkannte nicht, dass „unzählige Fehler und Missbräuche zu korrigieren" seien.

Zu den auch schon von seinen Vorgängern beklagten Krebsübeln zählte der Mangel an klaren, eindeutigen Gesetzen. Da mit dem aus der Verbannung zurückgekehrten und wieder in Gnaden aufgenommenen Grafen Speranskij ein Mann zur Verfügung stand, dem auf Grund seiner exzellenten Vorkenntnisse und Fähigkeiten zuzutrauen war, dass er den Missstand zu beheben vermöge, setzte Nikolaus I. hier an. In seiner Vorliebe für das Militärwesen mit seinen kurzen Befehlswegen und direkten Verantwortlichkeiten weitete er die ihm unmittelbar zuarbeitende Höchsteigene Kanzlei zu seinem zivilen Generalstab aus, indem er ihr zunächst eine „Zweite Abteilung" angliederte, an deren Spitze er Speranskij mit dem Auftrag der Rechtskodifizierung stellte. Speranskij hatte aus seinen Erfahrungen gelernt, sich zu bescheiden und schrittweise vorzugehen. Vor allem hatte er verstanden, dass der Zar grundsätzlich „nicht die völlige Veränderung der bestehenden Regierungsordnung, sondern vielmehr ihre Verfeinerung mit Hilfe einiger weniger ganz besonderer Veränderungen und Hinzufügungen" wünschte. Demgemäß ging er von dem Bestehenden aus. Er ließ in einem ersten Arbeitsgang alle Gesetze und Dekrete, die auffindbar waren und vom Zaren zur Veröffentlichung freigegeben wurden, sammeln und in einer 45 Bände umfassenden „Vollständigen Sammlung der Gesetze des russischen Reiches" bis 1830 veröffentlichen. Aus dieser Vorlage wurden in einem zweiten Arbeitsgang die Gesetze ausgewählt, die von nun an als alleinige Grundlage der Rechtssprechung dienen sollten. Diese „Gesetzessammlung des russischen Rechts" (Svod zakonov) umfasste 15 Bände, wurde 1832 erstmals publiziert und trat zum 1. 1. 1835 offiziell in Kraft.

Damit war eine erheblich größere Rechtssicherheit gegeben als bisher, aber von einem effizienten Rechtsstaat konnte weiterhin keine Rede sein. Das in der Regierungszeit Nikolaus' I. von ungefähr 50 Millionen auf 70 Millionen Menschen anwachsende Reich verfügte über zu wenige Beamte, die überdies schlecht bezahlt wurden und auch aus diesem Grunde zu einem großen Teil an der traditionellen Auffassung festhielten, dass die Amtsführung in erster Linie die eigene Versorgung sicherzustellen habe und erst in zweiter Linie Dienst am Staat sei. Korruption und Bestechlichkeit blieben demgemäß an der Tagesordnung. Verstärkte Kontrollen seitens der Regierung erbrachten, wie Gogols „Revisor" unnachahmlich und überzeitlich illustriert, keine nachhaltig verbessernde Wirkung. Sie verstärkten eher wie auch das von Nikolaus I. favorisierte „Kommandosystem" von Befehl und Gehorsam mit der ihm innewohnenden Tendenz zur Überzentralisierung die Arbeitsüberlastung an der Spitze, nicht zuletzt beim Zaren selbst, und die Scheu der untergeordneten Beamten auf der anderen Seite, Verantwortung zu übernehmen und selbst initiativ zu werden. Die Gefahr der Maßregelung war allemal größer als die Aussicht auf Belobigung. Über die Zeiten und Systeme hinweg wurde diese Erfahrung immer wieder gemacht, und so blieb auch die Verhaltensweise dieselbe.

Es hätte durchaus den Interessen der Autokratie entsprochen, das Netz der Verwaltung enger zu knüpfen und effizienter zu gestalten, indem die Anzahl fähiger Beamter erhöht worden wäre. Damit war für Nikolaus I. aber ein diffiziles Problem verbunden. Im gesamten 18. Jahrhundert und auch noch in den beiden ersten Jahrzehnten der Regierungszeit Alexanders I. wurde Bildung überwiegend im Sinne der Aufklärung als etwas Positives verstanden, aus der Erwartung heraus, vermehrte Kenntnisse und erweiterte Kompetenzen würden nicht nur dem Einzelnen, sondern auch dem Allgemeinwohl zugute kommen. Der Erhöhung des Bildungsniveaus im weitesten Sinne standen die Herrscher demgemäß aufgeschlossen gegenüber, und grundsätzlich sollte speziell unter Alexander I. zumindest jeder Freie berechtigt sein, die Bildungseinrichtungen gleichsam als aufeinander aufbauende Leitern zu nutzen, um so hoch wie möglich aufzusteigen. Auf diese Weise formierte sich nach und nach eine gebildete Schicht aus verschiedenen sozialen Ständen, die so genannten Raznočincy.

Anders als seine Vorgänger hielt Nikolaus I. diese Entwicklung aber für äußerst gefährlich, denn in seinen Augen hatten die Dekabristen den Beweis erbracht, dass Bildung sogar bei den privilegierten Adligen zur Kritik am Bestehenden und schließlich sogar zur systembedrohenden Aufsässigkeit führe. Andererseits waren aber auch aus der Sicht des Zaren gebildete Menschen in allen Bereichen des öffentlichen Lebens unverzichtbar. Angesichts dieses Dilemmas entschied sich Nikolaus I. dafür, Bildung zwar zuzulassen, aber unter strikt reglementierten Bedingungen. Als Leitlinie sollte nun nicht mehr der Grundsatz gelten, so viel Bildung wie möglich, sondern stattdessen so viel Bildung wie nötig, verbunden und eingebettet in eine zur Ehrfurcht vor Gott und Zar anhaltenden Erziehung. Mit Rücksicht auf die Außenwirkung wurde zwar kein förmlicher sozialer Numerus clausus eingeführt, aber durch die Erhebung von Schulgeld beziehungsweise Studiengebühren und andere Zulassungsbeschränkungen sollte doch dafür Sorge getragen werden, dass die höheren Schulen und Universitäten vorrangig von jungen Menschen besucht wurden, die auf Grund ihrer privilegierten Herkunft eine gewisse Gewähr dafür boten, dass sie sich zur bestehenden Regierungsform loyal verhielten. Studienaufenthalte im Ausland wurden nicht grundsätzlich untersagt, aber begrenzt, die noch eingeschränkt bestehende Autonomie der Universitäten 1835 faktisch aufgehoben, die Freiheit von Forschung und Lehre beschnitten und 1849 die Anzahl der nicht vom Staat selbst ausgesuchten Studierenden an den Universitäten auf jeweils 300 beschränkt. Die Gesamtheit der restriktiven Maßnahmen blieb naturgemäß nicht ohne einschneidende Folgen. So sank etwa die Zahl der Studierenden an den Universitäten von 4600 im Jahre 1848 auf 3600 im Jahre 1854. Die Universität von St. Petersburg zählte nur noch 379 Studenten. Wie erstrebt erhöhte sich auch der Anteil des Adels an der Gesamtheit der Studenten; er betrug 1854 etwas mehr als 52%. Als Gegenrechnung ergibt sich aber auch, dass selbst auf dem Höhepunkt der Reaktion knapp die Hälfte der Studenten aus nichtadligen Kreisen kamen. Wie Nikolaus I. geargwöhnt hatte, entwickelten viele von ihnen, aber auch eine beträchtliche Anzahl der gebildeten Adligen ein kritisch-oppositionelles Verhältnis zur Autokratie. Zusammenfassend bürgerte sich für sie und im Weiteren für alle Oppositionelle der Begriff Intelligencija ein, wobei sich in der zweiten Hälfte des 19. Jahrhunderts die zunächst noch konstitutive Bildungskomponente zunehmend verlor zu Gunsten des nunmehr sinnstiftenden revolutionären Engagements.

Durch den Dekabristenaufstand von vornherein von der Gefährlichkeit oppositioneller Bewegungen durchdrungen traf Nikolaus I. rasch Vorkehrungen, um die Autokratie effektiver zu schützen. Als „Dritte Abteilung der Höchsteigenen Kanzlei Seiner Kaiserlichen Majestät" begründete er am 25. 6. 1826 einen polizeilichen Überwachungsapparat, der aus zwei Segmenten bestand: einem in aller Öffentlichkeit wirkenden Gendarmeriekorps und einer im Geheimen agierenden Schar von Spitzeln und Zuträgern. Zum Chef der neuen Behörde wurde Alexander Graf von Benckendorff berufen, und als Arbeitsauftrag erhielt er die unbestimmte, aber weit reichende Weisung, „Nachrichten über alle Vorkommnisse ohne Ausnahme" zu sammeln. In den ersten Jahren tat sich die „Dritte Abteilung" auch dadurch hervor, dass sie Missstände und Unterschleife in den Behörden aufdeckte, aber zunehmend konzentrierte sie sich auf das, was sie von Anfang an als ihre Kernaufgabe ansah: das Ausspionieren, Erfassen und Bekämpfen von Gesinnungen und Personen, die in irgendeiner Weise als unangepasst oder gar als aufrührerisch galten. Systematisch überwacht wurden von ihr vor 1848 jährlich ungefähr 2000 Personen, aber zum Synonym der nikolaitischen Repression wurde sie, weil ihr Treiben sowohl undurchschaubar und unberechenbar als auch zugleich allgegenwärtig und allmächtig zu sein schien. Da sie mit über 15000 Fällen, die sie jährlich zu bearbeiten hatte, vollkommen überfordert war und sich schon deshalb außerstande sah, die eingehenden Berichte und Denunziationen im Einzelnen auf ihre Berechtigung zu überprüfen, handelte sie vielfach ohne jede gesetzliche Basis nach der Devise, wenn man jemand auch unschuldig einsperre, schütze man ihn doch vor der Versuchung, etwas Unrechtes zu tun. Eine unter ihrer direkten Ägide wirkende rigide Zensur vervollständigte das düstere Bild.

Auch der Zar verstand indes, dass man mit Angst und Schrecken die Untertanen wohl in Schach halten, aber nicht ihre Loyalität gewinnen konnte. Dazu bedurfte es positiver Impulse. Das war der Zweck der „offiziellen Staatsideologie", die der Minister für Volksaufklärung, Sergej S. Uvarov, Ende 1832 auf die Formel brachte, „die besten Garantien für Russlands Stärke und Größe" seien „die wahrhaft russischen konservativen Prinzipien: Orthodoxie, Autokratie und narodnost'"[6]. Während „Rechtgläubigkeit" und „Selbstherrschaft" keiner weiteren Erläuterung in diesem Zusammenhang bedürfen, gibt es für den Begriff „narodnost" keine eindeutige Definition; am ehesten dürfte gemeint gewesen sein, dass der gebietende Zar und das ihm vertrauende Volk eine gottgewollte, unauflösliche Unio mystica bildeten. Schwer zu bestimmen ist naturgemäß auch die motivierende und integrierende Wirksamkeit dieser Ideologie, aber ihre langfristige Beibehaltung und die Zustimmung weiter Teile der russischen Gesellschaft zum nikolaitischen System sind doch bedeutsame Indizien dafür, dass sie ihren Zweck durchaus erfüllte. Selbst loyale und gutwillige Untertanen mochten allerdings stutzig geworden sein, wenn sie die Lehren vernahmen, die der Chef der „Dritten Abteilung", Graf Benckendorff, aus der russischen Geschichte – sinnigerweise auf Französisch – zog: „Russlands Vergangenheit", erklärte er, „ist bewundernswert, seine Gegenwart mehr als herrlich, was aber seine Zukunft betrifft, so geht sie weit über das kühnste Vorstellungsvermögen hinaus."[7]

Angesichts der hybriden Selbstbelobigung des Regimes klang es mit den Worten des revolutionären Denkers und Publizisten Alexander Herzen wie „ein Pistolenschuss in der Nacht", als 1836 der erste der „Philosophischen Briefe" Petr Čaadaevs veröffentlicht werden konnte. Er enthielt ein vernichtendes Urteil über die bisherige russische Geschichte. Auf Grund seiner Lage zwischen Orient und Okzident, führte der Autor aus, könnte Russland geradezu als prädestiniert gelten, die Kultur der ganzen Welt in sich zu vereinen, aber, bekundete er im pointierten Gegensatz zu den Verfechtern der offiziellen Staatsideologie, „die Vorsehung hat uns bei weitem nicht diese Rolle zugedacht, ja, es scheint sogar, als ob sie sich um unser Schicksal überhaupt nicht gekümmert hat ..., heute sind wir jedenfalls in der Welt des Geistes ein unbeschriebenes Blatt"[8].

Die Regierung war empört und erklärte Čaadaev für geisteskrank, aber in den intellektuellen Kreisen Petersburgs und Moskaus fanden seine provozierenden Äußerungen eine lebhafte Resonanz und entfachten eine leidenschaftliche, lang andauernde Diskussion über die Identität und Mission Russlands in der Weltgeschichte. Beeinflusst zunächst vom deutschen Idealismus und der Romantik, späterhin von den französischen Sozialisten bildeten sich Anfang der 40er Jahre zwei unterschiedliche Denkschulen heraus, deren Auffassungen bis heute nachwirken.

Den einen Pol bildeten die „Westler", zu deren prominentesten Vertretern der Historiker T. N. Granovskij, der Literaturhistoriker V. G. Belinskij und Alexander Herzen zählten. Trotz erheblicher individueller Unterschiede in ihren Konzeptionen und Zielvorstellungen war ihnen die Überzeugung gemeinsam, dass der von Peter dem Großen eingeschlagene Weg nach Europa fortgesetzt und dahingehend erweitert werden müsse, dass in Russland die bürgerlichen Freiheiten, politische Mitsprache und soziale Gerechtigkeit Einzug hielten. Autokratie, Leibeigenschaft und eine dominierende Stellung der Orthodoxie als Staatsreligion waren damit nicht vereinbar, wenn auch die konkrete Frage, welche Rolle denn der Zar exakt spielen solle, im Laufe der Zeit unterschiedliche Antworten erfuhr. Nicht als programmatisches Manifest, wohl aber als repräsentatives Zeugnis der Anschauungen der „Westler" kann das Plädoyer Belinskijs gegenüber Gogol aus dem Jahre 1847 gelten: „Russland sieht seine Rettung nicht im Mystizismus, nicht in der Askese und nicht in der Frömmigkeit, sondern in den Erfolgen der Zivilisation, in der Aufklärung und in der Menschlichkeit. ... Russland braucht Rechte und Gesetze, die nicht mit den Lehren der Kirche, sondern mit dem gesunden Menschenverstand und Gerechtigkeit im wahrsten Sinne des Wortes in Einklang stehen."[9]

Den Gegenpol zu den „Westlern" bildete die zahlenmäßig kleinere, vorrangig in Moskau lebende Gruppe der Slawophilen. Sie kritisierten am Westen, dass seine Lebensweise zu einseitig von der berechnenden, zergliedernden Vernunft bestimmt sei, und warfen ihm überdies vor, Russland feindselig gegenüberzustehen und es ausgrenzen zu wollen. „In den Augen Europas", resümierte Ivan Aksakov, „ist Russland schon durch die bloße Tatsache schuldig, dass es besteht."[10] Bereits aus diesem Grunde sahen die Slawophilen den Aufbruch Peters des Großen nach Europa als gravierenden Fehler an, der jedoch noch dadurch verschärft worden sei, dass er die organische Entwicklung Russlands deformiert habe. Russland habe sich darum wieder auf seine wahren, in der Vergangenheit angelegten Werte zu besinnen und sie weiterzuentwickeln. Die oberste Richtlinie des russischen Lebens müsse erneut der orthodoxe Glaube werden mit seinem Gebot der Nächstenliebe und dem christlichen Gemeinschaftsgeist (sobornost'). Die Leibeigenschaft hatte auch in diesem System keinen Platz. Anders verhielt es sich mit der Autokratie. Die Slawophilen akzeptierten sie mit der Begründung, dass das russische Volk seinem Wesen nach unpolitisch sei, sowie unter der Bedingung, dass der Zar seine Herrschaft fürsorglich am Willen und Wohl des Volkes ausrichte. Konstantin Aksakov brachte es auf die Formel: „Der Regierung die unbegrenzte Freiheit der Herrschaft, die ihr ausschließlicher Besitz ist, dem Volk die volle Freiheit sowohl des äußeren wie inneren Lebens, das die Regierung beschützt."[11] Nikolaus I. verstand sehr wohl, dass solche Anschauungen sich mit seinen Regierungsmaximen nicht vertrugen, und so zählte er die Slawophilen nicht viel anders als die „Westler" zu seinen erklärten Gegnern.

Einen nachhaltigen Eindruck machte auf die „Westler" wie die Slawophilen die Revolution von 1848/49. Manche „Westler" wie der seinerzeit in Paris lebende A. Herzen waren enttäuscht von der Selbstsucht und Brutalität der Bourgeoisie und näherten sich den Vorstellungen der Slawophilen an, indem sie deren idealisierende Vorliebe für die Bauerngemeinde (mir) mit ihrem Gemeinbesitz an Grund und Boden zu teilen begannen, in der Illusion, auf diesem Wege den Sozialismus in Russland unmittelbar verwirklichen zu können. Die Slawophilen umgekehrt fühlten sich vielfach durch den Verlauf der Revolution von 1848/49 in ihren Ansichten bestätigt und sahen die „große Stunde" kommen, in der das gläubige Russland das Erbe des zusammenbrechenden Okzidents antreten werde.

Mit ihrer ablehnenden Haltung gegenüber der Leibeigenschaft waren die „Westler" und Slawophilen nicht so weit von den Auffassungen des Zaren entfernt, wie es den veröffentlichten Proklamationen nach den Anschein haben mochte. In dem handverlesenen Kreis des Reichsrates erklärte Nikolaus I. im April 1842 unumwunden, es könne kein Zweifel bestehen, dass die existierende Leibeigenschaft „ein eindeutiges und offenkundiges Übel" sei. Was ihn beunruhigte, war die erkennbar wachsende Erbitterung unter den Bauern, die sich in einem großen Aufstand entladen konnte, an dem sich möglicherweise auch Angehörige anderer Stände, die mit ihrer Lage unzufrieden waren, beteiligen würden. In seinem Bericht für das Jahr 1839 hatte der Chef der Dritten Abteilung dieses Schreckensszenario mit den Worten beschworen: „Überhaupt ist die Leibeigenschaft eine Pulverkammer unter dem Staat und um so gefährlicher, als die Armee aus Bauern besteht und sich heute eine ungeheure Masse von grundbesitzlosen Adligen aus Beamten zusammensetzt, die von Ehrgeiz getrieben sind, und da sie nichts mehr zu verlieren haben, sich über jede Verwirrung freuen."[12] Noch größer freilich als die Furcht des Zaren vor einem solchen Aufruhr war seine Angst, dass er mit radikalen Maßnahmen gegen die Leibeigenschaft den dezidierten Widerstand des grundbesitzenden Adels herausfordern würde. Die viel berufene Selbstherrschaft blieb an die vorherrschenden Adelsinteressen gebunden. Es war Graf Uvarov, der dem Zaren diese Zwänge wiederholt in Erinnerung rief. Die Leibeigenschaft, argumentierte er, sei ein Baum, der Thron und Altar beschütze. Schaffe man sie ab, werde der Adel nach Kompensationen schauen; es gebe aber keine anderen als im ureigenen Bereich der Autokratie. „Die politische Religion", fasste er sein Plädoyer zusammen, „hat ebenso wie die christliche Religion ihre unverletzlichen Dogmen: In unserem Fall sind es Autokratie und Leibeigenschaft.“[13]

Nikolaus I. trug diesen Beschwörungen Rechnung, indem er in der schon angesprochenen Rede vor dem Reichsrat im April 1842 versicherte, der gegenwärtige Zustand könne natürlich nicht ewig währen, aber grundlegende Änderungen seien eine Sache der fernen Zukunft und jeglicher Gedanke daran in der Gegenwart wäre ein kriminelles Sakrileg gegen die öffentliche Sicherheit und das Wohlergehen des Staates. Obwohl sich in der Regierungszeit Nikolaus' I. zehn – natürlich – geheime Komitees mit der Frage der Leibeigenschaft beschäftigten, war das Ergebnis unter den aufgezeigten Vorgaben vorhersehbarerweise dürftig. Das Gesetz vom 2. 4. 1842 schrieb praktisch nur das Dekret über die „freien Landbewohner“ vom 20. 2. 1803 fort, wonach es den Leibeigenen und ihren adligen Besitzern freistehen sollte, im gegenseitigen Einvernehmen Verträge über die persönliche Freilassung und die allfällige Überlassung von Land abzuschließen.

Einen größeren Gestaltungsspielraum als gegenüber den Leibeigenen des russischen Adels besaß die Regierung gegenüber den Kron- und Staatsbauern, die etwa die Hälfte der an die Scholle gebundenen Bauern stellten. Der Zar bekundete seine Absicht, hier aktiv zu werden, indem er im April 1836 seiner Kanzlei eine „Fünfte Abteilung“ angliederte, die im Dezember 1837 in das Ministerium für Staatsdomänen umgewandelt wurde. Chef beider Behörden wurde Graf Pavel D. Kiselev. An eine Veränderung der rechtlichen Stellung der Bauern war natürlich nicht zu denken, aber Kiselev bemühte sich, ihnen entgegenzukommen, indem er die Verwaltung effizienter gestaltete, ca. 16000 Bauern durch Umsiedlung mit mehr Land ausstattete und Schulen sowie Musterfarmen einrichten ließ, um die Bauern mit produktiveren Anbaumethoden bekannt zu machen. Die Resonanz bei den Bauern war indes zwiespältig. Viele fürchteten, die Regierung beabsichtige eine Art neuer Militärkolonien einzurichten. Als in den Jahren von 1840 bis 1843 als Nahrungsreserve der zwangsweise Anbau von Kartoffeln, die die Bauern nicht kannten, angeordnet wurde, kam es sogar in dem weitläufigen Dreieck zwischen Kazan', Perm' und Orenburg zu heftigen Aufständen, die nur unter Einsatz regulärer Truppen niedergekämpft werden konnten.

Über die angesprochenen Dimensionen hinaus beeinträchtigten Schollenpflichtigkeit und Leibeigenschaft zusätzlich die ökonomische Modernisierung Russlands mit fatalen Auswirkungen auf seine machtpolitische Positionierung im europäischen Mächtekonzert. Das mochte auf den ersten Blick nicht sichtbar sein, denn auf Grund der Abschaffung der englischen Getreidezölle 1846 verdoppelte sich der russische Weizenexport zwischen 1846 und 1850 nahezu gegenüber dem Vergleichszeitraum von 1841 bis 1845. Im industriellen Bereich waren es Sparten, die auf der Basis von Lohnarbeit produzierten und sich zeitgemäßer Maschinen bedienten, wie die auf die Verarbeitung von Baumwolle spezialisierten Unternehmen, die florierten und große Gewinne machten.

Da aber, wo die industrielle Revolution unbeachtet blieb und weiterhin vornehmlich mit Leibeigenen gearbeitet wurde, wie in der Eisenindustrie, fiel Russland trotz eigener Produktionssteigerungen im internationalen Vergleich dramatisch zurück; hatte das Zarenreich in der Gusseisenproduktion zu Beginn der Regierungszeit Nikolaus' I. nach

Großbritannien noch den zweiten Platz eingenommen, so war es um die Jahrhundertmitte bereits auf den achten Rang – hinter Österreich – zurückgefallen. Das war wiederum ein wesentlicher Grund, weshalb die Verbesserung der russischen Infrastruktur durch den Bau von Eisenbahnlinien nicht über erste Ansätze hinauskam. Die russische Industrie konnte schon das Gleismaterial nicht bedarfsgerecht liefern, von Lokomotiven und Waggons ganz zu schweigen. Deshalb wurden nach der Vorzeigelinie St. Petersburg–Carskoe Selo unter vorrangigem Einsatz von englischem und amerikanischem Material nur die Strecken St. Petersburg–Moskau und Warschau–Wien gebaut, so dass Russland am Ende der Regierungszeit Nikolaus' I. lediglich über Schienenwege von 650 Meilen verfügte. Frankreich hingegen besaß zu diesem Zeitpunkt bereits ein Streckennetz von 2000 Meilen, das seinerseits übertroffen wurde von dem der deutschen Staaten mit 5000 Meilen und dem Englands mit 7000 Meilen. Das amerikanische Streckennetz belief sich sogar schon auf 9000 Meilen.

Neben der technologischen Rückständigkeit gab es freilich noch andere gewichtige Hemmnisse für den russischen Eisenbahnbau. Finanzminister Kankrin wollte die gerade stabilisierte Währung nicht durch hohe Verschuldungen gefährden, und nicht ohne Einfluss blieb auch sein in konservativen Kreisen geläufiger Einwand, Eisenbahnen würden „verstärkt zu überflüssigen Reisen führen und damit den ruhelosen Geist unseres Zeitalters verstärken".

Die Revolutionsfurcht trieb Nikolaus I. ständig um. Nach dem Dekabristenaufstand waren es die französische und die belgische Revolution von 1830, die ihn Interventionsgedanken hegen ließen, bis der polnische Aufstand 1830/31 seine ganze Aufmerksamkeit in Anspruch nahm. Ausgelöst Ende November 1830 durch junge Offiziere, die nicht frei von persönlichem Ehrgeiz waren, entwickelte sich die Erhebung bis Mitte Dezember doch zu einem vom Sejm legitimierten „Akt der Nation", der am 25. 1. 1831 (n. St.) in dem Parlamentsbeschluss der Absetzung Nikolaus' I. als polnischer König gipfelte. Im gesamten liberalen Europa wurde der Freiheitskampf der Polen bejubelt, zumal er unter der mitreißenden Parole „für unsere Freiheit und für eure" geführt wurde. Doch die militärischen Kräfteverhältnisse waren auf die Dauer zu ungleich. Am 26. 8./6. 9. 1831 ordnete Feldmarschall Paskevič den Generalangriff auf die polnische Hauptstadt an. Bereits zwei Tage später konnte er dem Zaren melden: „Warschau liegt zu Füßen Ihrer Kaiserlichen Majestät." Während etwa 9000 Polen ins Exil gingen – die „Große Emigration" – und Paris zum Zentrum ihrer weiteren politischen Aktivitäten machten, vollzog der Zar das Strafgericht über Land und Leute. Den Anführern der Aufständischen wurde der Prozess gemacht und etliche wurden in absentia zum Tode verurteilt; mehr als 3000 Güter wurden konfisziert und zum Teil russischen Offizieren übereignet. Was Kongresspolen als Ganzes betraf, wurde die Verfassung von 1815 außer Kraft gesetzt und durch das „Organische Statut" vom 14./26. 2. 1832 ersetzt, das die rechtliche Sonderstellung Polens zwar nicht gänzlich aufhob, aber doch substantiell einschränkte. Die polnische Armee und der polnische Reichstag wurden aufgelöst. Eine polnische Partisanenaktion im März 1833 nahm der Zar zum Anlass, den Ausnahmezustand über das Land zu verhängen, der bis 1856 andauern sollte und durch weitere repressive Maßnahmen noch verschärft wurde.

Mit den beiden anderen Teilungsmächten Preußen und Österreich vereinbarte Nikolaus I. im September 1833 auf der Konferenz von Münchengrätz die Erneuerung der Heiligen Allianz und gegenseitige Unterstützung, falls es zu neuen Unruhen seitens der Polen kommen sollte. Als in der Republik Krakau im Februar 1846 ein Aufstand ausbrach, ließen ihn der russische Zar und der österreichische Kaiser von ihren Truppen niederschlagen. Anschließend dekretierten sie mit preußischer Billigung – ungeachtet englischer und französischer Proteste – die Einverleibung des Gebiets in das Kaiserreich Österreich.

Damit sollte es nicht sein Bewenden haben. Der Ausbruch der Revolution in Frankreich im Februar 1848 und ihr rasches Übergreifen auf Preußen und Österreich erschreckten Nikolaus I. zutiefst. Er hegte die Befürchtung, dass die Revolution auch in Russland zum Zuge kommen könne, sei es, dass sie von außen nach Russland hineingetragen würde, sei es, dass sie in Russland selbst ausbräche. Die Ängste sollten sich indes in der Realität als unnötig erweisen. Obwohl es in Russland auf Grund der Autokratie und Leibeigenschaft prinzipiell genügend Potential für eine Revolution gab, das konkret noch durch akute Krisen wie eine furchtbare Choleraepidemie, katastrophale Hungersnöte und riesige Feuersbrünste im Jahr 1848 verschärft wurde, kam es zu keinen nennenswerten Erhebungen. Der im April 1849 ausgehobene konspirative Kreis um Michail V. Butaševič-Petraševskij, dem auch Fedor M. Dostojevskij angehörte, hegte, wie sogar die vom Zaren eingesetzte Untersuchungskommission attestierte, keine definitiven Aufstandsabsichten, sondern erging sich lediglich in mehr oder weniger radikalen Diskussionen, die allenfalls als „Verschwörung der Ideen“ einzustufen waren. Auch die zweite Sorge, die Revolution könnte von außen nach Russland hineingetragen werden, erwies sich als überflüssig. Im Juni 1849 sah sich Nikolaus I. sogar in der Lage, zur Gegenoffensive überzugehen. Auf Bitten des österreichischen Kaisers ließ er von seinen Armeen den Aufstand der revolutionären Ungarn niederschlagen, in deren Reihen auch zahlreiche Polen kämpften; mit General Józef Bem stellten sie sogar einen der Führer der Erhebung. Der Sieg über die Insurgenten bannte zugleich auch die Gefahr, dass die Polen einen Aufruhr in Russland auslösen könnten.

Die erfolgreiche Intervention demonstrierte überdies die machtpolitische Stärke Russlands, die sich zuvor schon in der erfolgreichen Maßregelung Preußens in der schleswigholsteinischen Frage gezeigt hatte und die späterhin, 1850, erneut unter Beweis gestellt wurde, als der Vertreter des Zaren in Olmütz zur Streitschlichtung zwischen Österreich und Preußen mehr oder weniger dezidiert beitrug.

Der Zar sah in all diesen Begebenheiten einen neuerlichen Beweis dafür, dass er die Regierung im Sinne der Vorsehung führte und wie kein anderer berufen sei, den Prinzipien der gottgewollten Ordnung im Innern und nach außen Geltung zu verschaffen. Weniger aus weiter wirkender Revolutionsangst als aus dem Gefühl einer übersteigerten Selbstgewissheit leitete der Zar nun jene Phase unnachsichtiger Repressionspolitik ein, von der er selbst behauptete, sie entspreche dem „russischen Geist“, während es aus liberaler Sicht eher angebracht war, von borniertem und engstirnigem „Zensurterror“ zu sprechen. Hatte Nikolaus I. in seinem Krönungsmanifest 1826 seinen Untertanen noch grundsätzlich zugestanden, in devoter Ehrerbietigkeit Vorschläge zur allmählichen Vervollkommnung des öffentlichen Wohles einzubringen, so verfügte er im März 1849, „es ist weder erlaubt, unsere Regierungsbehörden zu loben, noch zu tadeln. Man muss sich unterordnen und seine Überlegungen für sich behalten"[14].

Außenpolitik

Neben dem Kampf gegen die Revolution konzentrierte sich die russische Außenpolitik unter Nikolaus I. insbesondere auf die „orientalische Frage". Von seinem Vorgänger hatte der Zar in dieser Hinsicht zwei Problembereiche übernommen. Zum einen galt es, die russische Haltung zum griechischen Unabhängigkeitskrieg, der 1821 begonnen hatte, zu definieren, und zum anderen galt es, grundsätzlich das Verhältnis zum Osmanischen Reich zu klären. Was die Griechen betraf, so hegte Nikolaus I. für ihren Freiheitskampf keine Sympathie, da dieser gegen das Legitimitätsprinzip verstieß und – wie der Zar meinte – zu befürchten stand, dass er als schlechtes Beispiel bei anderen Völkern Schule machen könnte. Andererseits sprachen gewichtige Gründe dafür, sich der Griechen anzunehmen. Sie waren Glaubensbrüder, und die zarischen Regierungen seit Katharina II. hatten wiederholt und sogar vertraglich insistiert, ihnen obliege eine besondere Verantwortung für die orthodoxen Christen im Osmanischen Reich. Des Weiteren befand sich ein beträchtlicher Teil des zunehmend an Bedeutung gewinnenden russischen Schwarzmeerhandels in griechischer Hand. 1827 trat zudem mit I. A. Capodistrias ein Mann an die Spitze der Griechen, der das russische Vertrauen genoss, hatte er doch zuvor mehr als ein Jahrzehnt lang an der Spitze des russischen Außenministeriums gestanden. Nicht minder politikbestimmend als all diese Faktoren erwies sich indes russischerseits die Furcht, dass andere Mächte, insbesondere Großbritannien, die „griechische Frage" als willkommenen Hebel nutzen könnten, um im östlichen Mittelmeer im Bereich der Zufahrtswege zu den Meerengen einen Vasallenstaat zu begründen. Da London vice versa ähnliche Befürchtungen im Hinblick auf Russland hegte, lag es nahe, den Knoten durch eine bilaterale diplomatische Übereinkunft zu lösen. Das geschah durch das Petersburger Protokoll vom 27. 3./4. 4. 1826, das unter Hinzuziehung Frankreichs am 24. 6./6. 7. 1827 zum Londoner Vertrag erweitert wurde; in beiden Dokumenten vereinbarten die Mächte, dass Griechenland ein autonomer Staat werden, aber unter der Oberherrschaft der Hohen Pforte verbleiben sollte. Der Sultan zeigte allerdings wenig Neigung, auf das für ihn abträgliche Ansinnen einzugehen, zumal die Griechen am Ende ihrer Kräfte zu sein schienen und Athen im Juni 1827 erobert worden war. Die Schlacht bei Navarino am 8./20. 10. 1827, in der die türkische Flotte von einem britisch-russisch-französischen Geschwader unter englischem Oberbefehl völlig vernichtet wurde, tat ein Übriges, die Sache zu komplizieren, denn aus Gründen politischer Opportunität schob der Sultan gegen alle Evidenz vor allem Russland die Verantwortung für den angeblich unprovozierten Angriff zu. In dem folgenden Krieg sah sich das Osmanische Reich indes mit fortschreitendem Verlauf auf die Verliererstraße gedrängt und musste schließlich im Friedensvertrag von Adrianopel vom 2./14. 9. 1829 gemäß Art. 10 einwilligen, die erläuterten Vereinbarungen des Petersburger Protokolls beziehungsweise des Londoner Vertrags zu akzeptieren – freilich vorbehaltlich einer internationalen Konferenz, die über das endgültige Schicksal Griechenlands befinden sollte. Daran zeigte sich vor allem London interessiert, wo ein Umdenkungsprozess stattgefunden hatte. Besorgt darüber, dass die Pforte nicht in der Lage sein könnte, Griechenland vor russischer Einflussnahme zu bewahren, revidierte der nunmehrige britische Premierminister, der Duke of Wellington, seine frühere Parteinahme für ein autonomes Griechenland unter türkischer Oberherrschaft und vertrat nun die Auffassung, dass ein unabhängiger griechischer Staat seine Eigenständigkeit gegenüber Russland entschiedener und erfolgreicher werde verteidigen wollen und können. Nikolaus I., der eher an einer konservativen Verfassung als an der staatsrechtlichen Stellung Griechenlands interessiert war, stimmte zu, und so wurde durch den Beschluss der Signatarmächte des Londoner Vertrags vom 24. 6./6. 7. 1827 am 3. 2. 1830 (n. St.) für Griechenland die Unabhängigkeit unter einer erblichen Monarchie vereinbart. Der Sultan akzeptierte die Regelung gezwungenermaßen im Juli 1832. Wie sich zeigen sollte, ging das britische Kalkül auf, und Griechenland lehnte sich sehr bald an die Westmächte an und blieb außerhalb des russischen Einflussbereichs, was freilich auch durch die Ermordung Capodistrias' am 9. 10. 1831 (n. St.) begünstigt wurde.

Das bedeutete freilich nicht, dass Russland nun mit leeren Händen dastand. Es hatte im Frieden von Adrianopel außer der provisorischen Regelung der griechischen Frage noch weitere, unmittelbar wirksame Zugeständnisse erreicht. In Fest- und Fortschreibung der dem Sultan ultimativ abgerungenen Konvention von Akkerman vom 25. 9./7. 10. 1826 musste die Hohe Pforte an der Ostküste des Schwarzen Meeres einige Festungen und Häfen übergeben und die seitens Persiens im Februar 1828 erfolgte Abtretung der Khanate Eriwan und Nachitschewan an Russland anerkennen. Im Westen, auf der Balkanhalbinsel, erhielt das Zarenreich nicht allein die Schutzherrschaft über die Donaufürstentümer zugesprochen, sondern ihm wurde darüber hinaus das Donaudelta und die damit verbundene Kontrolle über die Schifffahrt zugestanden. Der russischen Handelsschifffahrt wurde erneut die unbehinderte Passage durch die Meerengen zugesichert, zuzüglich einer privilegierten Behandlung der russischen Kaufleute auf osmanischem Gebiet.

Damit sollte es aber noch nicht sein Bewenden haben. Als der Sultan 1831/32 im Kampf mit dem Vizekönig von Ägypten um seine Herrschaft bangen musste und sich England zunächst heraushielt, weil es von der großen Parlamentsreform absorbiert war, sah er sich genötigt, ein russisches Hilfsangebot anzunehmen. Mit Hilfe der dadurch aufgestörten Westmächte gelang es, die Krise zu bewältigen, aber der Sultan sah es doch als in seinem Interesse liegend an, ein ostentativ gutes Verhältnis zu dem Nachbarstaat aufrechtzuerhalten. Da das umgekehrt auch den russischen Intentionen entsprach, wurde am 26. 6./8. 7. 1833 in Unkiar Skelessi ein russisch-türkischer Allianzvertrag abgeschlossen, in dem beide Mächte übereinkamen, bei Gefährdung der äußeren und inneren Sicherheit einander zu konsultieren und sich jedweden Beistand zu leisten. In einem Geheimartikel verpflichtete sich der Sultan zudem, zu Gunsten Russlands die Meerengen für alle fremden Kriegsschiffe zu sperren. Das Zarenreich war mit diesem Vertrag zum alleinigen Protektor des Osmanischen Reiches avanciert, was den russischen Wünschen vortrefflich entsprach. Sie waren in erster Linie darauf ausgerichtet, ein schwaches, aber integres Osmanisches Reich zu erhalten, das dank seiner Ohnmacht der russischen Einflussnahme offen stand, während die Wahrung der Integrität verhinderte, dass sich eine starke Großmacht vor der Haustür Russlands festsetzen konnte.

Eine solche Verschiebung und Fixierung der Kräfteverhältnisse wollten aber die übrigen interessierten Großmächte nicht hinnehmen. Besonders hoch schlugen die Wellen der Erregung in Großbritannien, denn selbst der Geheimartikel war schon nach wenigen Tagen bekannt, und man fürchtete in London nicht nur um den eigenen politischen Einfluss und die Zukunft der lukrativen Handelsbeziehungen mit dem Osmanischen Reich, sondern man sah auch die strategisch wichtigen Zufahrtswege nach Indien gefährdet. Vehemente Russophobie in allen Kreisen der britischen Gesellschaft war die Folge.

Auf offizieller Ebene bahnte sich jedoch um 1840 eine Entspannung an, weil der Zar, von den heftigen Reaktionen erschreckt, signalisierte, er wolle den auf acht Jahre terminierten Vertrag von Unkiar Skelessi nicht verlängern. Um der russischen Sicherheit und den Interessen der übrigen Staaten gleichermaßen Rechnung zu tragen, wurde in der Londoner Konvention vom 1./13. 7. 1841 von den fünf Großmächten – Russland, England, Frankreich, Österreich und Preußen – gemeinschaftlich vereinbart, dass die Pforte, solange sie sich selbst im Friedenszustand befinde, keinen fremden Kriegsschiffen die Durchfahrt durch die Meerengen gestatten werde. Durch einen Besuch in Großbritannien 1844 glaubte der Zar, die noch bestehenden Unstimmigkeiten endgültig eliminiert zu haben.

Das sollte sich als Fehleinschätzung erweisen, zumal man sich in London nach der russischen Dominanzpolitik 1848/49 eindringlicher die Frage stellte, ob die russische Großmacht in Europa nicht übermächtig werde. Der Zar seinerseits ließ es nach 1848/49 in seinem triumphalen Selbstwertgefühl an der bisherigen Vorsicht und Sensibilität fehlen. Anfang der 50er Jahre manövrierte er sich selbst ins politische Abseits. Von Frankreich ließ er sich in einen kleinlichen, aber Emotionen schürenden Zwist über die Schlüsselgewalt an den Heiligen Stätten in Palästina verstricken, und London irritierte er durch wiederholte Auslassungen gegenüber dem britischen Botschafter, in denen er die territoriale Aufteilung des Osmanischen Reiches konkret antizipierte. Der Zar beteuerte zwar, er wolle den Status quo erhalten und nur rechtzeitig Krisenvorsorge betreiben, aber in London argwöhnte man, der Zar betreibe genau umgekehrt die Aufteilung der Türkei und wolle nur noch bis zu einer vorwegnehmenden Einigung am Status quo festhalten. Das provozierende Auftreten des russischen Sondergesandten, Fürst A. S. Menšikov, in Konstantinopel in den ersten Monaten des Jahres 1853 verstärkte das britische Misstrauen. Unter solchen Auspizien wirkte der ohne Kriegserklärung am 21. 6./3. 7. 1853 erfolgende Einmarsch russischer Truppen in die Donaufürstentümer zur Durchsetzung der vertraglich zugestandenen Protektoratsbefugnisse wie die reale Eröffnung des Teilungsprozesses. Unbestreitbar war es auf jeden Fall ein aggressiver Akt. Von der unbedingten Gefolgschaftstreue Österreichs und Preußens überzeugt versäumte es der Zar fatalerweise sogar, seine Handlungen rechtzeitig mit Wien und Berlin abzustimmen. Diplomatische Vermittlungsversuche in letzter Minute zeitigten auch deshalb keinen Erfolg, weil die Pforte nun mit der Rückendeckung Englands und Frankreichs die erwünschte Chance sah, dem großen Nachbarn eine nachhaltige Lektion zu erteilen. Sie erklärte Russland am 4./16. 10.

1853 den Krieg und brachte damit die Lawine endgültig ins Rollen. Russland antwortete mit der Kriegserklärung vom 20. 10./1. 11. 1853, und im März 1854 traten auch Großbritannien und Frankreich offen auf Seiten der Türkei in den Krieg ein. Österreich und Preußen blieben neutral, wobei die Wiener Regierung freilich deutlich zu erkennen gab, dass sie auf Kosten Russlands ihren eigenen Nutzen aus dem Konflikt zu ziehen gedachte. Das militärische Geschehen konzentrierte sich schließlich auf den Kampf um Sevastopol' auf der Halbinsel Krim. Nach 349-tägiger Belagerung musste die Festung am 27. 8./ 8. 9. 1855 kapitulieren, wobei der Kriegsverlauf insgesamt trotz der Tapferkeit und Improvisationskunst der Soldaten aller Dienstgrade die Defizite der russischen Großmacht schonungslos offen legte. Gefechtsführung und Kampftaktik waren unzeitgemäß, schnelle und effiziente Verbindungswege in den Süden fehlten ganz, auch konnte weder die Versorgung mit Lebensmitteln noch mit Waffen sichergestellt werden. Überdies waren insbesondere die Gewehre im Hinblick auf Schussweite und -genauigkeit technisch veraltet, ganz zu schweigen von den Unterschleifen, die dazu führten, dass Patronen in großen Mengen nicht mit Pulver, sondern mit Hirse gefüllt waren oder dass in einem anderen Fall von 1500 gelieferten Gewehren 1490 defekt waren. Dennoch darf das Bild auch nicht zu schwarz gemalt werden, denn gegenüber den Türken, die ihrerseits über keine moderne Armee verfügten, gelangen den Russen beachtliche Erfolge. Der definitive Entschluss, den Krieg zu beenden, wurde dann auch erst unter dem Eindruck des österreichischen Ultimatums vom 15. 12. 1855 (n. St.) gefasst. Die Entscheidung traf Alexander II., der seinem bereits im Februar 1855 verstorbenen Vater als Zar gefolgt war.

Der am 18./30. 3. 1856 in Paris geschlossene Friede war nicht so hart, wie es einer der einflussreichsten Widersacher Russlands in Großbritannien, Lord Palmerston, gewünscht hätte. Entgegen seinem Anraten wurde vom Zarenreich nicht die Abtretung der westlichen und südlichen Randgebiete von Finnland und Polen bis zum Kaukasus verlangt. Aus der Sicht der Unterlegenen waren die Bedingungen aber dennoch unerwartet drückend und demütigend. Russland musste die Donaumündungen abtreten, die exklusive Schutzherrschaft über die Donaufürstentümer sowie über die Christen im Osmanischen Reich aufgeben und sich in den so genannten Pontusklauseln mit der Neutralisierung des Schwarzen Meeres einverstanden erklären. Selbst zu seiner eigenen Verteidigung durfte es weder eine Kriegsflotte in diesem Gewässer noch Befestigungen an dessen Ufer unterhalten. Die Meerengen wurden für alle Kriegsschiffe gesperrt. Obwohl das, langfristig gesehen, nicht Punkt für Punkt das letzte Wort blieb, markierte der Friede doch den Gezeitenwechsel hinsichtlich der außenpolitischen Dominanz des Zarenreiches, wenn es auch eine ständige Größe im Konzert der europäischen Mächte blieb.

3. Alexander II., 1855–1881

Die Großen Reformen

Dank der Aufhebung der Leibeigenschaft hat der im Februar 1855 zur Herrschaft gelangte Alexander II. den ehrenvollen Beinamen „Zar-Befreier“ erhalten. Ein Revolutionär auf dem Thron war der Kaiser indes keineswegs. Es war vielmehr die Einsicht, dass der Krimkrieg nicht allein auf Grund der militärischen Niederlagen, sondern wegen der allgemeinen Rückständigkeit verloren gegeben werden musste, die Alexander II. drängte, die Modernisierung Russlands in Angriff zu nehmen, um den Großmachtstatus nicht unwiederbringlich zu verlieren. „Das Werk der Aufhebung der Leibeigenschaft", erklärte er vor dem Reichsrat am 29. 1. 1861, „ist eine Überlebensfrage, von der die Entwicklung der Kräfte und der Macht Russlands abhängt." Vom Adel erwartete er, dass er für diese „höhere Gewalt" Verständnis aufbringen und sich fügen werde, aber vorsorglich rührte er auch an die stets wache Angst vor einer neuen Pugačevščina, indem er am 30. 3. 1856 bei seiner ersten Ankündigung , die Leibeigenschaft aufzugeben, den Moskauer Adel mit dem Argument zu gewinnen suchte, es sei besser, das System „von oben her abzuschaffen, als auf den Augenblick zu warten, in dem es von unten abgeschafft wird"[15].

Bei vielen Adligen hätte es solcher Beschwörungen gar nicht bedurft. Manche, die „reumütigen Adligen", empfanden die Leibeigenschaft längst als moralische Schmach, andere hatten bereits eingesehen, dass die Leibeigenschaft gegen jegliche ökonomische Vernunft verstieß und auch nicht geeignet war, längerfristig und umfassend den materiellen Lebensstandard abzusichern, weil mehr als 60% der Adligen über weniger als 25 Leibeigene verfügten und jeder Leibeigene, der gemeinhin einen Wert von 100 Rubeln repräsentierte, im Durchschnitt bereits in einer Höhe von 69 Rubeln verpfändet war. Das Gros der Adligen und insbesondere ihre Standesvertreter sperrten sich jedoch gegen die Aufhebung der Leibeigenschaft, auch wenn die Mehrheit von ihnen verstand, dass ein grundsätzlicher, fundamentaler Widerstand nicht durchzuhalten war, sei es aus Loyalität gegenüber dem Zaren, sei es aus Furcht vor der Öffentlichkeit, nachdem Alexander II. seine Pläne publik gemacht hatte. Worum es den Zauderern ging und worum nahezu fünf Jahre gerungen wurde, war die Frage, wie aus der letztlich unvermeidlichen Aufhebung der Leibeigenschaft ein möglichst profitables Geschäft zu machen sei. Einen großen Erfolg erzielten die Konservativen mit der prinzipiellen Anerkenntnis, dass der Grund und Boden Eigentum der adligen Grundherren sei. Der Zar machte aber auch die Vorgabe, dass die Bauern mit Land auszustatten seien, damit sie ihren Lebensunterhalt bestreiten und Steuern zahlen könnten und andererseits Hungerrevolten vermieden würden. Diese Weisung rief unterschiedliche Reaktionen hervor. Die Gutsherren im mittleren und nördlichen Russland ließen sich bereitwillig darauf ein, weil auf Grund der minderen Qualität ihrer Ackerböden für sie die Arbeitskraft der Leibeigenen im Vordergrund stand und sie die Hoffnung hegten, über die Ablösesummen für das Land einen stattlichen Gewinn zu erzielen. Für die Gutsherren im Süden bildeten aber die fruchtbaren Schwarzerdeböden der Bauern die eigentliche lukrative Entschädigung für deren Freilassung. Sie wollten also so viel wie möglich von dem Land einziehen und so wenig wie möglich pflichtmäßig abtreten. Diese und andere Querelen wurden mühsam zu Kompromissen verarbeitet, was dazu führte, dass das Gesetzeswerk insgesamt 400 Seiten umfasste.

Ohne auf die Details einzugehen, verkündete der Zar durch ein Manifest vom 19. 2. 1861, dem Jahrestag seines Regierungsantritts: „Die Leibeigenschaft über die Bauern, die auf dem Grund und Boden von Gutsbesitzern angesiedelt sind, und über das Hofgesinde wird für immer aufgehoben."[16] Die spontane Freude und Begeisterung, die dieses Edikt innerhalb und außerhalb der Grenzen Russlands hervorrief, verflüchtigte sich freilich zusehends, als die Ausführungsbestimmungen im Einzelnen bekannt wurden. Um den divergierenden Interessen der adligen Gutsbesitzer Rechnung zu tragen, war das Reich in verschiedene Zonen eingeteilt und noch mehrfach unterteilt worden; für die so abgesteckten Bezirke wurde jeweils ein Maximum und Minimum an Land vorgegeben, das den Bauern zu überlassen war. Ohne Ablösesumme kamen die Bauern nur davon, wenn sie sich mit einem Viertel des festgelegten Maximums zufrieden gaben; nicht ohne Grund ist eine solche Zuschreibung als „Bettleranteil" bezeichnet worden. Wollten aber die Bauern das ihnen zustehende Land im vollen Umfang erwerben, so mussten sie mit dem Gutsherrn unter der Obhut eines „Friedensvermittlers" eine Übereinkunft über die Loskaufsumme erzielen, wobei der Wert des Landes nach dem ortsüblichen Pachtzins beziehungsweise den Abgaben, die der Bauer dem Gutsherrn zu entrichten hatte, berechnet wurde. Da diese Abgaben unter Zugrundelegung aller Einkünfte der Bauern fixiert wurden, etwa auch die Einnahmen aus Handel und Gewerbe einschlossen, waren die Loskaufsummen für das Land in der Regel höher als der reguläre Marktwert des Landes. Die durchschnittliche Differenz betrug in den Schwarzerdegebieten 20%, in den übrigen Gebieten sogar 90%. Es war nahe liegend, dass sich die Bauern auf ein solches Geschäft nur sehr zögerlich einließen, so dass die ursprünglich auf zwei Jahre veranschlagte Regulierungsfrist sowohl aus diesem Grund als auch wegen des Zauderns von Gutsherren, die auf die Bauern als unbezahlte Arbeitskräfte nicht verzichten wollten, bei weitem nicht ausreichte. Noch 1881 sah sich der Zar genötigt, eine definitiv letzte Frist für die Überschreibungen bis zum 1. 1. 1883 einzuräumen.

Der Staat übernahm es auch, die Gutsbesitzer auszuzahlen, wobei der größte Teil in Staatsschuldverschreibungen beglichen wurde. Den Bauern wurde das staatliche Darlehen mit sechs Prozent Zinsen und der Auflage in Rechnung gestellt, es in 49 Jahresraten zurückzuzahlen. Der Vertragspartner des Staates war allerdings nicht der einzelne Bauer, sondern die obščina, die Dorfgemeinde, die auch für die Eintreibung der weiterhin zu zahlenden Kopfsteuer anstelle des Gutsherrn verantwortlich gemacht wurde. Dafür erhielt sie im Gegenzug weitere Vollmachten. Generell wurde ihr Recht verstärkt, die Umverteilung des Landes vorzunehmen, wie sie auch ihr Plazet geben musste, wenn einer der Bauern die Dorfgemeinschaft verlassen wollte.

Dennoch vermochte die obščina die Erwartungen des Staates nur bedingt zu erfüllen. Die Bauerngemeinden blieben rasch und häufig mit den zu leistenden Zahlungen im Rückstand, wobei neben spezifischen Ursachen wie Missernten oder auch anzutreffenden Hinhaltepraktiken als vorrangige Erklärung hervorzuheben ist, dass die Bauern als Existenzgrundlage und Erwerbsquelle zu wenig Land hatten. Insgesamt war ihnen bei der Aufhebung der Leibeigenschaft nicht einmal so viel Grund und Boden zugestanden worden, wie sie bis 1861 bearbeitet hatten. Alles in allem wird der ihnen zugefügte Verlust an Land auf etwa 20% der von ihnen bewirtschafteten Fläche veranschlagt, wobei er in den Schwarzerdegebieten noch deutlich höher anzusetzen ist. In der Folgezeit kam überdies erschwerend das rasche Wachstum der Bevölkerung hinzu; speziell die Bauernschaft verdoppelte sich nahezu zwischen 1857 und 1895 von 48,4 Millionen auf 90 Millionen. Der ebenfalls zu beobachtende beachtliche Landzukauf durch die Bauern hielt mit dieser Progression nicht Schritt, wie auch das Zupachten von Land nicht ausreichte, ganz abgesehen davon, dass dadurch die finanziellen Belastungen der Bauern weiter in die Höhe getrieben wurden. Etwas besser als den ehemals leibeigenen Bauern erging es den Kron- und Staatsbauern, auf die die Bestimmungen des Manifests vom 19. 2. 1861 mutatis mutandis im Juni 1863 beziehungsweise im November 1866 ausgeweitet wurden, denn sie verfügten in der Regel über etwas mehr Land bei geringeren Verpflichtungen.

Eingedenk überkommener Mahnungen, die Leibeigenschaft schütze Thron und Altar und der Adel werde die Aufhebung der Leibeigenschaft zum Anlass nehmen, mehr Mitsprache zu fordern, versuchte Alexander II., der an der Selbstherrschaft festhalten wollte, aus der Not eine Tugend zu machen. Da der Krimkrieg auch die Unfähigkeit und Korruption der Bürokratie auf skandalöse Weise offen gelegt hatte, entschied sich der Zar, der Empfehlung einer Regierungskommission zu folgen und die Bevölkerung auf lokaler und regionaler Ebene stärker in die Verwaltung einzubinden. Am 1. 1. 1864 wurde das Dekret über die Einrichtung von Organen ländlicher Selbstverwaltung auf Kreis- und Gouvernementsebene verkündet. Die neuen Gremien wurden in Anlehnung an den Begriff zemlja („Land") als Zemstvos bezeichnet. Sie sollten vom Adel, den Städtern und den Bauern gewählt werden, wobei das Wahlverfahren, das dem preußischen Dreiklassenwahlrecht nachempfunden war, dafür Sorge trug, dass den Adligen eine hervorgehobene Rolle zufiel. Zu den Obliegenheiten der Zemstvos zählte die Wahrnehmung öffentlicher Aufgaben wie die Förderung von Landwirtschaft, Handel und Gewerbe, Verbesserung der Infrastruktur durch Straßenbau und -beleuchtung, soziale Fürsorge sowie der Ausbau des Schulwesens und der medizinischen Versorgung. Zur Bewältigung dieser Tätigkeiten konnten die Zemstvos im begrenzten Rahmen Steuern erheben und Spezialisten wie Ärzte, Ingenieure und Lehrer einstellen.

Um von vornherein dem erkennbaren Risiko vorzubeugen, dass die Zemstvos ihre Aufgabenbereiche und ihren Einfluss über das von der Regierung als zulässig erachtete Maß ausdehnten, wurde ihnen untersagt, untereinander Kontakte zu pflegen oder sich in die Gesetzgebung und Politik einzumischen. Dennoch unternahm der Adel des Gouvernements Moskau im Januar 1865 einen entsprechenden Vorstoß. Mit 270 zu 36 Stimmen nahm er eine Resolution an, in der der Zar gebeten wurde, eine Generalversammlung gewählter Vertreter des ganzen Landes einzuberufen, deren Aufgabe es sein sollte, Probleme zu erörtern, die den Staat in seiner Gesamtheit beträfen. Der Zar nahm diese Demarche zum Anlass, dezidiert zu demonstrieren, dass er nicht willens war, irgendwelche Einschränkungen seiner Macht auch nur zu erwägen. In Form eines offiziellen Reskripts wies er die Moskauer Resolution drohend mit den Worten zurück, „solche Abweichungen von der gesetzlichen Ordnung können es für mich nur schwierig machen, meine Pläne auszuführen; in keiner Weise dienen sie dem Zweck, den sie vielleicht verfolgen"[17].

Völlig aufzulösen war das Spannungsverhältnis zwischen Selbstherrschaft und Selbstverwaltung naturgemäß nie, und die Zügel wurden seitens der Macht bei Bedarf stärker angezogen, aber in den ersten Jahren fühlte sich der Zar stark genug, um am 16. 6. 1870 analog zu der Zemstvo-Verwaltung auch eine städtische Selbstverwaltung zu bewilligen, die Stadtduma.

Trotz aller Einschränkungen und zeitweisen Repressalien konnten die ländlichen und städtischen Selbstverwaltungsorgane in ihrer Tätigkeit bedeutsame Erfolge erzielen. Mit ihrer Hilfe wurde überhaupt erst eine im Lande präsente Gesundheitsfürsorge verwirklicht und dank ihres Engagements stieg im Bildungssektor die Zahl der Elementarschulen von 8000 im Jahre 1856 auf 23000 im Jahre 1880. Von geregelten Schulbesuchen konnte freilich insbesondere auf dem Lande nicht die Rede sein, und so blieb die Zahl der Analphabeten bis ins 20. Jahrhundert hinein sehr hoch. Wer sich als Arzt oder Lehrer den Zemstvo-Behörden zur Verfügung stellte, tat das vielfach, um den Armen und Benachteiligten zu helfen; er stand insofern schon von vornherein dem zarischen Regime kritisch gegenüber. Die praktischen Erfahrungen vor Ort erhöhten diese Skepsis häufig noch bis hin zur dezidierten Gegnerschaft und trugen damit dazu bei, dass Macht und Gesellschaft sich als Folge der Reformen nicht aufeinander zu bewegten, sondern weiter auseinander drifteten.

Das galt auch für die Auswirkungen der Reform, die für sich genommen am wenigsten strittig war und hoch gelobt wurde – die Justizreform vom 20. 11. 1864. Ungeachtet der Inkraftsetzung der von Speranskij erarbeiteten Gesetzessammlung, des Svod zakonov, am 1. 1. 1835 lag die Rechtsprechung in Russland weiterhin im Argen. Es gab keine verbindlichen Prozessordnungen, keine Öffentlichkeit der Verfahren und nicht einmal einen Anspruch der Angeklagten, vor Gericht gehört oder von einem Anwalt verteidigt zu werden. Die Richter waren weisungsgebunden und häufig genug bestechlich und inkompetent zugleich. Durch die Reform sollte nach den Worten Alexanders II. „eine schnell arbeitende, gerechte, milde, für alle Untertanen gleiche Justiz“ eingerichtet und damit der Respekt vor dem Gesetz gestärkt werden. Demgemäß wurde das Gerichtswesen nach dem Vorbild bürgerlicher Rechtsstaatlichkeit im westlichen Europa umfassend neu geordnet. Zivil- und Strafgerichtsbarkeit wurden voneinander getrennt, der Grundsatz nullum crimen, nulla poena sine lege übernommen, die Unabsetzbarkeit der Richter verfügt und Standesgerichte abgeschafft. Wenigstens stand es so auf dem Papier, und in den Gerichtsbezirken Moskau und St. Petersburg wurde es bald auch weit gehend Realität. Aber im übrigen Reich zog sich die Realisierung über Jahrzehnte hin. Das lag zum einen daran, dass zunächst einmal ein ausreichender Bestand ausgebildeter Juristen heranwachsen musste, ferner daran, dass in den Bauerngemeinden die Tradition der Standesgerichte weiterlebte, und nicht zuletzt auch daran, dass die Regierung zahlreiche Ausnahmeregeln schuf, die unter Alexander III. noch erweitert und verschärft wurden.

In der Zeit Alexanders II. wurde das Misstrauen der Regierung in die von ihr selbst geschaffenen neuen Gerichte insbesondere durch den Prozess gegen Vera Zasulič im März 1878 geschürt. Die Revolutionärin hatte zweimal auf den Polizeichef von St. Petersburg, General Trepov, geschossen, weil dieser zuvor einen politischen Gefangenen widerrechtlich hatte züchtigen lassen. Die Verhandlung vor dem Geschworenengericht geriet zum Tribunal über die Regierung, der unerträglicher Machtmissbrauch vorgeworfen wurde. Das Gericht sprach Vera Zasulič frei und das vermeintlich regimetreue, wohlsituierte Publikum klatschte. Blitzlichtartig zeigte sich, wie tief der Riss selbst zwischen der Macht und der etablierten Gesellschaft bereits war.

Zu diesem Zeitpunkt hatte die Regierung auch bereits ihre Erwartungen reduzieren müssen, die sie anfänglich mit der Bildungs- und Informationspolitik verbunden hatte. Um die große Anzahl benötigter Experten heranzubilden und in ihnen loyale Mitstreiter zu finden, hatte Alexander II. im Gegensatz zu seinem Vater zunächst auf Liberalität gesetzt. Die Zulassungsbeschränkungen zu den Universitäten wurden aufgehoben, und das Statut vom 18. 6. 1863 gewährte den Universitäten weit gehende Autonomie. Die Regierung konnte sich zwar nicht dazu durchringen, auch Frauen das Studium an den staatlichen Universitäten zu gestatten, aber sie erlaubte Ende der 60er/Anfang der 70er Jahre private Universitäten für Frauen in Moskau, St. Petersburg, Kiew und Kazan'. Dem gleichen Konzept größerer Offenheit entsprang die Lockerung der Zensurbestimmungen für Zeitungen und Bücher, die am 6. 4. 1865 verfügt wurde. Die Politik der Regierung war insofern erfolgreich, als sich die Zahl der Studierenden von 4125 im Jahre 1865 auf 8045 im Jahre 1880 faktisch verdoppelte, es gelang ihr aber nicht, die Intellektuellen mehrheitlich auf ihre Seite hinüberzuziehen; auch die nachwachsende Intelligencija sah vor allem die Beschränkungen, Mängel und Missstände des Regimes und opponierte dagegen. Nach dem Anschlag des Studenten Karakozov auf das Leben des Zaren am 4. 4. 1866 erwog die Regierung mehrfach, die Autonomie der Universitäten einzuschränken, scheute dann aber doch immer wieder vor den zu befürchtenden Komplikationen zurück.

Ein beachtlicher Anreiz, Bildung zu erwerben, ging im Übrigen auch von den militärischen Reformen aus, die in den 60er und 70er Jahren unter der Ägide des Kriegsministers Dmitrij A. Miljutin effizient durchgeführt wurden. Um die Einsatzfähigkeit und Kampfkraft der Armee verstärken zu können, wurde das stehende Heer mit der seit 1793 geltenden 25-jährigen Dienstpflicht durch Gesetz vom 1. 1. 1874 in eine allgemeine Wehrpflichtarmee umgewandelt. Die reguläre Dienstzeit betrug sechs Jahre; sie konnte aber durch nachgewiesene Schul- und Hochschulbesuche bis auf sechs Monate reduziert werden.

Zu den erstrebten Zielen der Reformen zählte naturgemäß auch ein kräftiger Aufschwung im ökonomischen Bereich unter maßgeblicher Verbesserung des unterentwickelten Transportwesens. Die Ausgangsbedingungen waren freilich nicht durchweg günstig. Die ohnehin schon rückständige Eisenindustrie im Ural, die vornehmlich mit „zugeschriebenen“ Arbeitern produzierte, wurde durch die Aufhebung der Leibeigenschaft stark beeinträchtigt. Der Ausstoß von Roheisen sank von 14,5 Millionen Pud 1860 auf 10,5 Millionen Pud 1862. Technische Neuerungen in den 70er Jahren besserten die Situation, konnten aber nicht verhindern, dass der Schwerpunkt der russischen Schwerindustrie sich in den letzten Jahrzehnten des Jahrhunderts in die aufstrebenden Förder- und Fabrikationsanlagen Südrusslands verlagerte. Ein wesentlicher Anreiz zur Modernisierung und Produktionssteigerung ging von dem forcierten Ausbau des Eisenbahnnetzes aus, den die Regierung aus militärisch-strategischen und ökonomischen Gründen betrieb. Die Kosten hierfür waren so aufwändig, dass sie zeitweise bis zu mehr als 70% durch ausländisches Kapital gedeckt werden mussten, das vom russischen Staat garantiert und lukrativ verzinst wurde – mit entsprechend nachteiligen Konsequenzen für den russischen Staatshaushalt und den Wechselkurs des Rubels. Immerhin wuchs auf diese Weise in der Regierungszeit Alexanders II. das Streckennetz von 650 Meilen auf 14000 Meilen an. Das Material wurde zunächst – wie in der Zeit Nikolaus' I. – fast vollständig importiert, aber durch eine dirigistische Zollpolitik und gezielte Subventionen für die eigene metallverarbeitende Industrie gelang es schon Mitte der 70er Jahre 75% des benötigten rollenden Materials, Lokomotiven und Waggons, in russischen Unternehmen herzustellen. Wegen qualitativer Probleme hinkte die Schienenproduktion etwas hinterher, doch Anfang der 80er Jahre dominierte auch hier die einheimische Produktion.

Die neuen Eisenbahnlinien trugen ihrerseits zur wirtschaftlichen Entwicklung Russlands beträchtlich bei; insbesondere das Getreide konnte nun rasch und in großen Mengen zu den Ostsee- und Schwarzmeerhäfen transportiert werden, was eine der wichtigsten Ursachen dafür war, dass sich der Wert des Getreideexports zwischen 1861 und 1879 von 60,3 Millionen Rubel auf 305,9 Millionen Rubel steigerte.

Der polnische Aufstand 1863/64

Der Krimkrieg und die Niederlage Russlands erfüllte die Polen im Exil und unter zarischer Herrschaft mit neuer Hoffnung, dass ihr Streben nach Freiheit und Unabhängigkeit doch von Erfolg gekrönt sein konnte. Nicht zuletzt im Gleichklang mit der italienischen Einigungsbewegung träumten viele Polen von der Wiedererrichtung eines polnischen Staates in den Grenzen von 1772. Zar Alexander II. hatte allerdings bereits bei seinem Besuch in Warschau im Mai 1856, auf die Staatsraison pochend, gemahnt: „Point de rêveries, Messieurs.“ Explizit hatte er hinzugefügt: „Geben Sie Ihre Unabhängigkeitsträume auf, die von nun an nicht mehr zu verwirklichen sind.“[18] Wie sich zeigen sollte, war der Zar aber durchaus bereit, den Polen eine begrenzte Autonomie zu gewähren. So wurde der Ausnahmezustand aufgehoben und das Organische Statut von 1832 wieder in Kraft gesetzt; überdies wurden nach und nach weitere Konzessionen zu Gunsten einer polnischen Zivilverwaltung bewilligt und, für das polnische Selbstverständnis besonders wichtig, der Wiedererrichtung einer polnischen Universität in Warschau als „Hauptschule“ der Weg geebnet. Alexander II. ließ sich bei dieser Politik wesentlich von der pragmatischen Erwägung leiten, die in sich gespaltene polnische Opposition weiter auseinander dividieren zu können. Er setzte auf die „Weißen“, die Vertreter des Adels und des besitzenden Großbürgertums unter Führung von Graf Alexander Wielopolski, die ihrerseits bereit waren, mit Russland auf der Basis der wiederzubelebenden Verfassung von 1815 zu kooperieren. Ihnen gegenüber standen die „Roten“ oder „Demokraten“, die unter reger Beteiligung von Studenten vor allem die sozial schwächeren Schichten repräsentierten. Sie vertraten die Theorie des „permanenten Aufstands“ mit dem Ziel der Unabhängigkeit.

Die Hoffnung des Zaren, dass die „Weißen“ schließlich obsiegen würden, erfüllte sich indes nicht, weil die „Roten“ in der Nacht vom 22./23. 1. 1863 (n. St.) den Aufstand begannen und die „Weißen“ sich im März genötigt sahen, sich ihrerseits zu beteiligen, um nicht als unpatriotisch zu gelten und politisch ausmanövriert zu werden. Es war ein ungleicher Kampf, in dem die lediglich mit Jagdgewehren und Sensen ausgerüsteten Polen von vornherein keine Chance gegen die regulären russischen Armeen hatten. Wenn es dennoch 15 Monate bis zum 1. 5. 1864 dauerte, bis die russische Regierung den polnischen Feldzug für siegreich beendet erklärte, dann lag das daran, dass die Polen den Gegner nach der zermürbenden Guerillataktik bekämpften. Die Russen revanchierten sich mit unnachsichtiger Härte, die von General Murav'ev zu solcher Brutalität gesteigert wurde, dass sie ihm den Beinamen der „Henker von Wilna" eintrug.

Nach der Niederschlagung des Aufstands praktizierte die russische Regierung gegenüber Polen durch eine Fülle von Einzelverfügungen eine strikte Russifizierungspolitik, die weit über die Rücknahme der Zugeständnisse aus der Zeit vor dem Aufstand hinausging. Wenn auch nicht offiziell, so wurde doch im gängigen Sprachgebrauch der Behörden bis 1917 vom „Königreich Polen" nunmehr abschätzig und unifizierend als „Weichselland" oder „Weichselgouvernement" gesprochen.

Mit dem polnischen Aufstand war für die zarische Autokratie indes noch eine weitere, handlungsbestimmende Erfahrung verbunden. Mit einigen Ausnahmen – wie etwa Alexander Herzen – solidarisierten sich bei der Bekämpfung der Polen selbst jene Kreise der Gesellschaft mit der Macht, die ihr sonst offen oppositionell gegenüberstanden. Der russische Nationalismus erwies damit sein Potential als integrierender und systemstabilisierender Faktor. Zar Alexander III. sollte darauf seine Politik aufbauen.

Was die europäischen Mächte betraf, so verhielten sie sich zum polnischen Aufstand uneinheitlich. Frankreich, England und Österreich verlangten mit unterschiedlichem Engagement, aber durchweg vergeblich, das Zarenreich möge die Charta von 1815 restituieren. Preußen nutzte die Chance, sich als einziger verlässlicher Verbündeter zu präsentieren, indem es mit Russland in der Alvensleben'schen Konvention vom 27. 1./8. 2. 1863 wechselseitige Unterstützung bei der Bekämpfung von polnischen Insurgenten vereinbarte. Der Zar, der sich über Frankreichs Parteinahme für die Polen sehr verärgert zeigte, stellte mit umso größerer Befriedigung fest, „dass Russland und Preußen gemeinschaftlichen Gefahren entgegentreten, als ob sie nur ein Land bildeten"[19].

Russland und Europa

Außer der gemeinsamen repressiven Polenpolitik sprachen aus der Sicht des russischen Außenministers und späteren Kanzlers A. M. Gorčakov noch weitere Faktoren für ein enges Zusammengehen mit Berlin. Preußen war ebenfalls ein Verfechter des monarchischen Prinzips und ein bewährter Verbündeter, der militärisch die Westgrenze des Zarenreiches deckte und ideologisch als Schutzschild vor dem revolutionären Frankreich fungierte. Obwohl die zarische Regierung deshalb auch in den Einigungskriegen eine wohlwollende Neutralität gegenüber Preußen wahrte, war sie mit den Ergebnissen und insbesondere der Begründung des deutschen Kaiserreiches doch keineswegs zufrieden. Der deutsch-französische Krieg 1870/71, klagte Gorčakov, habe „Europa aus den Angeln" gehoben und das Gleichgewicht in seinem Zentrum zerstört. „Unsere Interessen hätten uns geboten, das zu verhindern."[20] Versuche in dieser Richtung unternahm der Kanzler sowohl 1866 als auch 1870. Er wollte einen europäischen Kongress über die „deutsche Frage" befinden lassen, aber die Interessen der angesprochenen Mächte gingen zu weit auseinander, und ihr Misstrauen untereinander erwies sich als zu groß, als dass sich diese Absicht Erfolg versprechend hätte realisieren lassen. Um es nicht auch noch mit Preußen zu verderben, willigte die zarische Regierung sogar widerstrebend in die Annexion Elsass-Lothringens ein. Als Gegenleistung konnte sie wenigstens mit preußischer Unterstützung im März 1871 die Aufkündigung der als besonders demütigend empfundenen Pontusklauseln des Pariser Friedens von 1856 durchsetzen. Um nicht ganz allein auf Preußen-Deutschland angewiesen zu sein, suchte die zarische Regierung auch ihre Beziehungen zu Österreich-Ungarn zu verbessern, was durch den Abschluss des relativ unverbindlichen „Dreikaiserabkommens“ 1873 zumindest ansatzweise gelang. Der 1875 unternommene Versuch, auch Frankreich zu beeindrucken und Russland darüber hinaus wieder als dirigierende Großmacht in Europa zu positionieren, brachte indes auf der diplomatischen Bühne außer der ungewollten Verstimmung des deutschen Reichskanzlers, Otto von Bismarck, nicht viel ein; allzu leicht durchschaubar war, dass es entgegen den Bekundungen Gorčakovs nicht der diplomatischen Intervention des Zaren zu verdanken war, dass die deutsch-französische „Krieg-in-Sicht-Krise“ nicht zu einem neuerlichen Waffengang eskalierte. Immerhin aber äußerte sich die russische Presse, die die Stimmungen der russischen Gesellschaft widerspiegelte, durchweg anerkennend. In der Zeit der deutschen Reichsgründung hingegen hatte sie die eigene Diplomatie heftig kritisiert. In Verkennung des vorhandenen Handlungsspielraumes hatte speziell die national-konservative, aber auch die liberale Presse der Regierung vorgeworfen, sie verschließe die Augen vor der Gefahr, dass Deutschland die Hegemonie auf dem Kontinent anstrebe und zu einer Bedrohung für Russland werde. Damit war ein nachhaltiger Wandel des Deutschlandbildes der russischen Gesellschaft eingeleitet und die Voraussetzung dafür geschaffen, dass Misstrauen, Argwohn und Ablehnung aus den verschiedensten Gründen zunehmend auf fruchtbaren Boden fielen.

Mitte der 70er Jahre dominierte allerdings in der russischen Presse ein anderes Feindbild, bedingt durch die wieder in den Vordergrund tretende „orientalische Frage“. Aus der Weiterentwicklung, Radikalisierung und Übertragung biologischer Gesetzmäßigkeiten auf die kulturelle und politische Ebene hatte sich in den 60er Jahren, nicht zuletzt unter dem Einfluss des Werkes von N. Ja. Danilevskij „Russland und Europa“, die panslawische Ideologie russischer Ausprägung entwickelt, die auch als Panrussismus gedeutet werden kann. Sie ging davon aus, dass nach dem schon sichtbaren Niedergang des germanisch-romanischen Kulturkreises die Ära des slawischen Kulturkreises komme und ihm die Mission zufalle, die Menschheit zu vervollkommnen. Seine Hauptmacht sei Russland und ihm obliege es zuvörderst, alle slawischen Völker unter seiner Führung zu vereinen. Damit verschärfte die panslawische Ideologie den traditionellen russischen Anspruch, Beschützer der Christen im Osmanischen Reich zu sein, und spitzte ihn auf die Verpflichtung zu, die slawischen Brudervölker und die Mutterstadt des orthodoxen Glaubens, Konstantinopel, vom türkischen Joch zu befreien und der russischen Herrschaft zu unterstellen. Zu mobilisierenden politisch-militärischen Kampfparolen wandelten sich diese Ideen, als es 1875/76 zu Aufständen in der Herzegowina und Bosnien kam, die auf Bulgarien und Serbien übergriffen. Die russische Öffentlichkeit engagierte sich zu Gunsten der

Balkanslawen nicht nur mit Sympathiekundgebungen und Geldsammlungen, sondern darüber hinaus verstärkten Freiwillige in großer Zahl die Reihen der Aufständischen; der populäre General M. G. Černjaev übernahm sogar den Oberbefehl über die serbischen Freischärler.

Die russische Regierung empfand die Situation als Dilemma. Auf der einen Seite sah sie die Chance zu einer aktiveren Außenpolitik im gewünschten Einklang mit der tonangebenden öffentlichen Meinung, auf der anderen Seite aber gebot der noch nicht abgeschlossene Reformprozess ebenso Frieden wie die nicht auszuschließende Ausweitung eines Waffengangs zu einem großen Krieg. Schließlich obsiegte die Verlockung, die zarische Macht zugleich nach innen und nach außen aufzuwerten. Am 12./24. 4. 1877 erklärte Russland der Türkei den Krieg. Nach unsäglichen Strapazen und hohen Verlusten gelang es tatsächlich, die strategisch wichtige Festung Plewna einzunehmen und Anfang des Jahres 1878 über Adrianopel bis zu den Meerengen vorzustoßen. Gedanken an eine Eroberung Konstantinopels mussten freilich fallen gelassen werden angesichts einer drohenden britischen Flottendemonstration vor den Toren der Stadt. Da die Türken aber den ungleichen Kampf ihrerseits zu beenden wünschten, konnte in San Stefano am 19. 2./3. 3. 1878 ein Vorfrieden abgeschlossen werden, der deutlich die Handschrift des Siegers trug. An Russland direkt sollten Teile Armeniens mit Kars und Batum fallen sowie das 1856 abgetretene Bessarabien im Tausch gegen die Dobrudscha. Wichtiger war, dass Russland die indirekte Herrschaft über die Balkanhalbinsel zufallen konnte, weil Rumänien, Montenegro und Serbien aus dem türkischen Machtbereich vollends ausscheiden und unabhängig werden sollten, ferner Bosnien und der Herzegowina Autonomie zugedacht war und vor allem ein großbulgarisches Fürstentum zwischen Schwarzem Meer und Ägäis geschaffen werden sollte, wobei Russland zusätzlich das Recht zugesprochen wurde, das Land zwei Jahre besetzt zu halten, das im Übrigen dem Sultan nur noch Tribute zu zahlen hatte.

Gegen diese tief greifende Machtverschiebung bis in den Mittelmeerraum hinein protestierten Großbritannien und Österreich sofort, zumal die Regelungen geheime Vorabsprachen mit Wien vom Januar 1877 bezüglich Bosniens und der Herzegowina verletzten. Russland blieb auf Grund seiner Unterlegenheit gegenüber den Großmächten nichts anderes übrig als einzulenken. Der Streit sollte auf dem Berliner Kongress im Juni/Juli 1878 unter der Präsidentschaft Bismarcks als „ehrlichem Makler" beigelegt werden. Tatsächlich wurde der Vorfriede von San Stefano vornehmlich in zweierlei Hinsicht abgeändert: Zum einen wurde Österreich-Ungarn im Sinne der Übereinkunft vom Januar 1877 das Recht zugesprochen, Bosnien und die Herzegowina dauerhaft zu besetzen und zu verwalten, und zum anderen wurde Bulgarien flächen- und bevölkerungsmäßig um mehr als die Hälfte verkleinert unter Ausschluss eines direkten Zugangs zum Ägäischen Meer und einer auf neun Monate reduzierten russischen Besatzungszeit. Das Gesamtergebnis erlaubte keine Zweifel: Die Positionen Österreich-Ungarns und Großbritanniens waren gestärkt, die Russlands geschwächt.

Die öffentliche Meinung Russlands war darüber aufs äußerste empört. Sie machte dafür die eigenen Diplomaten verantwortlich, noch mehr aber beschuldigte sie Bismarck, einer russlandfeindlichen Politik Vorschub geleistet zu haben. Solche pauschalen Vorwürfe waren gewiss überzogen und verzerrten die Intentionen Bismarcks, aber von der russischerseits erwarteten vorbehaltlosen Dankbarkeit und Gefolgschaftstreue war der Reichskanzler tatsächlich weit entfernt. Er betrachtete das Bündnis mit Russland als „politische Naturnotwendigkeit", wollte das Zarenreich aber gleichzeitig „in Schach halten" und schürte deswegen durchaus vorsätzlich die Rivalität zwischen Russland und den übrigen Großmächten. Sein Ziel, dadurch Russland stärker auf Deutschland zu fixieren, erreichte er indes nicht. Querelen im wirtschaftlichen Bereich, die im Zollkrieg 1878/79 gipfelten, trugen zu den Unstimmigkeiten noch weiter bei.

Umgekehrt gelang es dem Zaren nicht, durch seinen „Ohrfeigenbrief" vom 3./15. 8. 1879 Deutschland wieder zur Ordnung zu rufen und es – wie vormals Preußen – auf den Status eines Juniorpartners herabzudrücken. Bismarck nutzte die Brüskierung vielmehr, um Kaiser Wilhelm I. die Zustimmung zum „Zweibund" mit Österreich abzuringen, was den Zaren wiederum nötigte zurückzustecken. Um nicht isoliert zu werden, stimmte er einem neuen Dreikaiserabkommen zu, das durch verbindliche Neutralitätszusagen für den Fall eines Krieges mit einer vierten Großmacht zuverlässigere Rückendeckung versprach als das Abkommen von 1873. Da Alexander II. am 1./13. 3. 1881 einem Attentat zum Opfer fiel, erfolgte die förmliche Unterzeichnung des Geheimvertrags am 6./18. 6. 1881 schon unter der Ägide seines Nachfolgers Alexander III.

Russland in Asien und Amerika

Während sich die russische Regierung in Europa trotz aller Bemühungen in die Defensive gedrängt sah, konnte sie in Asien, bisweilen ohne eigenes Zutun, beträchtliche Erfolge verbuchen. 1860 gelang es, der von äußeren und inneren Feinden bedrängten chinesischen Regierung die „ungleichen Verträge" von Peking abzuringen, denen zufolge weite Gebiete nördlich des Amur sowie die Küstenprovinz zwischen Ussuri und Pazifik an Russland fielen. Eine in demselben Jahr auf dem neu erworbenen Territorium begründete Hafenstadt erhielt den sprechenden Namen Wladiwostok („Beherrsche den Osten"). Ebenfalls unter Druck musste Japan 1875 im Vertrag von St. Petersburg die Halbinsel Sachalin vollständig im Tausch gegen die Kurilen an das Zarenreich abtreten.

Sogar mit dem wirtschaftlich als Bürde empfundenen, militärisch gegebenenfalls nicht zu verteidigenden Alaska machte St. Petersburg aus der damaligen Sicht ein gutes Geschäft. Es war bereit, das Land für 5 Millionen Dollar an die Vereinigten Staaten von Amerika zu verkaufen, erzielte aber 1867 tatsächlich einen Erlös von 7,2 Millionen Dollar.

Sehr erfolgreich war Russland in den 60er und 70er Jahren nach seinen eigenen Bewertungskriterien ebenfalls im Kaukasus und in Zentralasien. Zwischen 1859 und 1864 gelang es nach jahrzehntelangen Kämpfen, der widersetzlichen Tschetschenen und anderer Bergvölker des Kaukasus halbwegs Herr zu werden, und in Zentralasien wurden zwischen 1866 und 1873 die Khanate Kokand, Buchara und Chiwa besiegt und gezwungen, Unterwerfungsverträge abzuschließen, wonach ein Teil ihrer Gebiete direkt an das Zarenreich fiel, während der verbleibende Rest unter russisches Protektorat gestellt wurde. Als in Kokand 1875/76 ein Aufstand ausbrach, wurde es vollständig inkorporiert. Zusätzliche

Annexionen erfolgten in den 70er und Anfang der 80er Jahre auf Kosten der Turkmenen in Transkaspien. All diese Eroberungen im mittleren Asien schürten den zunehmenden Argwohn Großbritanniens, weil sich die russische Grenze kontinuierlich auf die Kronkolonie Indien zubewegte. Mit dem Schiedsabkommen vom 29. 8./10. 9. 1885 konnte indes eine diplomatische Lösung erreicht werden.

Dazu fand sich die zarische Regierung umso eher bereit, als die Gebietserweiterungen insgesamt mehr auf dem Ausnützen günstiger Gelegenheiten und auf Initiativen der Gouverneure und Generäle beruhten als auf strategisch geplanter Expansion. Das russische Außenministerium wurde häufig selbst von dem Gang der Ereignisse überrascht und tat sich schwer, verlässliche und vertrauenerweckende Angaben über die definitiven Grenzen des russischen Vorrückens zu machen. Eher verständnisheischend als absichtlich täuschend formulierte Gorčakov in seiner Zirkularnote vom 21. 11. 1864: „Jeder Schritt vorwärts führt zu neuen Schritten … auf diesem Wege, wo die größte Schwierigkeit in der Fähigkeit besteht, stehen zu bleiben.“[21]

Die revolutionäre Herausforderung und die Macht

Es stand von vornherein zu befürchten, dass die Aufhebung der Leibeigenschaft in der beschlossenen Form bei den Bauern ein geteiltes Echo hervorrufen würde, denn die vorherrschende Rechtsauffassung der Leibeigenen spiegelte sich in der geläufigen Redeweise wider: „Wir gehören dem Herrn, aber das Land gehört uns.“ Nun sollten sie unter höchst komplizierten Ausführungsbestimmungen insgesamt weniger Land bekommen, als sie bisher schon besaßen. Das erschien vielen höchst verdächtig. Sie glaubten, die Gutsbesitzer und Bürokraten hätten die zarische Willensbekundung verfälscht, und verschiedentlich kam es zu offenem Aufruhr, der nur unter Einsatz von regulären Truppen niedergeschlagen werden konnte.

Die Empörung griff über auf studentische Kreise, und die Forderung nach sozialer Gerechtigkeit für die Bauern sollte zu einem der Hauptanliegen der revolutionären Bewegung der kommenden Jahrzehnte werden. Ein zweites Angriffsziel der innerrussischen Opposition war politisch definiert und richtete sich gegen die Autokratie, beginnend bei dem Verlangen nach der Gewährung bürgerlicher Grundrechte wie Meinungs-, Presse- und Versammlungsfreiheit bis hin zu der radikalen Forderung nach Sturz der Autokratie sowie der partiellen oder vollständigen Übergabe der Macht an das Volk. Breit war auch das Spektrum der Vorstellungen, wie der jeweils angestrebte Umbruch zu vollziehen sei.

Für die Nihilisten war der Revolutionär gemäß dem „Katechismus“ Sergej G. Nečaevs „von einem einzigen Gedanken, einer Leidenschaft absorbiert – der Revolution.“ Ziel der Revolution sollte es sein, die Ordnung der Welt zu zerstören. Aber von den Anarchisten wie Michail A. Bakunin trennte sie, dass sie keine positive Vision hatten, was an Stelle der zerstörten Ordnung treten sollte und dass sie keinerlei ethische Maximen anerkennen wollten.

Dezidiert gegen den negativen Machiavellismus Nečaevs wandten sich revolutionäre Theoretiker wie Petr I. Lavrov, Mark Natanson und Nikolaj K. Michajlovskij. Sie wollten den Sturz der Autokratie durch Erziehung und Aufklärung der Bauern herbeiführen. Von den Intellektuellen forderten sie: „Geh ins Volk und sag ihm die lautere Wahrheit." Aus dem Ausland ließ sich Alexander Herzen in ähnlicher Weise vernehmen.

Einen radikaleren Ansatz verfolgte die 1876 begründete Geheimorganisation „Land und Freiheit" (zemlja i volja). Sie bezog von vornherein den Kampf gegen das politische System in ihre Planungen mit ein und hielt ihn mehrheitlich sogar für wichtiger als die soziale Agitation unter den Bauern. Über die Frage, welche Rolle der Terror in dieser Strategie spielen sollte, kam es 1879 zur Spaltung. Eine Minderheit, die sich unter der Gruppenbezeichnung „Schwarze Umteilung" (černyj peredel) im Weiteren vor allem agrarsozialistisch ausrichtete, lehnte Gewalt gegen Personen als politisch ineffizient ab. Die Mehrheit aber sprach sich für den Terror als Kampfmittel aus und bezeichnete ihre Geheimorganisation fortan programmatisch oder auch nur großsprecherisch als „Volkswille" (narodnaja volja). Sie wollte durch Attentate auf hochgestellte Persönlichkeiten die Verletzlichkeit der Regierung und ihre eigene Allmacht demonstrieren und damit dem Volk die Angst vor einem Aufstand nehmen, der zum Sturz des Regimes und der Errichtung der Volksherrschaft führen sollte. Kein Attentat schien der Gruppe zweckmäßiger zu sein als ein Anschlag auf das Leben des Zaren. Am 26. 8. 1879 verurteilte ihn ihr Exekutivkomitee wegen „Verbrechen gegen das Volk" zum Tode und räumte von nun an der Ausführung der Tat oberste Priorität ein.

Nicht den Massen, sondern einer kleinen Kadergruppe von Berufsrevolutionären wollte Petr N. Tkačev die Durchführung der Revolution in Form eines Staatsstreiches anvertrauen, wobei er sich im Hinblick auf die inhaltlichen Zielvorstellungen an den Lehren von Karl Marx orientierte. Beides brachte ihm wenig unmittelbare Gefolgschaft ein, erregte aber später die Aufmerksamkeit von V. I. Lenin, der an diesem Ansatz Gefallen fand.

Als wirksamer literarischer Agitator tat sich Nikolaj G. Černyševskij hervor. In seinem 1863 erschienenen Roman „Was tun?" bestärkte er die junge „Intelligencija" in ihrem Unmut über die bestehenden entwürdigenden Verhältnisse und begeisterte sie dafür, durch ihr eigenes Leben und Beispiel auf einen revolutionären Umbruch hinzuwirken zu Gunsten von Freiheit, Gleichberechtigung von Mann und Frau sowie zunehmender genereller Glückseligkeit.

Was die realisierten revolutionären Aktionen angeht, so seien folgende hervorgehoben: Am 4. 4. 1866 schoss der ehemalige Student D. V. Karakozov auf den Zaren und leitete damit eine neue, bisher nicht gekannte Dimension des Terrors ein. Der Nimbus des Zaren, für Menschen aus dem Volk unangreifbar zu sein, war zerstört; bereits ein Jahr später folgte das zweite Attentat.

Mehr oder weniger gut vorbereitet, aber unbestritten erfüllt von revolutionärem Idealismus und Unternehmensgeist zog die studentische Jugend 1873 und vor allem im „verrückten Sommer" 1874 scharenweise mit der religiösen Inbrunst einer Wallfahrt aufs Land, um die Bauern aufzuklären und zum Aufstand zu bewegen. Frustriert stellte der Großteil der Narodniki, also derjenigen, die am „Gang ins Volk" teilnahmen, bald fest, dass ihr schwärmerisches Bild vom Bauern und der Dorfgemeinde mit der Realität nicht übereinstimmte, dass sie sich mit den Bauern nicht verständigen konnten und dass diese ihnen nicht einmal vertrauten. Die Polizei hatte unter diesen Umständen leichtes Spiel.

Nicht zuletzt unter Mithilfe der Bauern verhaftete sie zwischen 1873 und 1877 ungefähr 1600 Aktivisten.

Das Aufsehen und die Popularität, die Vera Zasulič mit ihrem schon angesprochenen Attentat und dem anschließenden Freispruch 1878 gewann, ermutigte viele, es ihr gleichzutun, was eine Kette von Anschlägen im ganzen Land zur Folge hatte

Insgesamt aber blieb die Gruppe von aktiven Revolutionären recht klein. Sie rekrutierte sich vor allem aus den Reihen der Intelligencija oder der Raznočincy mit einem großen Anteil junger Frauen, die bereit waren, sich für das Ideal einer gerechteren Welt aufzuopfern. Wegen solcher hochsinnigen Zielsetzungen konnten die Revolutionäre lange Zeit auf eine große Zahl von Sympathisanten und breite Unterstützung insbesondere auch in der privilegierten Gesellschaft zählen. Der zeitweilige Innenminister und Leiter einer Sonderkommission zur Untersuchung des Terrorismus, Petr A. Valuev, kam zu dem Schluss: „Besondere Aufmerksamkeit verdient die Tatsache, dass die gebildeten Schichten fast ganz die Bereitschaft vermissen lassen, die Regierung in ihrem Kampf gegen eine realiter kleine Schar von Übeltätern zu unterstützen … Tatsächlich missbilligen sie fast immer die Maßnahmen der Behörden.“[22]

Anfang 1880 empfand der Zar die Situation als so bedrohlich, dass er dem alsbald auch zum Innenminister berufenen Graf Michail T. Loris-Melikov diktatorische Vollmachten einräumte mit dem angestrebten Ziel, durch hartes Durchgreifen und vorsichtige Reformen die Lage im Lande wieder zu stabilisieren und zumindest die gemäßigte Gesellschaft hinter der Macht zu vereinen. Den Herausgebern der großen Petersburger Zeitungen kündigte Loris-Melikov blumig an, er wolle eine „Diktatur des Herzens“ ausüben, aber sobald es um substantielle Reformmaßnahmen ging, musste er erkennen, dass seine Wirkungsmöglichkeiten durch die zu wahrende Autokratie sehr beschränkt blieben. Am 1. 3. 1881 paraphierte der Zar wenigstens eine Vorlage, wonach je zwei gewählte Vertreter der Gouvernement-Zemstvos und bestimmter Stadtdumen zu einer „allgemeinen beratenden Kommission“ hinzugezogen werden sollten, als deren Aufgabe es bezeichnet wurde, Gesetzesentwürfe vorab zu prüfen. Da Alexander II. an eben diesem 1. 3. 1881 einem Attentat der Narodnaja Volja zum Opfer fiel, sollte selbst diese minimale Mitsprache von gewählten Repräsentanten der Gesellschaft nicht realisiert werden. Loris-Melikovs Rücktrittsangebot wurde angenommen.

4. Alexander III., 1881–1894

Hätte man es mit einer Tragödie zu tun, könnte man die Regierungszeit Alexanders III. als retardierenden Akt vor dem definitiven Untergang bezeichnen. Der Sohn und Nachfolger Alexanders II. versuchte noch einmal an die überkommene Tradition der Autokratie anzuknüpfen, nach der der Zar die Selbstherrschaft unter vorrangiger Berücksichtigung der Interessen des Adels und mit seiner Unterstützung ausübte. Programmatisch verkündete er in einem Manifest vom 28. 4. 1881: „Die Stimme Gottes befiehlt uns, dass wir uns mit Festigkeit an die Spitze der absoluten Macht stellen.“[23] Die offizielle Staatsideologie Nikolaus’ I. mit ihrem Bekenntnis zur Autokratie, Orthodoxie und der unio mystica von vertrauendem Volk und gebietendem Zar kam wieder zu Ehren, wobei die hinfällig gewordene Untermauerung durch die Leibeigenschaft behelfsmäßig ersetzt wurde durch verstärkten Nationalismus.

Beraten, wenn nicht sogar gelenkt wurde Alexander III. durch seinen zeitweiligen Erzieher und späteren Oberprokurator des Heiligen Synods, Konstantin P. Pobedonoscev. Der Adlatus, dessen eigener Werdegang auch die Berufung zum Professor für Zivilrecht an der Universität St. Petersburg einschloss, war kein Obskurant, sondern ein gebildeter Theoretiker, der sich – ebenso wie viele intellektuelle Opponenten im Gegenlager – einbildete zu wissen, was das Volk wolle und in seinem Interesse liege. Seine Grundüberzeugung in dieser Hinsicht brachte er auf den knappen Nenner, „das ganze Volk betet" um „eine kraftvolle Obrigkeit". Angesichts der russischen Traditionen war ein solches Begehr seiner Meinung nach nur durch die Autokratie in enger Verbundenheit mit dem orthodoxen Glauben zu verwirklichen. Die Demokratie verwarf er als „große Lüge unserer Zeit", wobei er durchaus scharfsinnig ihre in der Praxis vielfach auftretenden Schwächen herausstellte, wenn er etwa den bevormundenden Weisungsanspruch der Parteioberen sowie das handlungsbestimmende Karriere- und Machterhaltungsstreben der Mandatsträger kritisierte, die das öffentliche Wohlergehen, das der Theorie nach dominieren sollte, in den Hintergrund treten ließen.

Die bereits von Alexander II. konzedierte Beteiligung der Gesellschaft am öffentlichen Leben samt den Ansätzen zur Gewaltenteilung durch die Justizreform trauten sich aber selbst die neuen Machthaber nicht vollständig aufzuheben. Sie veränderten jedoch die Regularien so, dass bei der gesellschaftlichen Teilhabe der ohnehin schon privilegierte Adel nun eindeutig dominierte und des Weiteren das Kontroll- und Einwirkungsrecht der Staatsspitze generell verstärkt wurde. Deshalb ist die Regierungszeit Alexanders III. zu Recht als „Epoche der Gegenreformen" bezeichnet worden. Wie sehr der Zar jegliche gesellschaftliche Mitwirkung an der Macht auszumerzen wünschte, wird exemplarisch dadurch illustriert, dass der anerkannt reaktionäre Innenminister, Graf Nikolaj P. Ignat'ev, das Vertrauen des Herrschers verlor, als er in der Meinung, damit der viel gepriesenen Zusammengehörigkeit von Volk und Zar zu dienen, vorschlug, die alte Tradition der lediglich beratenden Landesversammlung, des Zemskij Sobor, wiederzubeleben.

Ausgedehnt wurde auch die staatliche Kontrolle über die obščina. Durch ein umstrittenes Gesetz vom 12. 7. 1889, das ursprünglich sogar Pobedonoscev zu weit ging, wurde die Bauerngemeinde in administrativer und judikativer Hinsicht der weisungsberechtigten Aufsicht eines „Landhauptmanns" (zemskij načal'nik) unterstellt, der aus dem ansässigen Erbadel ausgewählt werden sollte und vom Innenminister bestätigt werden musste. Auftragsgemäß zielte die Tätigkeit des „Landhauptmanns" insbesondere darauf, den Austritt der Bauern aus der Dorfgemeinde zu erschweren, bis der Loskauf des Anteillandes ganz verboten wurde. Die Regelung sollte der Gewährleistung des Steueraufkommens dienen, vergrößerte aber auch noch weiter die soziale Differenzierung innerhalb der Dorfgemeinde zwischen armen Bauern, die sich verschulden mussten, um ihren Verpflichtungen nachzukommen, und wohlhabenden Bauern, den Kulaken, die gegen bestmöglichen Gewinn als Darlehnsgeber fungierten.

Wenn es darum gehen sollte, das System langfristig zu stabilisieren, dann musste in hervorgehobenem Maße auch der Bildungspolitik Rechnung getragen werden. Der Zar verkannte das nicht. Um die Universitäten nach Kräften daran zu hindern, den revolutionären Nachwuchs heranzubilden, wurde ihnen durch Gesetz vom 13. 8. 1884 ihre 1863 im Rahmen der „Großen Reformen" gewährte Autonomie genommen; zudem sollte schon in den Schulen darauf geachtet werden, dass das Bildungsniveau der Schüler im Regelfall nicht das soziale Milieu, aus dem sie stammten, überstieg. Ungeachtet der weit gehenden Parallelität mit der Zeit Nikolaus' I. gingen die Maßnahmen aber doch nicht so weit, die absolute Zahl der Studierenden und der Studienplätze zu reduzieren. Der personelle Bedarf der Bürokratie, aber auch der sich entwickelnden Industrie ließen es nicht zu, dass die ohnehin geringen Studentenzahlen auch nur stagnierten. So wurden unter Alexander III. in einem nicht zu unterschätzenden Maße sowohl die Begründung neuer Bildungsstätten als auch die Vergrößerung der Anzahl der Studierenden betrieben. Konkret wurde in Sibirien, in Tomsk, eine neue Universität gegründet, ferner in St. Petersburg ein medizinisches und in Charkow ein technologisches Institut errichtet. Die Zahl der Studierenden verdoppelte sich annähernd von etwa 8000 im Jahre 1880 auf mehr als 14000 Anfang der 90er Jahre. Der Anteil der Adligen stieg an, gelangte aber, aufs Ganze gesehen, nur wenig über 50% hinaus.

Schon diese Angaben weisen darauf hin, dass der Adel nicht in der Lage war, die ihm zugedachte führende Rolle in allen Bereichen des öffentlichen Lebens auszufüllen. Er hatte sich als Stand nie das dienende Ethos zu Eigen gemacht, das bereits Peter der Große ihm abverlangt hatte, sondern zog ein konsumorientiertes Leben vor, mit der Konsequenz, dass auch seine ökonomische Basis sich zunehmend verringerte. In der zweiten Hälfte des 19. Jahrhunderts ging der adlige Grundbesitz im europäischen Russland um 41% zurück. Versuche, diesem Trend durch die 1885 begründete „Reichsagrarbank" mit Darlehen zu günstigen Konditionen entgegenzuwirken, erhöhten die Neigung der Adligen auf Kredit zu leben, erbrachten aber keine substantielle Wende der Besitzverhältnisse. Am Ende der Regierungszeit Alexanders III. konnten schätzungsweise lediglich 40% der adligen Grundherren von den Einnahmen aus ihrem Landbesitz leben

Auch an der parallel verlaufenden Industrialisierung nahm der Adel wenig Anteil. Das Kapital wurde im Wesentlichen vom Staat mit Hilfe von Auslandsanleihen, zudem durch private Aktiengesellschaften mit Staatsbürgschaften sowie von direkt investierenden ausländischen Firmen und Banken bereitgestellt. Der Motor der Industrialisierung blieb weiter der Eisenbahnbau mit den ihm zuarbeitenden Gewerbezweigen, die wesentlich die Voraussetzungen dafür schufen, dass Russland im letzten Jahrzehnt des Jahrhunderts generell zum „industriellen Spurt" ansetzen konnte. Zu den bedeutendsten und berühmtesten Eisenbahnstrecken zählten die 1884 eröffnete „Katharinen-Bahn" von Krivoj Rog zum Donec-Becken, die durch die Verbindung der dortigen Eisen- und Kohlevorkommen die rasante Entwicklung der südrussischen Schwerindustrie ermöglichte, sowie der 1892 aus strategischen und ökonomischen Gründen in Angriff genommene Bau der Transsibirischen Eisenbahn. Neben Südrussland wurde das Gebiet von St. Petersburg zum Zentrum des modernen Maschinenbaus, während für Moskau eher die Weiterentwicklung traditioneller Gewerbezweige wie insbesondere der Textilindustrie charakteristisch war. Der Entwicklung der Industrie kam insgesamt zugute, dass Finanzminister Ivan A. Vyšnegradskij 1891 die Liste der Protektionszölle faktisch auf alle Produkte ausdehnte.

Der letzte Finanzminister Alexanders III., Sergej Ju. Witte, konstatierte, die industrielle Revolution habe sich in Russland später durchgesetzt als im Westen, dafür aber gleich auf höchstem Niveau und unter Vermeidung der Fehler des Westens. Das war indes nur bedingt richtig. Die neu errichteten Unternehmen genügten tatsächlich häufig modernsten Ansprüchen; viele waren Großbetriebe mit über 1000 Arbeitern, was für die spätere revolutionäre Mobilisierung von Bedeutung werden sollte. Das Los der Arbeiter übertraf aber vielfach die schlimmsten Auswüchse des westlichen Frühkapitalismus. Maßnahmen zum Schutz der Arbeiter wie die Einschränkung der Frauen- und Kinderarbeit galten entweder bloß für kurze Zeit oder entfalteten, wie die Einführung von Fabrikinspektoren, nur wenig Wirkung. Durchgängig mussten die Arbeiter schwerste Tätigkeiten für geringsten Lohn bei langen Arbeitszeiten verrichten. In der Textilindustrie etwa verdienten die Arbeiter bei einer Arbeitsdauer von 12,5 bis 15 Stunden durchschnittlich sieben bis acht Rubel monatlich. Vielfach wohnten und lebten die Arbeiter in den Fabriken, wobei die Bedingungen sich nicht sehr von denen eines Obdachlosenasyls unterschieden. Ein Großteil der Lohnabhängigen arbeitete freilich nur als Saisonarbeiter in den Fabriken und kehrte anschließend wieder ins Dorf zurück, nicht zuletzt auf Grund der Zwänge der obščina-Verfassung. Die Gesamtzahl der Fabrikarbeiter im engeren Sinne ist am Ende des Jahrhunderts mit zwei bis drei Millionen anzusetzen, sie hatte also einen Anteil von etwa zwei Prozent an der Gesamtbevölkerung.

Auf Grund des industriellen Aufschwungs mit seiner Sogwirkung vervielfachten Städte wie St. Petersburg und Moskau ihre Einwohnerzahl seit den 60er Jahren bis 1897 von 539 000 auf 1,267 Millionen beziehungsweise von 352 000 auf 1,036 Millionen. Weitere 19 Städte des Reiches zählten am Ende des Jahrhunderts mehr als 100 000 Einwohner, aber der Urbanisierungsgrad des gesamten Reiches belief sich im Durchschnitt lediglich auf 13,4%, während er in Deutschland ca. 60% betrug.

Die Kosten für die Industrialisierung wurden in hohem Maße den Bauern aufgebürdet. Sie überstiegen deren Leistungsfähigkeit in solchem Ausmaß, dass die Bauern mit ihren Zahlungsverpflichtungen immer wieder und weiter in Verzug gerieten. Nach den Aufstellungen des Reichskontrollamtes betrugen die Steuerrückstände der bäuerlichen Bevölkerung 1885 ungefähr 50 Millionen Rubel; bis zum Jahre 1896 wuchsen sie auf 142,5 Millionen Rubel an. Ein wie auch immer gearteter Schuldenerlass kam für die Regierung nicht in Frage. Sie glaubte im Gegenteil durch drakonische Polizeieinsätze und verschärfte Kontrollen das Äußerte aus den Bauern herauspressen zu müssen, um die Währung stabil zu halten und die Auslandskredite bedienen zu können. Mentalitätsmäßig tendierte sie traditionsgemäß überdies dazu, in den Bauern eher lebende Ressourcen als Menschen zu sehen. Finanzminister Vyšnegradskij zog die Schraube noch fester an, indem er die Steuern im Herbst eintreiben ließ, wenn das Getreide am billigsten war, so dass die Bauern noch mehr verkaufen mussten, um ihre Verbindlichkeiten zu begleichen. Tatsächlich hatten diese Gesamtmaßnahmen einen wesentlichen Anteil daran, dass der Getreideexport zwischen 1861 und 1885 fast vervierfacht werden konnte. Über die Konsequenzen für die Lebensbedingungen der Bauern urteilte ein ausgewiesener Volkswirtschaftler: „Nach dem Urteil aller Kenner hat die Mehrzahl der Bauern nur bis Weihnachten, die ‚Reichen' bis Ostern auskömmlich zu essen. Von da an setzt Unterernährung ein. Durch Schulden, durch den Verkauf der künftigen Ernte oder künftigen Arbeitskraft, in letzter Linie ‚um Christi willen' fristet der Bauer sein Dasein."[24]

Das Maß war voll, als im Winter 1891/92 in 21 Gouvernements mit mehr als 30 Millionen Einwohnern nach einer gravierenden Missernte eine furchtbare Hungerkatastrophe ausbrach, der eine schwere Choleraepidemie folgte. Zigtausende starben; gleichwohl verkündete Finanzminister Vyšnegradskij: „Wir hungern, aber wir exportieren weiter."[25] Diese uneinsichtige Rücksichtslosigkeit ließ sich indes nicht durchhalten. Auf Grund von Unruhen und zunehmend radikaleren Forderungen sah sich die Regierung genötigt einzulenken und Getreidereserven für die Hungergebiete freizugeben. Vyšnegradskij trat zurück, „aus gesundheitlichen Gründen".

Die Zeit der Friedhofsruhe aber war vorbei. Ein Jahrzehnt lang hatte es den Anschein gehabt, als ob das zarische Regime die Handlungsinitiative vollständig zurückgewonnen hätte und die Lage uneingeschränkt beherrschen würde. Verschiedene Faktoren hatten zu diesem Eindruck beigetragen. Der offensive Kampf der Regierung gegen den Terrorismus erbrachte spektakuläre Erfolge. Ende Februar 1882 war mit Vera N. Figner das letzte Mitglied des Exekutivkomitees von Narodnaja Volja, das für das tödliche Attentat auf Alexander II. verantwortlich zeichnete, verhaftet und abgeurteilt worden. Verstärkt wurde die Wirksamkeit der Regierungsmaßnahmen durch die gleichzeitig zu registrierende Desorientierung und Zerrüttung der revolutionären Bewegung selbst. Der Zarenmord ging für viele Oppositionelle weit über das hinaus, was sie erstrebten und mitzutragen bereit waren. Die terroristische Gruppe Narodnaja Volja selbst zerfiel nicht nur auf Grund der polizeilichen Verfolgungen und Verhaftungen, sondern auch weil das Attentat nicht die erhoffte elektrisierende Wirkung auf die Massen hatte. Ein „offener Brief" an Alexander III., der aus der Not eine Tugend machen sollte und die Selbstauflösung der Organisation versprach, wenn der Zar eine frei zu wählende Nationalversammlung bewilligte, blieb ebenfalls ohne Resonanz. Eine gleichnamige Verschwörergruppe, die 1886/87 vergeblich ein Attentat auf Alexander III. plante, erregte nur deswegen im Nachhinein Aufsehen, weil einer ihrer Führer Aleksandr Ul'janov war, der ältere Bruder von Vladimir I. Lenin.

Mit der Hungerkatastrophe von 1891/92 fasste die revolutionäre Bewegung aber allmählich wieder Tritt, wobei sich die Aufmerksamkeit unter dem Einfluss der Lehren von Karl Marx jedoch verstärkt der Arbeiterklasse zuwandte. Als profiliertester Theoretiker und Propagandist dieses Schwenks agierte Georgij V. Plechanov, der überdies 1883 mit dem Bund „Befreiung der Arbeit" eine wichtige organisatorische Voraussetzung für die 1898 erfolgende Begründung der „Russischen Sozialdemokratischen Arbeiterpartei" schuf. Stärker auf die Bauern setzte weiterhin die 1901 ins Leben gerufene „Partei der Sozialrevolutionäre".

Im Gegenzug setzte die Regierung über die angesprochenen Maßnahmen hinaus verstärkt auf ein weiteres Kalkül. Anzusprechen ist in dieser Hinsicht die offizielle Politik gegenüber den Fremdvölkern. Die insbesondere gegenüber den Polen und den Deutschbalten praktizierte strikte Russifizierungspolitik hatte eine starke Wurzel in der Befürchtung vor Loslösungsbestrebungen im Namen der nationalen Idee. Da man die Muttersprache und die Konfession für die eigentlichen Triebfedern des Nationalgefühls hielt, richteten sich die zarischen Maßnahmen überall gegen diese Bereiche unter gleichzeitiger forcierter Förderung der russischen Sprache und des orthodoxen Glaubens. So wurde 1885 gesetzlich verfügt, dass der Unterricht in den Volksschulen Polens auf Russisch stattzufinden habe; lediglich die Fächer Religion und Muttersprache wurden ausgenommen. Eine ähnliche Regelung wurde 1887 für die baltischen Gebiete verbindlich. Das Bestreben, den orthodoxen Glauben als russische Staatsreligion auszubreiten, fand seinen spektakulärsten Ausdruck in dem Bau großer orthodoxer Kathedralen im Herzen des protestantischen Reval (1893) und des katholischen Warschau (1894–1912). Was speziell die baltischen Gouvernements betraf, so war Alexander III. überdies der erste Zar, der die historischen Privilegien und Rechte der deutschstämmigen Adligen und Stadtbürger nicht bestätigte, sondern Polizeiwesen und Jurisdiktion nach russischen Normen ausrichten ließ und Russisch zur offiziellen Amtssprache erhob. Zwischen 1889 und 1893 wurde die deutschsprachige Universität von Dorpat mit Ausnahme der theologischen Fakultät vollständig russifiziert und die Stadt selbst in Jur'ev umbenannt. Gegenüber Finnland blieb es noch bei drohenden Ankündigungen, bis die Russifizierungspolitik unter dem Nachfolger Alexanders III., Nikolaus II., auch hier mit aller Härte seit 1899 in die Tat umgesetzt wurde.

Mit seiner Kampagne gegen die nationale Eigenständigkeit der Fremdvölker verfolgte Alexander III. freilich nicht allein das Ziel, die Reichseinheit zu wahren. Die Assimilierungs- beziehungsweise Unterwerfungspolitik sollte auch gleichzeitig die Russen selbst mit Stolz erfüllen und zur Akzeptanz des Regimes beitragen. Durchaus populär waren insbesondere die Maßnahmen gegen die Deutschbalten, weil diese in Führungspositionen von Militär und Administration überrepräsentiert waren und damit nicht nur Neid und Missgunst erweckten, sondern auch für die Härten und Unzulänglichkeiten von Politik und Verwaltung mitverantwortlich gemacht wurden. Die kalkulierte Blitzableiterfunktion des Schlachtrufs „Russland den Russen" zeigte sich besonders deutlich in der Haltung gegenüber den Juden. Obwohl sie keiner separatistischen Tendenzen verdächtigt werden konnten, wurden sie ebenfalls durch restriktive Maßnahmen drangsaliert und darüber hinaus sogar dem blinden, kirchlich indoktrinierten Volkszorn schutzlos ausgeliefert, indem wiederholt Pogrome seitens der Vertreter der Staatsmacht geduldet, wenn nicht gar gefördert wurden.

Insgesamt erwies sich die Propagierung des Nationalismus aber als gefährliches Gegengift gegen die Spannungen im Innern. Die Russifizierungspolitik pazifizierte die Fremdvölker nicht, sondern schürte oder weckte gar erst ihr Streben nach nationaler Unabhängigkeit oder bewirkte bei den Juden, dass sie sich verstärkt in konspirativen revolutionären Zirkeln engagierten.1897 etwa wurde der für die weitere revolutionäre Entwicklung bedeutsame sozialdemokratische „Allgemeine jüdische Arbeiterbund in Litauen, Polen und Russland" begründet.

Die Außenpolitik unter Alexander III.

Die erste hervorzuhebende Maßnahme Alexanders III. im außenpolitischen Bereich betraf den Abschluss des „Dreikaiserbündnisses" vom 18. 6. 1881, zu dem es aus russischer Sicht sowohl aus ideologischen als auch machtpolitischen Erwägungen keine Alternative gab. Allerdings war die Übereinkunft auch mit Problemen und Differenzen belastet. Gegenüber Deutschland herrschte eine weit verbreitete Animosität wegen seiner „undankbaren" Politik 1878 und der Schwierigkeiten, die es dem russischen Außenhandel durch Schutzzölle und zeitweilige Einfuhrsperren bereitete. Die liberale Gesellschaft sah in dem Zusammengehen mit Deutschland überdies eine unerwünschte Verstärkung der konservativen autokratischen Prätentionen der Regierung. Noch gravierender war die Aversion gegenüber Österreich-Ungarn; sie resultierte vorrangig aus der traditionellen Rivalität auf dem Balkan, intensivierte sich aber noch in dem Maße, in dem beide Mächte ihr Engagement in dieser Region verstärkten. Österreich-Ungarn hatte dabei in den 80er Jahren die größeren Erfolge. Es konnte Serbien und Rumänien in seinen Bannkreis ziehen, während Russland seinen vorherrschenden Einfluss auf Bulgarien zunehmend verlor. Das lag zum einen an dem Streben Bulgariens nach größerer Eigenständigkeit, zum anderen aber auch an der inkonsistenten, in sich widersprüchlichen und grobschlächtigen russischen Politik, die ihrerseits die bulgarischen Loslösungsbestrebungen forcierte und obendrein noch dazu führte, dass Österreich-Ungarn sich als Sekundant und alternative Schutzmacht zu profilieren vermochte. Dennoch wurde das „Dreikaiserbündnis" 1884 in der Substanz unverändert um weitere drei Jahre verlängert.

Zu neuen Querelen kam es, als Bulgarien im September 1885 Ostrumelien faktisch annektierte. Russland hatte sich zu früherer Zeit für eine solche Lösung eingesetzt und sie in einem Zusatzprotokoll zum „Dreikaiserbündnis" ausdrücklich festschreiben lassen. Die Zentralmächte akzeptierten demgemäß das fait accompli. Die zarische Regierung aber wollte die Inkorporation zum Anlass nehmen, um die Bulgaren zur Raison zu rufen und ihnen ihre Abhängigkeit von Russland zu demonstrieren; deshalb erhob sie gegen die Annexion Einspruch. Im Zusammenhang damit kam es zu turbulenten, operettenhaften Szenarien mit inszenierter Entführung, förmlicher Abdankung des bulgarischen Herrschers sowie der Wahl eines Nachfolgers. Am Ende stand Russland freilich als Verlierer da, weil es weder im Hinblick auf Ostrumelien noch im Hinblick auf die Person des neuen bulgarischen Regenten seinen Willen durchsetzen konnte.

Die empörte nationalistische Presse gab die Schuld dafür aber weniger der eigenen Regierung als den Kabinetten in London, Berlin und vor allem in Wien. Der Herausgeber der Zeitung „Moskovskie Vedomosti", M. N. Katkov, enthüllte die Existenz des geheimen „Dreikaiserbündnisses", kritisierte, dass das Abkommen Russlands Interessen nicht dienlich sei und plädierte stattdessen für eine Defensivallianz mit Paris, mit der Begründung, Frankreich könne sowohl Großbritannien als auch Deutschland in Schach halten. Außenminister Giers war anderer Meinung, aber der Zar hielt Katkovs Argumentation doch für so weit berechtigt und gesellschaftlich repräsentativ, dass er seinerseits befahl, das 1887 auslaufende Dreikaiserbündnis nicht mehr mit Österreich-Ungarn zu verlängern; selbst gegenüber einem neuerlichen Pakt mit Deutschland zu den bisherigen Bedingungen hegte er Bedenken. Er konnte aber doch für ein modifiziertes Bündnis, den deutsch-russischen Rückversicherungsvertrag vom 18. 6. 1887 (n. St.) gewonnen werden. In ihm wurde die zu beobachtende „wohlwollende Neutralität" im Kriegsfall dahingehend eingeschränkt, dass sie nicht zu gelten habe, wenn Russland Österreich-Ungarn oder Deutschland Frankreich angreifen würde. Deutschland erkannte überdies zu Gunsten Russlands „die Rechtmäßigkeit seines vorwiegenden und entscheidenden Einflusses in Bulgarien und Ostrumelien" an und verpflichtete sich in einem „ganz geheimen Zusatzprotokoll", den Zaren „moralisch und diplomatisch" zu unterstützen, falls er den Zugriff auf die Meerengen befehlen würde, „um den Schlüssel seines Reiches in der Hand zu behalten"[26]. Die Zugeständnisse sollten dem Zaren gegenüber der kritischen Gesellschaft den Rücken stärken und ihm die deutsche Freundschaft wert und teuer erscheinen lassen. In ähnlicher Absicht wollte Bismarck durch das Vorgaukeln der Meerengenokkupation Russland – seinem eigenen Bekenntnis nach – ermuntern, „tiefer in die orientalische Sackgasse hineinzugehen". Dank der Mittelmeerentente vom 12. 2. beziehungsweise 24. 3. 1887 (n. St.) wäre es dort auf den dezidierten Widerstand Englands, Italiens und Österreich-Ungarns gestoßen. Auf Grund der vorsichtigen und zurückhaltenden Politik von Außenminister Giers wurde indes jede Konfrontation vermieden.

Als der „Rückversicherungsvertrag" 1890 auslief, zeigten sich die Repräsentanten Russlands bereit – wenn auch, wie schon 1887, mit unterschiedlichem Eifer und Enthusiasmus –, die Übereinkunft zu verlängern. Außenminister Giers, der sich am engagiertesten für ein Zusammengehen mit Deutschland einsetzte, erachtete es nötigenfalls sogar für hinreichend, generell „irgendetwas Schriftliches" zu vereinbaren. Doch nach der Entlassung Bismarcks fürchtete die neue deutsche Regierung, durch die allfällige Offenlegung der untereinander widersprüchlichen Geheimverträge kompromittiert zu werden, und argwöhnte überdies, der Rückversicherungsvertrag böte dem Reich nur eine trügerische Sicherheit, weil die zarische Regierung sich im Kriegsfall auf Drängen der Gesellschaft möglicherweise gar nicht vertragskonform verhalten würde. Kaiser Wilhelm II., der zudem bestrebt war, der Außenpolitik seinen persönlichen Stempel aufzudrücken, entschied deshalb, den Rückversicherungsvertrag nicht zu verlängern. Die russische Sorge, dass diese Weigerung mit einem grundsätzlichen Kurswechsel der deutschen Politik verbunden sein könnte, wurde durch den deutsch-britischen Interessenausgleich im „Helgoland-Sansibar-Vertrag" vom 1. 7. 1890 verstärkt. Nach der Erneuerung des Dreibundes am 6. 5. 1891 wurde in St. Petersburg mit dem „mehr als wahrscheinlichen" Anschluss Englands an diese Allianz gerechnet. Als Wilhelm II. sogar Anstalten machte, die Beziehungen zu Frankreich zu entkrampfen, glaubte die zarische Regierung nicht länger zögern zu dürfen, zumal die nationalistische Öffentlichkeit, auf deren Beifall der Zar aus Gründen der Systemstabilisierung besonderen Wert legte, seit langem beständig das Zusammengehen mit Frankreich forderte. Ein erster bedeutsamer Schritt der Annäherung war bereits Ende 1887 erfolgt, als Bismarck im Zuge wirtschaftlicher Auseinandersetzungen den deutschen Kapitalmarkt für russische Wertpapiere gesperrt hatte und Frankreich großzügig als Geldgeber einsprang; allein von 1888 bis 1896 gewährte es Russland Anleihen in Höhe von 5,5 Milliarden Francs. Das darüber hinausgehende politisch-militärische Rapprochement unter Ausklammerung der weiter bestehenden ideologischen Differenzen wurde im Juli 1891 durch den Besuch eines Geschwaders französischer Kriegsschiffe in Kronstadt dokumentiert, bei dem die bis dahin in Russland verbotene „Marseillaise" in Anwesenheit des Zaren intoniert wurde. Auf diplomatischer Ebene spiegelte sich die Annäherung in einem russisch-französischen Notenwechsel vom August 1891, in dem die beiden Regierungen übereinkamen, im Falle einer Friedensgefährdung Beratungen über die zu treffenden Gegenmaßnahmen und ihre Koordinierung aufzunehmen.

Ob über eine solche Konsultationsabsprache hinaus auch eine förmliche Militärkonvention abgeschlossen werden sollte, wie die Franzosen es wünschten, war innerhalb der russischen Regierung umstritten. Der Zar war grundsätzlich dafür, mit der Begründung, im Falle eines Krieges müsse die Niederschlagung Deutschlands oberste Priorität haben, weil dadurch gleichzeitig Österreich entscheidend geschwächt werde. Russland sei dann die dominierende Macht und alleiniger Herr auf dem Balkan. Giers wandte dagegen ein, mit einem solchen Pakt liefere sich Russland politisch und militärisch den Franzosen aus, die nach einem siegreichen Feldzug gegen Deutschland im Übrigen kein Interesse mehr an dem Bündnis haben und Russland mit dem nach Revanche strebenden Reich allein lassen würden; zudem beschwor er die revolutionäre Gefahr, indem er das Ende aller monarchischen Herrschaft und den Triumph republikanischer und sozialistischer Ideen prophezeite. Auf längere Sicht gesehen, neigte sich aber die Waagschale zu Gunsten einer verbindlichen Allianz mit Frankreich. Sie wurde in einem ersten Schritt im August 1892 durch die Unterzeichnung einer Militärkonvention eingeleitet und um die Jahreswende 1893/94 durch deren Ratifikation definitiv bestätigt.

Anders als verschiedentliche martialische Äußerungen Alexanders III. vermuten ließen, kam damit freilich nicht automatisch eine offensiv gegen Deutschland gerichtete Orientierung in der russischen Politik zum Zuge; vielmehr gaben russischerseits angesichts der zunehmenden inneren Instabilität und der unverkennbaren Rückständigkeit, auch im militärischen Bereich, Erwägungen defensiver Sicherheit den Ausschlag. In internen Aufzeichnungen herrschte Einigkeit darüber, dass die „Erhaltung und Festigung des europäischen Friedens" oberstes Ziel der zarischen Außenpolitik sein müsse. Fortgesetzte Differenzen mit Deutschland in wirtschaftlicher Hinsicht änderten daran nichts. Finanzminister Vyšnegradskij sprach sich während seiner Amtszeit sogar gegen ein Bündnis mit Paris aus, mit der Begründung, Frankreich könne Russland wirtschaftlich nichts bieten, Deutschland hingegen sei unentbehrlich. Als der Zollkrieg 1893 seinen Höhepunkt erreichte und sich tatsächlich die Gefahr einer weit gehenden Lähmung des Handelsverkehrs abzeichnete, lenkten Russen und Deutsche bezeichnenderweise ein. Sie setzten sich im Oktober 1893 zu einer Zollkonferenz zusammen, die bereits im Februar 1894 zum Abschluss eines Handelsvertrags führte, der die ganze vorgesehene Laufzeit von zehn Jahren unbeschadet überstand. Im Nachhinein wurde er russischerseits geradezu als vorbildlich gerühmt, wobei nicht verkannt wurde, dass die deutsche Regierung den wirtschaftlichen Konsens nicht zuletzt auch deshalb gesucht und gefördert hatte, um ein politisches Signal einvernehmlicher Beziehungen zu setzen.

5. Nikolaus II., 1894–1917

Innere und äußere Entwicklung, 1894–1904

Nach der restaurativen Regierungszeit Alexanders III. setzte die liberale Gesellschaft große Hoffnungen auf Nikolaus II., der seinem Vater als Zar nachfolgte. Umso größer war die Enttäuschung, als der neue Herrscher bereits bei dem ersten offiziellen Empfang von Deputationen aus dem ganzen Reich erklärte: „Ich bin sehr glücklich, Vertreter aller Stände zu sehen, die gekommen sind, um mir ihre untertänigen Gefühle auszudrücken. Aber ich habe gehört, dass in letzter Zeit in einigen Zemstvo-Versammlungen Stimmen laut geworden sind, die sinnlosen Träumereien über eine Beteiligung von Zemstvo-Vertretern an der Staatslenkung nachhingen. Alle sollen wissen, dass ich mit allen meinen Kräften dem Wohl des Volkes dienen werde, aber deshalb das Prinzip der Autokratie ebenso fest und beständig hochhalten werde wie mein unvergesslicher Vater."[27]

Der Zar vermochte allerdings seinen Anspruch nicht adäquat in die Praxis umzusetzen. Das lag zum einen an seiner eigenen Person. Ihm mangelte es nicht nur an politischen Fähigkeiten, sondern – vielleicht im unbewussten Konnex damit – auch an nachhaltigem Interesse, die Staatsgeschäfte selbständig und selbstverantwortlich zu führen. Seine Tagebucheintragungen machen das sehr deutlich. Des Weiteren und in einem noch höheren Grad sprachen strukturelle Gründe gegen die zarische Autokratie. Der prominente Zemstvo-Deputierte und Philosophieprofessor Furst S. N. Trubeckoj notierte um die Jahrhundertwende: „Es gibt die Autokratie der Polizei, dann die der Gouverneure und schließlich die der Minister. Die Autokratie des Zaren existiert überhaupt nicht, denn er erfährt nur das, was ihn ein kompliziertes Filtersystem erfahren lässt."[28] Noch gravierender waren die Hindernisse, die der Autokratie aus der sozialökonomischen Entwicklung erwuchsen, weil sie irreversibel waren.

Um die Großmachtstellung Russlands zu sichern, hatten die Herrscher seit der demütigenden Niederlage im Krimkrieg die ökonomische Modernisierung Russlands betrieben. Dank dem außerordentlich fähigen und skrupelfreien Finanzminister Witte, den Nikolaus II. von seinem Vater übernommen hatte, erreichte die russische Industrie in den 90er Jahren durchschnittliche Zuwachsraten von jährlich acht Prozent. Diese enorme Steigerung wurde durch Fortsetzung und Intensivierung der bisherigen Politik wie durch neue Maßnahmen erreicht. Als größter Förderer des Aufschwungs trat der Staat auf. Er investierte mehr als zwei Drittel seiner Einnahmen direkt oder indirekt in die wirtschaftliche Entwicklung. Dabei verdoppelte er überdies seine Mittel zwischen 1892 und 1903 durch Erhöhung der direkten und indirekten Steuern. Als besonders einträglich erwies sich das 1895 eingeführte Alkoholmonopol, das dem Fiskus 1913 28% seiner Gesamteinnahmen erbrachte. Des Weiteren profitierten Staat und Industrie von den hohen Einfuhrzöllen für konkurrierende Produkte. Sowohl die politisch-militärische Annäherung an Paris als auch die verlässliche Stabilisierung des Rubels durch die Einführung der Goldwährung 1897 trugen ihrerseits dazu bei, dass ausländisches Kapital, insbesondere aus Frankreich, verstärkt in die russische Wirtschaft floss. Zwei Industriezweigen kam das besonders zugute: Im Bergbau wuchs das Aktienkapital von 1890 bis 1900 von 85,7 Millionen Rubel auf 392,2 Millionen Rubel an; 374,9 Millionen Rubel davon kamen aus dem Ausland. In der Metallindustrie stieg das Aktienkapital von 1890 bis 1900 von 27,8 Millionen Rubel auf 257,3 Millionen Rubel; hiervon stammten 145,3 Millionen aus dem Ausland. Einen raschen Aufschwung nahmen darüber hinaus neue, zukunftsträchtige Industriezweige wie insbesondere die Erdölförderung. Lokalisiert bei Baku, schnellte die Produktion zwischen 1890 und 1900 von 226 Millionen Pud auf 600 Millionen Pud empor, womit Russland für kurze Zeit der größte Erdölproduzent der Welt wurde. Ansonsten blieb Russland freilich trotz des „industriellen Spurtes" im Vergleich zu den USA und zu den führenden westeuropäischen Industrienationen Deutschland und Großbritannien ein rückständiges Land mit deutlich geringeren Produktionsziffern in den Schlüsselindustrien. Um die Jahrhundertwende brach die Konjunktur zudem ein infolge einer gravierenden Missernte im Wolgagebiet und der noch höher zu veranschlagenden allgemeinen Rezession der Weltwirtschaft. Zwischen 1900 und 1910 betrugen die durchschnittlichen Wachstumsraten der russischen Industrie jährlich lediglich noch 3,2%.

Verbunden mit der sich über Jahrzehnte hinziehenden ökonomischen Modernisierung und ihrem Höhepunkt in den 90er Jahren war eine zunehmende soziale Diversifizierung, die sich der offiziellen Sphäre freilich erst allmählich erschloss. So wurden in der Volkszählung von 1897 die Arbeiter noch nicht als eigenständige Gruppierung erfasst. Was die politischen Auswirkungen der wachsenden sozialen Differenzierung anging, so stellten sie für die zarische Autokratie eine schwierige Herausforderung dar, die zu bewältigen ihr trotz verschiedener Versuche letztlich nicht gelang. Nach westlichen Erfahrungen war der erste, entscheidende Angriff auf die absolute Herrschaft von der erstarkenden Bourgeoisie zu erwarten. Diese Annahme war auch in Russland weit verbreitet in dem gesamten politischen Spektrum von der Regierung bis hin zu den linksextremen Sozialdemokraten. Tatsächlich bildete sich mit der forcierten Industrialisierung eine kapitalkräftige Oberschicht heraus, die sich durch wirtschaftliche Solidität und unternehmerischen Ehrgeiz auszeichnete – politisch aber bildete sie keine homogene Gruppe mit gemeinsamen verbindlichen Zielsetzungen. Diejenigen, die vor allem von Staatsaufträgen abhingen, wie etwa die Repräsentanten der Rüstungsindustrie, wollten es sich mit ihrem Brotherrn, der Regierung, nicht verderben und entfalteten in der Regel keine riskanten oppositionellen Initiativen. Anders verhielten sich vielfach die Unternehmer der alteingesessenen Industrien wie der Textilindustrie; hier herrschten mehr Selbstbewusstsein und politisches Unabhängigkeitstreben. Geographisch ordneten sich die beiden Strömungen der alten Rivalität zwischen St. Petersburg und Moskau ein.

Quantitativ hatte durch die fortschreitende Spezialisierung und die wachsenden Bildungsanforderungen nicht zuletzt die oppositionelle Intelligencija beträchtlich an Potential hinzugewonnen; aber auch für sie galt, dass sie sehr unterschiedlichen Zielsetzungen folgte – von der erstrebten Diktatur des Proletariats bis zu der gemäßigten Forderung nach einer konstitutionellen Monarchie, von der Bejahung des Terrorismus bis hin zum Bekenntnis zur Gewaltlosigkeit. Exemplarisch sei im weiteren Sinne an so verschiedene Dichterpersönlichkeiten wie den kämpferischen Maksim Gor'kij und den urchristlichen Ideen zuneigenden Lev N. Tolstoj erinnert. Eine zusätzliche Spaltung erfuhr die Intelligencija 1909, als sich verschiedene prominente Theoretiker wie Petr Struve, Nikolaj Berdjaev und Sergej N. Bulgakov in dem Aufsatzband Vechi (Wegzeichen) von der Revolution abwandten und im Namen christlich orientierter Ethik zur „Umkehr“ und moralisch-politischen Verantwortung in gemäßigt liberaler Ausrichtung aufriefen. Hellsichtig erkannten sie, dass der hasserfüllte Kampf gegen das herrschende Regime die Gefahr einer neuen, noch unmenschlicheren Diktatur heraufbeschwor.

Ob der Idealismus der Autoren allerdings als hinreichend wirkungsmächtig anzusehen war, um das Los der unteren Volksschichten nachhaltig zu verbessern, stand auf einem anderen Blatt. Nachdem sich sowohl die Lebens- als auch Arbeitsbedingungen der Fabrikarbeiter während des Booms in den 90er Jahren merklich gebessert hatten, erfolgte um die Jahrhundertwende mit den Missernten von 1898/99 und der allgemeinen Rezession ein massiver Rückschlag. Dies klaglos hinzunehmen, zeigten sich die Arbeiter nicht mehr willens. Sie wehrten sich vielmehr in zunehmendem Maße mit Widersetzlichkeiten und Streiks.

Da viele Arbeiter nach wie vor Wander- oder Saisonarbeiter waren, die ihr eigentliches Zuhause auf dem Lande hatten, wurden die Nachrichten über die sich zuspitzende Lage in den Städten unmittelbar in die Dörfer hineingetragen und vermehrten hier die Unruhen, die in der Hauptsache freilich ihre eigenen Ursachen und Wurzeln hatten. Landnot, die durch die rasch wachsende Bevölkerung verschärft wurde, hohe Abgaben und Steuern blieben die entscheidenden Stichworte. Die sinkenden Getreidepreise auf dem Weltmarkt und die schon erwähnten Missernten taten ein Übriges, um die Belastungen der Bauern noch weiter zu verstärken und ihre daraus resultierende Unzufriedenheit zu vermehren. Zwischen 1900 und 1904 wurden offiziell insgesamt 670 Bauernaufstände registriert.

Um die äußere Ordnung wiederherzustellen, ging die Staatsgewalt sowohl auf dem Lande als auch in den Städten vorrangig mit Gewalt vor. Sie setzte Polizei oder gar reguläre Truppen ein, verhaftete die Rädelsführer und sperrte sie ein oder schickte sie in die Verbannung. Auch Witte wusste, dass es effektiver gewesen wäre – wie er gesprächsweise bemerkte – „den Bauern zu versprechen, einer jeden Familie 25 Desjatinen zuzuteilen“, aber da das gleichbedeutend gewesen wäre mit der Enteignung der adligen Grundbesitzer, hätte das Regime sich selbst seiner nach wie vor verlässlichsten Stütze beraubt. Witte zögerte demgemäß auch nicht, sogleich einzuräumen: „Die Regierung kann sich natürlich solcher Methoden nicht bedienen.“[29] Unter dem Druck der Revolution von 1905 bis 1907 sollte sie sich allerdings notgedrungen zu Konzessionen bereit finden, die zu ihren eigenen Lasten gingen.

Gegenüber den Arbeitern glaubte die Regierung bereits vor der Revolution größere Handlungsmöglichkeiten zu haben. Zeitweiligen Anklang fand bei ihr die Idee des Chefs der Moskauer Geheimpolizei, Sergej Zubatov, die Arbeiter nicht dem Einfluss der linksextremen Parteien der Sozialdemokraten und Sozialrevolutionäre zu überlassen. Er plädierte dafür, von der Polizei gelenkte Gewerkschaften zu begründen und den Arbeitern im sozialökonomischen Bereich entgegenzukommen, um sie auf diese Weise von politischen Forderungen, die sich gegen die Autokratie richteten, abzubringen und zugleich den Aufstieg der ebenfalls mit Misstrauen betrachteten Bourgeoisie zu bremsen. Das Experiment wurde allerdings 1903 im Wesentlichen bereits wieder abgebrochen, weil sich die Arbeiterbewegung nicht unter Kontrolle bringen ließ. Lediglich in St. Petersburg wurde dem Unterfangen in abgeänderter Form als „Vereinigung russischer Fabrik- und Werkstättenarbeiter“ unter Führung des Popen Gapon noch eine Chance gegeben.

Um den Volkszorn abzulenken, verfiel Innenminister Pleve noch auf eine andere, infame Idee. In der Tradition, die schon in den 80er Jahren unter Alexander III. vorgezeichnet worden war, lenkte man den Hass auf die Juden als angebliche Haupturheber aller inneren und äußeren Schwierigkeiten. Pogrome in Kišinev, Gomel' und anderen Städten wurden mit äußerster Grausamkeit exekutiert, weil die Polizei den Selbstschutz der Juden entwaffnete, aber nichts gegen die marodierenden Angreifer unternahm. Die von dem Innenminister erhofften politischen Auswirkungen stellten sich indes nicht ein. Diejenigen, die sich bei den Pogromen hervortaten, waren nicht dieselben, die die Autokratie in Frage stellten.

Pleve befürwortete deshalb ein außenpolitisches Ablenkungsmanöver als letzten Ausweg: „Um die Revolution hintan zu halten“, propagierte er, „brauchen wir einen kleinen siegreichen Krieg.“[30] Er sollte gegen die sträflich unterschätzten Japaner geführt werden. Finanzminister Witte und selbst Kriegsminister A. N. Kuropatkin erhoben aus Sicht ihrer Ressorts Einspruch gegen ein solches Wagnis, aber Pleve vermochte den Zaren, der nach extensiver Machterweiterung in Fernost strebte, für sich zu gewinnen. Um sich in Asien besser zu positionieren und die Gefahren eines Krieges in Europa zu mindern, hatte der Zar sogar die Einberufung einer internationalen Abrüstungskonferenz initiiert. Sie tagte vom 18. 5. bis zum 29. 7. 1899 (n. St.) in Den Haag und endete wie so viele ihrer Nachfolgerinnen mit – vom Anspruch her – unscheinbaren Ergebnissen, die dann noch nicht einmal realisiert wurden.

Der erste Schuss in dem russisch-japanischen Duell wurde in der Nacht vom 26./27. 1. 1904 von den Japanern abgegeben mit einem überfallartigen Angriff auf Port Arthur, das die Russen den Chinesen durch einen erzwungenen Pachtvertrag abgetrotzt hatten. Die Hoffnungen des Zaren und der Regierung, dass der Krieg dennoch auf Dauer eine glückliche Wende nehmen werde, zerschlugen sich endgültig durch die desaströsen Niederlagen zu Lande bei Mukden im Februar 1905 und zu Wasser bei Tsushima Mitte Mai 1905. In dem unter Vermittlung des amerikanischen Präsidenten Theodore Roosevelt schließlich ausgehandelten Frieden von Portsmouth vom 23. 8./5. 9. 1905 kam das unterlegene Russland noch relativ glimpflich davon. Es musste nicht, wie ursprünglich gefordert, die ganze Halbinsel Sachalin abtreten, sondern nur deren südlichen Teil bis zum 50. Grad nördlicher Breite. Port Arthur fiel auf der Basis des mit Peking geschlossenen Pachtvertrags an Japan. Überdies hatte die zarische Regierung ihre Truppen aus der nördlichen Mandschurei zurückzuziehen und Korea als Interessengebiet Japans anzuerkennen.

1905 – 1914 – 1917

Die Niederlagen in Fernost verstärkten in Russland die Empörung, die sich vorrangig aus der sozialökonomischen und innenpolitischen Gesamtsituation speiste. Überall erscholl der Ruf: „So kann man nicht weiterleben.“ Dass der Zar nach der Ermordung des verhassten Innenministers Pleve am 15. 7. 1904 den liberaleren Fürsten P. D. Svjatopolk-Mirskij zum Nachfolger berief, der öffentlich um Vertrauen warb, erhöhte noch die Erregung in der Erwartung, die Macht sei nun doch zu Reformen bereit oder könne dazu gezwungen werden. Auch die Arbeiter schöpften neue Hoffnung, in der noch die traditionelle Auffassung des Volkes mitschwang, Schuld an der Misere sei nicht der wohlmeinende Zar, sondern die eigenmächtig ausgeübte Willkür von Bürokraten und Besitzenden, die dem Herrscher verheimlicht werde. Am Sonntag, den 9. 1. 1905, machten sich unter Führung des Priesters Gapon zehntausende Arbeiter mit ihren Familien auf den Weg zum Winterpalais, um umgeben von Ikonen und Zarenbildern dem Herrscher eine Bittschrift zu übergeben, in der sie in dringlichen Worten ihr Elend schilderten und bessere Lebens- und Arbeitsbedingungen forderten; darüber hinaus erhoben sie aber auch die politische Forderung nach Einberufung einer „verfassungsgebenden Versammlung auf der Grundlage des allgemeinen, geheimen und gleichen Wahlrechts“[31].

So war es nicht verwunderlich, dass Vertreter der Obrigkeit in der Demonstration eher eine beleidigende Provokation als eine Prozession von Bittstellern sahen. Einige der Offiziere, die den Schutz des Winterpalais zu gewährleisten hatten, verloren angesichts der heranströmenden Massen vollends die Selbstbeherrschung oder wollten sich vielleicht sogar hervortun und befahlen ihren Soldaten, auf die Menge zu schießen. Selbst bemäntelnde offizielle Angaben bezifferten späterhin die Anzahl der Opfer auf 96 Tote und 333 Verletzte. Nikolaus II., der sein Missfallen über die Demonstration der Arbeiter im Vorhinein schon dadurch zum Ausdruck gebracht hatte, dass er in Carskoe Selo blieb und sich nicht nach St. Petersburg begab, empfand das Massaker zwar als „peinlich und schmerzhaft“, blieb aber bei seiner Meinung, dass das „Herbeiströmen einer aufrührerischen Menschenmenge“ ein „krimineller Akt“ gewesen sei. Einer Abordnung Petersburger Industriearbeiter erklärte er, nur weil er auf die „unerschütterliche Treue“ der Arbeiter zu seiner Person setze, „verzeihe ich ihnen ihre Schuld“[32].

Die Reaktionen im Lande verrieten eine ganz andere Einschätzung der Vorgänge. Der „Blutsonntag“ wurde zum Fanal für den spontanen Ausbruch einer von allen Schichten der Bevölkerung getragenen Revolution. Mit der viel beschworenen unauflöslichen Verbundenheit von Volk und Zar war es jetzt offenkundig endgültig vorbei. Anfänglich konzentrierten sich die Unruhen vor allem auf die Städte. Arbeiter, Intellektuelle und auch das besitzende Bürgertum forderten auf Demonstrationen, Versammlungen und Kongressen gleichermaßen die Gewährung politischer Grundrechte und die Einberufung einer frei gewählten, verfassungsgebenden Volksvertretung. Darüber hinaus verlangten die Arbeiter eine grundlegende Verbesserung ihrer generellen Lebensbedingungen. Rasch sprang der Funke der Revolte im Weiteren auf die Dorfgemeinden über. Neben den allgemein politischen Forderungen, die auch hier vertreten und unterstützt wurden, verlangten die Bauern vor allem eine Herabsetzung ihrer finanziellen Belastungen und die Abschaffung des Privatbesitzes an Grund und Boden mit der Maßgabe, ihnen das Land zur Verfügung zu stellen, das sie selbst bearbeiteten. In den nichtrussischen Teilen des Reiches wurde überdies im Protest gegen die rigide Russifizierungspolitik auch der Ruf nach mehr nationaler Eigenständigkeit laut. Sogar in der Armee kam es zu Widersetzlichkeiten, von denen nicht zuletzt dank des Filmes von Sergej Eisenstein die Meuterei auf dem „Panzerkreuzer Potemkin“ im Juni 1905 am bekanntesten wurde.

Im Laufe der Monate nahm der Organisationsgrad des Widerstands zu und machte ihn effektiver. Im April tagte der Erste Kongress des Allrussischen Eisenbahnerverbands in Moskau, im Mai schlossen sich soeben erst begründete Berufsverbände zum „Bund der Bünde“ (sojuz sojuzov) zusammen, und wenige Tage später wurde während eines Generalstreikes im Textilrayon Ivanovo-Voznesensk ein erster überbetrieblicher Arbeiterrat gebildet. Ihm oblagen nicht nur die Durchführung des Streikes und Verhandlungen mit den Unternehmern, sondern in der Tradition der landsmännischen Zusammenschlüsse und der Versammlungen der obščina war er befugt, sich grundsätzlich mit allen Fragen von gemeinsamem Interesse zu befassen. Das war die Geburtsstunde der für die weitere russische Geschichte so bedeutsamen Sowjets, wobei vor allem der im Oktober 1905 begründete Petersburger Sowjet für wenige Tage zum Sprachrohr der oppositionellen Gesellschaft insgesamt avancierte.

Die Zeit der Revolution verlieh auch den linksextremen Parteien Aufschwung, ohne dass sie in der Lage gewesen wären, die generelle Führung des Widerstands zu übernehmen. Gemäß ihren Programmen weiteten aber die Sozialrevolutionäre ihren Einfluss vor allem unter den Bauern aus, während die Sozialdemokraten eher bei den Arbeitern zu überzeugen vermochten. Die Sozialdemokraten sprachen allerdings mit zwei verschiedenen Stimmen, denn 1903 hatte V. I. Lenin auf dem II. Parteitag der Sozialdemokratischen Arbeiterpartei Rußlands (SDAPR) die Partei gespalten. Das eigentliche Schlüsselproblem ergab sich aus der Frage nach dem Selbstverständnis der Partei und ihrer erstrebten Wirkungsweise. Aus Lenins Sicht machten es sowohl das unzureichende politische Bewusstsein der Arbeiter als auch die konkreten Bedingungen des Kampfes mit der zarischen Geheimpolizei erforderlich, die Partei nicht als basisdemokratische Massenpartei, sondern als straff geführte Kaderpartei von Berufsrevolutionären zu organisieren; für eine Mitgliedschaft sollte nicht der „persönliche Beistand“ ausreichen, sondern die „persönliche Mitarbeit“ erforderlich sein. Mit dieser Auffassung konnte sich Lenin 1903 allerdings noch nicht durchsetzen. Da er aber in einer anderen Frage einen Abstimmungssieg erzielte, vermochten er und seine Anhänger sich als Bolschewiki und somit als „Mehrheitler“ zu bezeichnen, in Abgrenzung zu den Menschewiki, den „Minderheitlern“. Weitere Differenzen führten schließlich im Jahre 1912 zur formellen Spaltung der SDAPR.

Ihren Höhe- und Wendepunkt erreichte die Revolution in der Zeit von Oktober bis Dezember 1905. In den Städten stieg die Zahl und Intensität der Streikes und weitete sich verschiedentlich zu Generalstreiks aus. Auf dem Lande gingen die Bauern da, wo der Landmangel am größten war, also in den Schwarzerdegebieten und in der mittleren Wolgaregion, vermehrt dazu über, das Land und den Besitz der Gutsbesitzer zu beschlagnahmen und die Herrenhäuser abzubrennen, um die Eigentümer zu vertreiben. Die liberale Opposition aus Intelligenz und Zemstvo-Adligen schuf sich eine effektive politische Plattform durch die Begründung der Partei der Konstitutionellen Demokraten (Kadetten). Unter den nichtrussischen Nationalitäten traten insbesondere die Polen mit einem Generalstreik und der förmlichen Forderung nach Autonomie hervor.

Die „Macht“ reagierte auf die revolutionären Unruhen des Jahres 1905 lange Zeit konzeptionslos mit der geläufigen Mischung von Zuckerbrot und Peitsche. Die bedeutendste Konzession war die in einem zarischen Manifest angekündigte und durch einen Gesetzentwurf des nunmehrigen Innenministers A. G. Bulygin vom 6. 8. 1905 konkretisierte Zusage, dass eine Volksvertretung mit beratender Stimme eingerichtet werden solle. Weitere Zugeständnisse sahen die Aufgabe der Russifizierungspolitik an Schulen sowie die Wiedereinführung der beschränkten Autonomie für Universitäten vor. Auf der anderen Seite drohte der Generalgouverneur von St. Petersburg, D. F. Trepov, noch am 14. 10. 1905, falls der Versuch unternommen würde, Unruhen auszulösen, diese mit äußerster Schärfe zu unterdrücken, wobei „Patronen nicht zu sparen“[33] seien.

Zur Stabilisierung der Lage konnte eine solch inkonsistente Politik nicht taugen. Der trotz seiner Entlassung als Finanzminister im August 1903 einflussreich gebliebene Graf Witte empfahl den Zickzackkurs aufzugeben und klare Verhältnisse zu schaffen; entweder sollte eine Militärdiktatur errichtet oder ein konstitutionelles Regime bewilligt werden. Der Zar war eher für die erste Lösung, da aber nicht einmal ein geeigneter „Diktator“ zur Verfügung stand, entschied sich Nikolaus II. für die zweite Variante, in der Hoffnung, dass auch auf diese Weise Ruhe einkehren werde. Am 17. 10. 1905 unterschrieb er ein von Witte entworfenes Manifest, in dem der Bevölkerung die bürgerlichen Freiheiten der Unantastbarkeit der Person sowie der Meinungs- und Versammlungsfreiheit zugesichert wurden; ferner sollte nach dem allgemeinen, aber durchaus nicht gleichen Wahlrecht eine Volksvertretung, die Staatsduma, gewählt werden, mit der Maßgabe, „dass kein Gesetz ohne Genehmigung der Staatsduma Geltung erhalten kann“. Witte wurde am 19. Oktober zum neuen Ministerpräsidenten ernannt. Um die Bauern zu beruhigen, wurde am 3. 11. 1905 überdies verfügt, dass die noch ausstehenden Ablösesummen zum 1. 1. 1906 halbiert und zum 1. 3. 1907 ganz gestrichen werden sollten. Von den nichtrussischen Nationalitäten profitierten vor allem die Finnen von dem Bestreben der Macht, ihre Position durch Befriedungsmaßnahmen zu verbessern. Ein Ukas vom 22. 10. 1905 setzte die 1899 aufgehobene finnische Verfassung wieder in Kraft.

Insgesamt gesehen gelang es dem Regime, mit dem Oktobermanifest die oppositionellen Kräfte zu spalten und die Revolution zu schwächen. Insbesondere im bürgerlichen Lager sah man die wichtigsten Forderungen als erfüllt an und war mit der Zügelung der aufständischen Arbeiter und Bauern, deren Radikalisierung man mit zunehmender Sorge und Ablehnung begegnete, durchaus einverstanden. Von denjenigen, die bereit waren, auf der Basis des Oktobermanifests mit der Macht zu kooperieren, wurde am 4. 12. 1905 der „Verband des 17. Oktober“ – landläufig als „Oktobristen“ bezeichnet – konstituiert. Wenige Wochen zuvor, am 17. 11. 1905, hatten sich bereits die Rechten im „Bund des russischen Volkes“ organisiert; angeblich zur effizienteren Durchsetzung von Ruhe und Ordnung, tatsächlich aber zur Drangsalierung ihrer Gegner und insbesondere der Juden, bedienten sie sich der berüchtigten Kampftruppen der „Schwarzen Hundertschaften“.

Das Regime nutzte die veränderten Kräfteverhältnisse energisch zu seinen Gunsten. Mit aller Härte ging es gegen die Aufständischen vor. Die Führer des Petersburger Sowjets wurden verhaftet, und der im Dezember vom Moskauer Sowjet initiierte Aufstand wurde unnachsichtig niedergeschlagen. Zu Beginn des Jahres 1906 war die Situation, insbesondere auf dem Lande, noch nicht befriedet, aber die Regierung hatte die Handlungsdominanz zurückgewonnen.

Um so viel wie möglich von der Autokratie zu retten, erließ der Zar noch wenige Tage vor dem Zusammentritt der ersten Duma, am 23. 4. 1906, eine Verfassung. Nur mit Mühe war er seitens seiner eigenen Minister dazu zu bewegen gewesen, von der Formulierung des Art. 1 des Grundgesetzes in der Fassung von 1892 Abstand zu nehmen, wonach er ein Monarch „mit unbeschränkter Macht" war. Die stattdessen gewählte Definition ließ seinen Anspruch auf Prädominanz aber immer noch hinreichend deutlich werden: „Dem Kaiser von Allrussland gehört die Oberste selbstherrschende Gewalt. Seiner Gewalt nicht nur aus Furcht, sondern auch aus Gewissenspflicht zu gehorchen, befiehlt Gott Selbst" (Art. 4). Er blieb der uneingeschränkte Leiter der Exekutive; die von ihm nach Gutdünken berufenen Minister samt dem Vorsitzenden des Ministerrates waren allein ihm verantwortlich. Er leitete überdies die Außenpolitik, hatte den Oberbefehl über die Streitkräfte, konnte das Parlament auflösen oder beurlauben und in der Zeit, in der die Duma nicht tagte, gemäß Art. 87 im Falle der „Notwendigkeit" die Gesetzgebung an sich ziehen. Die Duma verfügte gegenüber dieser Übermacht formell lediglich über zwei hervorzuhebende Trümpfe: Sie hatte das Budget- und Gesetzgebungsrecht – beide allerdings nur in eingeschränktem Maße. Über den Etat von Heer, Marine und Hof hatte sie nicht zu befinden, und ihre legislatorischen Befugnisse wurden nicht nur durch Art. 87 ausgehöhlt, sondern auch dadurch begrenzt, dass sie Gesetze nicht eigenständig beschließen konnte, sondern dazu die Zustimmung des Reichsrates bedurfte, dessen Mitglieder zur Hälfte vom Zaren ernannt wurden, während die andere Hälfte von Institutionen gewählt wurde, auf die sich der Zar mehrheitlich verlassen konnte. Dem Zaren selbst stand zudem noch das Recht zu, die Inkraftsetzung eines Gesetzes durch sein Veto zu verhindern. Der von Max Weber geprägte Begriff „Scheinkonstitutionalismus" ist deshalb ungeachtet der darin mitschwingenden Polemik durchaus vertretbar, zumal der Zar nichts anderes wünschte und auch in der Praxis exakt darauf hinarbeitete.

Die Selbstausgrenzung der Sozialdemokraten und Sozialrevolutionäre, die die Wahl zur ersten Duma boykottierten, kam ihm insofern durchaus gelegen. Allerdings entsprach das Wahlergebnis insgesamt keineswegs seinen Vorstellungen. Es dominierten die Parteien links von der Mitte, angeführt von den „Kadetten" und den „Trudoviki", die sich als „Gruppe der Arbeit" aus nicht parteigebundenen Deputierten in programmatischer Nähe zu den Sozialrevolutionären konstituiert hatten. Sie allein hatten 318 der 448 Mandate. Gemeinsam arbeiteten sie einen Forderungskatalog aus, demzufolge die Regierung der Duma verantwortlich sein sollte. Noch mehr Sprengstoff barg die Resolution, durch Konfiszierung von Staats-, Kron- und Klosterland sowie die zwangsweise Enteignung von privatem Grundbesitz die Landnot der Bauern zu beheben. Die Regierung wich einer längerwierigen Diskussion dieser Ansinnen aus, indem sie im Juli 1906 die erste Duma vorzeitig auflöste. Die zweite Duma war in ihrer Zusammensetzung noch radikaler und weigerte sich nun ihrerseits, auf die Vorschläge der Regierung zur Bewältigung der politischen und sozialen Streitfragen einzugehen. Daraufhin löste die Regierung sie am 3. 6. 1907 auf.

Es verstand sich von selbst, dass eine solch wechselseitige Obstruktionspolitik weder dem inneren Frieden noch der Weiterentwicklung des Landes und der Geltendmachung seines Großmachtanspruchs dienlich war. Da die Unterwerfung unter die Duma aus der Sicht der Regierung nicht in Frage kam, andererseits aber auch die generelle Abschaffung des Parlaments, mit der der Zar immer wieder liebäugelte, letztlich nicht opportun erschien, entschied sich der im Juli 1906 zum Ministerpräsidenten berufene Petr A. Stolypin für einen Ausweg, der einem Staatsstreich nahe kam. Das Wahlgesetz wurde durch die Erhöhung des Zensus so geändert, dass die besitzenden Schichten auf dem Lande und in den Städten zu Lasten der Arbeiter und Bauern außerordentlich stark begünstigt wurden; zur Festigung der russischen Vorherrschaft im Reich wurde gleichzeitig die Zahl der Sitze der nichtrussischen Nationalitäten in der Duma drastisch vermindert. Im Ergebnis bestimmte nun 1% der Bevölkerung 64,4% der Wahlmänner, die ihrerseits die Dumaabgeordneten wählten. Sowohl in der dritten Duma (1907–1912) als auch in der vierten Duma (1912–1917) hatten demgemäß die Mitte-Rechts-Parteien die absolute Mehrheit. Dank dieser Konstellation konnte Stolypin 1910 die förmliche Zustimmung der Duma zu seinem Agrarprogramm erreichen, das er in Konkurrenz zu den linken Parteien entwickelt hatte und das er schon im November 1906 – vor den Wahlen zur zweiten Duma – mit Hilfe von Art. 87 begonnen hatte zu realisieren. Es setzte entgegen den sozialistischen Bestrebungen in kapitalistischer Manier auf Eigeninitiative, Produktivität und Gewinnstreben nach den Regeln der freien Marktwirtschaft sowie dem Ausleseprinzip, das die Starken und Erfolgreichen begünstigte und die Schwachen und Erfolglosen verdrängte. In diesem Sinne gewährte Stolypin den Bauern völlige Freizügigkeit und erließ eine Reihe von Verfügungen, die alle darauf zielten, die Bauerngemeinde mit ihrem produktions- und mobilitätshemmenden inneren Gefüge aufzulösen. Die Bauern sollten ihren Landanteil als persönliches Eigentum erhalten, ihn profitorientiert bestellen und vergrößern oder aber ihr Land verkaufen, um anschließend entweder nach Sibirien zu migrieren und sich dort eine neue Existenz als Landwirte aufzubauen oder aber um in die Städte als Arbeiter zu ziehen.

Ziel der Maßnahmen sollte es in sozialökonomischer Hinsicht sein, die Erträge der Landwirtschaft zu erhöhen, um sowohl den Lebensstandard im Innern als auch den Export zu steigern; ferner wurde erstrebt, durch die forcierte Abwanderung der Armen die Überbevölkerung auf dem Lande abzubauen, Sibirien unter russischer Ägide stärker zu erschließen und die Industrialisierung durch die Zuführung zusätzlicher, ständig verfügbarer und qualifizierterer Arbeitskräfte zu fördern. Nicht zuletzt sollte durch die gleichfalls angestrebte Herausbildung einer stabilen bäuerlichen Mittelschicht in politischer Hinsicht die Monarchie gestützt und gestärkt werden.

Die realen Ergebnisse der Stolypin'schen Reformen entsprachen den Erwartungen nur bedingt. Von der Möglichkeit, Land in Sibirien und Mittelasien zugeteilt zu bekommen, machten zwar allein in den Jahren 1906 bis 1910 2,5 Millionen Umsiedler Gebrauch, aber die guten Böden waren rasch vergeben, und wegen der sich verschlechternden Kolonisationsbedingungen ebbte der Strom der Migranten in der Folgezeit ab, und umgekehrt erhöhte sich die Zahl der Rücksiedler bis zu einer geschätzten Größenordnung von mehr als

500 000. Was die Bauerngemeinden betraf, so erwirkten bis 1916 ungefähr 2,5 Millionen Haushalte die Überschreibung von Land als persönliches Eigentum. Die Hälfte von ihnen konnte als relativ wohlhabend gelten, während sich die andere Hälfte aus Landarmen rekrutierte, die ihren Anteil verkaufen wollten. Aufs Ganze gesehen verharrten aber 1916 noch immer 61% aller Haushalte mit 70% des zugeteilten Landes im Verband der Dorfgemeinde. Das tief verwurzelte Misstrauen der Bauern gegenüber der Bürokratie, ihre mentale Verwurzelung in der obščina sowie die Lebenserfahrung, dass sich Lasten und Risiken leichter in der Gemeinschaft bewältigen ließen, erwiesen sich als zugkräftiger als das an der monarchischen Staatsraison orientierte Kalkül Stolypins. Dass die Revolution von 1917, ja die Machtergreifung der Bolschewiki hätten vermieden werden können, wenn den Stolypin'schen Reformen mehr Zeit vergönnt gewesen wäre, ist eine interessengeleitete, aber unbewiesene Spekulation. Nachweisbar ist vielmehr, dass die Reform Spannungen zwischen der Dorfarmut und den wohlhabenden Bauern (Kulaken) so verstärkten, dass sie späterhin politisch wirksam ausgenutzt werden konnten.

Neben der Agrarreform ist Stolypins Name vor allem mit der intensiven Russifizierungspolitik ab 1906/07 verbunden. Über das die nichtrussischen Nationalitäten benachteiligende Wahlgesetz von 1907 hinaus wurde in seiner Amtszeit 1909 der Beschluss gefasst, aus Teilen der polnischen Gouvernements Lublin und Siedlce ein neues Gouvernement Cholm zu bilden und es Russland unmittelbar anzugliedern, was 1912 auch geschah. Ab 1908 wurde die energische Russifizierung Finnlands wieder aufgenommen und durch Gesetz vom 17. 6. 1910 dahingehend festgeschrieben, dass das Großfürstentum in allen „reichswichtigen“ Angelegenheiten keinen Anspruch mehr auf Eigenständigkeit haben sollte. Auch gegenüber der Ukraine wurde die in der Revolutionszeit praktizierte liberalere Haltung in ihr Gegenteil verkehrt.

Intendiert wurde damit, das „eine und unteilbare“ Russland als oberstes Prinzip der Staatsraison nicht nur auf administrativer Ebene, sondern auch in den Köpfen der Menschen zu verankern und emanzipatorischen Bestrebungen der Nichtrussen entgegenzuwirken. Mit massivem Druck konnte sich die überlegene Staatsmacht äußerlich durchsetzen. In dem Maße aber, wie sie während des Weltkrieges und der Revolution Schwächen offenbarte, verstärkte sich der Gegendruck, bis die auf nationalstaatliche Unabhängigkeit drängenden Kräfte schließlich obsiegten.

Die polarisierende Politik Stolypins entschied zuvor schon sein eigenes persönliches Schicksal. Anfang September 1911 wurde er, dessen politischer Stern schon im Sinken begriffen war, von einem Revolutionär, der gleichzeitig auch in Diensten der Polizei stand, ermordet.

Ähnlich der zwiespältigen innenpolitischen Situation nach 1905 entwickelte sich die außenpolitische Stellung Russlands. Zum einen festigte das Zarenreich seine Großmachtposition, gleichzeitig aber eskalierten die Spannungen, bis sie schließlich im offenen Konflikt mündeten. Zur Stabilisierung der Großmachtposition trug wesentlich die Bewältigung von Konfliktpotentialen bei. Mit Japan wurde nicht nur am 23. 8./5. 9. 1905 ein Friedensvertrag geschlossen, sondern im Juli 1907 auch eine Vereinbarung über die Abgrenzung der beiderseitigen Interessensphären im ostasiatischen Bereich, wodurch sich die Gefahr eines Zweifrontenkrieges verflüchtigte. Das Verhältnis zu Großbritannien entspannte sich wesentlich durch die Konvention vom 18./31. 8. 1907, die außer der Regelung konkreter strittiger Fragen von Persien über Afghanistan bis Tibet gleichzeitig den Beginn einer nicht störungsfreien, aber zunehmend engeren Kooperation markierte. Darüber hinaus legte die zarische Regierung ein ehrgeiziges Rüstungsprogramm zu Wasser und zu Lande auf, das mit finanzieller Unterstützung Frankreichs bis 1917 realisiert werden sollte. Im deutschen Generalstab wurde es übermäßig hoch bewertet, was vielleicht durch eine grundsätzliche Voreingenommenheit begünstigt wurde, die bereits 1887 zu Präventivkriegsüberlegungen geführt hatte. Auf jeden Fall leisteten die Rüstungen deutscherseits der Argumentation Vorschub, man dürfe mit einem Waffengang nicht so lange zuwarten, bis das gegnerische Lager den Zentralmächten eindeutig und unwiderruflich überlegen sei.

Diplomatische Bestrebungen Berlins, Russland wieder auf die deutsche Seite herüberzuziehen, waren 1904 erfolglos geblieben und scheiterten definitiv 1905 trotz des Scheinerfolgs Kaiser Wilhelms II., der den Zaren bei einer inoffiziellen Begegnung auf See in der Nähe der Insel Björkö dazu überreden konnte, eine Defensivallianz zu unterzeichnen. Die russische Regierung wollte indes aus außen- und innenpolitischen Gründen nicht so weit gehen, das Bündnis mit Frankreich in Frage zu stellen. Ein wesentlicher Grund für diese Haltung war in der deutschen Politik selbst zu sehen. Mit ihrer seit den 90er Jahren entschlossen betriebenen imperialistischen Expansion in den südosteuropäischen und kleinasiatischen Raum hinein, der seinen spektakulärsten Ausdruck in dem ambitionierten Projekt der „Bagdadbahn“ fand, war zwangsläufig verbunden, dass sich Deutschland enger mit dem traditionellen Rivalen Russlands auf dem Balkan, Österreich-Ungarn, zusammentun musste und darüber hinaus selber und unmittelbar in Konkurrenz zum Zarenreich trat.

Die bereits daraus generell resultierenden Spannungen verschärften sich zu Beginn des 20. Jahrhunderts, als die jungtürkische Revolution 1908 das endgültige Signal für den Zusammenbruch des maroden Osmanischen Reiches zu geben schien. Alle interessierten Mächte waren alarmiert, beobachteten einander mit vermehrtem Argwohn und suchten die eigene Position schon jetzt für das in absehbarer Zeit einkalkulierte Hinscheiden des „kranken Mannes am Bosporus“ zu verbessern. Die zarische Regierung richtete wie stets ihr vornehmliches Augenmerk auf die Meerengen. Da sie sich militärisch und bündnispolitisch noch nicht kriegsbereit wähnte, wünschte sie, die rasche Aufteilung des Osmanischen Reiches hinauszuzögern. Den Status quo hielt sie zwar für verbesserungsfähig und -bedürftig, erachtete ihn aber als hinnehmbar, verglichen mit der aus ihrer Sicht unerträglichen Perspektive, dass eine andere Großmacht die Kontrolle über den Bosporus und die Dardanellen gewönne und damit befähigt wäre, Russland im Schwarzen Meer einzuschließen und seine Südflanke nachhaltig zu bedrohen. Die russische Regierung war indes nicht stark genug, um den schon ins Rollen gebrachten Stein aufzuhalten. Weder konnte sie die am 24. 9./7. 10. 1908 seitens Österreich-Ungarns erklärte Annexion Bosniens und der Herzegowina rückgängig machen, noch vermochte sie zu verhindern, dass eine Koalition von Balkanstaaten 1912 der Türkei den Krieg erklärte und dass der anschließende zweite Balkankrieg 1913 dazu führte, dass Bulgarien zusehends weiter in die Machtsphäre des Habsburgerreiches abdriftete. Petersburg machte Berlin mitverantwortlich für diese unerwünschte Entwicklung mit der durchaus nachvollziehbaren Begründung, dass Österreich-Ungarn eine ganz andere Politik verfolgte, „wenn es nicht von Deutschland gedeckt oder, wie viele auch glauben, geschoben würde".

Umso gereizter reagierte die zarische Regierung, aber auch die wohlsituierte Gesellschaft, die mehrheitlich nationalistischen und panslawischen Ideen anhing, als in den letzten Monaten des Jahres 1913 publik wurde, der deutsche Kaiser werde – formell auf Bitten der Türken – einen deutschen General, Liman von Sanders, nach Konstantinopel schicken, mit dem Auftrag, die türkische Armee zu reorganisieren. Besondere Erregung löste die Nachricht aus, dem General werde in diesem Rahmen die direkte Befehlsgewalt über das I. Armeekorps, das in und bei der türkischen Hauptstadt stationiert war, übertragen. Aus russischer Sicht war das gleichbedeutend mit der Umwandlung Konstantinopels in eine „preußische Garnison". Als ebenso anstößig und unannehmbar wurde die dahinter vermutete Absicht klassifiziert, sich rechtzeitig vor dem Zusammenbruch des Osmanischen Reiches die Kontrolle über die Hauptstadt und die Meerengen zu sichern. Die Krise wurde zwar äußerlich beigelegt, aber die Verstimmung und das Misstrauen blieben und wurden in der Öffentlichkeit durch weitere Kampagnen zusätzlich geschürt. So wurde im Zusammenhang mit den Verhandlungen über einen neuen Handelsvertrag hartnäckig behauptet, Berlin wolle Russland wirtschaftlich unter das „deutsche Joch" zwingen. Da deutsche Zeitungen nicht weniger polemisch und aggressiv reagierten, eskalierte das Ganze in der ersten Hälfte des Jahres 1914 zu einem regelrechten „Pressekrieg".

Außen- und innenpolitisch war der Handlungsfreiraum der russischen Regierung demgemäß bereits erheblich eingeschränkt, als die Zentralmächte das Attentat von Sarajevo vom 28. 6. 1914 (n. St.) zum Anlass nahmen, um entweder den großen europäischen Krieg zu einem Zeitpunkt herbeizuführen, da er vermeintlich noch gewonnen werden konnte, oder aber um Serbien in die Knie und Russland zur Nachgiebigkeit zu zwingen, was unter Umgehung eines Krieges mit den Großmächten ebenfalls die Präponderanz der Zentralmächte demonstriert hätte.

Zur Entscheidung gezwungen sprach sich der russische Ministerrat am 25. 7. 1914 (n. St.) dagegen aus, kampflos zurückzuweichen. Der Kriegsminister erklärte, Russland sei militärisch hinreichend gerüstet, und der Außenminister hatte auf Grund positiv verlaufener Verhandlungen mit England über eine Marinekonvention im Frühsommer 1914 guten Grund zu der Annahme, dass Großbritannien im Falle eines Krieges auf dem Kontinent nicht neutral bleiben, sondern auf die Seite des Zarenreiches und seines Hauptverbündeten Frankreich treten werde. Die innere Lage war zwar bedenklich, weil die revolutionäre Bewegung nach Jahren der Ruhe seit 1910 wieder vehement anwuchs, aber Ende Juli 1914 (n. St.) vollzog sich ein eklatanter Stimmungswandel unter den unzufriedenen Arbeitern der Hauptstadt. Unter dem Eindruck des österreichisch-ungarischen Ultimatums an Serbien traten an die Stelle systemfeindlicher Demonstrationen schlagartig Umzüge mit Solidaritätsbekundungen für Serbien und Loyalitätserklärungen für das zarische Regime. Unter der Gesamteinwirkung all dieser Faktoren ließ sich der Zar schließlich am

30. Juli (n. St.) bewegen, die Generalmobilmachung für den folgenden Tag anzuordnen. Wie zuvor für diesen Fall schon angekündigt, reagierte die deutsche Regierung darauf am 1. 8. 1914 mit der Kriegserklärung.

Rascher als in anderen Ländern wich die zu Beginn des Krieges auch in Russland vorherrschende Zuversicht, ja Euphorie, einer nachhaltigen Ernüchterung. Beginnend mit der Schlacht bei Tannenberg Ende August 1914 (n. St.) mussten die Russen gegenüber den Deutschen eine Reihe bitterer Niederlagen hinnehmen, die weder in der strategischen Bedeutung noch im Bewusstsein des Volkes ausgeglichen wurde durch beachtliche Erfolge an der österreichischen Front, wie sie mit der Brusilov-Offensive noch 1916 erzielt wurden.

Auf diesem Hintergrund wurde auch immer fragwürdiger, welche Kriegsziele das Zarenreich am Ende des Krieges würde verwirklichen können. Klar definiert und verbindlich abgesichert durch allerdings eher abgetrotzte Zusagen von London und Paris war überhaupt nur der Anspruch auf Konstantinopel und die Meerengen und im geringeren Maße auf einen Teil Armeniens, während das deklarierte Hauptziel, die machtpolitische und wirtschaftliche Schwächung Deutschlands, nur versuchs- und ansatzweise konkretisiert wurde. Ein unüberwindliches Hindernis dabei bildete nicht zuletzt das Problem, welche Vergünstigungen den Polen gewährt werden sollten.

Als verhängnisvoller für das zarische Regime erwies sich aber seine Unfähigkeit, ausreichende Konzessionen im Innern zu machen. Weder in der sozialökonomischen Frage der Erleichterung der Lebensbedingungen von Arbeitern und Bauern mochte der Zar bedeutsame Zugeständnisse machen noch hinsichtlich der politischen Forderung nach einer „Regierung des allgemeinen Vertrauens", von einer „Regierung der parlamentarischen Verantwortung" ganz zu schweigen. Als der britische Botschafter angesichts der sich bedrohlich zuspitzenden innenpolitischen Krise den Zaren mahnte, mit der Duma zusammenzuarbeiten und das verlorene Vertrauen des Volkes zurückzugewinnen, wies ihn Nikolaus II. mit den Worten zurecht: „Meinen Sie, *Ich* müsse das Vertrauen meines Volkes wiedergewinnen, oder mein Volk habe *Mein* Vertrauen wiederzugewinnen?"[34] Prägnanter ließen sich die anspruchsvolle zeremonielle Selbstinszenierung und die gleichzeitige fatale Selbstisolierung der Macht kaum zum Ausdruck bringen. Zu fürchten hatte das Regime realiter freilich weniger die Duma, deren Opposition sich in lautstarken Reden erschöpfte, als das einfache Volk, das sowohl an der Front als auch im Hinterland die Hauptlast des Krieges zu tragen und die schwersten Opfer zu erbringen hatte. Durch patriotische Appelle, Schuldzuweisungen an „dunkle Kräfte" und die komplotthafte Ermordung des skandalumwitterten Starec Rasputin als Gipfel patriotischer Couragiertheit ließ sich das Volk um die Jahreswende 1916/17 nicht mehr beruhigen. Eine zunehmende Anzahl von Streiks, Hunger- und Protestdemonstrationen mündete schließlich in Petrograd in einen allgemeinen Aufruhr. Das Überlaufen der Soldaten auf die Seite der Insurgenten am 26./27. 2. 1917 bewirkte den Sieg der Revolution, zunächst in der Hauptstadt und im Weiteren im ganzen Land. Am 2. 3. 1917 unterzeichnete Zar Nikolaus II. die Abdankungsurkunde für sich und seinen Sohn. Um zu vereiteln, dass er noch einmal auf die politische Bühne zurückkehren könnte, wurde er in der Nacht des 16/17. 7. 1918 von den inzwischen zur Herrschaft gelangten Bolschewiki mitsamt seiner Familie ermordet.

VI. Die Sowjetzeit, 1917–1991

1917, 25./26. 10.	Machtergreifung der Bolschewiki; Bürgerkrieg und Intervention bis 1920
1920/21	Polnisch-sowjetischer Krieg
1921, März	„Neue Ökonomische Politik" löst den „Kriegskommunismus" ab
1922, 16. 4.	Vertrag von Rapallo durchbricht weit gehende außenpolitische Isolation Sowjetrusslands und begründet „Sonderverhältnis" zu Deutschland; Dez., Gründung der UdSSR
1928	1. Fünfjahresplan (bis 1932); Beginn der Zwangskollektivierung und der forcierten Industrialisierung
1936–1938	Politische Schauprozesse im Rahmen wiederholter „Säuberungen" und verbrecherischen Terrors
1939, 23. 8.	Deutsch-sowjetischer Nichtangriffsvertrag mit geheimem Zusatzprotokoll (Hitler-Stalin-Pakt)
1939/40	Kriegerische Annexions- bzw. erpresserische Inkorporationspolitik im Hinblick auf Ostpolen, Finnland, die baltischen Staaten sowie Bessarabien und die Nordbukowina
1941, 22. 6.	Beginn des „Großen Vaterländischen Krieges" auf Grund des unprovozierten Angriffs des nationalsozialistischen Deutschland
1943, 31. 1./2. 2.	Sieg der Roten Armee in der „Schicksalsschlacht" um Stalingrad
1945, 2. 5.	„Fall von Berlin"; 8. 5./9. 5., Wiederholung der deutschen Gesamtkapitulation im sowjetischen Hauptquartier in Berlin-Karlshorst; 13. 7.–2. 8. Potsdamer Konferenz
1948/49	„Berliner Blockade"
1955, 14. 5.	Gründung des „Warschauer Pakts"; 15. 5., Österreichischer Staatsvertrag; Sept.: Aufnahme diplomatischer Beziehungen mit der Bundesrepublik Deutschland
1956	XX. Parteitag der KPdSU, Beginn der „Entstalinisierung" Okt./Nov., Niederschlagung des ungarischen Aufstands durch sowjetische Streitkräfte
1962, Okt.	Kuba-Krise
1963/64	Offener Bruch mit der Volksrepublik China
1968, 21. 8.	Sowjetische Intervention in derČSSR Nov., Verkündung der „Breschnew-Doktrin"
1970, 12. 8.	„Moskauer Vertrag" mit der Bundesrepublik Deutschland über Gewaltverzicht und Grenzziehung
1971, 3. 9.	Viermächteabkommen über Berlin
1972, Mai	Abkommen mit den USA über Rüstungsbegrenzung (SALT) auf der Basis militärisch-strategischer Parität

1975, 1. 8.	Unterzeichnung der KSZE-Schlussakte in Helsinki
1979, 26./27. 12.	Einmarsch sowjetischer Truppen in Afghanistan
1988, 25. 6.–1. 7.	19. Parteikonferenz wird Ausgangspunkt für systemsprengenden Umbruch in der sowjetischen Innen- und Außenpolitik
1990, 4.–6. 2.	ZK-Plenum beschließt Verzicht auf „führende Rolle" der KPdSU; 12. 9. „Zwei-plus-Vier-Vertrag" über die Wiedervereinigung Deutschlands
1991, August	Putsch der „alten Kräfte"; er scheitert, unterminiert aber auch die Stellung Gorbatschows; triumphaler Sieger ist der Präsident Russlands, Jelzin. Dez., Selbstauflösung der UdSSR durch Begründung der „Gemeinschaft Unabhängiger Staaten" und Rücktritt Gorbatschows als Präsident der UdSSR.

1. Von der „Doppelherrschaft" zur Machtergreifung der Bolschewiki, Februar bis Oktober 1917

Nikolaus II. hatte bei seiner persönlichen Abdankung seinen Bruder Michail als Nachfolger ausersehen, aber dieser verzichtete, weil sich ad hoc bereits eine „Doppelmacht" (dvoevlastie) herausgebildet hatte. Das war zum einen die provisorische Regierung, die aus der Duma hervorging und vorrangig die Gesellschaft der Besitzenden und Gebildeten repräsentierte, und das war zum anderen der nach dem revolutionären Vorbild von 1905 begründete Vereinigte Rat (Sowjet) der Arbeiter- und Soldatendeputierten, der in den ersten Monaten von den Menschewiki und Sozialrevolutionären beherrscht wurde. Er begann seine Tätigkeit am 1. 3. 1917 mit dem folgenreichen „Befehl Nr. 1", der die Demokratisierung der Armee fördern und die militärische Disziplin auf die Zeit des Dienstes beschränken, da aber auch bekräftigen wollte; tatsächlich freilich leistete er der Unterminierung und Diskreditierung jeglicher Befehlsgewalt Vorschub.

Ungeachtet der Machtfülle, über die der Sowjet verfügte, überließ er die Führung der Regierungsgeschäfte der provisorischen Regierung und begnügte sich mit einem Kontroll- und Interventionsrecht. Die offizielle Begründung hierfür lautete, die Revolution laufe in zwei Phasen ab. Zunächst einmal müsse man die bürgerlichen Kräfte in voller Verantwortlichkeit gewähren lassen; erst wenn sie, wie vorherzusehen, scheiterten, käme unwiderruflich die Stunde der Sozialisten. Neben dieser anspruchsvollen Erklärung spielte freilich eingestandenermaßen auch die Angst eine Rolle, die Revolution könne niedergeschlagen werden, und die Scheu vor der Herausforderung, in der gegebenen komplizierten innen- und außenpolitischen Situation richtungweisende Entscheidungen zu treffen, durchzusetzen und zu verantworten.

Die provisorische Regierung nutzte den Freiraum, der ihr gewährt wurde, um nach außen hin die zarische Großmachtpolitik fortzusetzen durch die Fortführung des Krieges an der Seite der Alliierten und durch das Festhalten an den vereinbarten beziehungsweise anvisierten Kriegszielen. Demgegenüber wich sie dem wichtigsten Problem im Innern, der Landfrage, aus. Da sie sich einer entschädigungslosen Übereignung von Land nicht verschließen mochte, sich dazu aber nicht offen bekennen konnte, schob sie die Entscheidung einer konstituierenden Versammlung zu, deren Einberufung sie freilich immer wieder hinausschob. In der Nationalitätenfrage praktizierte die provisorische Regierung ebenfalls eine dilatorische Politik. Lediglich dem Druck des Petrograder Arbeiter- und Soldatenrates war es zu verdanken, dass sie sich dazu verstand, am 16./29. 3. 1917 die Unabhängigkeit Polens anzuerkennen.

Ansonsten jedoch beschränkte sich der Sowjet weit gehend auf Grundsatzerklärungen und kritisch kommentierende Verlautbarungen, die radikal klangen, aber wenig bewirkten. Daran änderte sich auch kaum etwas, als Vertreter des Sowjets im Mai 1917 einem Koalitionskabinett beitraten. Hinsichtlich der Kriegsziele etwa bekannte sich die provisorische Regierung im Koalitionsprogramm zu der sozialistischen Formel von einem anzustrebenden „Frieden ohne Annexionen und Kontributionen", aber in vertraulichen Unterredungen versicherte der Außenminister den Alliierten wie eh und je, die neue Regierung habe „keine Absicht", die Alliierten zu einer Revision der Kriegsziele zu drängen. Zu alledem verschlechterte sich im Laufe des Jahres 1917 noch die ohnehin schon unzureichende Versorgung der Städter mit Brot und anderen Lebensmitteln. Die aufgebrachten, politisierten Massen wollten sich mit einer solchen Entwicklung der Dinge indes nicht fügsam abfinden und griffen im Rahmen ihrer Möglichkeiten und vordringlichen Interessen zur Selbsthilfe. Von Arbeitern gewählte Fabrikkomitees zwangen die Unternehmer, in ihrem Betrieb den Achtstundentag zu gewähren, organisierten Streiks für Lohnerhöhungen und griffen in die Unternehmensführung in einem Ausmaß ein, dass die partiell um den Schutz des Privateigentums und generell um die Aufrechterhaltung der Produktion besorgte Regierung wiederholt Sanktionen verhängte, was die Spannungen zwischen der Basis und der obersten Führung naturgemäß verstärkte.

Von wachsender Entfremdung zwischen Regierenden und Bevölkerung war auch die Entwicklung in den Dörfern bestimmt. Während die Regierung proklamierte, die Landfrage könne nicht durch willkürliche Inbesitznahme gelöst werden, und sich dezidiert gegen „Gewalt und Raub" aussprach, drängten die Bauern auf unverzügliches Handeln. Ihre Forderungen fanden beredten Ausdruck in Resolutionen wie der einer Dorfversammlung im Gouvernement Voronež vom 14. 5. 1917: „Sämtliches Land sollte dem arbeitenden Volk sofort und ohne Entschädigung übertragen werden. Dies sollte jetzt geschehen, ohne die konstituierende Versammlung abzuwarten. Das Volk, das unter dem Krieg gelitten hat, sollte die Früchte der Revolution ernten."[1] In zunehmendem Maße und mit eskalierender Radikalität handelten die Bauern auch nach dieser Devise. Wurden im März 1917 in den europäischen Gouvernements Russlands 183 größere Ausschreitungen registriert, so waren es im Oktober bereits 1210.

Die fortschreitenden Enteignungen übten auch eine tiefe Wirkung auf die Soldaten aus, die in ihrer überwiegenden Mehrheit vom Lande kamen und fürchteten, bei der „Schwarzen Umteilung" übergangen zu werden, wenn sie nicht vor Ort präsent wären. Sie waren zwar bereit, ihr Vaterland zu verteidigen, wollten aber nicht für irgendwelche fernen Eroberungen Krieg führen. Wofür sie nun tatsächlich kämpften, war ihnen nicht klar, und konnte ihnen auf Grund der unterschiedlichen Verlautbarungen und Interpretationen von Regierung und Sowjet auch nicht einsichtig sein. Kriegsminister Kerenskij vermochte zwar unmittelbar vor der nach ihm benannten Offensive Mitte Juni 1917 durch patriotisch pathetische Reden die Begeisterung noch einmal zu schüren, aber mit den erfolgreichen deutschen Gegenschlägen sank die Kampfmoral umso tiefer und führte zu massenhaften Desertionen von geschlossenen Formationen bis hin zur Regimentsstärke.

Die Auflösung überkommener Strukturen und Normen, verbunden mit dem Vertrauensverlust, den die Führung in der Wahrnehmung des Volkes erlitt, war gleichzeitig Wasser auf die Mühlen der extremen Kräfte von links und von rechts. Ende August glaubte der Oberkommandierende der russischen Armee, General L. G. Kornilov, die Stunde gekommen, um die Ordnung in Form einer Militärdiktatur wiederherzustellen unter Ausschaltung der Sowjets. Der Putsch scheiterte freilich bereits im Ansatz. Nutznießer waren diejenigen, die Kornilov als Hauptfeind im Innern angesehen hatten – die Bolschewiki. Als Lenin Anfang April 1917 aus dem Schweizer Exil nach Petrograd zurückkehrte, war seine Partei, wie er selbst illusionslos feststellte, in den meisten Sowjets nur „in einer schwachen Minderheit" präsent. Diese Konstellation änderte sich binnen weniger Monate. Gegen erheblichen Widerstand aus den eigenen Reihen angesichts der Radikalität seiner „Aprilthesen" gelang es Lenin, seine Partei auf einen Kurs uneingeschränkter Opposition gegen die provisorische Regierung festzulegen, wodurch sie von der wachsenden Unzufriedenheit über deren Politik profitierte und Protestwähler anzog. Darüber hinaus setzte Lenin durch, dass die Bolschewiki aus taktischen Erwägungen eigene Grundsatzpositionen zurückstellten. So wurde die von Lenin selbst ausformulierte Theorie von der richtungweisenden Avantgarderolle der Partei vorübergehend überlagert von der populären Parole „Alle Macht den Sowjets" aus dem zutreffenden Kalkül heraus, damit angesichts der zunehmenden Radikalisierung eine machtvolle und legitimierende Massenbasis zu gewinnen. Diesem Ziel diente auch die Entscheidung, die Forderung der generellen Sozialisierung des Bodens in Form von landwirtschaftlichen Großbetrieben hintanzustellen, zu Gunsten der von den Bauern gewünschten privaten Nutzung des Landes nach den Regeln der Umteilungsgemeinde. Sympathie unter den nichtrussischen Nationalitäten gewannen die Bolschewiki durch das Versprechen, ihnen Freiheit der Selbstbestimmung zu gewähren, wobei sie verschwiegen, dass sie erwarteten, dass der proletarische Internationalismus den sezessionistischen Nationalismus alsbald übersteuern werde. Die bolschewistischen Parolen „Brot" und „Frieden" artikulierten die allgemeinsten, aber auch am weitesten verbreiteten Wünsche der Menschen. Die schließlich Kornilov zu verdankende Möglichkeit, sich als Vorkämpfer gegen die Konterrevolution hervorzutun, trug das Ihre dazu bei, dass die Bolschewiki nach einem schon zuvor zu beobachtenden kontinuierlichen Anstieg ihrer Popularität im September 1917 die Führerschaft im Petrograder Sowjet gewannen, was durch die Wahl Leo D. Trotzkis zu dessen Präsidenten unterstrichen wurde. Mit diesem Rückhalt und weiteren Erfolgen wie insbesondere der Erringung der absoluten Mehrheit im Moskauer Sowjet beschloss das Zentralkomitee der Bolschewiki auf Antrag Lenins mehrheitlich am 10. 10. 1917 die Machtergreifung mittels eines bewaffneten Aufstands, obschon die Mehrheit des Volkes anerkanntermaßen noch keineswegs auf ihrer Seite stand. Als Zeitpunkt der Erhebung wurde der Beginn des II. Gesamtrussischen Sowjetkongresses vereinbart. Mittels des „Militärrevolutionären Komitees“ beim Petrograder Sowjet, das die oberste Befehlsgewalt über die Truppen in der Stadt gewann, sowie auf der anderen Seite auf Grund unzulänglicher Gegenmaßnahmen der Regierung, die die von den Bolschewiki ausgehende Gefahr sträflich unterschätzte, gelang der im Wesentlichen von Trotzki organisierte coup d'état. In der Nacht vom 24./25. 10. 1917 wurden, fast unbemerkt von der Bevölkerung, die strategisch wichtigsten Punkte der Stadt besetzt und am Morgen des 25. 10./7. 11. 1917 der Sturz der provisorischen Regierung verkündet. Nurmehr von symbolischer Bedeutung war der zweite Akt in den Morgenstunden des 26. 10./8. 11.: die Eroberung des Winterpalais und die Verhaftung des dort versammelten Kabinetts mit Ausnahme von Kerenskij, der entfliehen konnte. Wenige Stunden zuvor hatte Trotzki auf der Eröffnungssitzung des II. Gesamtrussischen Sowjetkongresses bereits klargemacht, wie kompromisslos die Bolschewiki die eroberte Macht zu nutzen gedachten. Den Menschewiki und Sozialrevolutionären, die aus Protest gegen den Staatsstreich den Saal verließen, rief er die viel zitierten Worte hinterher: „Denen, die hinausgegangen sind, und denen, die uns Vorschläge machen, müssen wir sagen: Ihr seid klägliche Bankrotteure, eure Rolle ist ausgespielt; geht dorthin, wohin ihr gehört: auf den Kehrichthaufen der Geschichte.“[2]

Somit polarisierte der Sieg der Bolschewiki von Anfang an die politisch wirksamen Kräfte in Russland wie im Weiteren in Europa und der Welt. Durch den Sturz der provisorischen Regierung und die „Expropriation der Expropriateure“ wollten die Bolschewiki unter Führung Lenins ihrem eigenen Bekunden nach gemäß den Lehren von Karl Marx und Friedrich Engels die Massen von der Ausbeutung befreien und den Menschen die Möglichkeit geben, sich selber zu verwirklichen und zu regieren, mit der Konsequenz, dass der Staat als „eine besondere Repressionsgewalt“ schließlich „absterben“ würde. Die strategischen Zielsetzungen des Sozialismus und Kommunismus konnten nach Auffassung Lenins freilich nur in vollem Umfang realisiert werden, wenn die fortgeschritteneren Länder des westlichen Europa, insbesondere Deutschland, durch eigene sozialistische Revolutionen Russland zur Seite träten. Russland war seiner Meinung nach zu rückständig, um diesen Weg alleine gehen zu können, und – wie er bis 1920 wiederholt betonte – zu kraftlos, um sich in der kapitalistischen Welt alleine behaupten zu können. Die Machtergreifung, befand er, habe angesichts der relativen Schwäche des Proletariats nur deshalb gelingen können, weil auf der anderen Seite auch die Bourgeoisie schwach und unerfahren gewesen sei, und Russland somit das schwächste Glied in der kapitalistischen Kette gebildet habe. Die Aufrechterhaltung der Macht bis zum Sieg der Weltrevolution sei unter den gegebenen Umständen – so Lenin – nur durch die uneingeschränkte Diktatur des Proletariats zu gewährleisten. Selbst im sozialistischen Lager und in den eigenen Reihen der Bolschewiki wurde indes moniert, dass die Diktatur des Proletariats in Wirklichkeit nichts anderes sei als die Diktatur der Partei über das Proletariat.

2. Die Etablierung der bolschewistischen Herrschaft unter Lenin und Stalin, 1917–1928

Innenpolitik

Mit Bedacht hatte die bolschewistische Führung den Termin des revolutionären Staatsstreiches mit dem Zusammentreten des II. Gesamtrussischen Kongresses der Arbeiter- und Soldatendeputierten gekoppelt. Sie wollte die Autorität dieser Versammlung nutzen, um die gewaltsame Machtergreifung zu legitimieren und sich als uneigennütziger Anwalt des Volkswillens zu präsentieren, der Vertrauen verdient. Das Manöver wurde begünstigt durch den Auszug der Menschewiki und Sozialrevolutionäre. Problemlos bestellte der Kongress jetzt eine lediglich aus Repräsentanten der Bolschewiki bestehende Regierung, den Rat der Volkskommissare, mit V. I. Lenin als Vorsitzendem. Nur scheinbar stellten die Bolschewiki noch am selben Tag, am 26. 10. 1917, ihre Macht zur Disposition, als sie den Beschluss fassten, dass „die ganze Macht überall an die Sowjets der Arbeiter-, Soldaten und Bauerndeputierten" übergehen sollte, denn erläuternd hieß es, dass diese Sowjets „eine wirkliche revolutionäre Ordnung zu gewährleisten" hätten. Aus der Sicht der Bolschewiki waren dazu nur sie selbst in der Lage. Auch in anderen zentralen Fragen blieben die Bolschewiki unter Lenin bei ihrer Taktik, durch zeitweilige Zugeständnisse und die Verschleierung ihrer strategischen Zielsetzungen der Opposition den Wind aus den Segeln zu nehmen und die eigene Position zu stabilisieren und zu stärken. So bemühten sie sich, die arme Bauernschaft auf ihre Seite zu ziehen, indem sie gleichfalls sofort am 26. 10. 1917 das „Dekret über den Grund und Boden" verabschiedeten, wobei sie sich unter Hintanstellung ihrer eigenen Prinzipien eng an die Resolutionen des I. Gesamtrussischen Kongresses der Bauerndeputierten vom Mai 1917 anlehnten, die sich ihrerseits am Programm der Sozialrevolutionäre orientierten. Konkret wurde durch das Dekret verfügt, dass das Land der Großgrundbesitzer entschädigungslos enteignet und jeder private Landbesitz für immer aufgehoben werden sollte. Das depossedierte Land sollte einen dem ganzen Volk gehörenden Agrarfonds bilden und denjenigen zur Verfügung gestellt werden, die es aus eigener Kraft ohne Lohnarbeiter zu bestellen vermöchten. Ein drittes Edikt vom gleichen Tag, das „Dekret über den Frieden", zielte unter innenpolitischen Gesichtspunkten auf die an der Front und im Hinterland weit verbreitete Kriegsmüdigkeit und Friedenssehnsucht. Es bekundete die Bereitschaft, unverzüglich einen Frieden ohne Annexionen und Kontributionen zu schließen.

Die Probe aufs Exempel über die nunmehrige Akzeptanz der Bolschewiki in der russischen Bevölkerung kam rasch mit der allgemeinen, freien und geheimen Wahl zur Konstituierenden Versammlung, die noch von der provisorischen Regierung auf den 12. 11. 1917 anberaumt worden war. Das Ergebnis war ernüchternd. Nach den insgesamt repräsentativen Unterlagen erzielten die Bolschewiki etwa 25% aller Stimmen, während mehr als 50% der Wähler für die Sozialrevolutionäre votierten. Gleich am ersten Tag ihres Zusammentritts, am 5. 1. 1918, erklärte die Konstituierende Versammlung Russland zu einer „demokratischen föderativen Republik". Damit war die Machtfrage gestellt: parlamentarische Demokratie oder Diktatur des Proletariats? Die Bolschewiki zögerten nicht, das

Problem auf ihre Weise zu lösen. Sie hinderten die Konstituierende Versammlung am nächsten Tag daran, erneut zusammenzutreten, und erklärten sie für aufgelöst. Zu ihrer Rechtfertigung machten sie geltend, sie hätten als Sachwalter der Revolution die Vorherrschaft der Sowjets verteidigen müssen. In der Tat wurden diese durch die erste Verfassung für die „Russische Sozialistische Föderative Sowjetrepublik“ (RSFSR) vom 10. 7. 1918 aus spontanen und provisorischen Revolutionsorganen formell in systematisch und hierarchisch gegliederte Träger der Staatsgewalt umgewandelt, wobei das Prinzip der Gewaltenvereinigung von Legislative und Exekutive erhalten blieb. Zwischen der Verfassungsnorm und der Verfassungswirklichkeit bestand freilich von Anfang an eine erhebliche Diskrepanz. Nicht die Räte, sondern die Partei, die in der Verfassung keine entsprechende Erwähnung fand, übte die reale Macht aus. Lenin konstatierte bereits 1920: „Keine einzige wichtige politische oder organisatorische Frage wird in unserer Republik von irgendeiner staatlichen Institution ohne Direktiven des Zentralkomitees unserer Partei entschieden.“[3] Tatsächlich war es aber nicht einmal das seinerzeit aus 19 Mitgliedern bestehende Zentralkomitee, sondern das aus seiner Mitte gewählte Politbüro von fünf Personen unter der nunmehr unanfechtbaren Führung Lenins, das die Geschicke des Landes lenkte.

Auch innerhalb der Partei, die sich auf dem VII. außerordentlichen Parteikongress Anfang März 1918 in „Kommunistische Partei Russlands (Bolschewiki)“ umbenannte (KPR[B]), wurde das anfänglich noch zugestandene und in Anspruch genommene Recht auf eine eigene Meinung zunehmend beschnitten. Unter dem Verdikt, wer die eiserne Disziplin der Partei auch nur im geringsten schwäche, helfe faktisch der Konterrevolution, erzwang die Führung, wie die Kritiker in den eigenen Reihen resignativ anmerkten, „mechanischen Gehorsam“. Auf dem X. Parteitag der KPR(B) im März 1921 wurde schließlich förmlich jegliche „Fraktionsmacherei“ mit Sanktionen bis zum Ausschluss aus der Partei bedroht. Der Weg zur weiteren Reglementierung und Disziplinierung der Partei war damit ebenso geebnet wie der spätere Aufstieg Stalins zur Alleinherrschaft.

Längere Zeit sah es freilich so aus, als ob die Bolschewiki sich überhaupt nicht dauerhaft an der Macht halten könnten, sondern von einer überlegenen Koalition innerer und äußerer Gegner überwältigt würden. Faktisch begann der Bürgerkrieg schon unmittelbar nach der Machtergreifung der Bolschewiki. Moskau konnten sie erst nach heftigen Kämpfen für sich gewinnen, und über die zentralen Gebiete des europäischen Russland hinaus reichte ihre Macht in der Anfangsphase nur sektoral oder zeitlich begrenzt. Seit dem Frühjahr 1918 verdichtete sich der Widerstand gegen die Bolschewiki, angespornt durch den Aufstand der kampfstarken Tschechoslowakischen Legion, die das Herzstück der strategisch wichtigen Transsibirischen Eisenbahn unter ihre Kontrolle brachte. Unterstützt von den Tschechen, den Westmächten und Japan holten die „Weißen“, die Gesamtheit der Gegner der Bolschewiki, im Juli 1919 zum großen Schlag aus gegen ihre Feinde, die „Roten“. Nacheinander scheiterten aber der von Sibirien aus vorrückende Admiral Kolčak, der vom Süden her bis 300 Kilometer vor Moskau vordringende General Denikin und der sogar bis in die Vorstädte Petrograds vorstoßende General Judenič. Der definitive Höhe- und Wendepunkt der militärischen Gefährdung der Bolschewiki wurde in der dritten Dekade des Oktober 1919 erreicht und bewältigt. Ein neuerlicher und letzter Angriff, den

General Wrangell im Juni 1920 begann, konnte das Blatt nicht mehr wenden. Mitte November 1920 wurden seine geschlagenen Truppen von alliierten Kriegsschiffen evakuiert.

Der Sieg der Bolschewiki war dadurch ermöglicht worden, dass es Trotzki gelang, eine neue Armee aufzubauen, die „Rote Arbeiter- und Bauernarmee“, deren Speerspitze gut ausgebildete Elitetruppen aus hochmotivierten Proletariern bildeten. Den Bolschewiki zustatten kam überdies, dass sie über die Rüstungsindustrie von Tula verfügen konnten. Zudem hatten sie in logistischer Hinsicht den Vorteil der „inneren Linie“, die es ihnen erlaubte, ihre Truppen rasch und effizient zu verschieben und da einzusetzen, wo sie am nötigsten gebraucht wurden.

Auf der anderen Seite bildete die Koalition der „Weißen“ keine schlagkräftige Einheit. Kolčak hatte sich zum Oberkommandierenden und Reichsverweser von ganz Russland erklärt, aber er vermochte es nicht, die militärischen Aktionen an den verschiedenen Fronten zu koordinieren. Politisch misstrauten, ja bekämpften sich die Koalitionäre, die von den Sozialrevolutionären und Menschewiki auf dem linken Flügel bis hin zu den Anhängern der Zarenherrschaft auf dem rechten Flügel reichten. Wie der erfolgreiche Staatsstreich Kolčaks vom November 1918 zeigte, dominierten die konservativ-reaktionären Kräfte. Sie waren erst im Juni 1920, als es schon zu spät war, bereit, die von den Bolschewiki legitimierte Enteignung der Großgrundbesitzer zu akzeptieren. Zuvor hatten sie vielfach aus Bauern, die mit ihnen sympathisierten, erbitterte Feinde gemacht, indem sie die Landenteignungen in Frage gestellt oder gar rückgängig gemacht hatten. Ebenso schreckte ihre Losung des „einen, unteilbaren Russland“ Nationalitäten ab, die nach Selbständigkeit strebten. So griffen die Polen erst an, als die „Weißen“ schon erkennbar geschlagen waren. Eins hatten die „Weißen“ und „Roten“ gemeinsam: Beide kämpften mit ungezügelter Brutalität und übten erbarmungslosen Terror aus.

Der Kampf gegen den von außen anrennenden Feind wurde ergänzt durch verschärfte Auseinandersetzungen mit jeglicher Opposition im Innern. Auf Seiten der Bolschewiki eskalierten die repressiven Maßnahmen über zunehmende Einschränkungen der Pressefreiheit, Verbote aller nichtsozialistischen Parteien, Annullierung des Rechtssystems von 1864 zu Gunsten der sozialistischen Volks- und Klassengerichtsbarkeit bis hin zur internen Anordnung und öffentlichen Proklamierung des „Roten Massenterrors“ gegen die „Klassenfeinde“, die „Bourgeoisie und ihre Helfershelfer“, im Sommer und Herbst 1918. Das Verhältnis der Bolschewiki zu den sozialistischen Parteien richtete sich erklärtermaßen nach den Geboten politischer Opportunität. Die „Linken Sozialrevolutionäre“ wurden von Dezember 1917 bis Mai 1918 sogar als Koalitionspartner in der Regierung akzeptiert, aber seit Juli 1918 unter dem Vorwurf, sie planten den gewaltsamen Sturz der bolschewistischen Regierung, erbittert bekämpft. Auch gegenüber den rechten Sozialrevolutionären und Menschewiki verfolgten die Bolschewiki einen Zickzackkurs. Er endete mit der ernsten inneren Krise nach dem Sieg im Bürgerkrieg.

Bisher loyale Arbeiter, Bauern und Soldaten zeigten sich empört darüber, dass auch nach der Niederwerfung der Gegner die Drangsalierungen und Entbehrungen kein Ende nahmen. Ihr Protest artikulierte sich in Streiks und Unruhen, die im März 1921 in dem Aufstand der Garnison von Kronstadt gipfelten. Die Matrosen und ihre Sympathisanten protestierten gegen die Tyrannei der kommunistischen Partei und forderten als Grundstein der „Dritten Revolution“ – faktisch zu Gunsten von Menschewiki und Sozialrevolutionären – alle Macht „frei gewählten Sowjets“ zu übertragen. Die Bolschewiki reagierten mit einem Bündel von Gegenmaßnahmen. Sie schlugen die Erhebung mit unnachsichtiger Härte nieder, kamen aber auch den Unzufriedenen mit einer Änderung der Wirtschaftspolitik entgegen. Des Weiteren stabilisierten sie ihre Macht, indem sie sich ohne formelles Parteienverbot der gefährlichen Konkurrenz der Menschewiki und Sozialrevolutionäre endgültig entledigten. Sie drängten sie in den politischen Untergrund und nahmen sie, wenn sie ihrer habhaft werden konnten, in Haft oder liquidierten sie.

Als institutionalisiertes Instrument des „Roten Terrors“ fungierte die im Dezember 1917 begründete Čeka, die „Außerordentliche Kommission zur Bekämpfung von Konterrevolution und Sabotage“. Als vertrauensbildende Maßnahme wurde sie im Februar 1922 aufgelöst. Die Geheimpolizei wurde damit aber nicht abgeschafft; vielmehr trat sie sogleich unter der neuen Bezeichnung „GPU“, wiederum unter Leitung von F. E. Dzeržinskij, in die Fußstapfen ihrer Vorgängerin. Auch hier wurde somit bereits in den ersten Jahren der bolschewistischen Herrschaft eine Entwicklung angestoßen, die unter Stalin ihren beispiellosen Höhepunkt erreichen sollte, indem der Staatsterrorismus perpetuiert und schrankenlos außerhalb jeglicher kalkulierbaren Rationalität praktiziert wurde.

Der Sieg im Bürgerkrieg hatte auch eine außerordentliche Ausweitung der territorialen Herrschaft der Bolschewiki zur Folge. Ihnen fielen nicht nur die unmittelbar von den „Weißen“ eroberten Gebiete zu, sondern auch mittelbar ein Großteil der Territorien nichtrussischer Nationalitäten, die sich seit 1917 für unabhängig erklärt hatten, wie die Ukraine, Weißrussland und die transkaukasischen Republiken, Georgien, Armenien und Aserbaidschan. Geht man von den Grenzen des Zarenreiches von 1914 aus, so blieben lediglich Polen, Finnland, die baltischen Republiken Litauen, Lettland und Estland sowie das an Rumänien gefallene Bessarabien und kleinere Gebietsabtretungen an die Türkei außerhalb des Machtbereichs der Bolschewiki.

Formell vollzog sich der Prozess der Rückgewinnung der zeitweise unabhängigen Gebiete dadurch, dass sie unter der Regie Moskaus dazu bewogen werden konnten, sich Ende Dezember 1922 mit Russland nach vorangegangenen Wirtschafts- und Militärabkommen beziehungsweise einem Finanzkontrakt zur „Union der Sozialistischen Sowjetrepubliken“ (UdSSR) zusammenzuschließen. Ein vorab strittiges Problem dabei war die Frage, in welcher Form sich die Integration vollziehen sollte. Stalin als Vorsitzender der russischen Vereinigungskommission plädierte für die „Autonomisierung“ der nichtrussischen Sowjetrepubliken. Demgegenüber votierte Lenin für eine „Föderation“ gleichberechtigter staatlicher Einheiten. So wurde es denn auch sowohl im Gründungsvertrag der Union festgeschrieben als auch in der ersten Unionsverfassung, die vom II. Allunions-Sowjetkongress am 31. 1. 1924 verabschiedet wurde, aber schon seit Juli 1923 in Kraft war.

In der Praxis konnte zwar von Gleichberechtigung nicht die Rede sein, weil die Dominanz der RSFSR von Anfang an unverkennbar war, aber in den 20er Jahren genossen die Republiken doch eine großzügig bemessene Förderung ihrer Sprache und Kultur, was wesentlich zur nationalen Identitätsfindung beitrug. Weder Stalins repressive Maßnahmen seit den 30er Jahren samt der Lehre vom „Sowjetpatriotismus“ noch die spätere Propagierung des Vorrangs des „Sowjetmenschen“ konnten diese Entwicklung wieder rückgängig machen. Eine unerwartete Bedeutung sollte auch das seit der ersten Verfassung stets zugebilligte Sezessionsrecht der Republiken erlangen. Stalin hatte bereits Anfang der 20er Jahre richtungweisend argumentiert, ein Austritt aus der Union sei nicht hinnehmbar, weil er als konterrevolutionärer Akt verstanden werden müsse. Mit dem von Gorbatschow Ende der 80er Jahre eingeräumten „Recht der freien Wahl“ bei nachfolgender Eliminierung der „führenden Rolle der Partei“ Anfang 1990 änderten sich die Rahmenbedingungen indes grundlegend. Mit Erfolg konnten nun insbesondere die baltischen Republiken ihr Streben nach Unabhängigkeit auch unter Berufung auf die Verfassung legitimieren. Selbst aber als in sowjetischer Zeit die Verfassungsnorm, dass die UdSSR eine Föderation gleichberechtigter, souveräner Staaten sei, nur Fiktion war, verschmähte es die sowjetische Regierung nicht, sie in völkerrechtlicher Hinsicht zu ihrem Vorteil zu nutzen. So zogen außer der Sowjetunion als Einheit auch die Ukrainische SSR und die Weißrussische SSR in die UNO ein.

Bei allen Erfolgen blieb die Achillesferse der Politik der Bolschewiki gerade jener zentrale Bereich, in dem sie vor allem zu reüssieren gedachten. Sie hatten „Brot“ versprochen und beteuert, sie würden die materiellen Lebensbedingungen der Arbeiter und Bauern grundlegend verbessern. Aber sowohl die Ausgangsbedingungen als auch ihre eigene Politik waren nicht dazu angetan, ihr Versprechen befriedigend zu erfüllen. Zweifellos traten die Bolschewiki ein schwieriges Erbe an. Industrie, Landwirtschaft und Transportwesen waren bereits durch den Krieg zerrüttet und wurden durch die revolutionären Wirren des Jahres 1917 noch weiter in Mitleidenschaft gezogen. Das Landdekret vom 26. 10. 1917 sicherte den Bolschewiki verstärkten politischen Rückhalt bei der Dorfarmut, die von der bedingungslosen Enteignung profitierte, zeitigte aber unter ökonomischen Gesichtspunkten fatale Folgen, weil die großen, für den Markt produzierenden Überschusswirtschaften aufgelöst wurden zu Gunsten von bäuerlichen Kleinbetrieben, die vorrangig lediglich den Eigenbedarf befriedigen konnten. So verfügten 1919 ca. 75% aller landwirtschaftlichen Betriebe nur über Anbauflächen bis zu maximal vier Desjatinen, und weitere 18% bewirtschafteten bis zu acht Desjatinen, lediglich 3–4% verfügten über mehr Land. Der Rest hatte überhaupt keine Saatflächen. Zudem trugen Bürgerkrieg und Intervention sowie die Auflagen des Diktatfriedens von Brest-Litowsk das Ihre dazu bei, dass die Rohstoffquellen und Ressourcen der Bolschewiki 1918/19 noch weiter beschränkt wurden. Um die Industrieproduktion so weit wie möglich ungestört aufrechtzuerhalten, verzichteten die Bolschewiki bei ihrer Machtübernahme sogar darauf, ihr Programm in Gänze zu realisieren und außer den Banken auch die Unternehmen sogleich entschädigungslos zu enteignen. Sie begnügten sich vielmehr damit, die Fabriken zunächst unter Arbeiterkontrolle zu stellen. Das Neben- und Miteinander von entrechteten, erbitterten Unternehmern und radikalen Arbeitervertretern, die unter Erfolgsdruck ihrer Belegschaften standen, konnte allerdings nicht lange gut gehen. Enteignungen als Strafmaßnahmen häuften sich, bis durch Dekret vom 18. 6. 1918 die Großbetriebe generell verstaatlicht wurden. In der zweiten Hälfte des Jahres 1920 wurde auch die Nationalisierung der mittleren und kleineren

Industriebetriebe beschlossen, allerdings nicht mehr konsequent durchgeführt. Eine Steigerung der Produktion ergab sich aus diesen Zwangsmaßnahmen ebenso wenig wie aus der verordneten allgemeinen Arbeitspflicht nach militärischen Normen von Disziplin, Befehl und Gehorsam. Die Gesamtheit aller Produktionshemmnisse, vermehrt durch sinkende Produktivität auf Grund von Hunger und Krankheiten der Arbeiter sowie massenhaften Abwanderungen aus den Städten führten vermehrt zu Produktionsstillständen, die im Winter 1920/21, als sich die Brennstoffkrise noch zuspitzte, ihren Höhepunkt erreichten. In Petrograd beispielsweise war die gesamte Schwerindustrie davon betroffen. Die industrielle Gesamtproduktion fiel auf etwa ein Siebtel des Vorkriegsstandes zurück, und das meiste davon ging in den Jahren des Bürgerkrieges an die Rote Armee; den Bauern konnte als Gegenleistung für Getreide nur wenig angeboten werden. Die rapide Geldentwertung, die aus dem wirtschaftlichen Zusammenbruch resultierte, aber ebenfalls aus ideologischen Gründen zwecks Überwindung des Kapitalismus forciert wurde, war ein weiterer Grund, weshalb die Bauern selbst das Getreide zurückhielten, was sie allenfalls erübrigen konnten. Um dennoch „Brot“ für die Städter und die Streitkräfte zu akquirieren, ordnete die Regierung im Januar 1919 die bäuerliche Ablieferungspflicht an. Formell sollten sich die Abgaben nach der Leistungsfähigkeit richten, aber in der Realität führten bewaffnete Trupps der Polizei- und Staatsorgane gewaltsame Requirierungen durch, die in immer rücksichtslosere Plünderungen ausarteten; entsprechend stiegen die erbeuteten Erträge. Nach offiziellen Angaben sollen es von August 1918 bis August 1919 110 Millionen Pud gewesen sein und in den beiden Folgejahren 220 Millionen beziehungsweise 285 Millionen Pud. Damit wurde anteilig versucht, die notdürftigste Versorgung der städtischen Bevölkerung zu ermöglichen. In den großen Städten wurde kostenlos rationiertes Essen verteilt. Wie angespannt die Lage unter den Bedingungen der „proletarischen Naturalwirtschaft“ insgesamt war, charakterisierte die „Pravda“ um die Jahreswende 1919/20 folgendermaßen: „Die Arbeiter der Städte und zum Teil auch der Dörfer krümmen sich vor Hunger. Die Eisenbahnen rücken kaum vom Fleck. Die Häuser verwittern und verfallen. Die Städte sind voller Unrat. Epidemien breiten sich aus, und der Tod holt überall seine Opfer. Die Industrie ist zugrunde gerichtet.“[4] Von dieser Warte aus waren die Gegenmaßnahmen der Regierung Notbehelfe, um das materielle und politische Überleben zu gewährleisten.

In diesem Sinne hat Lenin von den Jahren 1918 bis 1920 als „Kriegskommunismus“ gesprochen. Es gab aber auch Parteiideologen, und Lenin selbst war da nicht durchweg anderer Meinung, die das Geschehen positiver bewerteten. Sie verwiesen auf die völlige Ausschaltung des Marktes und seiner Mechanismen sowie auf die einsetzende zentrale Lenkung der Wirtschaft durch den im Dezember 1917 begründeten „Obersten Volkswirtschaftsrat“ und sahen darin eine antikapitalistische Revolution, die direkt den Sozialismus und Kommunismus herbeizuführen vermöge. Hoffnungen, dass der technische Fortschritt diese Entwicklung begünstigen werde, wurden von allen Spitzenpolitikern geteilt. Lenin brachte dieses Verständnis auf die Formel: „Kommunismus – das ist Sowjetmacht plus Elektrifizierung des ganzen Landes.“[5] Rasche Erfolge waren in dieser Hinsicht allerdings nicht zu erwarten, wie auch die im Februar 1920 begründete „Staatliche Kommission für die Elektrifizierung Russlands" (GOELRO) in ihren Vorlagen bekundete.

Die Geduld der Arbeiter und Bauern aber war erschöpft. Als der Funken des Aufruhrs in den ersten Monaten des Jahres 1921 sogar in den eigenen Streitkräften zu zünden begann, wurde der um ihre Macht besorgten bolschewistischen Führung bewusst, dass sie sich gefährlich weit von der Basis entfernt hatte. Speziell unter dem Eindruck von „Kronstadt" entschied sich Lenin, das Steuer vehement herumzureißen. Basierend auf seinen Vorgaben wurden seit Mitte März 1921 von Partei- und Staatsorganen sukzessive Maßnahmen ergriffen, für die im Mai 1921 erstmals der Begriff „Neue Ökonomische Politik", NEP (Novaja Ekonomičeskaja Politika), gebraucht wurde. An die Stelle der Zwangsabgaben für die Bauern trat eine in der Gesamthöhe etwa um die Hälfte ermäßigte Naturalsteuer, die nach der erfolgreichen Durchführung einer Währungsreform und der Stabilisierung des Rubels 1924 als Geldsteuer erhoben wurde. Die ihnen verbleibenden Überschüsse an Getreide und sonstigen Erzeugnissen durften die Bauern auf dem Markt frei verkaufen. Land war weiterhin nicht käuflich, aber die Bauern konnten zusätzliches Land pachten und seit 1925 auch Lohnarbeiter einstellen. Die nivellierenden Tendenzen zwischen Oktober 1917 und März 1921 wurden wieder abgelöst von einer zunehmenden sozialen Differenzierung und der Herausbildung einer neuerlichen Schicht von „Kulaken", die nur über 4% der Höfe verfügte, aber 15% der Saatflächen bewirtschaftete und ca. 20% des Marktgetreides bereitstellte. Zeitlich verzögert erfasste die „Neue Ökonomische Politik" auch Klein- und Mittelbetriebe. Die Ende November 1920 einsetzenden Nationalisierungen stellte man ein, und enteignete Betriebe bis zu zehn Beschäftigten wurden ihren ursprünglichen Besitzern wieder zurückgegeben. Im Juni 1921 gestattete das Regime die Eröffnung von Privatbetrieben mit maximal 20 Beschäftigten. Anstelle der Gleichvergütung aller Arbeitsleistungen, wie sie in der Phase des Kriegskommunismus propagiert wurde, trat die Entlohnung nach Leistung. Das schloss auch die Möglichkeit von Entlassungen ein, was gleichbedeutend war mit der Stornierung der allgemeinen Arbeitspflicht. Ebenso wurde durch die NEP die zuvor angestrebte zentrale Planung und Lenkung der Gesamtwirtschaft ausgehebelt zu Gunsten der teilweisen Rückkehr zur Marktwirtschaft und der Restitution privatkapitalistischer Verhältnisse.

Um die Kontrolle über diese Entwicklung nicht zu verlieren, die die ideologischen Grundprinzipien der Bolschewiki in Frage stellte und ihnen politisch gefährlich werden konnte, behielten Partei und Regierung die „Kommandohöhen" der Wirtschaft fest im Griff. Dazu zählten die Großindustrie, das Transportwesen, die Banken und der Außenhandel. Die „Neue Ökonomische Politik" blieb überdies immer Mittel zum Zweck des Aufbaus des Sozialismus und stand deswegen stets unter dem Vorbehalt der Zeitweiligkeit und Opportunität. Sie konnte sich nur deswegen jahrelang behaupten, weil sie wichtige Anliegen der bolschewistischen Regierung erfüllte. Sie übte von Anfang an eine beruhigende Wirkung auf die Bevölkerung aus, wenn sich die Versorgungskrise auch nur langsam entspannte. In der zweiten Hälfte des Jahres 1921 kam es sogar auf Grund einer katastrophalen Missernte in dem ohnehin schon daniederliegenden Land zu einer schrecklichen Hungersnot und damit verbunden zum Ausbruch von Seuchen. Mehr als

30 Millionen Menschen hatten darunter zu leiden. Die Zahl der Todesopfer wird auf eine Million geschätzt. Ab 1922 aber verbesserten sich die Lebensbedingungen spürbar, und im Wirtschaftsjahr 1925/26 erreichte die Produktion im landwirtschaftlichen und industriellen Bereich in etwa wieder den Vorkriegsstand des Jahres 1913.

Als zunehmend problematisch erwies sich freilich das Missverhältnis im Angebot von Lebensmitteln und industriellen Fertigwaren. Die Krise von 1922/23, die aus überhöhten Preisen für die knappen Lebensmittel resultierte, und die „Scherenkrise" von 1923/24, die sich umgekehrt aus der übermäßigen Verteuerung von Industriewaren auf Grund eines reichlicheren Lebensmittelangebots ergab, konnten noch gemeistert werden, aber ab 1927 blieb das Getreide ständig knapp, weil die Bauern es wegen eines unzureichenden Angebots an Fertigwaren und einer schwächelnden Währung zu den offiziellen Aufkaufpreisen nicht mehr veräußerten. Die Regierung ging deswegen wieder Jahr für Jahr zur „Zwangseintreibung" über, weil sie das Getreide sowohl zur Ernährung der unterversorgten städtischen Bevölkerung als auch für den Export zum Ankauf von Maschinen zur Entwicklung der Schwerindustrie dringend benötigte und weil sie unterstellte, die Zurückhaltung beim Verkauf von Getreide sei Ausdruck der konterrevolutionären Gesinnung der „Kulaken" und ihrer Absicht, den Aufbau des Sozialismus zu sabotieren. 1929 hielt Stalin den Zeitpunkt für gekommen, die „Neue Ökonomische Politik" definitiv aufzugeben zu Gunsten der Zwangskollektivierung der bäuerlichen Privatwirtschaften. Die Vorgehensweise entsprach nicht einmal in der Propaganda sozialistischen Normen und beinhaltete in der Realität brutalen Machtmissbrauch und Drangsalierung von Millionen Menschen bis hin zu ihrer Eliminierung. Da die Maßnahmen zudem gesamtwirtschaftlich und organisatorisch völlig unzulänglich vorbereitet waren, erwiesen sich auch die unmittelbaren ökonomischen Folgen als desaströs.

Außenpolitik

Zu den Grundüberzeugungen der Bolschewiki im Jahre 1917 zählte die Erwartung, dass ihre Machtergreifung in Russland das Fanal für die proletarische Revolution in den westlichen Ländern und insbesondere in Deutschland sein werde. Trotzki als erster Volkskommissar für auswärtige Angelegenheiten bemerkte bei seinem Amtsantritt in diesem Sinne: „Was für diplomatische Arbeit werden wir denn haben? Ich werde einige revolutionäre Proklamationen an die Völker erlassen und dann die Bude schließen."[6] Über das Wünschenswerte hinaus war die Ausbreitung der Revolution aus der Sicht der Bolschewiki geradezu von existenzieller Bedeutung für ihr eigenes politisches Überleben. Ohne die Unterstützung der fortgeschrittenen westlichen Länder, konstatierte Lenin wiederholt, werde sich die sozialistische Revolution in Russland nicht behaupten können. Das sogleich nach der Machtergreifung verabschiedete „Dekret über den Frieden" hatte solchermaßen über die innenpolitische Funktion der Akzeptanzgewinnung hinaus die außenpolitische Funktion, die Revolution zu schüren. Es richtete sich deshalb nicht allein an die Regierungen, sondern gleichzeitig an die „Völker" und „insbesondere an die klassenbewussten Arbeiter" mit dem Aufruf an sie, nun ihrerseits zur Tat zu schreiten und das von den Bolschewiki begonnene Werk erfolgreich zu Ende zu führen. Doch all die Appelle, revolutionären Funksprüche und Reden verfingen nicht, und die sowjetische Regierung musste, um den weiteren deutschen Vormarsch zu stoppen und um eine „Atempause" zu gewinnen, am 3. 3. 1918 den Diktatfrieden von Brest-Litowsk mit den Deutschen und ihren Verbündeten abschließen; mitsamt dem „Ergänzungsvertrag" vom 27. 8. 1918 wurde Sowjetrussland unter anderem auferlegt, das Ausscheiden Finnlands, Estlands, Lettlands, Litauens sowie der Ukraine und Georgiens aus dem russischen Staatsverband anzuerkennen, was außer der machtpolitischen Schwächung unter ökonomischen Aspekten den Verlust von mehr als zwei Dritteln der Vorkriegsreservoire an Kohle und Eisen bedeutete sowie eine beträchtliche Verminderung der Überschüsse liefernden Getreideanbauflächen. Außerdem musste sich die sowjetische Regierung zur Zahlung von sechs Milliarden Goldmark als Gegenleistung für die Schädigung und Enteignung deutschen Eigentums verpflichten. Auf Grund der Niederlage des Kaiserreiches im Westen konnte Moskau, das seit März 1918 wieder als offizielle Hauptstadt und Regierungssitz fungierte, die Verträge jedoch bereits am 13. 11. 1918 annullieren.

Die deutsche Kapitulation, die Ausrufung der Republik sowie die Verschärfung der innenpolitischen Gegensätze, die im „Spartakusaufstand" Anfang Januar 1919 und der Ausrufung der Räterepublik in Bayern im April 1919 gipfelten, beflügelten überdies die Hoffnungen der führenden Bolschewiki, dass nun doch die Stunde der proletarischen Revolution gekommen sei. Um die revolutionären Tendenzen sowohl in Deutschland als auch in allen anderen Ländern zu fördern und zu koordinieren, wurde Anfang März 1919 in Moskau die „III. Internationale" beziehungsweise die „Kommunistische Internationale" (Komintern) begründet. Sie machte in der Folgezeit von sich reden als subversives Zentrum kommunistischer Agitation und Konspiration, ohne die prognostizierten Erfolge verwirklichen zu können. Im Gegenteil, ihre tatsächlichen oder auch nur unterstellten Aktionen boten den politischen Gegnern stets die Möglichkeit, zu einer antisowjetischen Politik aufzurufen oder aber sie zu legitimieren, wogegen die sowjetische Regierung ebenso ausdauernd wie wirkungslos geltend machte, sie habe mit der Kommunistischen Internationale genauso wenig zu tun wie das belgische Königshaus mit der in Brüssel residierenden II. Internationale. Sogar das sowjetische Außenministerium, das ebenfalls unter der Leitung der Partei für den Sieg des Sozialismus arbeitete, aber sich unter dieser Prämisse auf die Wahrnehmung der sowjetischen Staatsinteressen konzentrierte, sah in der unkoordinierten, teilweise sogar diametral entgegengesetzten Vorgehensweise der Komintern eine Belastung. So schrieb der Nachfolger Trotzkis als Außenminister, G. V. Čičerin, der formell bis 1930 im Amt blieb, im August 1922 an den Präsidenten der Komintern, G. E. Zinovjev, er habe sich „davon überzeugt, dass es zwischen uns und der Komintern allzu wenige gegenseitige Informationen gibt, und deshalb kommt es vor, dass wir und die Genossen gegeneinander handeln". „Dieser Wirrwarr", urteilte Čičerin abschließend, „stört und schadet sehr."[7]

In dem Maße freilich, in dem die sowjetische Führung, belehrt durch die realen Geschehnisse, zu der Auffassung gelangte, dass die erfolgreiche Durchsetzung der Weltrevolution ein langfristiger Prozess sein werde und sich mit Stalins Führerschaft zugleich seine Theorie durchsetzte, dass der Aufbau des Sozialismus auch in einem Land, der Sowjetunion, möglich sei, veränderte sich das Aktionsprogramm der Komintern, zumal auch die Mitgliedsparteien nach und nach „bolschewisiert" und den Weisungen aus Moskau strikt unterworfen wurden. Die offensive Ausbreitung des Kommunismus wurde nicht aufgegeben, aber als oberste Aufgabe des klassenbewussten Proletariats aller Länder wurde jetzt die Verteidigung der Sowjetunion als Vaterland der Werktätigen und Bollwerk des Sozialismus definiert.

Was die Einbeziehung Sowjetrusslands beziehungsweise der Sowjetunion in das traditionelle System zwischenstaatlicher Beziehungen betraf, so wurde sie in den 20er Jahren und auch darüber hinaus nur begrenzt vollzogen, zum einen auf Grund der Politik Moskaus selbst, zum anderen aber auch wegen der Vorbehalte und divergierenden Interessen der übrigen Staaten. Das Verhältnis zu den Westmächten war von Anfang an schwer belastet. Der von der sowjetischen Regierung vollzogene Bruch des Abkommens vom 23. 8./5. 9. 1914, das jeden einseitigen Friedensschluss untersagte, nutzten England, Frankreich, Japan und die USA, um nach dem Abschluss des Separatfriedens von Brest-Litowsk in Russland zu intervenieren. Die offizielle Begründung lautete, es solle eine neue Ostfront errichtet werden, aber die direkte Intervention und die enge Kooperation mit den „Weißen" zielten darüber hinaus darauf ab, die Bolschewiki zu stürzen, selbst wenn ein förmlicher „Kreuzzug gegen den Bolschewismus", wie ihn der französische Haudegen, Marschall Foch, vorschlug, vom Obersten Rat der Alliierten verworfen wurde. Der Oberste Rat verdeutlichte aber seine Präferenz, indem er im Mai 1919 beschloss, die antibolschewistische Gegenregierung Admiral Kolčaks unter gewissen Auflagen de facto anzuerkennen und mit Waffen zu unterstützen. Im Versailler Friedensvertrag wurde Russland auch ein Reparationsanspruch zugebilligt, der gleichfalls ursprünglich einer nichtbolschewistischen Regierung zugute kommen sollte.

Nach der Niederlage der „Weißen" im Bürgerkrieg und dem Scheitern der Intervention sahen sich die Verbündeten indes genötigt, ihr Verhältnis zu Sowjetrussland neu zu konzipieren. Großbritannien ließ sich dabei von der traditionellen balance-of-power-Politik, ferner von der Sorge um die ungefährdete Herrschaft in seinen Kolonien, insbesondere in Indien, sowie von innenpolitischen Erwägungen leiten. Der den „Liberalen" angehörende Premierminister D. Lloyd George suchte Sowjetrussland durch ein wirtschaftliches Interessengeflecht zu domestizieren. Als erste Großmacht schloss England mit Moskau am 16. 3. 1921 einen Handelsvertrag, aber der weitergehende Versuch, Sowjetrussland in den europäischen Wiederaufbau unter britischer Ägide zu integrieren, scheiterte 1922 auf den Konferenzen von Genua und Den Haag, weil Sowjetrussland auf der Nichtanerkennung der zarischen Auslandsschulden sowie der Sozialisierungsschäden beharrte und ein „internationales Konsortium" zum Wiederaufbau Russlands als übermächtige Einheitsfront des Kapitalismus ablehnte. „Labour" fand sich Anfang 1924 zur Aufnahme diplomatischer Beziehungen bereit, aber die „Konservativen" verfochten einen härteren Kurs der Abgrenzung bis hin zur diplomatischen Konfrontation. Im Mai 1923 erzwang Außenminister Curzon durch sein „Ultimatum" das Versprechen der sowjetischen Regierung, ihre revolutionäre Propaganda in Indien, Persien und Afghanistan einzustellen, und Ende 1924 sistierte die im Oktober an die Macht gelangte konservative Regierung die diplomatischen Beziehungen, bis sie sie im Mai 1927 auch formell abbrach. In beiden Fällen wurde der sowjetischen Regierung vertragswidrige Umsturzpropaganda vorgeworfen. Das war grundsätzlich nicht falsch, aber der im Oktober 1924 konkret benannte „Zinovjev-Brief" wurde im Original nie beigebracht und die sowjetische Einlassung, es handele sich um eine Fälschung, somit nie zweifelsfrei entkräftet. Erst im Juli 1929 wurden die diplomatischen Beziehungen von einer erneut an die Macht gelangten „Labour"-Regierung wiederaufgenommen.

Frankreich erstrebte durch seine Russlandpolitik in den ersten Jahren vor allem die machtpolitische Stärkung seines Schützlings Polen als wehrhaften Verbündeten und verlässliche Brandmauer zwischen Deutschland und dem Sowjetreich; außerdem drängte es auf die Anerkennung der russischen Kriegs- und Vorkriegsschulden sowie Entschädigungen für die Nationalisierung französischen Eigentums. 1920 unterstützte Frankreich Polen in seinem Krieg gegen Sowjetrussland. Nach der militärisch erfolgreichen, politisch indes gescheiterten Ruhrbesetzung 1923 änderte Paris jedoch seine Strategie. Es erkannte im Gefolge Großbritanniens die Sowjetunion im Oktober 1924 unter Ausklammerung der Schuldenfrage diplomatisch an und versuchte durch die versöhnliche Locarno-Politik gegenüber Deutschland das Schreckgespenst einer deutsch-sowjetischen Allianz gegen Frankreich zu bannen. Am reserviertesten gegenüber der Sowjetunion verhielten sich die USA. Sie fanden sich erst im November 1933 zur Aufnahme diplomatischer Beziehungen bereit.

Demgegenüber unterhielten Deutschland und die Sowjetunion ein breit gefächertes Sonderverhältnis, das zwischen enger „Schicksalsgemeinschaft" und verdeckter Gegnerschaft schwankte. Beide Staaten versuchten den jeweils anderen zur Verbesserung ihrer Position einzusetzen. Mit Überraschung erkannte Lenin während des Krieges mit Polen 1920, dass sich nicht allein die polnischen Arbeiter, sondern auch die konservativen Kreise in Deutschland nicht in erster Linie von klassenkämpferischen Ideen, sondern von nationalen Interessen leiten ließen. Da er gleichzeitig zu der Auffassung gelangte, dass die Revolution in Europa nicht eine Frage von Monaten, sondern von Jahren sein werde, votierte er für eine Annäherung an die Weimarer Republik, um den wirtschaftlichen Aufbau Sowjetrusslands zu fördern und vor allem um die befürchtete Einheitsfront der kapitalistischen Staaten zu vereiteln. Das beste Mittel hierzu schien ihm die auch von deutscher Seite gewünschte militärische Zusammenarbeit zu sein, weil sie eindeutig gegen den Versailler Vertrag verstieß und damit verlässliches Wohlverhalten versprach. Darüber hinaus wurden mit den beiderseitigen Revisions- und Revanchebestrebungen gegenüber Polen unter neuen Rahmenbedingungen traditionelle Gemeinsamkeiten reaktiviert. Die erste Aufsehen erregende und späterhin aus allseitigem Eigeninteresse zum Mythos hochstilisierte Demonstration zwischenstaatlichen Einvernehmens bildete der Vertrag von Rapallo vom 16. 4. 1922 mit der Wiederaufnahme der diplomatischen Beziehungen und der Gewährung der Meistbegünstigung im Handelsverkehr. Das Allrussische Zentralexekutivkomitee erklärte ihn auf Antrag Lenins zum Mustervertrag für die Verständigung mit kapitalistischen Staaten. Die in den ersten Monaten des Jahres 1923 während der französischen Ruhrbesetzung viel beschworene „Schicksalsgemeinschaft" wurde von den sowjetischen Kommunisten aber bedenkenlos aufgegeben, als sich aus ihrer Sicht eine – tatsächlich nicht gegebene – revolutionäre Situation in Deutschland herauskristallisierte. Aus beiderseitigen Interessen der Staatsraison gelang die Rückkehr zur begrenzten Normalität nach dem missglückten „roten Oktober" rascher als zu vermuten. Die seit 1924 zu beobachtende sukzessive Normalisierung der Beziehungen Deutschlands zu den Westmächten unter Einschluss und Einfluss der USA beunruhigte die sowjetische Regierung allerdings umso mehr, als Deutschland nach ihrer Einschätzung mit einem Beitritt zum Völkerbund zum vertraglichen Helfershelfer einer gegen die Sowjetunion gerichteten Sanktionspolitik werden könnte. Der „Berliner Vertrag" vom 24. 4. 1926 bannte diese Sorge, aber die Sowjetunion suchte jetzt verstärkt, ihre Sicherheit unabhängig von Deutschland zu gewährleisten. Die nunmehr auch von Moskau vorgenommene Annäherung an den Völkerbund bezeugte diese Kursänderung ebenso wie der rasche Beitritt zu dem am 27. 8. 1928 unterzeichneten „Briand-Kellog-Pakt", der Kriege als Mittel der Interessendurchsetzung ächtete. Derselben Zielsetzung dienten eine Reihe von Nichtangriffsverträgen zwischen Februar und April 1929, unter anderem mit Polen, Rumänien, den baltischen Staaten und der Türkei, die so genannten „Litvinov-Protokolle".

Die zunehmende Radikalisierung der inneren Lage in der Weimarer Republik trug das Ihre dazu bei, dass sich Moskaus Einstellung gegenüber Deutschland änderte. Einerseits wurde zwar betont, dass man die „Rapallo-Linie" der Verständigung fortsetzen wolle, was durch eine Intensivierung der wirtschaftlichen Beziehungen, die 1931/32 ihren Höhepunkt erreichten, unterstrichen wurde, andererseits aber propagierte der VI. Komintern-Kongress unter sowjetischer Führung im Sommer 1928, dass in Deutschland eine „objektiv revolutionäre Situation" entstanden sei und der Entscheidungskampf zwischen der auf die Rechtsextremen setzenden Bourgeoisie und den von den Kommunisten geführten Werktätigen bevorstehe. Um diese Auseinandersetzung zu gewinnen, müsse zunächst der konkurrierende Einfluss der SPD auf die Arbeiterschaft gebrochen werden. Die Sozialdemokraten wurden demgemäß als Handlanger des Klassenfeindes und „Sozialfaschisten" diffamiert. Der gewünschte Effekt trat indes nicht ein, der erwartete massenhafte Zulauf der deutschen Arbeiter zu den Kommunisten blieb aus. Stattdessen verschärfte die Verleumdungskampagne den inneren Riss innerhalb der linksorientierten Arbeiterschaft. Davon profitierten dann diejenigen, denen eigentlich Paroli geboten werden sollte: die Nationalsozialisten.

3. Die Alleinherrschaft Stalins, 1929–1953

Der Aufstieg

Stalins Weg zur Alleinherrschaft verlief in der ersten Phase unauffällig und glanzlos. Er galt seit der Rückkehr Lenins aus dem Exil im April 1917 als dessen zuverlässiger Gefolgsmann. Er war ein unermüdlicher Arbeiter und ein geschickter Organisator, aber als Person war er nicht unumstritten. Er verstand es durchaus Vertrauen zu erwecken, doch hatte er sich nicht immer in der Gewalt und überschätzte sich, was zu scharfen Konflikten mit Trotzki und später auch mit der Krupskaja, der Frau Lenins, führte. Intellektuell vermochte er nicht wie Lenin, Trotzki und andere führende Persönlichkeiten mit glänzenden Ideen zu brillieren, und seine Bildung war ebenfalls recht begrenzt. Daraus resultierende Minderwertigkeitskomplexe und Misstrauen gegenüber Eliten jeglicher Provenienz kompensierte er zum einen durch geschicktes, aber auch prinzipienloses Lavieren sowie durch eine Skrupellosigkeit, deren bedenkenlose Gewaltsamkeit sich freilich erst sehr viel später in vollem Umfang offenbaren und wirksam werden sollte. Gegenüber der Öffentlichkeit vermochte er überdies seine zügellose Amoralität mit beträchtlichem Erfolg zu kaschieren durch das inszenierte Erscheinungsbild wohlwollender Bonhomie und väterlicher Fürsorglichkeit sowie die unermüdlich verbreitete Propagandathese, er bekämpfe lediglich Anschläge und Verschwörungen der Klassenfeinde, die den Aufbau des Sozialismus in der Sowjetunion vereiteln wollten.

Entscheidenden Einfluss auf die Persönlichkeit Stalins nahm der Bürgerkrieg. Er gab ihm erstmals die Gelegenheit, im großen Stil selbstherrlich als Bevollmächtigter des Zentralkomitees der KPR(B) über Wohl und Wehe, Leben und Tod von Menschen zu entscheiden und sie durch erbarmungslose Härte und rücksichtslose Brutalität zu äußersten Höchstleistungen zu treiben. Sein diktatorisches Auftreten erregte bei vielen nachhaltigen Anstoß, verschaffte ihm in der Partei aber auch Respekt, zumal sein Einsatz alles in allem durchaus erfolgreich war. Die Berufung zum Generalsekretär der KPR(B) im April 1922 bot Stalin die effizient genutzte Möglichkeit, nicht nur seine Gefolgschaft zu vergrößern, sondern sich eine Klientel zu schaffen, die freiwillig oder gezwungenermaßen bereit war, mit ihm durch dick und dünn zu gehen. Er veranlasste, dass die Funktionäre nur noch pro forma gewählt, in Wirklichkeit aber von dem nächst höheren Vorgesetzten auf dessen Verantwortung hin ernannt wurden. Ein zunehmend verfeinertes System der Überwachung und Korrumpierung machte die Funktionäre überdies zusätzlich angreifbar und abhängig. Beim Tode Lenins im Januar 1924 sahen Zinovjev und Kamenev in Stalin einen geeigneten Juniorpartner, um Trotzki daran zu hindern, die Nachfolge des Verstorbenen anzutreten. Mit ihrer Hilfe gelang es, dass Lenins „politisches Testament", in dem er Stalin nachdrücklich rügte und in einer Nachschrift sogar seine Ablösung verlangte, ohne Folgen nur einem kleinen Kreis prominenter Parteigenossen, aber schon nicht einmal mehr dem Plenum des XIII. Parteikongresses, im März 1924 vorgetragen wurde. Mit vereinten Kräften gelang es dem Triumvirat weiterhin, Trotzki auszubooten. Stalin trug zu diesem Sieg nicht nur durch wohl berechnetes Taktieren und Mobilisieren seiner Gefolgschaft bei, sondern auch durch wirkungsvolle Handhabung der Parteistatuten, indem er Trotzki und seine Anhänger der seit dem X. Parteikongress 1921 untersagten „Fraktionsmacherei" bezichtigte. Einen zusätzlichen Triumph feierte er dadurch, dass es ihm gelang, Trotzki auf dessen ureigenem Feld der Revolutionstheorie eine empfindliche Niederlage beizubringen. Im Gegensatz zu der Theorie von der „permanenten Revolution" stellte Stalin Ende 1924 die These auf, der „Aufbau des Sozialismus" könne auch „in einem Land" erfolgen. Die Argumentation war zwar etwas künstlich und haarspalterisch, aber sie fand bei dem Parteivolk großen Anklang, weil sie Zuversicht verbreitete und Erfolg versprach. Zu spät erkannten Zinovjev und Kamenev, dass Stalin in der Partei einen größeren Anhang zu mobilisieren vermochte als sie selbst. Auf dem XIV. Parteikongress Ende 1925 mussten sie sich geschlagen geben. Stalin hingegen gelang es in der Folgezeit, durch entschlossenes Wechseln der Fronten von der Verteidigung der NEP zu der soeben noch bekämpften forcierten Industrialisierung auch den noch als eigenständige Kraft verbliebenen „rechten" Flügel der Parteispitze mit Bucharin, Rykov und Tomskij zu isolieren und ins Abseits zu stellen. Bucharin wurde im November 1929 aus dem Politbüro ausgeschlossen, Rykov und Tomskij wurden verwarnt und erhielten noch eine kurze Gnadenfrist bis 1930. Trotzki, der Hauptrivale Stalins, war zu diesem Zeitpunkt bereits völlig entmachtet. Im Januar 1929 hatte er gezwungenermaßen das Land verlassen müssen. Er emigrierte über verschiedene Stationen nach Mexiko, wo er 1940 von einem Agenten Stalins ermordet wurde.

Stalin war demgegenüber 1929 zum uneingeschränkten Alleinherrscher aufgestiegen und verdeutlichte das, indem er seinen 50. Geburtstag am 21. Dezember als Triumphator mit einer hybriden, aber von vielen auch als erhebend empfundenen Demonstration des Personenkultes feierte.

Innenpolitik in den 30er Jahren

Man hat die von Stalin seit dem Ende der 20er Jahre exekutierte Politik zu Recht als „Zweite Revolution" nach 1917 oder als „Revolution von oben" bezeichnet, weil die Etablierung der Alleinherrschaft und der Umbruch der sozialökonomischen Strukturen weit über die staatlich-gesellschaftliche Sphäre hinaus auch die Lebensweise, ja die Existenz von Millionen Menschen in Mitleidenschaft zog. Die im Sommer 1929 einsetzende Zwangskollektivierung der Landwirtschaft ist hierfür zugleich Beleg und Beispiel. Schon vor diesem Zeitpunkt war stetig aus ökonomischen und ideologischen Gründen versucht worden, die Bauern zur Aufgabe ihrer Privatwirtschaften und zum Eintritt in die fabrikmäßig organisierten „Sowchosen" oder „Kolchosen" zu bewegen, wobei letztere den Bauern ein Minimum an Land und Vieh zur Selbstbewirtschaftung beließen. Obwohl es an materiellen Anreizen und Vergünstigungen nicht fehlte, konnte kaum mehr als ein Prozent der Bauern dafür gewonnen werden, den Kollektivwirtschaften beizutreten. Erst durch den ausgeübten Zwang ab Mitte 1929 änderten sich die Relationen gravierend. Anfang Oktober 1929 waren bereits 7,6% aller bäuerlichen Haushalte kollektiviert. Das reichte Stalin aber nicht aus. Auf seine Weisung hin verabschiedete das Zentralkomitee am 5. 1. 1930 einen Zeitplan für die vollständige Kollektivierung, wonach die Umstrukturierung in den großen Getreide produzierenden Bezirken bis zum Herbst 1930, äußerstenfalls bis zum Sommer 1931 abgeschlossen sein sollte. In der Absicht, die Verordnung noch zu übertreffen, stellten sich Partei- und Regierungsorgane von Gebieten und Republiken noch ehrgeizigere und unsinnigere Ziele: Sie wollten die Kollektivierung nicht in zwei Jahren, sondern in zwei Monaten erledigt haben. Da, wo sich die Bauern nicht durch Worte überreden oder einschüchtern ließen, wurden Verhaftungen vorgenommen und sogar die Streitkräfte eingesetzt. Selbst dann aber fügten sich die Bauern vielfach nicht. Sie verurteilten die Kollektivierung als „neue Leibeigenschaft" und leisteten Widerstand durch Abschlachten der Tiere und Vernichtung des Getreides. Als sogar die Frühjahrsbestellung der Felder gefährdet schien, stahl sich Stalin aus der Verantwortung. In dem „Pravda"-Artikel vom 2. 3. 1930 mit dem heuchlerischen Titel „Vor Erfolgen von Schwindel befallen" schob er die Schuld an den Exzessen den örtlichen Funktionären zu. Das Zentralkomitee sekundierte, indem es seinerseits den Funktionären vorwarf, sich „der Bevölkerung gegenüber grob, unanständig, verbrecherisch verhalten" zu haben. Die Zwangsmaßnahmen wurden eingestellt und den Bauern sogar gestattet, aus den Kolchosen wieder auszutreten. Als die Krisensituation überstanden war, setzte der Kollektivierungsdruck erneut ein, wenn auch in etwas abgemilderter Form. Der taktische Zickzackkurs bei strategisch eindeutiger Zielvorgabe wurde in den folgenden Jahren beibehalten mit dem Ergebnis, dass Sowchosen und Kolchosen 1936 über 98% der Saatflächen verfügten. Parallel zu der Zwangskollektivierung verlief der Prozess der von Stalin geforderten „Liquidierung der Kulaken als Klasse". Etwa sechs Millionen Menschen waren davon betroffen, von denen schätzungsweise 10%, also 600 000, umkamen. Soweit sie überlebten, verloren sie ihre Existenzgrundlage durch Enteignung und Deportation, mindestens aber Umsiedlung auf das schlechteste Land, das verfügbar war. Politisch-ideologisch war damit das bereits 1917 anvisierte Ziel der Sozialisierung des Landes in Form von Großbetrieben erreicht wie auch die Eliminierung der Schichten, die auf Grund des Besitzes von Produktionsmitteln die Restitution des Kapitalismus betreiben konnten.

Wirtschaftlich erfüllte die Zwangskollektivierung bei weitem nicht die selbst formulierten Ansprüche. Stalin hatte im November 1929 prophezeit, bei der Kollektivierung im gesteigerten Tempo könnte „unser Land in, sagen wir, drei Jahren zu einem der getreidereichsten Länder, wenn nicht zum getreidereichsten Land der Welt werden". Tatsächlich starben 1932 über fünf Millionen Menschen, insbesondere in der Ukraine, an Hunger, weil die Ernte schlecht ausgefallen und das Vorratsgetreide im Rahmen der Zwangskollektivierung vernichtet oder requiriert worden war. Erst 1935 stabilisierte sich die Lage so weit, dass auf die notgedrungen vorgenommene Brotrationierung verzichtet werden konnte. In diesem Jahr wurde auch erstmals geringfügig das Ernteergebnis von 1928 übertroffen, blieb aber hinter dem von 1913 zurück, obwohl die Anbaufläche ausgeweitet worden war. Die Malaise verschärfte sich noch dadurch, dass sich die Bevölkerung seit 1913 um ca. 20% vermehrt hatte. Es waren die Produkte der privaten bäuerlichen „Nebenwirtschaften", die den Mangel erträglicher machten. Noch in den 70er Jahren produzierten sie auf weniger als 2% der landwirtschaftlichen Nutzfläche ca. 65% der Kartoffeln, 50% des Gemüses, 40% der Eier und mehr als 20% der Fleisch- und Milchprodukte.

Dass die Bilanz der Kollektivwirtschaften nicht besser ausfiel, lag in den 30er Jahren zu einem beträchtlichen Teil auch daran, dass die zeitgleich zur Zwangskollektivierung verlaufende forcierte Industrialisierung ebenfalls das gesteckte Ziel nicht zu erreichen vermochte. Die ursprüngliche Absicht der Industrialisierungspläne war es, die Produktion in gesamtwirtschaftlicher Ausgewogenheit zu steigern, um aus dem rückständigen Russland eine an der Zielvorstellung der Autarkie orientierte moderne Industrienation zu machen. Soweit dieser Vorsatz volkswirtschaftlich begründet war, stand er durchaus in der Kontinuität zarischer Modernisierungsbestrebungen. Das Vorhaben wurde aber auch von originären ideologischen Aspekten bestimmt. Die unaufhebbare Systemkonkurrenz zwang die kapitalistischen Staaten aus der Sicht Stalins geradezu dazu, alles zu tun, um den „Aufbau des Sozialismus in einem Land“ zu behindern, wenn nicht gar zu vereiteln, sei es durch wirtschaftliche Boykottmaßnahmen oder gar durch eine militärische Intervention. Umgekehrt galt es nach derselben Logik, „die fortgeschrittenen kapitalistischen Länder einzuholen und zu überholen (dognat' i peregnat')“. „Wir sind“, resümierte Stalin in einer Rede vom 4. 2. 1931, „hinter den fortgeschrittenen Ländern zurückgeblieben. Wir müssen diese Distanz in zehn Jahren durchlaufen. Entweder bringen wir das zustande, oder wir werden zermalmt.“[8]

Der 1927/28 ausformulierte Planungsansatz wurde freilich bereits 1929 durch die Entscheidung für die rasche Zwangskollektivierung obsolet, denn nun musste zusätzlich der technologische Bedarf für die angestrebten landwirtschaftlichen Großbetriebe mit einer Durchschnittsgröße von ca. 500 Hektar eingeplant werden. So sollten während des ersten Fünfjahresplanes 1928/29 bis 1932/33 statt 91 000 Traktoren insgesamt bis zu 450 000 Traktoren gebaut werden. Das Gesamtergebnis war, dass der schließlich vom Zentralkomitee im November 1929 beschlossene Fünfjahresplan nicht mehr gesamtwirtschaftlich konzipiert war, sondern der Schwerindustrie einseitig den Vorzug gab. Fehlplanungen, Engpässe, schlechte Qualität, mangelnde Fertigkeiten und Fähigkeiten von Arbeitern und Führungskräften auf allen Ebenen bewirkten indes, dass die ehrgeizigen Planvorgaben bei weitem nicht erfüllt werden konnten. Der Volkskommissar für Schwerindustrie, G. K. Ordžonikidze, berichtete selbst über eines der Großprojekte, das Stalingrader Traktorenwerk, das in der Rekordzeit von weniger als einem Jahr erbaut wurde und 1930 die Produktion aufnahm: „Ich entsinne mich, als dieses Werk eröffnet wurde, brachten wir im Sommer einen Traktor heraus, dann vergingen aber vier bis fünf Monate, ohne dass wir einen Traktor ausliefern oder Ersatzteile herstellen oder montieren konnten. Das ganze folgende Jahr mühten wir uns ab, um mit Müh und Not bis zu zehn Traktoren pro Tag, schließlich bis zu 25 Traktoren am Tag herzustellen, und wir waren froh darüber, glaubten, dass es nun gelänge.“[9] Die Qualität dieser ersten Traktorengeneration war miserabel; nach durchschnittlich 70 Stunden Einsatz hatte sie nur noch Schrottwert.

Im Laufe der Jahre verbesserten sich aber die Produktionsergebnisse in jeder Hinsicht deutlich, selbst wenn auch bei allen weiteren Fünfjahresplänen die gesetzten, in der Regel überhöhten Normen lediglich punktuell erfüllt wurden. So stieg die Gesamtproduktion von Traktoren von 1300 im Jahre 1928 auf 112 900 im Jahre 1936. Einzelne Großprojekte wie das als „größtes Wasserkraftwerk der Welt“ gefeierte Staudammprojekt am Dnjepr (Dnjeproges), das größte europäische Landmaschinenkombinat in Rostov am Don und die ebenfalls in Rekordzeit fertig gestellte turkmenisch-sibirische Magistrale (Turksib) veranschaulichten ihrerseits die erzielten Erfolge in spektakulärer Manier. Hervorzuheben ist in diesem Zusammenhang auch das gigantische Stahlzentrum im Südural, Magnitogorsk, das die zur Verhüttung nötige Kohle aus den 200 Kilometer entfernten Gruben des Kusnezkbeckens erhielt. Ermöglicht werden sollte auf diese Weise die bessere wirtschaftliche Erschließung Sibiriens. Darüber hinaus waren aber auch strategische Überlegungen von Bedeutung. Es sollte eine „Zweite Stahlbasis“ geschaffen werden, die gegen Angriffe aus dem Westen gefeit wäre. Nicht zuletzt wegen dieser Vorkehrungen überstand das Land den zunächst sehr erfolgreichen deutschen Vormarsch 1941/42.

Realisiert wurden die außerordentlichen Leistungen in hervorzuhebender Weise dank dem enormen Enthusiasmus der Jugend in ihrer Parteiorganisation, dem Komsomol, aber auch durch rücksichts- und schonungslose Ausbeutung der Arbeitskraft der Werktätigen, wie sie sich etwa hinter den Begriffen „sozialistischer Wettbewerb“ und „Stachanov-Bewegung“ verbarg. Von der Öffentlichkeit abgeschottet leistete überdies eine jeglicher Willkür ausgesetzte Reservearmee von Arbeitskräften ihren Beitrag zum Aufbau des Sozialismus in der Sowjetunion. Es waren die Insassen der Zwangsarbeitslager und Arbeitskolonien, die nach dem einprägsamen Bild von A. Solženicyn wie ein „Archipel“ über das Land verstreut waren und der „Hauptverwaltung für die Besserungsarbeitslager“ („GULag“) unterstanden. Die im Laufe der Zeit ansteigende Anzahl von Häftlingen belief sich in der zweiten Hälfte der 30er Jahre trotz hoher Sterblichkeit kontinuierlich auf nahezu zwei Millionen Menschen. Sie wurden insbesondere in unwegsamen und unwirtlichen Gebieten eingesetzt sowie allgemein zu schwerster körperlicher Arbeit mit primitivsten Hilfsmitteln gezwungen. Zu ihren vorrangigen Tätigkeitsfeldern zählten der Abbau von Bodenschätzen, die Kultivierung von Land sowie Großbaustellen aller Art. So hatten sie etwa einen entscheidenden Anteil am Bau des Weißmeer- und des Wolga-Don-Kanals.

Die unter der Gesamtheit aller dieser Bedingungen erwirtschafteten Resultate ergaben, dass die Sowjetunion Ende der 30er Jahre nicht im Hinblick auf Produktivität und Qualität, wohl aber hinsichtlich des quantitativen Volumens der Industrieproduktion hinter den USA auf den zweiten Platz im Weltmaßstab vorgerückt war. Was die Stahlerzeugung und den Maschinenbau betraf, konnte das Ziel der Autarkie grundsätzlich erreicht werden. Die Umwandlung der Sowjetunion in einen ambitionierten Industriestaat spiegelte sich auch in der Entfaltung der Urbanisierung. Lebten 1920 15% der Bevölkerung in der Stadt und 85% auf dem Land, so bezifferte sich das Verhältnis 1940 auf 33% zu 66%, wobei zusätzlich zu berücksichtigen ist, dass die Gesamtbevölkerung zwischen 1920 und 1940 von 134,2 auf 194,1 Millionen Menschen anwuchs. Die verbleibenden Dörfer veränderten sich in diesem Zeitraum überdies in ihrer inneren Verfassung grundlegend. Bedingt durch die Zwangskollektivierung verlor die traditionelle obščina ihre Funktionen und war definitiv zum Absterben verurteilt.

Um die Verwirklichung des Sozialismus in der Sowjetunion vor aller Welt förmlich zu dokumentieren, ließ Stalin vom VIII. Außerordentlichen Sowjetkongress Ende 1936 eine neue Verfassung verabschieden. Sie verkündete das Ende der „Diktatur des Proletariats“ und die nunmehrige Gleichberechtigung aller Bürger. Ihnen allen wurde das allgemeine, gleiche, geheime und direkte Wahlrecht zuerkannt und die strikte Einhaltung der Gesetze zugesagt. Die Realität sah anders aus. Ungezügelter Terror beherrschte das Land. Er richtete sich gegen die alten Weg- und Kampfgefährten Stalins wie Zinovjev, Kamenev oder Rykov und Bucharin, die in großen Schauprozessen 1936 beziehungsweise 1938 zum Tode verurteilt wurden. Des Weiteren fiel ihm eine große Anzahl von Vertretern der neuen Eliten der Partei, der Streitkräfte, der Wirtschaft, der Administration sowie aller übrigen Bereiche des öffentlichen Lebens zum Opfer. Er betraf darüber hinaus eine namenlose Menge einfacher Menschen mit und ohne Parteibuch russischer und anderer Nationalität. Jeder und jede konnten jederzeit jenseits jeder rationalen Berechenbarkeit in die Fänge des NKVD, der unter Stalin reorganisierten Geheimpolizei, geraten. Molotovs Frau wurde verhaftet, er selbst blieb unbehelligt. Die Gesamtzahl der Opfer ist unbekannt. NKVD-Unterlagen weisen für die Jahre des „großen Terrors" 1937/38 mehr als zwei Millionen Verhaftungen und nahezu 700 000 Hinrichtungen aus.

Nur ansatzweise bestimmbar ist der Sinn des Terrors. Übersteigertes Misstrauen und paranoide Angst vor Rivalen und Verschwörern haben sicher ebenso eine Rolle gespielt wie das Bestreben, durch den allgegenwärtigen Terror die Menschen zu Höchstleistungen anzutreiben. Zweifellos sollte auch jedes Anzeichen von Unmut möglichst schon im Vorhinein unterdrückt und eine Atmosphäre allgemeiner Angst und Unsicherheit erzeugt werden. Jenseits jeder Zweckorientierung dürften aber auch der Rausch der Macht und das Hochgefühl, über Leben und Existenz anderer Menschen nach Belieben unwiderruflich entscheiden zu können, von nicht zu unterschätzender Bedeutung gewesen sein. Zu beachten ist schließlich, dass der Terror nicht allein von Stalin ausging, sondern ebenfalls von nachgeordneten Organen auf eigene Rechnung exekutiert oder durch Denunziationen initiiert wurde. Kaum zu verkennen ist, dass der Terror über die direkten Opfer hinaus eine verheerende Wirkung auf die psychisch-mentale Konstitution der Menschen ausgeübt hat. Er deformierte sie und verstärkte die aus leidvoller Erfahrung traditionell schon ausgeprägte Neigung zu Anpassung, Schönfärberei, Camouflage und Vermeidung eigenständiger Verantwortlichkeit. Literarisch hat V. Erofeev diese Konsequenzen exemplarisch in seiner schmerzvollen Satire „Moskva – Petuški" aufgezeigt, die 1973 – im Westen – erstmals veröffentlicht wurde.[10]

Als Pendant zur Repression fungierte die Propaganda. Gestützt auf das staatliche Informationsmonopol, das jegliche unerwünschte Nachricht und missliebige Meinung aus dem In- oder Ausland unterdrückte, propagierte sie unermüdlich, dass die UdSSR im Innern frohe Zeiten erlebe und glücklichere noch bevorstünden. Ähnliches hatte schon der Chef der III. Abteilung unter Nikolaus I. für das zarische Russland verkündet, aber nun war es natürlich nicht die gottgewollte Autokratie, sondern die sich wissenschaftlicher Exegese bedienende Partei, die für sich in Anspruch nahm, den rechten Weg unfehlbar aufzuzeigen. Aufwändiger als jeder Zar wurde Stalin zum Ausgleich dafür, dass seine Alleinherrschaft ideologisch nicht zu rechtfertigen war, als genialer Führer von unersetzlichen und unerreichbaren Qualitäten gerühmt. So übertrieben das auch klingen mochte, verfehlte es insgesamt gesehen doch nicht seine Wirkung. Selbst unschuldig Verhaftete mit hoher intellektueller Kompetenz neigten vielfach dazu, eher eine verborgene Schuld bei sich selbst zu suchen als die Propagandathesen in Frage zu stellen, oder sie zeigten sich – wie vormals die zarischen Untertanen – überzeugt, dass alles Unrecht ohne Wissen und Willen des obersten Gebieters geschehe.

Eine Sonderform der Propaganda war mit dem Stichwort „Sowjetpatriotismus" verbunden. Dieser zielte darauf, den Stolz auf die nationale Geschichte ideologisch gefiltert für die sozialistische Gegenwart nutzbar zu machen, um auch diejenigen für den „Aufbau des Sozialismus in einem Land" zu gewinnen, die ansonsten abseits gestanden hätten, und um darüber hinaus alle Menschen anspornend in die Pflicht zu nehmen, vor der Geschichte zu bestehen und ihr ein ruhmvolles Kapitel hinzuzufügen. Um gleichzeitig die innere Einheit der UdSSR zu stärken, wurde das russische Volk zum Staatsvolk erklärt, das allen anderen voranschreite und an dem sich alle anderen zu orientieren hätten. Stalin feierte es in seinem Siegestoast vom 9. 5. 1945 „als die führende Kraft der Sowjetunion unter allen Völkern unseres Landes“[11].

Außenpolitik bis zum Sieg im Zweiten Weltkrieg

Die von M. Litvinov Ende der 20er Jahre eingeleitete „Politik der kollektiven Sicherheit“, die zu einer beachtlichen Annäherung an die Westmächte und den Völkerbund sowie zum Abschluss von mehreren Kriegsächtungs- und Nichtangriffsverträgen führte, wurde Anfang 1930 durch die förmliche Ernennung Litvinovs zum Außenminister als offizieller Kurs bestätigt. Die neue Strategie war begründet in der Abkühlung des Verhältnisses zu Deutschland sowie in der Sorge, das vermeintliche Anwachsen der revolutionären Strömungen in den westlichen Ländern könne ohne ergänzende diplomatische Gegensteuerung zu einer aggressiven Politik der bürgerlichen Regierungen gegenüber der Sowjetunion führen als engagierter Förderin der Umsturzbestrebungen im Namen der Weltrevolution. Die Politik der kollektiven Sicherheit sollte demgemäß defensiv die Sicherheit der Sowjetunion fördern und gleichzeitig offensiv die Bedingungen für die Intensivierung des revolutionären Kampfes und die Spaltung des kapitalistischen Lagers verbessern. Die Übernahme der Macht in Deutschland durch die Nationalsozialisten verlieh der Politik der kollektiven Sicherheit eine äußerst bedeutsame zusätzliche Dimension. Die Nationalsozialisten zeigten sich zwar kurzfristig zu taktischen Konzessionen bereit wie zu der seit Jahr und Tag anstehenden Verlängerung des „Berliner Vertrags“, aber längerfristig dominierte die programmatische und zugleich im bürgerlichen Lager Sympathien eintragende antibolschewistische Politik, was spätestens durch den Abschluss eines Nichtangriffsvertrags mit Polen am 26. 1. 1934 bezeugt wurde. Die Komintern gab nun ihre Diffamierungspolitik gegenüber der deutschen Sozialdemokratie auf und trat für eine „antifaschistische Volksfrontstrategie“ ein, während die sowjetische Regierung über die bereits unterzeichneten Nichtangriffspakte hinaus den Abschluss von zuverlässigeren Bündnisverträgen, wie dem mit Paris vom Mai 1935, erstrebte.

Die Westmächte achteten allerdings weiterhin auf Distanz. Zur Münchener Konferenz über die Sudetenfrage im September 1938 wurde die sowjetische Regierung nicht eingeladen, obwohl sie im Mai 1935 auch mit der Tschechoslowakei einen Beistandspakt abgeschlossen hatte. Es war der Höhepunkt der außenpolitischen Isolation der Sowjetunion. Stalin reagierte auf dem XVIII. Parteikongress im März 1939 mit der Verlautbarung, die Sowjetunion werde nicht für andere Mächte die Kastanien aus dem Feuer holen, was ebenso als Warnung an die Westmächte wie als Angebot an das nationalsozialistische Deutschland gedeutet werden konnte. Es war indes nicht diese Kundgebung, sondern Hitlers aggressive, auf einen Krieg ausgerichtete Droh- und Erpressungspolitik gegenüber Polen, die es beiden von Stalin angesprochenen Parteien geraten erscheinen ließ, sich der Rückendeckung Moskaus zu versichern. Die Westmächte hofften durch einen Allianzvertrag mit der Großmacht im Osten Hitler doch noch zur Raison zu bringen oder, wenn das nicht gelingen sollte, einen starken Bündnispartner für Polen zu gewinnen. Hitler wandte sich Moskau zu, weil er einen erdrückenden Zweifrontenkrieg vermeiden wollte und wusste, dass die Westmächte sich außer Stande sähen, mit eigenen Kräften Polen wirksam zur Hilfe zu kommen. Stalin verhandelte mit beiden Seiten, gab aber der deutschen schließlich den Vorzug. Außenminister Litvinov wurde entlassen und durch Molotov ersetzt. Für die Deutschen sprach, dass sie mehr zu bieten hatten und dass die Sowjetunion beim Ausbruch des großen Krieges in der Hinterhand bleiben konnte, mit der Aussicht, ihre eigene Position noch weiter zu verbessern. Die diskrete Verhandlungsführung und die weit verbreitete Auffassung von der Unüberwindlichkeit der ideologischen Gegensätze zwischen dem nationalsozialistischen Deutschland und der sozialistischen Sowjetunion trugen das Ihre dazu bei, dass der Vertragsabschluss am 23. 8. 1939 nicht allein auf die Öffentlichkeit überraschend und schockierend wirkte, sondern auch in der westlichen Diplomatie den noch über Jahrzehnte wirksamen „Rapallo-Komplex“ nährte, dass Deutsche und Russen unberechenbar seien und sich gegebenenfalls unvermittelt und abrupt auf Kosten ihrer Nachbarn, insbesondere Polens, zu einigen vermöchten. Dabei wurde die ganze Wahrheit mit der Vertragsveröffentlichung noch nicht einmal offenbar, denn publiziert wurde allein der uneingeschränkte Nichtangriffspakt, während das Zusatzabkommen, das die Aufteilung Ostmitteleuropas von der „Ostsee bis zum Schwarzen Meer“ beinhaltete, „streng geheim“ blieb. Unter Einschluss der Modifikationen des „Grenz- und Freundschaftsvertrags“ vom 28. 9. 1939 fielen danach Finnland, die baltischen Staaten, das östliche Polen und Bessarabien in die sowjetische Interessensphäre. Sorgsam achtete Stalin darauf, dass der Grenzverlauf in Polen der 1919 von dem britischen Außenminister vorgeschlagenen „Curzon-Linie“ entsprach, so dass die Grenze im Falle eines Bündniswechsels auch gegenüber den neuen Partnern verteidigt und durchgesetzt werden konnte, wie es dann Ende 1943 auf der Konferenz von Teheran auch geschah.

Kurz nach Kriegsbeginn am 1. 9. 1939 begann die Sowjetunion sich die ihr zugeordneten Territorien anzueignen. Auf deutsches Drängen marschierte die Rote Armee noch während der laufenden Kampfhandlungen in Polen ein und beschleunigte damit dessen Niederlage. Größere Probleme bereitete Finnland. Der sowjetische Angriff begann Ende November 1939, doch dank des erbitterten Widerstands der finnischen Armee und des wachsenden Risikos, dass sich die Westmächte aktiv in den Kampf einmischten, musste sich Moskau beim Friedensschluss im März 1940 mit der für die Vorfeldsicherung Leningrads wichtigen Abtretung von Wyborg, Teilen Kareliens und einigen Inseln im Finnischen Meerbusen zufrieden geben. Demgegenüber gelang die sukzessiv betriebene Inkorporation der baltischen Staaten, indem durch Scheinwahlen kommunistische Regierungen an die Macht gebracht wurden, die weisungsgemäß für ihre Länder Anträge zur Aufnahme in die UdSSR stellten, denen Anfang August 1940 förmlich stattgegeben wurde. Fast zeitgleich wurde das von sowjetischen Truppen Ende Juni 1940 besetzte Bessarabien samt der Nordbukowina als „Moldauische SSR“ in die Sowjetunion eingegliedert. Nach der so realisierten Erfüllung des „Zusatzabkommens“ vom 23. 8. 1939 erstrebte Stalin eine Bestandsaufnahme der Beziehungen zu Deutschland unter Einschluss der Frage, ob sich eine weitergehende Vereinbarung über beiderseitige Interessensphären aushandeln ließe. Zu diesem Zweck wurde Molotov Mitte November 1940 nach Berlin entsandt.

Hitler trug sich jedoch bereits mit Kriegsplänen, die schließlich am 18. 12. 1940 in die „Weisung Nr. 21", den „Fall Barbarossa", mündeten mit dem Befehl, alle für einen Angriff nötigen Maßnahmen „bis zum 15. Mai 1941 abzuschließen", um in der Lage zu sein, „auch vor Beendigung des Krieges gegen England Sowjetrußland in einem schnellen Feldzug niederzuwerfen"[12]. Aus verschiedenen Quellen, schließlich sogar von dem deutschen Botschafter in Moskau, Graf von der Schulenburg, selbst, wurde die sowjetische Regierung vor dem deutschen Angriff gewarnt, aber Stalin vertraute darauf, dass Hitler keinen Zweifrontenkrieg beginnen werde, und verbot deshalb alle wirksamen Gegenmaßnahmen mit der Begründung, bei den Hinweisen handele es sich um Provokationen in der Absicht, die Sowjetunion in eine Falle zu locken und sie als Aggressor zu denunzieren. Stalin argwöhnte, die kapitalistischen Staaten könnten dann ihre Zwistigkeiten untereinander zurückstellen und sich darauf verständigen, gemeinsam gegen die UdSSR zu Felde zu ziehen und somit schließlich doch noch die stets befürchtete antisozialistische „Einheitsfront" bilden. Ein Präventivschlag, wie ihn der Volkskommissar für Verteidigung Timošenko sowie Generalstabschef Žukov im Mai 1941 vorschlugen, kam für Stalin zum gegebenen Zeitpunkt schon gar nicht in Frage. Stalin setzte vielmehr auf Zeitgewinn und hoffte, ihn durch Erfüllung und Übererfüllung der vertraglich vereinbarten Rohstoff- und Lebensmittellieferungen erlangen zu können.

Der deutsche Angriff vom 22. 6. 1941 überraschte somit nicht unbedingt grundsätzlich, wohl aber vom Zeitpunkt her Land und Leute unter Einschluss von Stalin selbst. Das wirkte sich umso furchtbarer aus, als Hitler sich von Anfang an nicht mit dem militärischen Sieg zu begnügen gedachte, sondern einen exorbitanten Eroberungs- und Vernichtungsfeldzug durchführen wollte mit dem Ziel, „den riesenhaften Kuchen handgerecht zu zerlegen, damit wir ihn erstens beherrschen, zweitens verwalten und drittens ausbeuten können"[13]; „feststehender Entschluss des Führers" war es erklärtermaßen, „Moskau und Leningrad dem Erdboden gleich zu machen"[14]. Die bittere Not und das unsägliche Leid, das den Menschen in ihrer Gesamtheit und als Individuen angetan wurde, lässt sich nicht quantifizieren, aber Zahlen vermögen doch ansatzweise das Ausmaß der exekutierten Katastrophe zu verdeutlichen, das durch die systematische Verfolgung und Liquidierung der Juden noch vergrößert wurde. Gemäß den derzeitigen Berechnungen sank die Gesamtbevölkerung der Sowjetunion zwischen 1941 und 1945 von 197 Millionen auf 170 Millionen Menschen. Etwa 9 Millionen Soldaten kamen im Kampf oder in der Kriegsgefangenschaft ums Leben, doppelt so viele wurden verwundet und verstümmelt. Die Zahl der Opfer unter der Zivilbevölkerung wird auf 18 Millionen Menschen geschätzt; allein in Leningrad wurden durch die fast 900-tägige Blockade seitens der Deutschen ungefähr eine Million Menschen vorsätzlich dem Tode ausgeliefert. Die materiellen Verluste sind kaum zu taxieren. Schon durch den siegreichen deutschen Vormarsch der ersten fünf Monate verlor die Sowjetunion etwa 60% ihrer Kohlegruben und angestammten Hüttenwerke sowie knapp 40% ihrer Getreidereservoire. Ihr ökonomisches Durchhaltevermögen, ja sogar die Steigerung der Waffenproduktion wurden erreicht durch die verbleibenden industriellen Kapazitäten im Osten, gelungene Evakuierung von Produktionsanlagen vor der Einnahme durch den Feind sowie strikteste Konzentration aller Produktion auf die Bedürfnisse des Krieges. Das schloss freilich die willkürliche Vernichtung von menschlichen und materiellen Ressourcen im großen Maßstab nicht grundsätzlich aus. So schädigte die massenhafte Deportation nichtrussischer Nationalitäten wie die der Russlanddeutschen, Krimtataren, Kalmücken, Inguschen und Tschetschenen unter der haltlosen Beschuldigung kollektiver Kollaborationsbereitschaft – jenseits der vorrangig zu bedenkenden moralischen und rechtlichen Dimensionen – auch die sowjetische Wirtschaftskraft.

Nicht kriegsentscheidend, wohl aber eine effektive Hilfe war die materielle Unterstützung, die die Sowjetunion nach dem 22. 6. 1941 seitens Großbritanniens und insbesondere seitens der USA erfuhr. So lieferten allein die Vereinigten Staaten der UdSSR ungefähr 400 000 Kraftfahrzeuge, 18 700 Flugzeuge, 10 800 Panzer sowie große Mengen an Textilien und Nahrungsmitteln im Gesamtwert von 11 Milliarden Dollar. Da die Westmächte die Widerstandskraft der Sowjetunion aber anfänglich eher skeptisch beurteilten, setzten Lieferungen in größerem Umfang erst ein, als es der Roten Armee im Dezember 1941 gelang, den deutschen Vormarsch unmittelbar vor Moskau zu stoppen. Die zudem weiter bestehenden ideologischen Gegensätze förderten auch in der Folgezeit bei aller demonstrativ zur Schau gestellten Einigkeit und Verbundenheit wechselseitige Vorbehalte und Misstrauen. So argwöhnte Stalin, die Westmächte wollten der UdSSR absichtlich die Hauptlast des Krieges mit allen Konsequenzen aufbürden und zögerten deshalb die Errichtung einer Zweiten Front im Westen immer weiter hinaus, während umgekehrt die Westmächte über die im Gegenzug gestreuten Gerüchte über einen möglichen sowjetischen Separatfrieden mit Deutschland beunruhigt waren.

Mit dem großen Sieg in der Schicksalsschlacht um Stalingrad Ende Januar/Anfang Februar 1943 erhöhten sich freilich das sowjetische Prestige und Durchsetzungsvermögen, zumal die Rote Armee von nun an die strategische Initiative behielt und mit Unterbrechungen und hohen Verlusten, aber ohne entscheidende Rückschläge ihren Vormarsch auf breiter Front durchsetzte. Anfang Januar 1944 wurde erstmals die sowjetisch-polnische Staatsgrenze vom 1. 9. 1939 überschritten, ein Jahr später drang die Rote Armee in Ostpreußen und Schlesien auf deutsches Reichsgebiet vor und Mitte April 1945 begann der Großangriff auf Berlin, der zur Einnahme der Hauptstadt am 2. 5. 1945 führte. Auf sowjetisches Drängen musste die im amerikanischen Hauptquartier am 7. 5. 1945 erfolgte Gesamtkapitulation der deutschen Wehrmacht am 8. Mai im sowjetischen Hauptquartier noch einmal vollzogen werden; sie trat am 9. 5. 1945 in Kraft. Symbolisch wurde damit deutlich, dass die Sowjetunion neben den USA zur führenden Macht in Europa aufgestiegen war. Dass sie diesen Anspruch nicht auf diesen Kontinent beschränkt wissen wollte, bekundete sie durch ihre Beteiligung am Krieg gegen Japan. Sie erwirkte damit ein Mitspracherecht beim Friedensschluss, doch ungeachtet beträchtlicher territorialer Gewinne, die Stalin im Geiste des Sowjetpatriotismus als Revanche für 1905 deutete, vermochte Moskau die amerikanische Vorrangstellung in Fernost nicht in Frage zu stellen; zu ungleich waren die Kriegsanstrengungen und -erfolge gewesen, und durch den Einsatz der ersten Atombomben, denen Moskau noch nichts Gleichwertiges entgegenzusetzen hatte, waren sie machtvoll bekräftigt worden. Der Antrag Stalins, an der Okkupation Japans beteiligt zu werden, wurde abgelehnt.

Außen- und Innenpolitik in der Nachkriegszeit bis zu Stalins Tod

Das in der Atlantikcharta vom 14. 8. 1941 erkennbare Streben der USA und Großbritanniens, die Sowjetunion als Juniorpartner zu assoziieren, hatte während des Kriegsverlaufs revidiert werden müssen. Auf den Kriegszielkonferenzen von Teheran vom 28. 11. bis 1. 12. 1943 und Jalta vom 4. 2. bis 11. 2. 1945 mussten Roosevelt und Churchill Stalin im Hinblick auf die Grenzen und die politische Ausrichtung Polens größere Zugeständnisse machen, als sie ursprünglich vorgehabt hatten. Schon außerhalb jeglicher Diskussion erhielt die Sowjetunion ebenso wie die Westmächte im Sicherheitsrat der „Vereinten Nationen" gemäß der Gründungscharta vom 26. 6. 1945 einen ständigen Sitz mit absolutem Vetorecht im Hinblick auf militärische Einsätze.

Was Deutschland betraf, so blieb zunächst vieles offen, weil alle großen Mächte nicht nur untereinander, sondern auch intern im Laufe der Zeit unterschiedliche Vorstellungen über dessen Zukunft entwickelten. Wenn die Sowjetunion Ende 1941 zur Aufteilung Deutschlands zu tendieren schien, so votierte Stalin in seiner Ansprache vom 9. 5. 1945 für die Einheit Deutschlands mit den Worten: „Die Sowjetunion feiert den Sieg, wenn sie sich auch nicht anschickt, Deutschland zu zerstückeln oder zu vernichten."[15] Die reale Entwicklung bot ihrerseits unterschiedliche Perspektiven: Einerseits wurde Deutschland in Besatzungszonen aufgeteilt, die unter der unmittelbaren Kontrolle der jeweiligen Siegermacht standen, zum anderen wurde ein „Alliierter Kontrollrat" gebildet, der für Deutschland „als Ganzes" verantwortlich sein sollte. Die definierten Grenzen Deutschlands sollten gemäß der letzten großen Kriegszielkonferenz von Potsdam vom 17. 7. bis 2. 8. 1945 in einem künftigen Friedensvertrag festgelegt werden, aber es war zweifellos ein bedeutsames, richtungweisendes Präjudiz, dass die deutschen Gebiete östlich von Oder und Neiße von Anfang an nicht dem „Alliierten Kontrollrat" unterstellt wurden und zudem verfügt wurde, dass die dort lebenden Deutschen „auszusiedeln" oder – realitätsnäher – zu vertreiben seien.

Generell erläuterte Stalin dem führenden jugoslawischen Kommunisten Milovan Djilas die strategischen Kriegsziele der Sowjetunion im Hinblick auf ihr Vorfeld folgendermaßen: „Dieser Krieg ist nicht wie in der Vergangenheit, wer immer ein Gebiet besetzt, erlegt ihm auch sein eigenes gesellschaftliches System auf. Jeder führt sein eigenes System ein, soweit seine Armee vordringen kann. Es kann gar nicht anders sein."[16] Über die ideologischen Erwägungen hinaus sprachen auch Sicherheitsüberlegungen für dieses Kalkül, implizierte es doch einen nunmehr von sowjetischer Seite kontrollierten cordon sanitaire von der Ostsee bis zum Schwarzen Meer. Noch verlockendere Perspektiven insbesondere im Hinblick auf Deutschland boten sich der sowjetischen Seite, wenn es ihr gelingen sollte, ihren Einfluss über den von ihr militärisch kontrollierten Bereich auszudehnen. Außer einer vorteilhafteren ideologischen und damit auch verbesserten machtpolitischen Positionierung winkte auf diese Weise substantieller technologischer und ökonomischer Zugewinn, den das verheerte Land dringlich benötigte. Stalin engagierte sich dementsprechend. Auf der Konferenz von Potsdam gelang es ihm zu erwirken, dass die Sowjetunion ihre Reparationsansprüche nicht allein wie die westlichen Siegermächte aus ihrer eigenen Besatzungszone zu befriedigen hatte, sondern dass ihr darüber hinaus 25% der in den

Westzonen zur Demontage vorgesehenen Industrieanlagen zugebilligt wurden, wobei sie 60% der erhaltenen Werte durch die Lieferung von Nahrungsmitteln und Rohstoffen kompensieren sollte. Die erwünschte Beteiligung an der unmittelbaren Verwaltung des Ruhrgebiets wurde ihr indes bei dieser Gelegenheit und auch späterhin verweigert.

Solche und weitere Misshelligkeiten verschärften sich in den folgenden Monaten. Churchill sprach im März 1946 in Fulton von dem „Eisernen Vorhang", der Europa teile. Die Amerikaner stellten im Mai 1946, gefolgt von den Engländern und Franzosen, die in Potsdam vereinbarten Reparationslieferungen aus ihrer jeweiligen Besatzungszone an die UdSSR ein, und angesichts zunehmender Pressionen Moskaus auf die Türkei und nicht eingehaltener Zusagen zur Demokratisierung in Ostmitteleuropa und Südosteuropa entschied sich Washington für einen grundsätzlichen Kurswechsel gegenüber der Sowjetunion. Im März 1947 verkündete der amerikanische Präsident die nach ihm benannte Truman-Doktrin, die auf eine Eindämmung der sowjetischen Macht zielte. Ergänzt wurde diese containment policy durch die ökonomische Komponente des Marshall-Planes. Er bot formell allen Völkern Europas Wiederaufbauhilfe an, machte aber zur Bedingung, dass die Gewährung von Krediten mit der Kontrolle über ihre Verwendung verknüpft werde. Die sowjetische Regierung deutete diese Anforderung als Versuch inakzeptabler amerikanischer Einflussnahme und Einmischung und lehnte die Offerte ab. Damit hatte es aber noch nicht sein Bewenden. Moskau sah auch sein Vorfeld bedroht, zumal die tschechoslowakische Regierung Anfang Juli 1947 ihre Absicht bekundete, am Marshall-Hilfsprogramm teilzuhaben.

Stalin reagierte darauf mit dem Abbruch des bisher befolgten Kurses der „verschiedenen Wege zum Sozialismus" und zwang die Länder im Machtbereich der sowjetischen Streitkräfte unter die diktatorische Dominanz der kommunistischen Parteien, die nun ihrerseits nach dem Leitsatz agieren mussten: „Von der Sowjetunion lernen heißt siegen lernen." Nur Jugoslawien unter Marschall Tito konnte sich dem sowjetischen Unterwerfungsdruck 1948 erfolgreich widersetzen. Ideologisch wurde die so inaugurierte Herausbildung und Konsolidierung des Ostblocks untermauert durch die von ZK-Sekretär Ždanov Ende September 1947 verkündete Lehre von den „zwei Hauptlagern". Demnach stand dem „expansionistischen", nach der Erringung der Weltherrschaft strebenden „imperialistischen" Lager unter der Führung der USA dichotomisch das „sozialistische" Lager gegenüber, von dem es hieß, es sei der „Sache des Friedens verpflichtet" und vereine unter Führung der Sowjetunion die „Länder der neuen Demokratie". Zur organisatorischen und propagandistischen Umsetzung dieser Doktrin wurde das „Kommunistische Informationsbüro" (Kominform) begründet, dessen Wirksamkeit den Erwartungen freilich nicht entsprach, weshalb es 1956 wieder aufgelöst wurde.

Der aus dem nunmehr wiederum dominierenden Antagonismus der Systeme resultierende „Kalte Krieg" währte mit unterschiedlicher Intensität bis zum Ende der 80er Jahre. Seine schärfste Ausformung in Europa gewann er in Verbindung mit der „deutschen Frage" und noch spezieller im Konnex mit der Berlin-Problematik, deren Besonderheit darin bestand, dass die Sektoren der westlichen Besatzungsmächte als Insel innerhalb der sowjetischen Besatzungszone nur auf dem Transitweg zu erreichen waren, der aber lediglich für die Luftkorridore vertraglich geregelt war. An diesem Schwachpunkt setzte die sowjetische Pressionspolitik bereits unter Stalin an. Die durch die Sperrung der Land- und Wasserwege herbeigeführte Berlin-Blockade 1948/49 zielte darauf, die im Rahmen der containment-policy von den Westmächten betriebene Begründung eines deutschen Weststaates zu konterkarieren oder zumindest die vollständige Herrschaft über die ehemalige Hauptstadt mit allen damit verbundenen Implikationen zu gewinnen. Bedeutsam an der Berlin-Blockade ist überdies, dass sie Modellcharakter gewann für die Konfliktinszenierung, -eskalation und -bewältigung in der deutschen Frage und auch darüber hinaus. Stets ging die auf eine Verbesserung des Status quo drängende sowjetische Seite bis an die „rote Linie" des Zumutbaren, aber sie überschritt sie niemals und ließ sich für den Notfall eine Hintertür zum Rückzug offen. Diese „Absicherungen" verhinderten, dass der Kalte Krieg zu einer realen militärischen Auseinandersetzung eskalierte. Die Berechenbarkeit der sowjetischen Politik setzte freilich auf Dauer ihrer Durchsetzungsfähigkeit auch kalkulierbare Grenzen. Die erstrebte Breitenwirkung stellte sich ebenfalls nicht im gewünschten Maße ein.

Als nachteilig für die sowjetische Politik erwies sich, dass sie von der Mehrheit der Bevölkerung wegen ihrer Frieden und Freiheit in Frage stellenden Konsequenzen stets als Bedrohung aufgefasst wurde, während die Westmächte auf der anderen Seite von „Besatzern" zu „Beschützern" wurden. Stalins Wiedervereinigungsnote vom 10. 3. 1952 war demgemäß von vornherein ein Experiment ohne begründete Aussicht auf Erfolg. Weder waren die Westmächte bereit, der Sowjetunion auch nur mittelbar eine Ausweitung ihrer Einflussmöglichkeiten auf Deutschland einzuräumen, noch zeigte sich die deutsche Seite – sei es die Regierung Adenauer, sei es ein Großteil der Bevölkerung – willens, den nationalen sowjetischen Schalmeientönen zu folgen unter Hintanstellung der für die Bundesrepublik inzwischen bereits erworbenen politischen Freiheiten samt dem sich entwickelnden wirtschaftlichen Wohlstand. Der zeitgleiche Koreakrieg, für den die Sowjetunion in der Interpretation der Regierung in Bonn und der meinungsbildenden Medien in überscharfer Form mitverantwortlich gemacht wurde, trug das Seine dazu bei, dass das sowjetische Werben ohne politisch wirksame Resonanz blieb. Es war wohl auch seitens Stalins selbst ein von vornherein mit gehöriger Skepsis unternommener Versuch, mit einem Appell an den deutschen Nationalismus das Volk in der Bundesrepublik gegen den Westkurs der Regierung Adenauer zu mobilisieren. Erst in der zweiten Hälfte der 50er Jahre wurde die Stalin-Note in der Bundesrepublik zum Ansatz- und Ausgangspunkt einer dann freilich bis zur Wiedervereinigung geführten Grundsatzdiskussion über „vertane Chancen" in der „deutschen Frage".

Der beginnende Kalte Krieg hatte auch merkliche Rückwirkungen auf die innere Entwicklung in der Sowjetunion. Die von Parteibeschlüssen und Planbehörden vorgesehene Erhöhung der Konsumgüterindustrie trat seit 1947 systematisch zurück zu Gunsten des Wiederaufbaus und des Ausbaus der Schwerindustrie unter wachsender Einflussnahme des militärisch-industriellen Komplexes. Selbst wenn man die offiziellen Zahlen aus gutem Grund nicht für bare Münze nimmt und Abzüge einkalkuliert, sind die in diesem Rahmen erzielten Ergebnisse durchaus eindrucksvoll. Für die Grundstoffindustrien liegen unter anderem folgende Angaben vor: Die Kohleförderung ist der Statistik nach von 165,9 Millionen Tonnen im Jahre 1940 auf 261 Millionen im Jahre 1950 gestiegen; die Vergleichszahlen für Stahl im gleichen Zeitraum lauten 18,3 Millionen zu 27,3 Millionen Tonnen, für Zement 5,7 Millionen zu 10,2 Millionen Tonnen. Der Anteil der Reparationen und Arbeitsleistungen von Kriegsgefangenen an diesen Erträgen kann auf 10% und mehr geschätzt werden, was aber gleichzeitig besagt, dass die Hauptlast des Wiederaufbaus unstrittig von der sowjetischen Bevölkerung getragen wurde.

Ihrem Lebensstandard kam das jenseits des öffentlichen Sektors unter Einschluss des Wohnungsbaus nur sehr bedingt zugute. Bei zahlreichen Konsumgütern wie Baumwollstoffen und Schuhen wurden sogar nach den erfolgsbetonten offiziellen Statistiken die Margen von 1940 nicht erreicht. Im landwirtschaftlichen Bereich löste 1946 eine extreme Dürreperiode, die alle Gebiete von der Ukraine bis zur Wolga erfasste, eine entsetzliche Hungerkatastrophe aus, der schätzungsweise eine Million Menschen unmittelbar oder auf Grund hinzukommender Krankheiten und Seuchen zum Opfer fielen. Ende 1947 feierte das Regime die Abschaffung der im Krieg eingeführten Lebensmittelkarten als großen Erfolg, aber die generelle Versorgung mit Grundnahrungsmitteln reichte über das Notwendigste kaum hinaus. Außer den gravierenden Nachwirkungen der Kriegsschäden trug die Politik der Regierung dazu bei, die Misere zu perpetuieren. Wie sie schon in den 30er Jahren die forcierte Industrialisierung wesentlich von den Bauern hatte bezahlen lassen, so beutete sie diese jetzt erneut aus, indem sie deren Leistungen beträchtlich unter Wert vergütete. Überdies drängte sie auch wieder die im Krieg notgedrungen zugelassene private Nutzung von Ackerland zurück und verfügte die Zusammenlegung von kleinen Kolchosen zu Großkolchosen. All das geschah nicht nur unter großen planerisch-organisatorischen Mängeln, sondern auch gegen den Willen der Bauern, was wiederum zwangsläufig deren Arbeitseifer und Arbeitsleistung beeinträchtigte. Das Ergebnis war, dass selbst nach den offiziellen Statistiken die Gesamtproduktion der Landwirtschaft und insbesondere die Getreideproduktion 1950 noch nicht wieder den Stand von 1940 erreicht hatten.

Trotz der unermüdlichen Propagierung der unanfechtbaren Überlegenheit des Sozialismus achtete das Regime doch ängstlich darauf, dass keine abweichenden Ideen oder Anschauungen Verbreitung fänden und dass Partei und Regierung die Zügel fest in der Hand behielten. So wurden Intellektuelle und Schriftsteller im August 1946 – unter exemplarischer Maßregelung der prominenten „Abweichler“ Anna Achmatova und M. M. Zoščenko – einschüchternd zu „Parteilichkeit“, „Volkstümlichkeit“ und „Optimismus“ aufgefordert. Als Gegenpol wurde „vaterlandsloser Kosmopolitismus“ ausgemacht, was zunehmend als Legitimation für Antisemitismus diente. Sogar den zurückkehrenden Kriegsgefangenen und Zwangsarbeitern misstraute das Regime und deportierte mehr als die Hälfte von ihnen in den GULag, der somit zugleich als ideologische Quarantäne und Reservoir auszubeutender, entrechteter Arbeitskräfte fungierte.

Drangsalierungen und Terror blieben auch gegenüber der Gesamtbevölkerung das stete Mittel, um die Menschen aus Angst zu Gehorsam und Höchstleistungen zu treiben und gleichzeitig durch die Aburteilung von angeblich Schuldigen fehlerhafte Beschlüsse und Weisungen von Partei und Regierung zu kaschieren. Allein unter den Bauern wurden ungefähr 1,5 Millionen Männer und Frauen verhaftet und zu Lagerhaft von fünf bis 25 Jahren verurteilt. Anfang 1953 gab es im Zusammenhang mit der Verhaftung prominenter Kremlärzte auch Anzeichen für eine neuerliche präventive Parteisäuberung. Realiter war Stalins Alleinherrschaft keinesfalls bedroht. Im Gegenteil, er hatte seine Position im Apparat durch die Abschaffung des Politbüros auf dem XIX. Parteitag 1952 zu Gunsten des größeren und damit noch leichter zu lenkenden Präsidiums des ZK der KPdSU weiter gestärkt. Die Furcht vor ihm war so groß, dass selbst seine Kammerdiener und nächsten Mitarbeiter nicht wagten, sich ihm ungerufen zu nähern. Der Hirnschlag, den er am 1. 3. 1953 erlitt, blieb so stundenlang unbemerkt. Ärztliche Hilfe wurde auch dann nicht sofort herbeigeholt, als klar war, dass er ihrer bedurfte – sei es, dass seine engsten Paladine sich nicht trauten oder es nicht wollten. So wurde Stalin selbst das letzte Opfer seiner eigenen Tyrannei.

4. Stalins Erben – Kontinuität und Wandel bis zum Sturz Chruschtschows 1964

Zu seinen Lebzeiten hatte Stalin misstrauisch zur Absicherung seiner eigenen uneingeschränkten Herrschaft darauf geachtet, dass keiner seiner Paladine so viel Einfluss gewann, dass er sich über die anderen hätte erheben können. So ging die Macht nach Stalins Tod zunächst auf ein Triumvirat über, bestehend aus G. M. Malenkov in der Funktion des Vorsitzenden des Ministerrates, V. M. Molotov als neuerlicher Außenminister und Geheimdienstchef L. P. Berija. Allen schien es geboten zu signalisieren, dass mit ihnen die Willkürherrschaft Stalins ein Ende gefunden habe. Die offizielle Parole zum 1. 5. 1953 lautete: „Die von der Verfassung garantierten Rechte der Sowjet-Bürger sind unabänderlich und werden von der Sowjet-Regierung geschützt.“[17] Es war dies ein erster Schritt zur viel berufenen „sozialistischen Gesetzlichkeit“, die Ende der 50er Jahre zur Neufassung des Zivil- und Strafrechtes auf der Basis des Grundsatzes nulla poena sine lege führte, ohne dass damit die Parteilichkeit aufgegeben worden wäre. Von Gewaltenteilung und Rechtsstaatlichkeit konnte weiterhin keine Rede sein, aber zu den hervorzuhebenden positiven Folgen zählte, dass der Archipel GULag drastisch verkleinert, wenn auch nicht aufgelöst wurde. Ebenso verbesserte sich äußerst langsam und vorsichtig, aber doch merklich die Lage der von Stalin unter Kollektivverdacht gestellten, deportierten Völker. Die „Russlanddeutschen“ etwa wurden 1955 amnestiert und durch ein Dekret vom 29. 8. 1964 rehabilitiert; ihr Wunsch nach Wiedererrichtung einer autonomen Wolgarepublik blieb ihnen aber damals und auch späterhin versagt.

Erste entgegenkommende Gesten gegenüber nichtrussischen Nationalitäten und Regionen wie die Erlaubnis zur Benutzung der Landessprache im inneren amtlichen Schriftverkehr gingen noch auf Berija zurück. Am schärfsten aber profilierte er sich durch Überlegungen, die anscheinend darauf zielten, die DDR gegen Gewährung von Sicherheitsgarantien für die Sowjetunion zur Disposition zu stellen. Der Aufstand vom 17. 6. 1953, der in Moskau den Verfechtern von Härte und Unnachgiebigkeit den Rücken stärkte, machte solche Ideen hinfällig und diente im Weiteren den Gegnern Berijas zum Vorwand, sich seiner unter der Anklage des Hochverrats zu entledigen. Zu den rührigsten Verschwörern zählte N. S. Chruschtschow, der dank des Sieges über Berija im September 1953 zum Ersten Sekretär des ZK der KPdSU aufstieg.

Von dieser Position aus nahm er den Kampf gegen den nunmehr mächtigsten Rivalen, G. M. Malenkov, auf. Dieser versuchte seine Popularität und Anwartschaft auf die politische Führung dadurch zu stärken, dass er der Bevölkerung eine deutliche Verbesserung ihres Lebensstandards versprach. Chruschtschows Strategie zielte in dieselbe Richtung, erwies sich aber als erfolgreicher. Malenkov senkte die Steuern, erhöhte die staatlichen Aufkaufpreise für Getreide und versprach überdies die Löhne um 3% anzuheben und die Konsumgüterindustrie stärker als bisher zu fördern. Die Perspektivplanung sah sogar vor, die Lebensmittelproduktion bis 1956 um 84,7% zu steigern. Mit den vorgesehenen Mitteln war dieses Ziel indes nicht zu erreichen, und die mächtigen Vertreter der Schwerindustrie fürchteten überdies, dass der „Neue Kurs" ihre traditionelle Vorrangstellung beeinträchtigen könnte. Chruschtschows Vorschläge klangen akzeptabler. Er plädierte dafür, große Flächen Neuland östlich der Wolga sowie im südlichen Sibirien und nördlichen Kasachstan unter den Pflug zu nehmen und dadurch das Getreideaufkommen zu vervielfachen. Außerdem wollte er die Fleischproduktion spektakulär erhöhen, indem wiederum auf riesigen Arealen im südlichen Russland anstelle von Getreide nunmehr die Futterpflanze Mais angebaut werden sollte. Mit diesem Programm konnte sich auch die Lobby der Schwerindustrie anfreunden, weil für die projektierten agrarischen Großbetriebe riesige Mengen an Traktoren, Mähdreschern und Transportmitteln benötigt wurden. All das hätte im Machtkampf mit Malenkov vielleicht nicht genügt, wenn Chruschtschow mit der Partei nicht die stärkeren Bataillone hinter sich gehabt hätte. Nachdem das ZK der KPdSU sich in mehreren Beschlüssen für die Neulandgewinnung ausgesprochen und schwer wiegende Mängel in der Arbeit des Staatsapparats moniert hatte, gab Malenkov im Februar 1955 auf; sein Nachfolger als Vorsitzender des Ministerrates wurde N. A. Bulganin.

Um sich auch im gesellschaftlichen Bereich als progressiver Volkstribun zu profilieren und sich gleichzeitig zur Machtsicherung der alten stalinistischen Seilschaften zu entledigen und an ihrer Stelle eine eigene Klientel heranzuziehen, unternahm Chruschtschow einen weiteren bedeutsamen Schachzug. Am Ende des XX. Parteikongresses der KPdSU, der vom 14. 2. bis 25. 2. 1956 währte, hielt er seine berühmte „Geheimrede", in der er anhand einer Vielzahl von Fakten Stalins ungeheuerliche Verbrechen anprangerte. Fünf Jahre später, auf dem XXII. Parteikongress vom 17. 10. bis 31. 10. 1961, konnte er es sich leisten, die Angriffe in aller Öffentlichkeit zu wiederholen und zu verstärken. Der Parteitag seinerseits stimmte der „Entstalinisierung" zu, indem er unter anderem beschloss, den Leichnam Stalins aus dem Mausoleum auf dem Roten Platz zu entfernen und an der Kremlmauer beizusetzen; ebenso wurde Stalingrad in Wolgograd umbenannt.

Wie der XXII. Parteikongress mit der Annahme eines neuen von Chruschtschow initiierten Parteiprogramms aber ausdrücklich gleichzeitig bekundete, richtete sich die Abrechnung mit Stalin allein gegen dessen Person, also gegen den von ihm verübten Machtmissbrauch und den „Personenkult". Damit waren auch die zeitweisen Möglichkeiten und

Plakat mit Chruschtschow und Lenin am Eingang des Gorki-Parks 1964.
Foto: SV-Bilderdienst.

steten Grenzen des „Tauwetters“ in der Kulturpolitik vorgezeichnet. Von der offiziellen Kritik ausgenommen blieben weiterhin die Grundzüge der Innen- und Außenpolitik der Stalin-Zeit sowie das Machtmonopol der Partei mit der von ihr beanspruchten Führungsrolle in Staat und Gesellschaft. „Charakteristisch für den umfassenden Aufbau des Kommunismus“, hieß es bekräftigend und richtungweisend in dem neuen Parteiprogramm, „ist das weitere Anwachsen der Rolle und Bedeutung der Kommunistischen Partei als der führenden und lenkenden Kraft der Sowjetgesellschaft.“[18]

Chruschtschows Agieren verstärkte nicht nur seine Macht und Anhängerschaft, sondern schuf ihm auch Gegner, die auf ihre Stunde warteten. Sie schien 1957 gekommen zu sein. Ein sich abzeichnender Einbruch bei den Ernteergebnissen bezeugte, dass diejenigen Experten ernst zu nehmen waren, die zu bedenken gegeben hatten, dass extensiver Landbau bei kritischen klimatischen Verhältnissen keine Gewähr für dauerhaft gute Erträge sei. Darüber hinaus war es im Vorfeld der Sowjetunion zu ernsthaften Komplikationen gekommen, wobei Fehleinschätzungen der Politik Moskaus eine verhängnisvolle Rolle spielten. 1955 schien die sowjetische Führung hiernach auf einen verlässlichen Kurs des Friedens und der Entspannung einzuschwenken. Sie entließ Österreich in die Unabhängigkeit, nahm diplomatische Beziehungen zur Bundesrepublik Deutschland auf und versöhnte sich insbesondere mit Jugoslawien auf der Basis der schriftlich fixierten Anerkenntnis, „dass Unterschiede der konkreten Formen des Sozialismus ausschließlich Angelegenheiten der einzelnen Länder sind“[19]. Diese Gesten und Bekundungen sowie die von Chruschtschow 1956 eingeleitete Entstalinisierung weckten in Polen und Ungarn große Hoffnungen auf mehr Eigenständigkeit und Selbstbestimmung. Während die sowjetische Führung mit Polen noch einen Kompromiss auszuhandeln vermochte, geriet die Lage in Ungarn im Spätherbst 1956 außer Kontrolle. Moskau konnte zwar dank massiver militärischer Intervention und unehrenhaften Wortbruches schließlich die Oberhand behalten, aber die Kritiker Chruschtschows monierten, so weit hätte es nicht kommen dürfen. Am 19. 6. 1957 sprach das Präsidium des ZK der KPdSU, das nach Stalins Tod gemäß Mitgliederzahl und Funktion wieder zum Politbüro mutiert war, Chruschtschow mit acht zu drei Stimmen das Misstrauen aus. Mit Rückendeckung des Plenums des ZK der KPdSU gelang es Chruschtschow im Gegenzug, seine Gegner unter Anführung von Malenkov, Molotov und Kaganovič zu entmachten. Unter dem Vorwurf, die „Anti-Partei-Gruppe“ unterstützt zu haben, wurde auch Bulganin im März 1958 aus dem Präsidium des ZK der KPdSU ausgeschlossen. Chruschtschow selbst übernahm Bulganins Amt als Vorsitzender des Ministerrates und avancierte unter Missachtung des viel berufenen Prinzips der kollektiven Führung zum Alleinherrscher. In den folgenden Jahren versuchte Chruschtschow in seiner weiterhin im Vordergrund stehenden Wirtschaftspolitik den riskanten extensiven Landbau durch intensive Bebauungsmethoden und Meliorationsmaßnahmen zu stabilisieren und abzusichern. Das gelang indes nicht in dem erforderlichen Maße. Die Folge war 1963 eine katastrophale Missernte, die zum Aufkauf von zusätzlichem Getreide im westlichen Ausland zwang. 1964 wurden auf dem Neuland aber wieder 55% des staatlichen Gesamtaufkommens an Getreide erwirtschaftet. Positiv klingen auch die Angaben, dass in der Zeit von Stalins Tod 1953 bis zum Ende der Herrschaft Chruschtschows 1964 die gesamte Saatfläche in der Sowjetunion um 55,6 Millionen Hektar wuchs, von denen 40,5 Millionen Hektar Neuland waren. Demgegenüber stand allerdings, dass die Investitionen, die auf Grund der Überbeanspruchung des Landes und der rasch vonstatten gehenden Erosion und Versalzung der Böden zu tätigen waren, rapide anwuchsen und nach 1960 nicht mehr als rentabel gelten konnten. Misslich stand es auch um die Produktivität. Von 1958 bis 1965 wurde die Getreideproduktion lediglich um 7% gesteigert und lag damit bei einer Pro-Kopf-Umrechnung nur unwesentlich höher als 1913.

Ein geradezu gespenstisches Licht aber fiel auf die Ära Chruschtschows, wie auch im Übrigen auf die seiner Nachfolger, wenn man sie an den feierlichen Versprechungen des Parteiprogramms von 1961 maß. Danach sollte es in dem Jahrzehnt von 1961 bis 1970 gelingen, die USA als mächtigstes und reichstes Land des Kapitalismus in der Pro-Kopf-Produktion „einzuholen und zu überholen“, während für das Jahrzehnt von 1971 bis 1980 prognostiziert wurde, dass „für die gesamte Bevölkerung ein Überfluss an materiellen und kulturellen Gütern“ vorhanden sein werde, so dass das kommunistische Prinzip „Jeder nach seinen Fähigkeiten, jedem nach seinen Bedürfnissen“ verwirklicht werden könne.[20]

So wie die Innenpolitik ergab auch die Außen- und Sicherheitspolitik am Ende der Regierungszeit Chruschtschows ein uneinheitliches Bild. Gestärkt zeigte sich die Sowjetunion vor allem im militärischen Sektor. Verfügte sie seit 1949 über die Atombombe und seit 1953 über die Wasserstoffbombe, so stellte sie im Oktober 1957 mit dem erfolgreichen Start des ersten künstlichen Satelliten, des „Sputnik", unter Beweis, dass sie jetzt zusätzlich Trägerraketen in ihren Arsenalen hatte, die es ihr ermöglichten, die USA erstmals in ihrer Geschichte existentiell zu bedrohen. Auch im konventionellen Bereich vermochte die UdSSR Stärke zu demonstrieren. Sie war die dirigierende Vormacht in dem 1955 begründeten „Warschauer Pakt", in dem die von ihr dominierten Staaten des europäischen Vorfelds zusammengefasst waren, und besaß überdies selber die mit Abstand stärkste Armee auf dem Kontinent, woran zwischenzeitliche – mehr propagierte als realisierte – Reduzierungen nichts änderten.

Politische Erfolge, die den Status quo grundsätzlich verändert hätten, vermochte Chruschtschow mit seinen Drohgebärden gegenüber dem Westen, die im auffälligen Kontrast zu seiner Doktrin der „friedlichen Koexistenz" standen, indes nicht zu erringen. So musste er das „Berlin-Ultimatum" vom 27. 11. 1958 knapp ein Jahr später „als solches" kassieren, und auch seine Forderung nach einem Friedensvertrag „mit beiden deutschen Staaten", der er mit einer Note vom 10. 1. 1959 Nachdruck zu verleihen suchte, blieb erfolglos. Die Zustimmung zum Bau der „Berliner Mauer" im August 1961 war eher eine Verlegenheitslösung aus Ratlosigkeit denn ein wohl kalkulierter Schachzug. Im Oktober 1962 musste Chruschtschow auf dem Höhepunkt der Kuba-Krise einen prestigemindern den Rückzieher machen.

Der seit 1960 eskalierende Konflikt mit China, der die unangefochtene Führerschaft Moskaus in der kommunistischen Welt untergrub und überdies die Integrität des sowjetischen Staatsgebiets in Fernost in Frage stellte, beschädigte das Ansehen Chruschtschows in den eigenen Reihen zusätzlich. Am 13. 10. 1964 erklärte ihm das Präsidium des ZK der KPdSU erneut das Misstrauen und da diesmal auch das ZK-Plenum mitzog, war sein politisches Schicksal entschieden. Am 14. 10. 1964 wurde er aller seiner Ämter enthoben, wobei sich zeigte, dass sein Stil, sich seiner Widersacher zu entledigen, durchaus Schule gemacht hatte. Er wurde nicht, wie es zu Stalins Zeiten üblich war, liquidiert und zur „Unperson" erklärt, sondern mit durchaus ansehnlicher materieller Versorgung in den Ruhestand geschickt.

5. Breschnew, Andropow, Tschernenko, 1964–1985

Der Sturz Chruschtschows war gemeinsam von Kräften recht unterschiedlicher politischer Ausrichtung betrieben worden. Während den einen sein Reformkurs zu weit ging, kritisierten die anderen eher die Vorgehensweise des „Von-oben-alles-bestimmen-Wollens" unter gleichzeitigem „Ignorieren der praktischen Erfahrungen", was zu „übereilten Entscheidungen" geführt habe. Einig war sich die siegreiche Fronde darin, dass die Mängel im Rahmen des herrschenden Systems überwunden werden müssten. Im Einzelnen sollten hinsichtlich der Innenpolitik die Schwer- und Konsumgüterindustrie gleichermaßen gefördert, die landwirtschaftlichen Erträge erhöht und der Lebensstandard der Menschen verbessert werden, während in der Außen- und Sicherheitspolitik erstrebt wurde, die Weltmachtstellung der Sowjetunion zu festigen und zu stärken. Wie das in die Tat umzusetzen sei, blieb unklar. Eine stringente und konsistente Strategie ist von Chruschtschows Nachfolgern an der Partei- und Regierungsspitze, L. I. Breschnew und A. N. Kosygin, nicht entwickelt worden. Vielmehr wurde nach dem additiven Prinzip verfahren, reformorientierte Maßnahmen auf das Bestehende draufzusatteln, ohne sorgfältig genug zu fragen, ob die Neuerungen untereinander und mit den alten Strukturen kompatibel seien. Wie vorherzusehen war das häufig nicht der Fall und das Ergebnis war, dass die Schwerkräfte der Beharrung sich mehr und mehr durchsetzten, bis das Regime in einem Immobilismus erstarrte, der sich auch in der zunehmenden Überalterung der Führungspersönlichkeiten und -gremien spiegelte.

Veranschaulichen lässt sich die von Anfang an in sich widersprüchliche Kumulationspolitik und ihr Abdriften in die alten Bahnen exemplarisch an den Vorgaben zu den Produktionsnormen. Schon unter Chruschtschow war in der Absicht experimentiert worden, die offenkundigen Unzulänglichkeiten der Kommandowirtschaft, die auf quantitative Tonnenideologie fixiert war, abzumildern. Die Ergebnisse waren indes nicht befriedigend. Kosygin machte einen neuen Versuch, indem er in vorsichtiger Anlehnung an Vorschläge des Ökonomen E. G. Liberman die Planung von der bisher vorrangigen Bruttoproduktion auf das nachfrage- und qualitätsorientierte Absatzvolumen umdirigierte und den Betrieben in diesem Rahmen mehr Selbständigkeit einräumte. Gleichzeitig wurden aber in alter, wenn auch modifizierter Manier die Mechanismen der zentralen Steuerung durch die „Staatliche Generalplankommission" (Gosplan) und eine große Anzahl weiterer Ministerien und Behörden verstärkt. Was zu Beginn der Industrialisierungsphase in den 20er Jahren noch zur Effizienzsteigerung beizutragen vermochte, erwies sich jetzt als kontraproduktiv. Die Struktur der Volkswirtschaft mit ihren entwickelten Produktionskräften und interdependenten Produktionsabläufen war so kompliziert geworden, dass sie nicht mehr administrativ zu koordinieren und zu steuern war. Da aus ideologischem Doktrinarismus an dieser Verfahrensweise aber unbeirrt festgehalten wurde, konnten die schwächlichen Reformmaßnahmen nur kurzfristig wirksam werden, bevor sie Anfang der 70er Jahre schrittweise wieder kassiert wurden.

Begünstigt wurde das sukzessive Obsiegen des Konservatismus nicht zuletzt auch dadurch, dass das Regime auf beachtliche ökonomische Erfolge verweisen und damit die strukturelle Malaise partiell verschleiern konnte. In der Weltindustrieproduktion vermochte die UdSSR nicht allein den zweiten Platz hinter den USA zu behaupten, sondern konnte in den 70er Jahren bei der Erzeugung von Stahl und der Förderung von Erdöl auch nach westlichen Berechnungen die Spitzenposition erobern. Propagandistisch wirkungsvoll ließen sich überdies industrielle Großprojekte, die in Angriff genommen oder vollständig realisiert wurden, präsentieren. Hierzu zählten die Fertigstellung des größten Wasserkraftwerks der Welt bei Bratsk 1967, der 1974/75 begonnene Bau der 3150 Kilometer langen Baikal-Amur-Magistrale (BAM) als nördlicher Parallele der Transsib und die Inbetriebnahme des größten LKW-Werks Europas an der Kama im Februar 1976. Die Achillesferse blieb indes die Konsumgüterindustrie. Dank der verstärkten Anstrengungen und Erfolge der Reformpolitik nach Chruschtschows Sturz konnte sie zwar in den Wachstumsraten von 1965 bis 1970 mit der Schwerindustrie Schritt halten, dann aber zeigte sich, dass die Investitionsmittel und die Produktivitätssteigerungen nicht ausreichten, um die Progression gleichrangig fortzusetzen. Zur Entscheidung genötigt wurden der Schwer- und Rüstungsindustrie wieder eindeutige Priorität eingeräumt. Allein der Anteil der Militärausgaben überstieg nach westlichen Berechnungen jährlich 12% des sowjetischen Bruttosozialprodukts. (Für die USA während des Vietnamkrieges werden 9,5% veranschlagt, für die Zeit nach dem Krieg 5,5%). Die Kalamität erhöhte sich noch dadurch, dass sich die Zuwachsraten des Nationaleinkommens stetig verringerten. Gemäß der kritischen „Studie von Novosibirsk" (1983) sanken die durchschnittlichen Jahreszuwachsraten von 7,5% 1965 bis 1970, über 5,8% 1970 bis 1975 und 3,8% von 1975 bis 1980 auf 2,5% Anfang der 80er Jahre. Einen substantiellen Anteil daran hatte auch die Ertragslage in der Landwirtschaft. Dank materieller Anreize wie erhöhter Aufkaufpreise stieg der Wert der Bruttoproduktion der Landwirtschaft von 1965 bis 1970 im Durchschnitt jährlich um 4,2%, flachte im folgenden Jahrzehnt aber nicht zuletzt auf Grund geringerer Investitionen bis auf maximal 1,5% ab und brach in Jahren der Missernten wie insbesondere denen von 1972 und 1975 vollends ein. Alles in allem vermochte die Sowjetunion bereits seit Mitte der 60er Jahre nicht mehr genügend Getreide für die Versorgung der Bevölkerung zu produzieren, so dass sie kontinuierlich Zusatzkäufe im Ausland tätigen musste. Demgemäß wurde im Oktober 1975 ein Abkommen mit den USA geschlossen, wonach die UdSSR in den folgenden fünf Jahren mindestens 30 Millionen Tonnen Getreide aufkaufen konnte.

Zur strukturellen Schwäche der Landwirtschaft und ihrer Leistungsfähigkeit trugen weitere Faktoren erheblich bei. Jahr für Jahr waren hohe Verluste durch Mängel bei der Einbringung der Ernte und unsachgemäße Lagerung zu verzeichnen. Auf der anderen Seite galt es, immer mehr Menschen zu ernähren; allein von 1959 bis 1979 wuchs die Bevölkerung von 209 Millionen auf 262 Millionen Menschen an. Des Weiteren nahm mit der zunehmenden Industrialisierung der Grad der Urbanisierung zu; 1961 waren erstmals mehr Menschen in der Stadt als auf dem Land ansässig, und 1980 waren es bereits 63%, die in der Stadt lebten und mit Lebensmitteln versorgt werden mussten. Hinzu kam, dass die Ansprüche stiegen. Die Reallöhne wuchsen, und wenn in den letzten Jahren der Breschnew-Ära der Verbrauch nicht in gleicher Weise zunahm, dann lag das nicht daran, dass die Nachfrage befriedigt war, sondern dass das Angebot nicht ausreichte.

Mit der zunehmenden Urbanisierung, der fortschreitenden Industrialisierung und Spezialisierung, aber auch auf Grund gezielter Maßnahmen der Regierung nahm der Bildungsgrad der Bevölkerung in beachtlicher Weise zu. Zwischen 1959 und 1979 verdoppelte sich nahezu die Anzahl derjenigen, die über einen mittleren oder höheren Bildungsabschluss verfügten. Im Industrie- und Bausektor stieg die Zahl der Hochschulabsolventen in der Zeit zwischen 1960 und 1980 sogar um das Zweieinhalbfache. In absoluten Zahlen ausgedrückt waren im zarischen Russland zu Kriegsbeginn 1914/15 127400 Studenten immatrikuliert; 1960/61 waren es 2,4 Millionen und 1980/81 sogar 5,3 Millionen.

Für das Regime war diese Entwicklung indes nicht nur positiv. Mit dem Bildungsstand wuchs auch die Zahl derjenigen, die Anspruch und Wirklichkeit kritisch miteinander verglichen und sich mit den erkannten Missständen nicht schweigend abfinden mochten. Der „Vater der Wasserstoffbombe", Andrej D. Sacharov, war einer der Ersten, der seinen Dissens öffentlich zu Protokoll gab und die Einhaltung der Menschenrechte forderte. Wie immer waren es überdies Schriftsteller und Künstler wie A. I. Solženicyn, A. D. Sinjavskij (A. Terc), Ju. M. Daniel' (N. Aršak), Lev Kopelev und I. A. Brodskij, die sich der offiziell verordneten Sprachregelung widersetzten. Hinzu kamen Vertreter der repressierten Nationen, die Gerechtigkeit einforderten. Alles in allem war es indes nur eine kleine Minderheit, die die Macht nachdrücklich kritisierte, und wenn die Protagonisten in Einzelfällen auch von beachtlichen Gruppen von Sympathisanten unterstützt wurden, so blieb doch die Mehrheit der Bevölkerung passiv. Die Macht aber reagierte dennoch mit erbitterter Härte. Sie ordnete Verurteilungen und Verbannungen an, Einweisungen in psychiatrische Kliniken und zwangsweise Ausbürgerungen. Wie alle diktatorischen Regime ertrug auch das sowjetische unter Breschnew keine Kritik von unten.

Was die Führung selber zur Problembewältigung beitrug, erschöpfte sich weit gehend in propagandistischen Floskeln. So glaubte sie – irrigerweise – die Brisanz der Nationalitätenfrage dadurch entschärfen oder verdrängen zu können, dass sie in der Präambel der von ihr 1977 erlassenen Verfassung verkündete, durch die „tatsächliche Gleichheit" und „brüderliche Zusammenarbeit" aller Nationen und Völkerschaften sei „eine neue historische Gemeinschaft von Menschen – das Sowjetvolk – entstanden"[21].

Wenn das Regime als Ganzes aber auch erstarrte und den Problemen der Gegenwart auswich oder sich an der Vergangenheit orientierte, wie es auch in der Teilrehabilitierung von Stalin zum Ausdruck kam, so war doch für persönliche Kämpfe um die Macht und Alleinherrschaft immer noch genügend Potential vorhanden, wenn man dieses Ringen nicht ohnehin zu den unaufhebbaren Bedingungsfaktoren des Systems rechnen will. Als Sieger aus den internen Auseinandersetzungen ging L. I. Breschnew hervor, der seit 1966 wieder den Titel „Generalsekretär" der KPdSU führte, so wie das „Präsidium des ZK" wieder zum „Politbüro" wurde. Im Juni 1977 verdrängte der Parteichef den Vorsitzenden des Obersten Sowjets, N. V. Podgornyj, von seinem Posten und wurde damit zugleich Staatsoberhaupt der UdSSR.

Wie in der Innenpolitik trat die sowjetische Führung unter Breschnew auch in der Außenpolitik mit dem Anspruch auf, die Chruschtschow angelasteten Fehler zu beheben. Dabei ging es nicht um das Ziel, sondern um die Marschroute. Vor allem „Subjektivismus" und „Voluntarismus" sollten vermieden werden, um unter höherer Einschätzung des Erbes der Vergangenheit, unter Einschluss der Stalin-Zeit, in traditioneller Manier eine Verschiebung der internationalen Kräfteverhältnisse zu Gunsten der Sowjetunion als Staat und Vorkämpferin des Sozialismus zu erwirken. Aber auch in dieser Hinsicht verlief vieles nicht nach Plan, was zum einen äußeren Faktoren, zum anderen aber auch eigenen Fehleinschätzungen zuzuschreiben war.

Das zeigte sich bereits im Hinblick auf die sowjetische Politik gegenüber den anderen sozialistischen Staaten. Als größte Herausforderung nach dem nicht beizulegenden Dissens mit China erwies sich für Moskau 1968 der Versuch der tschechischen Partei- und Staatsführung, einen demokratisch ausgerichteten „Sozialismus mit menschlichem Antlitz" zu verwirklichen. Die sowjetische Führung befürchtete, dass dieses Beispiel in ihrem gesamten europäischen Vorfeld Schule machen könnte und damit sowohl den ideologischen Führungsanspruch als auch die Sicherheit der Sowjetunion untergraben würde, weil als weitere Schritte das Ausscheren aus dem von Moskau dominierten „Warschauer Pakt" sowie der Anspruch auf vollständige Unabhängigkeit nicht auszuschließen wären. Die aus sowjetischer Sicht unantastbaren Ergebnisse des Zweiten Weltkrieges wären damit zur Disposition gestellt worden. Da politische Pressionen verpufften, entschied sich das Politbüro für die militärische Intervention im Rahmen des „Warschauer Paktes" mit Ausnahme des auf Distanz achtenden Rumäniens. Formell folgte man einem „Hilferuf" doktrinärer Kommunisten. Weil das aber als Legitimation zu dürftig erschien und vor Wiederholungen in anderen Ländern nicht schützte, verkündete der Generalsekretär der KPdSU im Nachhinein die nach ihm benannte „Breschnew-Doktrin", derzufolge die sozialistischen Länder nur über eine „beschränkte Souveränität" verfügten, weil bei einer Gefährdung des Sozialismus „dies nicht nur zu einem Problem für das Volk dieses Landes, sondern auch zu einem gemeinsamen Problem, zu einem Gegenstand der Sorge aller sozialistischen Länder" werde.[22]

Um die Verbindlichkeit dieser Doktrin zu erhöhen, wurde der „sozialistische Internationalismus" als verpflichtendes Element in eine neue Serie von bilateralen Beistandsverträgen aufgenommen, die die Sowjetunion mit den Mitgliedsstaaten des „Warschauer Paktes" – wiederum mit Ausnahme Rumäniens – ab 1975 schloss. Die stärkere militärische und politische Integration sollte durch Verträge zur ökonomischen Arbeitsteilung ergänzt werden, was aber auf Grund der nationalen Vorbehalte aus sowjetischer Sicht nie zufrieden stellend gelang.

Über die Disziplinierung der sozialistischen Staaten hinaus sollte die Breschnew-Doktrin auch ein Signal an die Länder des Westens sein, dass für sie als Staaten unterschiedlicher Gesellschaftsordnung vom „Warschauer Pakt" keine Bedrohung ausgehe, sondern dass die Sowjetunion mit ihnen weiterhin nach den Prinzipien der „friedlichen Koexistenz" verkehren wolle. Da die UdSSR freilich gleichzeitig ihre Rüstung stetig modernisierte und mit den offensiv ausgerichteten Truppen der „Ersten Strategischen Staffel", die in Überzahl an der deutsch-deutschen Grenze stationiert waren, die Invasionsfähigkeit zu erstreben schien, wurde ihren Beteuerungen im Westen nur begrenzt Glauben geschenkt. Speziell auf die Bundesrepublik Deutschland übte die sowjetische Regierung noch zusätzlichen Druck aus, indem sie wiederholt auf die weiter bestehende Geltungskraft der „Feindstaatenklauseln" (Art. 53 und 107) in der UN-Charta verwies, wonach im Falle der Bedrohung des Friedens durch ehemalige Feindstaaten Zwangsmaßnahmen ohne Billigung durch den Sicherheitsrat ergriffen werden konnten.

Im Streben nach Deeskalation, Normalisierung der Beziehungen, aber auch der Erlangung größerer außenpolitischer Handlungsfreiheit entschied sich die 1969 in Bonn an die Macht gelangte sozialliberale Regierung unter Willy Brandt im Rahmen einer „neuen Ostpolitik" auszuloten, inwieweit mit der Sowjetunion ein vertraglicher Interessenausgleich zu erreichen sei. Das Ergebnis war der am 12. 8. 1970 unterzeichnete „Moskauer Vertrag“, der auf der Basis des Gewaltverzichts der Sowjetunion die De-facto-Anerkennung der bestehenden Nachkriegsgrenzen einbrachte, gleichzeitig aber im deutschen Interesse konzedierte, dass die Grenzen nicht – wie ursprünglich von Moskau verlangt – als „unveränderlich“, sondern als „unverletzlich“ apostrophiert wurden, was die Möglichkeit „einvernehmlicher Grenzänderungen“ offen hielt, wie Außenminister Gromyko ausdrücklich bestätigte. Überdies wurde mit dem Übereinkommen die Voraussetzung für die vertragliche Regelung der Berlin-Frage durch das Viermächteabkommen vom 3. 9. 1971 geschaffen.

Nicht zuletzt wurde mit dieser und weiteren Vereinbarungen zur deutschen Frage der Weg geebnet zu der von Moskau seit langem als Ersatz für einen generellen Friedensvertrag geforderten „Konferenz für Sicherheit und Zusammenarbeit in Europa“. Sie tagte von Juli 1973 bis Ende Juli 1975 in Helsinki. Die am 1. 8. 1975 unterzeichnete Schlussakte bot der UdSSR zusätzliche Sicherheit und Gewähr im Hinblick auf den territorialen Status quo in Europa und kam überdies ihrem Interesse an ausgeweiteten und vertieften ökonomischen und wissenschaftlich-technischen Beziehungen entgegen. Für diesen Gesamtgewinn war die sowjetische Führung bereit, auch die vom Westen geforderte und in „Korb 3“ fixierte Einhaltung der Menschen- und Bürgerrechte zuzusagen. Sie war sich zu diesem Zeitpunkt wohl kaum bewusst, wie sehr ihr dieses Zugeständnis selbst im eigenen Land zu schaffen machen sollte.

Den größten Prestigeerfolg, den die sowjetische Regierung ihrer eigenen Einschätzung nach im Rahmen der Entspannungspolitik erzielte, bestand in den 1972 mit den USA abgeschlossenen Verträgen zur strategischen Rüstungsbegrenzung (SALT I) und zur Begrenzung antiballistischer Raketensysteme (ABM), weil sie auf der einvernehmlichen Basis der militärisch-strategischen Parität abgeschlossen wurden. In einem wesentlichen Bereich hatte die UdSSR damit anerkanntermaßen mit der Führungsmacht des Westens gleichgezogen. Der Triumph führte zu einer noch stärkeren Ausrichtung der sowjetischen Politik auf den militärischen Sektor.

Das Aus- und Überreizen dieser Karte beschwor freilich auch das definitive Ende der Entspannungspolitik herauf. Die verstärkte Dislozierung modernster Kurz- und Mittelstreckenraketen (SS-20) bewirkte im Dezember 1979 den vorwarnenden „Doppelbeschluss“ der NATO, entweder einzulenken oder Gegenmaßnahmen gewärtigen zu müssen wie die dann 1983 endgültig beschlossene und in die Wege geleitete „Nachrüstung“. Zu diesem Zeitpunkt hatte sich die Sowjetunion freilich schon zusätzlich durch die Ende 1979 begonnene Intervention in Afghanistan in eine fatale Sackgasse manövriert.

Mit dem vom amerikanischen Präsidenten Reagan Anfang der 80er Jahre propagierten Rüstungsprogramm „SDI“, das eine wirksame Verteidigung gegen ballistische Raketen ermöglichen sollte und damit die „militärisch-strategische Parität“ auszuhebeln drohte, sah sich die UdSSR zusätzlichen Herausforderungen gegenüber, denen sie nicht mehr gewachsen war. Das Steuer energisch herumzureißen, waren aber die unmittelbaren Nachfolger des im November 1982 verstorbenen Breschnew nicht in der Lage.

Ju. V. Andropow, der zwei Tage nach Breschnews Tod zum neuen Generalsekretär der KPdSU gewählt wurde und im Juni 1983 auch das Amt des Vorsitzenden des Präsidiums des Obersten Sowjets übernahm, ließ zwar erkennen, dass er substantielle Veränderungen anstrebte und den Hebel in der Innenpolitik zur Steigerung der wirtschaftlichen Ertragsleistung ansetzen wollte. Aber auf Grund seiner von Krankheit überschatteten kurzen Amtszeit blieb es, abgesehen von der „Antikorruptionskampagne“, weit gehend bei perspektivischen Ankündigungen. Andropow starb am 9. 2. 1984. Zu seinem Nachfolger wurde K. U. Tschernenko berufen. Er galt als „Kronprinz“ Breschnews, und wenn er sich auch insbesondere im Bildungsbereich für Verbesserungen aufgeschlossen zeigte, so neigte er doch insgesamt zu einer Politik der „ruhigen Hand“. Fortgeschrittenes Alter und vor allem krankheitsbedingter rapider körperlicher Verfall setzten zusätzlich jedweder Initiative enge Grenzen. Tschernenko starb am 10. 3. 1985 im Alter von 73 Jahren.

6. Die Ära Gorbatschow, 1985–1991

Dass nach den langen Jahren der „Stagnation“ nun endlich wirksame Reformmaßnahmen durchgeführt werden müssten, war im Politbüro nicht strittig. Der 1985 auslaufende 11. Fünfjahresplan hatte trotz eines bescheidenen Wachstums die gesteckten Ziele in der Schwer- und Konsumgüterindustrie bei weitem nicht erreicht, was sowohl unter innen- als auch außenpolitischen Gesichtspunkten besorgniserregend war. Die Glaubwürdigkeit der Partei und damit die Stabilität des Systems war dann, wenn sich der „entwickelte Sozialismus“ längerfristig als unüberwindbare „Mangelwirtschaft“ erweisen sollte, ebenso bedroht wie die auf militärischer Stärke basierende Weltmachtposition der Sowjetunion. Es war demgemäß durchaus schlüssig, dass sowohl der nunmehrige „Chefideologe“ der Partei, E. K. Ligačev, als auch der führende Außenpolitiker, A. A. Gromyko, trotz beziehungsweise gerade wegen ihrer konservativen Grundeinstellung im März 1985 dafür plädierten, mit Michail Sergeevič Gorbatschow eben den Mann zum Nachfolger K. U. Tschernenkos zu küren, der es schon zu dessen Lebzeiten sehr geschickt verstanden hatte, sich in programmatischen Auftritten im In- und Ausland, wie etwa dem auf der Allunionskonferenz vom 10. 12. 1984, als besonnener, aber doch engagierter Reformer in Szene zu setzen. Da er in der Machthierarchie überdies faktisch bereits zum zweiten Mann hinter Tschernenko aufgestiegen war, stand seiner „einmütigen“ Wahl zum Generalsekretär der KPdSU am 11. 3. 1985 nichts im Wege.

Grob lässt sich die Entwicklung der Sowjetunion unter Gorbatschow in drei Phasen unterteilen. Die ersten beiden, von März 1985 bis Ende 1986 beziehungsweise von Anfang 1987 bis zur 19. Parteikonferenz Ende Juni 1988, wurden von Initiativen Gorbatschows bestimmt und können insoweit als „Revolution von oben“ bezeichnet werden, während in der letzten Phase bis zur Selbstauflösung der Sowjetunion die revolutionären und gegenrevolutionären Kräfte „von unten“ zunehmend dominierten. Nach moderatem, von Anfang an aber in sich widersprüchlichem Beginn gewann der Prozess eine sich radikalisierende und zentral schließlich nicht mehr zu steuernde Eigendynamik von solch lawinenartig anwachsender Elementargewalt und Wirkungsmacht, dass tagespolitisch ausgerichtete Korrespondenten und Kommentatoren klagten, „die Worte veralten einem im Munde“.

Gorbatschow begann vorsichtig. Sein Hauptaugenmerk richtete sich zunächst auf die Wirtschaft, wobei seine grundlegende Überzeugung, der er treu bleiben sollte, war, dass die Produktivität sehr viel stärker als bisher nicht extensiv, sondern intensiv gesteigert werden müsse. Da die Ressourcen, Arbeitskräfte und Gelder für Investitionen innerhalb des Systems zusehends knapper wurden, galt es, die verfügbaren Mittel sparsamer, effektiver und ergiebiger einzusetzen; mit anderen Worten die vorrangig auf quantitative Normen und Erfüllung des „Bruttoplanes" ausgerichtete „administrative Kommandowirtschaft" war perspektivisch umzustellen auf die Produktion qualitativ hochwertiger, der tatsächlichen Nachfrage entsprechenden Waren auf technologisch fortschrittlichstem Niveau. Ein solch radikaler Umschwung verlangte Veränderungen in den Planungsmechanismen, mehr Eigenständigkeit und Verantwortlichkeit vor Ort in den Betrieben sowie mehr Engagement der Werktätigen. Gorbatschow setzte anfänglich darauf, dass der Arbeitseifer erheblich erhöht werden könne, wenn die Partei der Bevölkerung die Lage offen erkläre, die beabsichtigte Vorgehensweise transparent mache und Verbesserungsvorschläge aus den Reihen der Werktätigen aufgeschlossen würdige. In diesem Sinne forderte er „Glasnost" (Offenheit). Von „Perestrojka" als gesellschaftlichem „Umbau" war allenfalls ansatzweise die Rede; vorrangig sprach Gorbatschow von einer zu erreichenden „Beschleunigung" (uskorenie) der Produktion. Auch ein „neues Denken" in der Außenpolitik war anfänglich nur rudimentär zu beobachten. Die ersten Ansätze, die freilich schon den Grundtenor von dem „Vorrang der allgemein menschlichen Werte" enthielten, waren noch stark propagandistisch geprägt und zielten primär darauf, im Rahmen der Wiederbelebung der „Volksdiplomatie" insbesondere die Friedensbewegung im Westen zu stützen, um günstigere äußere Rahmenbedingungen für die Reformen im Innern durch eine „Atempause" in den auswärtigen Beziehungen zu erlangen.

Was die eigene Bevölkerung betraf, so war sich Gorbatschow sehr wohl bewusst, dass sich mit allgemeinen Aufrufen und ideellen Appellen allein die stark ausgeprägte Oblomov-Mentalität im Arbeitsleben nicht würde überwinden lassen. Die einzig Erfolg versprechende Politik bestand in der realen, sichtbaren Anhebung des Lebensstandards. Dazu bekannte sich denn Gorbatschow auch unentwegt in seinen Reden. In Übereinstimmung hiermit wurde im 12. Fünfjahresplan von 1986 bis 1990 die jährliche Steigerungsquote der Konsumgüterindustrie mit 4,9% höher angesetzt als die der Schwerindustrie mit 4,4%. Damit wurde freilich auch die Akzeptanz der Gesamtpolitik Gorbatschows in eine sehr reale und enge Beziehung zu der Einlösung dieser Zusagen gesetzt. Umgekehrt wurde in dem Maße, in dem die Versprechungen nicht erfüllt werden konnten und auch alternative Maßnahmen in anderen Politikbereichen keinen nachhaltigen Mobilisierungseffekt in der Bevölkerung hervorriefen, die Autorität Gorbatschows unterminiert bis hin, wie sich zeigen sollte, zur sukzessiven Entmachtung.

Nicht den erwarteten Erfolg erbrachte bereits die erste Kampagne, mit der Gorbatschow als neuer Generalsekretär im Mai 1985 an die Öffentlichkeit trat. Unter Beschwörung der verheerenden Auswirkungen, die der exzessive Konsum von Alkohol und speziell von Wodka auf die Menschen und ihre Arbeitskraft und damit auf die Produktivität habe, verfügte Gorbatschow rigide Einschränkungen hinsichtlich des Verkaufs von alkoholischen Getränken in der Öffentlichkeit. Das publizistische Echo war in gewohnter und gelenkter Manier enthusiastisch und erfolgverheißend, aber die Realität erwies sich als sehr viel komplizierter. Gorbatschow selbst resümierte 1987: „Der Pro-Kopf-Verbrauch von Alkohol ist in den letzten beiden Jahren um die Hälfte gesunken. Dafür hat die Schnapsbrennerei zugenommen."[23] Durch administrative Maßnahmen, räumte er ein, sei das Problem nicht zu lösen; sie wurden dementsprechend nach und nach zurückgenommen. Aussichtsreicher, bekundete er, sei die Bekämpfung des Übels durch „die fortschreitende Demokratisierung des gesellschaftlichen Lebens in seiner Gesamtheit"[24].

Damit klangen neue Töne an, und sie reflektierten naturgemäß nicht allein die Erkenntnisse aus der Anti-Alkoholkampagne, sondern generelle Einsichten, zu denen Gorbatschow entweder während seiner Amtszeit gelangt war oder zu denen er sich erst zu bekennen wagte, nachdem er seine Machtposition nicht zuletzt durch den massenhaften Austausch von Kadern bis hinein ins Zentralkomitee und vereinzelt sogar bis ins Politbüro gefestigt und sich die unzureichende Wirkung von Maßnahmen konventioneller Art allgemein erwiesen hatte. Vor dem ZK-Plenum begründete er in einer programmatischen Rede vom 27. 1. 1987 die Ausweitung und Vertiefung der Reformen folgendermaßen: „Gleichzeitig sehen wir, dass sich die Veränderungen zum Besseren nur langsam vollziehen, dass die Umgestaltung sich schwieriger erweist und die Ursachen für die in der Gesellschaft angehäuften Probleme tiefer liegen, als wir früher angenommen haben. Je tiefer wir in die Arbeit bei der Umgestaltung eindringen, umso deutlicher werden ihre Dimensionen und ihre Bedeutung, tauchen immer neue und ungelöste Probleme auf, die wir als Erbe der Vergangenheit übernommen haben."[25] Perestrojka lautete von nun an das Leit- und Schlüsselwort für den gesamten Reformprozess, vor allem aber für den „tiefgreifenden" sozialökonomischen Umbau.

Glasnost (Offenheit) gewann eine ausgeweitete Bedeutung. Sie sollte die Schönfärberei, wie sie auf allen Ebenen ständig zur Vertuschung von Fehlern und zum Aufbauschen von Erfolgen angewandt wurde, zurückdrängen zu Gunsten von Ehrlichkeit und Aufrichtigkeit. Nur so konnte die Führung hoffen, ein zutreffendes Bild von der realen Situation im Lande zu gewinnen. Nicht minder wichtig war es ihr, die auch im zivilen Leben eingeschliffenen militärischen Strukturen von Befehl und Gehorsam aufzubrechen. Zu diesem Zweck beabsichtigte Gorbatschow, den Bürgern mehr Teilhabe am öffentlichen Leben zu gewähren. Er versprach sich davon, dass die Menschen dann eher bereit seien, Verantwortung zu übernehmen und sich für das öffentliche Wohl zu engagieren. Ein fatales Beispiel für die gängige, übliche Verschleierungstaktik bot das verheerende Reaktorunglück von Tschernobyl vom 26. 4. 1986. Nicht allein die Menschen im In- und Ausland, sondern auch die Führung selbst wurde über das Ausmaß des GAUs anfänglich im Unklaren gelassen. Die Dringlichkeit und Wichtigkeit, die Gorbatschow der substantiell angereicherten „Offenheit" beimaß, brachte er in der bereits angesprochenen programmatischen Rede vom 27. 1. 1987 mit den aufrüttelnden und einprägsamen Worten zum Ausdruck: „Wir brauchen die Demokratie wie die Luft zum Atmen."[26]

In den ersten Monaten des Jahres 1987 gewann auch das „neue Denken" in der Außenpolitik eine vertiefte Dimension. Über die Abschirmung des Reformprozesses hinaus erhöhte und intensivierte sich die Bereitschaft zur Kooperation mit dem Westen. „Das gemeinsame Haus Europa“ zählte zu den richtungweisenden Schlüsselbegriffen. Der Wandel erklärte sich wesentlich daraus, dass sich die sowjetische Führung anschickte, den „militärischen Sektor“ in den Reformprozess einzubeziehen; zum einen sollten die überhohen Belastungen, die er für die Volkswirtschaft darstellte – westliche Experten sprachen mittlerweile von mindestens 15% des Bruttosozialprodukts – gemindert werden, zum anderen sollte der militärisch-industrielle Komplex, der bisher von einer Mauer der Geheimhaltung umgeben war, unmittelbar für die Modernisierung und Produktivität des zivilen Sektors nutzbar gemacht werden. Darüber hinaus sollte durch die verstärkte Kooperation mit dem Westen der insbesondere durch die „Cocom-Liste“ behinderte Transfer von Hochtechnologie in die Sowjetunion erleichtert und die großzügige Gewährung von Krediten begünstigt werden.

Hinsichtlich der realen Umsetzung dieser Politik der „zweiten Etappe“ seien folgende Maßnahmen und Ergebnisse hervorgehoben: Ende Mai 1987 verabschiedete der „Warschauer Pakt“ auf Betreiben Gorbatschows die politischen Leitideen einer neuen Militärdoktrin, die nicht mehr wie bisher primär auf Überlegenheit und Invasionsfähigkeit ausgerichtet war, sondern das Prinzip der „vernünftigen Hinlänglichkeit“ betonte. Damit wurde in der militärisch-technischen Umsetzung nicht nur qualitativ der Defensive der Vorrang gegeben, sondern auch die Vorbedingung geschaffen für quantitativ weit reichende Abrüstungsmaßnahmen. Konkret wurde hierdurch im Hinblick auf die Nuklearwaffen der Weg geebnet zu den Verträgen vom 7. 12. 1987 mit den USA über die vollständige Eliminierung der Mittelstreckenraketen kürzerer und längerer Reichweite (500–1000 km beziehungsweise 1000–5500 km). Konstruktiv und effizient wurden nun auch die seit mehr als einem Jahrzehnt dahindümpelnden Verhandlungen zwischen dem „Warschauer Pakt“ und der NATO über die Reduzierung der konventionellen Waffensysteme geführt. Um zu gemeinsamen Obergrenzen bei den angriffsorientierten Waffengattungen zu gelangen, erklärte sich die Sowjetunion sogar zu einseitigen asymmetrischen Abrüstungsmaßnahmen bereit. Am 19. 11. 1990 konnte das umfangreiche Vertragswerk von 22 KSZE-Staaten in Wien unterzeichnet werden. Der im Mai 1988 beginnende Abzug der sowjetischen Truppen aus Afghanistan war ein weiterer spektakulärer Beweis für den substantiellen Wandel der sowjetischen Außenpolitik.

Die Ausweitung von Glasnost hatte sich schon im Dezember 1986 dadurch angekündigt, dass Gorbatschow persönlich zu dem prominentesten Dissidenten, A. D. Sacharov, Kontakt aufnahm und ihn aufforderte, aus seinem Verbannungsort Gorki nach Moskau zurückzukehren. In der Folgezeit waren es vor allem die Medien, die die neue Freiheit nutzten, um in bis dahin ungekannter Offenheit Unzulänglichkeiten und Missstände in allen Bereichen des öffentlichen Lebens anzuprangern, wobei die unbewegliche, reformresistente Bürokratie eines der Hauptziele der Kritik bildete. Darüber hinaus konzentrierte sich das Interesse in hervorgehobenem Maße auf die „weißen Flecken“ der Geschichte, worunter anfänglich vor allem die Aufdeckung der Schandtaten und Verbrechen der Stalin-Zeit verstanden wurde. Mehr und mehr zeichnete sich indes dabei ab, dass nicht in bisheriger Manier Stalin und seine Helfershelfer als Alleinverantwortliche herauszustellen waren, sondern dass auch danach zu fragen war, inwieweit der Terror schon von Lenin vorbereitet und praktiziert wurde und inwieweit die bolschewistische Ideologie und ihr Alleinherrschaftsanspruch dafür den Boden bereitet hatten. Wie immer die Antworten im Einzelnen ausfielen, insgesamt tendierten sie doch eher dazu, die Legitimität des Regimes zu unterminieren als es – den Intentionen Gorbatschows entsprechend – auf reformierter Basis zu stabilisieren und zu stärken.

Den eigentlichen Prüfstein für die Akzeptanz der Politik Gorbatschows oder, wie er es selbst ausdrückte, für die „Aktivierung des menschlichen Faktors" bildeten allerdings die Ergebnisse der Perestrojka im sozialökonomischen Bereich. Um die Produktivität quantitativ, vor allem aber qualitativ zu steigern und verstärkt auf die reale Nachfrage auszurichten, wurden im Juni 1987 ökonomische „Grundpositionen" vereinbart sowie ein „Gesetz über die Staatsunternehmen" verabschiedet, das die Betriebe zur „wirtschaftlichen Rechnungsführung" anhielt. Beginnend mit dem 1. 1. 1988 sollten 60% aller Unternehmen ihre Produktion selber organisieren, Preise eigenständig kalkulieren und erzielte Gewinne einbehalten dürfen. Bei Verlusten sollte es ihnen freistehen, die Löhne zu reduzieren und sogar Arbeiter zu entlassen. Die erhoffte positive Wirkung blieb indes weit gehend aus. Die Betriebe nutzten die Freiräume vor allem, um sich untereinander Kredite zu gewähren und die Preise heraufzusetzen. Die staatliche Bürokratie torpedierte ihrerseits Ansätze von produktiver Selbsttätigkeit, indem sie die Unternehmen mit Staatsaufträgen überlastete. Abgesehen von solchem Fehlverhalten waren es vor allem die strukturellen Bedingungen der nach wie vor primär staatlich gelenkten Wirtschaft mit administrativen Preisvorgaben unter anderem für Rohstoffe und Energie sowie überhöhten Steuersätzen zur Gewinnabschöpfung, die die ersten Ansätze der Marktwirtschaft weit gehend scheitern ließen. Spötter meinten, das halbherzige Verfahren sei so praktikabel wie wenn man sich in England entschlösse, im Straßenverkehr das Rechtsfahren einzuführen und zur Eingewöhnung mit den Bussen beginne.

Jenseits dieser Kritikpunkte fürchteten viele Menschen aber auch, dass die Reformpolitik für sie selbst längerfristig existenzielle Risiken berge, zumal in den Medien spekuliert wurde, bis zu 20 Millionen Werktätige könnten ihre Arbeit verlieren. Demgegenüber wurden die hoch gesteckten Erwartungen auf eine umfassende und nachhaltige Erhöhung des Lebensstandards nicht erfüllt. In seinem Rechenschaftsbericht vom 28. 6. 1988 vor der 19. Parteikonferenz konnte Gorbatschow zwar einige positive Kennziffern zur gesamtwirtschaftlichen Entwicklung anführen, musste aber einräumen: „Die hier skizzierten Änderungen beheben nicht das Hauptproblem: Das Angebot an Waren und Dienstleistungen bleibt weiterhin hinter der Kaufkraft der Bevölkerung zurück."[27] Noch deutlicher wurde Gorbatschows damaliger ökonomischer Hauptberater, Leonid Abalkin. Es sei „wichtig", erklärte er in seinem Referat auf der Konferenz, „mit aller Deutlichkeit zu unterstreichen, dass es in der Wirtschaft zu keiner radikalen Wende gekommen ist". Die Lage auf dem Verbrauchermarkt habe sich sogar „verschlechtert".[28] Nach den offiziellen Statistiken wuchs die Industrieproduktion 1987 um 3,8% (1985: 3,4%), blieb damit aber hinter der Planvorgabe von 4,2% zurück. Die Agrarproduktion fiel auf den ersten Blick noch dramatischer ab; sie verringerte sich um 0,6% gegenüber dem Vorjahr, wobei Letzteres freilich die hohe Zuwachsrate von 5,3% aufzuweisen hatte. Genauer betrachtet war die Getreideernte 1987 mit 211,3 Millionen Tonnen im Vergleich zum Jahresdurchschnitt von 180,3 Millionen Tonnen zwischen 1980 und 1985 durchaus zufrieden stellend ausgefallen, aber – wie in all den Jahren – gingen durch unsachgemäße Lagerung, Transport und Mängel bei der Weiterverarbeitung mehr als 20% der Ernte verloren. Starke Rückgänge gab es überdies bei dem Angebot von Kartoffeln, Obst und Zitrusfrüchten.

Entgegen den Prognosen Gorbatschows verbesserte sich die sozialökonomische Lage auch in den folgenden Jahren nicht, sondern verschlechterte sich dramatisch. Nahm das Bruttosozialprodukt – immer nach den weiterhin beschönigenden offiziellen Statistiken – 1989 gegenüber 1988 noch um 3% zu, so sank es 1990 im Vergleich zum Vorjahr um 2% und 1991 sogar um 8%. In dialektischer Interdependenz spiegeln diese Zahlen sowohl Gründe als auch Folgen des Verfalls der Zentralmacht wider, wobei der Niedergang des Regimes bis hin zur Selbstauflösung der Sowjetunion von Kräften vorangetrieben wurde, die weit über den wirtschaftlichen Sektor, so bedeutsam er war, hinauswirkten.

Die 19. Parteikonferenz Ende Juni/Anfang Juli 1988 kann als Wendepunkt zur dritten und letzten Etappe der Gorbatschow-Ära gelten, weil sie die tiefe Krise des Regimes in bisher nicht gekannter Deutlichkeit offen legte und ferner manifestierte, dass selbst die Führungselite mit Gorbatschow an der Spitze nicht mehr glaubte, die Partei könne unfehlbar einen verlässlichen Ausweg aus der Misere weisen. Damit stellte das Regime seinen dogmatischen Anspruch auf Exklusivität und alternativlose Überlegenheit selbst in Frage mit der logischen Folge, dass der allseitige interessengeleitete Kampf um die Zukunft der Sowjetunion unter innen- und außenpolitischen Aspekten eine qualitativ neue und entscheidende Dimension gewann. Zunächst dominierte noch Gorbatschow. Um Volk und Staat enger miteinander zu verbinden, setzte er auf der 19. Parteikonferenz die Umstrukturierung der Zentralmacht durch. Die von der Partei in eine Statistenrolle abgedrängten Sowjets sollten als Repräsentanten des Volkswillens restituiert und mit realer Macht versehen werden. Nach zusätzlichen Verfassungs- und Wahlrechtsänderungen vom Dezember 1988 wurde Ende März 1989 demgemäß ein Kongress der Volksdeputierten der UdSSR gewählt, dessen 2250 Deputierte zu zwei Dritteln von den Wählern direkt auf der Basis von Wahlkreisen oder national-territorialen Einheiten gewählt wurden, während das verbleibende Drittel von 750 Abgeordneten von gesellschaftlichen Organisationen nominiert wurde; der Kommunistischen Partei wurden in diesem Rahmen 100 Sitze zugeteilt. Dem Kongress der Volksdeputierten oblag es, einen aus 542 Abgeordneten bestehenden „Obersten Sowjet" zu wählen, der wie bisher aus zwei Kammern, dem Unions- und Nationalitätensowjet, bestand, aber im Unterschied zu dem „alten" Sowjet nicht acht Tage, sondern acht Monate im Jahr zusammentreten sollte und vor allem nicht nur formal, sondern real das Gesetzgebungsrecht bekam. In seiner konstituierenden Sitzung vom 25. 5. 1989 wählte der Kongress der Volksdeputierten Gorbatschow zum Vorsitzenden des Obersten Sowjet. Die sich theoretisch aus der Reform des politischen Systems ergebende Frage nach der Vormacht von Partei oder Staat war durch den Gang der Ereignisse faktisch schon zu Gunsten der Staatsgewalt entschieden, zumal die Partei durch öffentlich ausgetragene Streitigkeiten, Fraktionsbildungen und Mitgliederaustritte rapide weiter an Autorität und Ansehen verlor. Dennoch blieb sie ein bedeutsamer Faktor, und es zeugt von der Geschicklichkeit und noch vorhandenen Führungskraft Gorbatschows, dass es ihm im Februar 1990 gelang, das Einverständnis des ZK der KPdSU zur Abänderung des Art. 6 der Verfassung von 1977 zu erlangen, wie sie dann im März 1990 vom Kongress der Volksdeputierten tatsächlich vollzogen wurde. Damit gab die Partei auch formell ihren Anspruch auf, die „führende und lenkende Kraft der sowjetischen Gesellschaft, der Kern ihres politischen Systems" zu sein. Trotz der machtpolitischen Degradierung und moralisch-politischen Diskreditierung der KPdSU blieb Gorbatschow ihr Generalsekretär. Seinem Ansehen bei den „Reformern" war das nicht förderlich. Gorbatschow rechtfertigte späterhin sein Verbleiben an der Parteispitze mit dem Argument, er habe das Wiederaufleben einer „Doppelherrschaft" in der Sowjetunion verhindern wollen. So dramatisch wie 1917 war die Lage allerdings nicht, denn die Fronde der Unzufriedenen und Verbitterten in der KPdSU war zwar groß, aber nicht in der Lage, eine handlungswillige und -fähige Führungspersönlichkeit aufzubieten. Prominente Vertreter der „alten Garde", die sich von anfänglichen Weggefährten Gorbatschows auf Grund des Reformkurses zu scharfen Kritikern gewandelt hatten, wie etwa E. K. Ligačev, waren nach und nach entmachtet worden, und auf dem XXVIII. Parteitag der KPdSU vom 2. 7. bis 13. 7. 1990 vermochte trotz kollektiv geäußerter Empörung über den neuen Kurs niemand, eine alternative Programmplattform zur Diskussion und Abstimmung zu stellen.

Die Position der Konservativen verschlechterte sich noch weiter dadurch, dass Gorbatschow zusätzliche Machtbefugnisse gewann, als er sich Mitte März 1990 vom 3. Kongress der Volksdeputierten zum Präsidenten der UdSSR wählen ließ. Mit diesem neuen, nach amerikanischem und französischem Vorbild geschaffenen Amt waren weit reichende Vollmachten verbunden, die im Dezember 1990 sogar noch erweitert wurden. Als Chef der Exekutive unterstand ihm persönlich das Ministerkabinett, dessen einzelne Mitglieder er, beginnend mit dem Premierminister, in Abstimmung mit dem Obersten Sowjet ernannte und entließ. Wie der amerikanische Präsident konnte er gegenüber Gesetzesvorlagen der Legislative ein suspensives Veto einlegen. Er war ferner unter anderem befugt, Beschlüsse und Anordnungen des Kabinetts auszusetzen. Falls es Sicherheitsinteressen geboten, war es ihm sogar gestattet, über einzelne Regionen den Ausnahmezustand zu verhängen und sie direkt der Präsidialherrschaft zu unterstellen. Zudem war er Oberbefehlshaber der Streitkräfte. Kritiker argwöhnten seinerzeit, der Präsident könne die Machtfülle nutzen, um unter einem demokratischen Deckmäntelchen in gewohnter Weise nach der Alleinherrschaft zu streben, aber solche Deutungen verkannten sowohl die Intentionen Gorbatschows als auch das Ausmaß der inzwischen schon eingetretenen Veränderungen. Gorbatschow wollte den Reformprozess nicht abbrechen, sondern er sah im Gegenteil angesichts zunehmender Widrigkeiten in der Zentrierung der Macht in seinen Händen das letzte Mittel, um die Perestrojka doch noch zu einem aus seiner Sicht erfolgreichen Ergebnis zu führen.

Real bedroht wurde seine Politik mit eskalierender Intensität von verschiedenen Seiten: Im Volk wuchs die Unzufriedenheit wegen der sich entgegen allen Verheißungen stetig verschlechternden Versorgungslage. 1989 gingen Moskau und andere Städte und Regionen dazu über, Lebensmittel und Waren des täglichen Bedarfs zu rationieren und nur noch an Einheimische gegen Vorlage des Passes oder von „Talons" zu verkaufen. Trotz einer guten Ernte drohte im Winter 1990/91 sogar eine Hungersnot. Besonders provozierend musste es wirken, dass Lebensmittel auf den privaten Kolchos- und Genossenschaftsmärkten durchgängig zu haben waren, aber zu Preisen, die von den Durchschnittsverdienern nicht zu bezahlen waren. Die Politik Gorbatschows verlor vor diesem Hintergrund in der Bevölkerung in doppelter Hinsicht an Akzeptanz. Zum einen büßte sie wegen der nicht eingehaltenen Versprechen an Glaubwürdigkeit ein, zum anderen wurden die Reformen selbst wegen ihrer marktwirtschaftlichen Ausrichtung für die Misere verantwortlich gemacht. Diese Entwicklung trug erheblich dazu bei, dass Gorbatschow es bereits im März 1990 nicht mehr wagte, seine Präsidentschaft durch allgemeine Wahlen legitimieren zu lassen.

Der Autorität Gorbatschows war es im Weiteren nicht dienlich, dass er als Präsident immer neue Reformkonzepte ausarbeiten ließ bis hin zum radikal marktwirtschaftlichen, aber auch illusorischen „Programm der 500 Tage", um dann um die Jahreswende 1990/91 den Kräften freien Lauf zu lassen, die der Marktwirtschaft eher distanziert gegenüberstanden. Nicht nur im eigenen Land, sondern auch im Westen rief dieser Zickzackkurs Irritationen hervor. Um Gorbatschow auf den Pfad marktwirtschaftlicher Tugenden zurückzuzwingen, verweigerte der G7-Gipfel in London im Juni 1991 der sowjetischen Regierung die erbetene konkrete Wirtschaftshilfe, was allerdings dann wiederum umgekehrt eine zusätzliche Minderung der Position und des Prestiges Gorbatschows bewirkte.

Destabilisierend wirkte sich auch die Nationalitätenpolitik Gorbatschows aus. Allzu lange in dem Wahn der offiziellen Politik befangen, dass es ungeachtet einzelner offener Fragen und Probleme in der UdSSR zur „Herausbildung einer neuen historischen Gemeinschaft – des Sowjetvolks" gekommen sei, unterschätzte er die generelle Bedeutsamkeit und Brisanz der nationalen Forderungen nach historischer Gerechtigkeit und Selbstbestimmung, wie sie mit ungekannter Vehemenz 1988 in Armenien und den baltischen Republiken erhoben wurden. Selbst als die sowjetische Führung sich dazu durchgerungen hatte, die traditionell stets bestrittene Authentizität der geheimen Zusatzprotokolle zum „Hitler-Stalin-Pakt" vom 23. 8. 1939 und die darin vereinbarte Inkorporation der baltischen Staaten anzuerkennen und als völkerrechtswidrig zu verurteilen, versuchte sie doch noch weiterhin den erzwungenen Beitritt Litauens, Lettlands und Estlands zur UdSSR im Juli/August 1940 als freiwilligen Akt zu deklarieren. Unter der Losung „Jetzt oder Nie" antworteten die aus freien Wahlen hervorgegangenen Regierungen in Vilnius, Riga und Tallin in den ersten Monaten des Jahres 1990 mit Unabhängigkeitserklärungen, die von der sowjetischen Regierung jedoch nicht anerkannt wurden. Vollends zerrüttet wurde das Verhältnis, als Truppen der Zentralgewalt im Januar 1991 in Vilnius und Riga versuchten, die baltischen Republiken militärisch erneut unter ihre Kontrolle zu bringen. Die Intervention scheitete, gab aber allen Unabhängigkeitsbestrebungen zusätzlichen Auftrieb.

Gorbatschow, der bei der Militäraktion eine undurchsichtige Rolle gespielt hatte, gelang es durch einen politisch-propagandistischen Schachzug indes noch einmal, öffentlich den Eindruck zu erwecken, als wolle die große Mehrheit der Bevölkerung die Sowjetunion als staatliche Einheit bewahren. Bei einem Referendum vom 17. 3. 1991 stimmten gemäß dem amtlichen Endergebnis 76,4% der Wähler für die „Erhaltung der UdSSR". Die drei baltischen Republiken sowie Moldawien, Armenien und Georgien boykottierten allerdings die Abstimmung.

Es waren indes nicht diese Republiken, sondern der Zentralstaat der Sowjetunion, Russland, das im Verbund mit der Ukraine und Weißrussland der UdSSR als Einheit den Todesstoß versetzte. Vorausgegangen war die Souveränitätserklärung Russlands vom 12. 6. 1990, die ihrerseits eingebettet war in die „Parade der Souveränitäten", mit der früher oder später alle Sowjetrepubliken auf Distanz zum Zentrum gingen. Kurz vor der russischen Souveränitätserklärung war Boris Jelzin am 29. 5. 1990 zum Vorsitzenden des Obersten Sowjet der RSFSR gewählt worden; seine dominante Position und Legitimation bestätigte und verstärkte er, indem er sich – anders als Gorbatschow – anlässlich des neu geschaffenen Präsidentenamtes der RSFSR im Juni 1991 dem Volk erneut zur Wahl stellte und überlegen siegte. Jelzin war ursprünglich als Weggefährte Gorbatschows aufgetreten; nachdem er aber Anfang November 1987 von diesem unter wenig anständigen Begleitumständen fallen gelassen worden war, entwickelte er sich zu dessen entschiedenstem und fähigstem Rivalen um die Führung des Reformkurses, was gleichbedeutend war mit dem Kampf um die Spitze der Macht. Jelzin vertrat kein grundsätzlich anderes Programm als Gorbatschow, sondern beschränkte sich im Wesentlichen darauf, populistisch und radikaler zu verkünden, er wolle alles besser machen als Gorbatschow und dessen Fehler vermeiden. So versprach er einen entschlosseneren Übergang zur Marktwirtschaft mit komfortableren Lebensbedingungen für alle sowie einen zügigeren Übergang zur Demokratie durch einen eindeutigen Bruch mit der Kommunistischen Partei, den er selbst für seine Person spektakulär auf dem XXVIII. Parteitag im Juli 1990 vollzog. Alle Nationalitäten forderte er auf, sich so viel „Freiheit zu nehmen, wie sie verkraften" könnten; demgemäß erkannte die RSFSR etwa die Unabhängigkeit Litauens bereits am 15. 8. 1990 vertraglich an.

Gestützt auf die Souveränitätserklärung vom 12. 6. 1990, die der RSFSR sogar das „Recht auf freien Austritt aus der UdSSR" vorbehielt, forderte Jelzin von Gorbatschow für Russland weit gehende Eigenständigkeit und grundsätzlich das Recht, seine gesamte Innen- und Außenpolitik selbst bestimmen zu können bis auf Bereiche, die es bereit sei, freiwillig an die Zentrale abzutreten. Gorbatschow lenkte zögerlich ein, da er sich durch die verschiedenen Souveränitätserklärungen inzwischen generell in einen „Krieg der Gesetze" verwickelt sah und trotz seiner großen Vollmachten als Präsident kaum noch selbsttätig wirksam werden konnte. Er erklärte sich bereit, die Beziehungen zwischen der Zentralgewalt und den Republiken auf der Basis eines detaillierten Unionsvertrags als „erneuerte Föderation gleichberechtigter, souveräner Republiken" einvernehmlich zu regeln. Erste Entwürfe Gorbatschows Ende 1990 und vom März 1991 wurden von den Republiken als unzureichend zurückgewiesen. Schließlich aber gelang es doch zwischen neun Republiken unter Einschluss Russlands sowie der Zentralgewalt auf dem Landsitz des Präsidenten in Novo-Ogarevo einen Vertrag (9 + 1) auszuhandeln, der am 20. 8. 1991 unterzeichnet werden sollte.

Es mochte von vornherein fraglich sein, wie belastbar diese Übereinkunft sein würde, aber es darf nicht übersehen werden, dass auch für Jelzin eine willentlich erneuerte Föderation, in der Russland und seinem Präsidenten die Rolle eines primus inter pares zufallen würde, beachtliche Vorteile bot. Der Gang der Ereignisse vereitelte aber eine solche Konstellation. Ironischerweise waren es gerade Repräsentanten der alten Ordnung, die dem Verfall der Union in ihrem Sinne und Verständnis entgegenwirken wollten, die ihn dann unabwendbar herbeiführten. Durch einen dilettantisch geplanten, rasch scheiternden Putsch machten sie Jelzin, der sich persönlich mutig und effektvoll an die Spitze des Widerstands stellte, zum populärsten und mächtigsten Politiker. Er ließ es sich nicht nehmen, Gorbatschow alsbald vor laufenden Fernsehkameras triumphierend zu demütigen, aber andererseits konnte auch er nicht mehr tun, als nolens volens mit anzusehen, wie nach Litauen und Georgien nun auch Estland, Lettland, die Ukraine, Weißrussland und alle übrigen Republiken bis auf Kasachstan und Russland selbst das Machtvakuum nutzten, um ihren förmlichen Austritt aus der Union zu erklären. Initiativen Jelzins, die auseinander driftenden Republiken doch noch irgendwie zusammenzuhalten, führten am 8. 12. 1991 zu einer Übereinkunft mit den beiden slawischen Nachbarrepubliken Ukraine und Weißrussland, der sich die übrigen Republiken mit Ausnahme der baltischen Staaten und Georgiens am 21. 12. 1991 mit der Erklärung von Alma-Ata anschlossen. Die Vereinbarung trug deutlichen Kompromisscharakter. Einerseits wurde die „Gemeinschaft Unabhängiger Staaten" (GUS) ins Leben gerufen, was weiteren Zusammenhalt und Zusammenarbeit suggerierte; diese Option wurde durch Einzelbestimmungen wie die beabsichtigte „Entwicklung eines gemeinsamen Wirtschaftsraums" verstärkt. Andererseits fehlten indes alle konkretisierenden Ausführungsbestimmungen und ausdrücklich wurde betont, die GUS sei „weder ein Staat noch ein überstaatliches Gebilde"[29]. Die primäre Bedeutung der „Erklärung" lag denn auch nicht in der vagen Zukunftsgestaltung, sondern in der Regelung konkreter Gegenwartsfragen. Die Unterzeichner teilten das Fell des Bären. Zur Erhaltung des Friedens untereinander wurde insbesondere die „Anerkennung und Achtung der territorialen Integrität eines jeden wie auch der Unverletzlichkeit bestehender Grenzen" bekräftigt.[30] Was die auswärtigen Beziehungen betraf, so übernahmen die Mitglieder der Gemeinschaft die Garantie für die Erfüllung der internationalen Verpflichtungen der UdSSR. Im Weiteren wurden der ständige Sitz der Sowjetunion im Sicherheitsrat der Vereinten Nationen sowie die einheitliche Kontrolle über die Atomwaffen auf Russland übertragen, das seinerseits den gesamten Schuldendienst übernahm. Alles in allem war damit die Erklärung von Alma Ata vom 21. 12. 1991 zugleich das Todesurteil und das Testament der UdSSR. So verstand es notgedrungen auch Gorbatschow. Am 25. 12. 1991 trat er als Präsident der Sowjetunion zurück.

Wie in der Innenpolitik so ging auch in den auswärtigen Beziehungen in der dritten Phase der Perestrojka die Entwicklung über das hinaus, was Gorbatschow ursprünglich geplant und angestrebt hatte. Zum zentralen Schlüsselbegriff avancierte das „Recht auf freie Wahl" des gesellschaftlichen Systems. Schon in seiner Schrift „Perestroika" hatte Gorbatschow 1987 geschrieben: „Soll jede Nation für sich entscheiden, welches System und welche Ideologie besser ist."[31] Auf der 19. Parteikonferenz im Juni 1988 und vor der

UNO im Dezember desselben Jahres bekräftigte er diese Auffassung in programmatischen Erklärungen. Ob diese Aussagen aber auch für die sozialistischen Länder Geltung hätten, blieb lange Zeit ungewiss, denn Gorbatschow beziehungsweise Außenminister Schewardnadse verkündeten im gleichen Zeitraum bei anderer Gelegenheit, die sozialistischen Länder hätten bereits ihre „historische Wahl getroffen", und es gehe nicht darum, dem Sozialismus zu entsagen, sondern ihn besser zu machen. Demgemäß ließ Gorbatschow als seine Präferenz erkennen, dass reformorientierte Kommunisten die Führung in den sozialistischen Ländern übernähmen und eine Perestroika nach sowjetischem Vorbild durchführten. In diesem Rahmen hielt er die „Vielfältigkeit von Lösungen" für „selbstverständlich", unter dem Vorbehalt freilich, dass die „gemeinsame Verantwortung für das historische Schicksal des Sozialismus" beachtet würde. Einschüchternd wirkte aber auf die nichtkommunistischen Reformkräfte in den sozialistischen Ländern vor allem die Sorge, die „Breschnew-Doktrin" könne doch noch in Kraft sein und bei substantiellen Verstößen gegen den „proletarischen Internationalismus" zur militärischen Intervention führen.

Erst als Gorbatschow im Sommer 1989 die Bildung einer nicht von Kommunisten geführten Regierung in Polen zugestand und des Weiteren die Öffnung des Eisernen Vorhangs nach Österreich durch die Ungarn geschehen ließ, brachen alle Dämme. Massendemonstrationen in der DDR unter der Losung „Wir sind das Volk" führten überraschend zur Öffnung der Berliner Mauer, was Gorbatschow gleichfalls hinnahm, wie er auch den alsbald einsetzenden Prozess der Wiedervereinigung akzeptierte, ohne auf Vorbehalten, wie etwa der Frage der Bündniszugehörigkeit des vereinten Deutschland, zu bestehen. Noch Ende 1989 obsiegte die „samtene Revolution" in der Tschechoslowakei, wie auch die kommunistischen Führungen in Bulgarien und Rumänien entmachtet wurden. Die Eliminierung der sowjetischen Suprematie mündete in der formellen Auflösung des „Rats für gegenseitige Wirtschaftshilfe" (RGW) sowie des „Warschauer Pakts" am 28. 6. beziehungsweise 1. 7. 1991.

Die Verfechter des „alten Denkens" verfolgten diese gesamte Entwicklung mit ingrimmigem Zorn. Sie warfen Gorbatschow vor, er und seine Helfershelfer mit Außenminister Schewardnadse an der Spitze schändeten Ehre und Ruhm der Sowjetunion, verschacherten die mit hohem Blutzoll erstrittenen Siege des Zweiten Weltkrieges an den Westen und gefährdeten durch die Aufgabe des strategischen Vorfelds die Sicherheit des Landes. Diese Anklagen waren insofern ernst zu nehmen, als sie mit der kaum verhohlenen Drohung eines Militärputsches verbunden waren und weil auch viele Menschen nicht verstanden, was an einer Politik gut sein sollte, die ihnen materielle Opfer abverlangte und gleichzeitig den Stolz auf die errungene Groß- und Weltmachtposition der Sowjetunion nahm. Die Kosten von Demokratie und Freiheit, so wurde ergänzend und enttäuscht kolportiert, seien höher als ihr Nutzen. Den Kritikern hielt Schewardnadse im Geiste des neuen Denkens entgegen, „auch in mir sitzt wie in vielen anderen tief der Glaube, dass wir ein großes Land sind und deshalb geachtet werden sollten. Wodurch sind wir aber groß? Durch das Territorium? Durch die Bevölkerungszahl? Durch das Rüstungspotential? Oder durch das Unglück des Volkes? Durch die Rechtlosigkeit der Menschen? Die Missstände im Alltag? Worauf können wir stolz sein, die wir beinahe die höchste Kindersterblichkeit auf dem Planeten haben? Es ist nicht leicht, die Frage zu beantworten, was wir sind und was wir sein wollen. Ein Land, das gefürchtet, oder ein Land, das geachtet wird? Ein Land der Macht oder ein Land des Guten?"[32] Es waren dies nachdenkenswerte Worte von grundsätzlicher Bedeutung, aber die Opponenten, die in Kategorien der herkömmlichen Machtpolitik dachten, wie sie gleichfalls im Westen gang und gäbe blieb, waren damit nicht zu erreichen. Allerdings wurde aber auch in der Sowjetunion von dem Gros der Bevölkerung mit Erleichterung begrüßt, dass die zivilisierte, auf Entmilitarisierung und Entideologisierung ausgerichtete Politik Gorbatschows die permanente Kriegsgefahr bannte und den Frieden sicherer machte. Bei einem Gipfeltreffen auf Malta Anfang Dezember 1989 erklärten der amerikanische Präsident Bush und Gorbatschow übereinstimmend den Kalten Krieg für beendet. Die NATO bekräftigte ihrerseits im Sommer 1990 die zum Positiven gewendete sicherheitspolitische Großwetterlage, indem sie der Sowjetunion „die Hand zur Freundschaft und zur Zusammenarbeit" bot. Ende Juli 1991 kam der amerikanische Präsident nach Moskau, um den militärisch und psychologisch wichtigen ersten START-Vertrag zur Reduzierung der strategischen Kernwaffen zu unterzeichnen.

Zur Unterstützung Gorbatschows hielt Bush wenige Tage später in Kiew sogar eine Aufsehen erregende Rede, in der er sich deutlich von den Unabhängigkeitsbestrebungen der Ukrainer distanzierte und warnte, die Amerikaner würden „denjenigen nicht helfen, die einen selbstmörderischen Nationalismus propagieren". Als das Ende der Sowjetunion absehbar war, änderte der amerikanische Präsident allerdings seine Position radikal, indem er unmittelbar vor dem Referendum über die Unabhängigkeit der Ukraine vom 1. 12. 1991 bekundete, im Falle eines zustimmenden Votums würden die USA die Unabhängigkeit der Ukraine „sofort" anerkennen. Die Karten wurden neu gemischt.

VII. Ausblick

Auch nach der Selbstauflösung der Sowjetunion bleibt Russland mit Abstand der größte Einzelstaat der Welt. Es ist vom Territorium her etwa 47-mal größer als die Bundesrepublik, hat aber nur knapp die doppelte Bevölkerungszahl. Dieses Koordinatensystem ließe sich nach der Bevölkerungsdichte, Klima- und Vegetationszonen sowie anderen Faktoren noch beliebig ausdifferenzieren, aber die genannten vergleichenden Eckdaten lassen bereits erkennen, wie aufwändig und kostspielig auch weiterhin die Entwicklung einer modernen Infrastruktur sein wird. Neben den großen Räumen wird man im Hinblick auf Russland auch in Zukunft mit großen Zeitspannen rechnen müssen. Für die Eigendefinition im Innern und nach außen bleibt ein zentrales Problem, dass sich die strittige Frage nach der Identität Russlands durch das Auseinanderbrechen der UdSSR noch weiter kompliziert und verschärft hat. Das derzeitige Russland hat weder durchweg historisch noch ethnisch legitimierte Grenzen. Die Krim etwa gehörte zu Russland bis 1954, als Chruschtschow sie eigenmächtig an die Ukraine vergab; insgesamt leben mehr als 20 Millionen Russen außerhalb der derzeitigen Staatsgrenzen, während eine etwa gleich große Anzahl von Nichtrussen innerhalb der Föderation lebt. Die seit Jahren währenden gewaltsamen Vorgänge um und in Tschetschenien zeigen exemplarisch, dass Russland von innerer Einheit und Einigkeit noch weit entfernt ist. Hinzu kommen neue Diskussionen um Bestimmung und Mission Russlands, die sich partiell an den alten Deutungsmustern der „Westler" und Slawophilen orientieren, vermehrt um die Auffassungen der „Eurasier", wonach Russland auf Grund seiner Geschichte kulturell und mental durch den orthodoxen Glauben sowie die tatarische Staatlichkeit geprägt sei und beide zu einer eigenständigen Zivilisation verschmolzen habe. Auf die Suggestivkraft des von F. M. Dostoevskij geprägten Schlüsselbegriffs der „russischen Idee" spekulieren Vertreter des national-patriotischen Lagers, wenn sie einen ins Politische gewendeten russischen Messianismus propagieren. Unbeschadet der Mannigfaltigkeit und Unterschiedlichkeit der diversen Konzeptionen gibt es doch zwischen ihnen auch eine hervorzuhebende Gemeinsamkeit. Von allen Strömungen und Lagern wird übereinstimmend und nachdrücklich betont, dass Russland eine Großmacht sei, die, wie Jelzin es einmal formulierte, respektvoll mit „Sie" anzureden sei.

Angesichts dieses Anspruchs und der realen derzeitigen Schwäche Russlands tut sich seine Führung schwer, eine gradlinige außenpolitische Konzeption zu entwickeln. Aufgrund der machtpolitischen Kräfteverhältnisse sowie der ökonomischen und finanziellen Interessen haben Jelzin und Putin, der Anfang 2000 dessen Nachfolge als Präsident antrat, den Beziehungen zum Westen und insbesondere zu seiner Führungsmacht, den USA, bisher fast durchgängig oberste Priorität beigemessen und sich letztlich auch dann gefügt, wenn sie gegenüber der praktizierten Politik wie hinsichtlich der NATO-Ost-

Die Sowjetunion und ihre Nachfolgestaaten
Spitzbergen
mittlere Packeisgrenze im Sommer
mittlere Packeisgrenze im Winter
Franz-Joseph-Land
NORWEGEN
Barentssee
Oslo
SCHWEDEN
Murmansk
Nowaja Semlja
FINNLAND
Stockholm
Karasee
Kola
Helsinki
Ostsee
Weißes Meer
Tallinn
Archangelsk
Kaliningrad
Riga
St. Petersburg
Workuta
POLEN
Vilnius
Nowgorod
Minsk
WEISS-RUSSLAND
Smolensk
Wolga
Ob
Moskau
Wladimir
RUSSLAND
URAL
Tschernobyl
Kiew
Rjazan
Nischni Nowgorod
UKRAINE
Kursk
Kasan
Perm
Poltawa
Charkow
Jekaterinburg
Irtysch
Saratow
Ufa
Samara
Don
Tscheljabinsk
Magnitogorsk
Wolgograd
Ural
Omsk
Nowosibi
Rostow
Krasnodar
Schwarzes Meer
Stawropol
Astrachan
GEORGIEN
Grosny
KASACHSTAN
Karaganda
Tiflis
Kaspisches Meer
Kasachische Schwelle
Jerewan
Aralsee
Syrdarja
TÜRKEI
ASERBAIDSCHAN
Balchaschsee
Baku
USBEKISTAN
Mossul
Täbris
Chiwa
Alma-Ata
TURKMENISTAN
Buchara
Taschkent
Bischkek
KIRGISTAN
Aschchabad
Bagdad
Samarkand
Teheran
Duschanbe
IRAK
IRAN
TADSCHIKISTAN
AFGHANISTAN

Ostsibirische See
Anjou-Inseln
Laptew-see
Taymir-Halbinsel
Lena
Kamtschatka
Magadan
Petropawlowsk
Chatanga
Olenjok
Schigansk
Ochotsk
Aldan
Nordsibirisches Tiefland
Jakutsk
Ochotskisches Meer
Lena
Untere Tunguska
Tura
Mirny
Aldan
Sachalin
Jenissei
Magdagatschi
Chabarowsk
Amur
Krasnojarsk
Nerčinsk
Baikalsee
Ulan Ude
Irkutsk
Harbin
Wladiwostok
Ulan Bator
Fushun
NORD-KOREA
MONGOLEI
Pjongjang
Soul
Gobi
Beijing (Peking)
Gelbes Meer
SÜDKOREA
umtschi
JAPAN
CHINA
0
500 km
Gebiet der ehemaligen Sowjetunion

erweiterung auf die ehemals sozialistischen Staaten und vor allem auf die ehemaligen baltischen Sowjetrepubliken nachhaltige Vorbehalte hatten. Dass es auch Alternativen zu diesem Kurs geben könnte, deutete sich zwischen 1993 und 1995 an, als unter stärkerer Akzentuierung der imperialen Komponente das Verhältnis zum „nahen Ausland", also zu den ehemaligen Sowjetrepubliken in den Vordergrund trat. Es wird wegen der damit verbundenen Komplikationen inzwischen diskreter und geschäftsmäßiger gestaltet. Derzeit – 2004/05 – richten sich die Bemühungen darauf, zunächst einen gemeinsamen Wirtschaftsraum im Rahmen der „Gemeinschaft Unabhängiger Staaten" zu etablieren. Engere bilaterale Beziehungen zu Einzelstaaten wie etwa Weißrussland sind dabei nicht auszuschließen. Politisch und strategisch noch bedeutsamer ist die Ukraine, um die dementsprechend ein massives Tauziehen zwischen Russland und dem Westen ausgetragen wird, das das Land zu zerreißen droht. Eine weitere Alternative oder Prioritätenveränderung in der russischen Außenpolitik könnte sich aus einem Wandel im Verhältnis zwischen Europa und den USA ergeben. Ähnlich wie in der Irak-Krise 2003/04 dürfte Russland dann versuchen, aus dem Schatten der USA herauszutreten, um sein Eigengewicht stärker zur Geltung zu bringen, sei es an der Seite der europäischen Staaten, sei es als „Schiedsrichter".

Ganz wesentlich werden die Aktionsmöglichkeiten Russlands auf der internationalen Bühne aber auch von der Entwicklung im Innern abhängen. Dank Jelzins radikalen, wenn auch mit außerordentlich hohen sozialen Kosten verbundenen Wirtschaftsreformen Anfang der 90er Jahre unter den Losungen „Liberalisierung" und „Privatisierung" sowie den Erfolgen, die Putin während seiner Präsidentschaft vornehmlich auf Grund der gestiegenen Rohölpreise in ökonomischer und partiell auch in sozialer Hinsicht erzielte, dürfte der von Gorbatschow eingeleitete, aus wirtschaftlicher Sicht unumgängliche Übergang zur Marktwirtschaft grundsätzlich unumkehrbar sein. Als Indikatoren hierfür lassen sich die gestiegenen Bonitätsbewertungen Russlands durch westliche Ratingagenturen anführen, die steigende Bereitschaft ausländischer Geldgeber zu Direktinvestitionen sowie die Rückführung von Fluchtgeldern, die 2003 erstmals seit 1991 größer war als der irreguläre Abfluss von Kapital aus Russland. Es darf indes perspektivisch nicht übersehen werden, dass Marktwirtschaft immer nur im Rahmen ordnungspolitischer Vorgaben des Staates realisiert wird, und letztere können weiter oder – wofür in Russland traditionell manches spricht – enger gefasst werden.

Um einiges ungewisser scheint es aufs Ganze gesehen um die Entfaltung der Demokratie in Russland bestellt zu sein. Die von Jelzin eingebrachte und vom Volk im Dezember 1993 durch ein Referendum bestätigte Verfassung genügt hinsichtlich der Kriterien Volkssouveränität, Gewaltenteilung und einklagbare Gewährleistung von Bürger- und Menschenrechten zentralen Standards der Demokratie, aber gleichzeitig macht sie den Präsidenten durch außerordentliche Machtbefugnisse faktisch zu einem „gewählten Monarchen". Der schwer herzkranke, merklich dem Alkohol zuneigende Jelzin genoss die Macht und bereicherte sich und seine „Familie" nach Kräften, ließ aber doch der Gesellschaft und den Regionen beträchtliche Freiräume. Putin ist aus einem anderen Holz geschnitzt. Persönlich dem Anschein nach bedürfnislos und integer nutzt er die ihm zugefallenen Prärogativen, um zielstrebig die Zentralmacht gegenüber den Regionen auszubauen und alle Kritiker, seien es politisch ambitionierte Oligarchen oder investigative Journalisten, mundtot zu machen. Die „gelenkte Demokratie" wird zunehmend eine „gefesselte Demokratie". Es wäre indes zu einseitig, hierfür nur Putin verantwortlich zu machen. Die Gesellschaft lässt ihn mehrheitlich nicht nur gewähren, sondern bestärkt ihn noch in seiner Vorgehensweise, indem sie ihm bei den Dumawahlen im Dezember 2003 eine Zweidrittelmehrheit bescherte und ihn selbst kurz darauf im März 2004 bei den Präsidentenwahlen mit 71,31% im Amt bestätigt hat. Mehrheitlich apolitisch sehnt sie sich in erster Linie nach Ruhe und Ordnung unter auskömmlichen Lebensbedingungen und sie hält Putin zugute, dass er den Kampf aufgenommen habe gegen den Amts- und Machtmissbrauch auf lokaler und regionaler Ebene, die Dominanz von Mafia-Strukturen und die Ausführung terroristischer Attentate. Vergleichsweise geringer veranschlagt sie, dass Putin demokratische und rechtsstaatliche Normen verletzt, zumal letztere bisher im realen Leben überhaupt nur sehr begrenzt wirksam wurden. Die Neigung, Verstöße gegen Buchstaben und Geist der Verfassung zu verdrängen oder zu bagatellisieren, ist nicht zuletzt auch deshalb ausgeprägt, weil es zum politischen Rollenspiel hinzugehört, dass Putin nicht selbst als Missetäter in Erscheinung tritt, sondern im Gegenteil dafür sorgt, dass allzu rigide Einschränkungen von Bürgerrechten durch die ihm willfährige Parlamentsmehrheit von ihm selbst abgemildert werden, so dass er sich nach außen hin als Hüter und Wahrer der Grundrechte gerieren und propagandistisch feiern lassen kann.

Der Westen, der sich in der Jelzin-Zeit noch verschiedentlich – etwa während des ersten Tschetschenien-Krieges von 1994 bis 1996 – erfolgreich für die Gewährleistung von Öffentlichkeit und die Einhaltung von Menschenrechten eingesetzt hatte, hält seit dem grauenvollen Anschlag auf das World Trade Center vom 11. 9. 2001 Stabilität für das oberste Gebot und toleriert nahezu alles, wenn es als Kampf gegen den Terrorismus deklariert und von Machthabern exekutiert wird, die im Übrigen außerhalb ihrer Staatsgrenzen die Kampagne „Enduring Freedom" aktiv unterstützen.

All diese Prozesse sind nicht irreversibel, und je schmerzlicher und bedrückender die Einschränkung demokratischer Freiheiten schließlich doch empfunden wird, desto eher und kräftiger könnte das Pendel in die entgegengesetzte Richtung ausschlagen. Nicht zuletzt die Gorbatschow-Zeit hat auch für Russland die Einsicht bestätigt, dass nichts so stark ist wie eine Idee, deren Zeit gekommen ist.

Anmerkungen

Zur Chronologie

Chronologische Angaben beziehen sich bis zum 1./14. 2. 1918 in der Regel auf den julianischen Kalender. Gegenüber dem genaueren gregorianischen Kalender weist er einen wachsenden kalendarischen Rückstand auf, der mit dessen Einführung am 4./15. 10. 1582 sowie im 17. Jh. zehn Tage, im 18. Jh. elf, im 19. Jh. zwölf und im 20. Jh. dreizehn Tage beträgt. Um im Bereich der internationalen Beziehungen die zeitliche Zuordnung zu erleichtern, werden in Einzelfällen entweder Doppeldatierungen aufgeführt, z. B. 19. 7./1. 8. 1914, oder die Angaben werden durch den Zusatz „a.St." für den julianischen Kalender beziehungsweise „n. St." für den gregorianischen Kalender präzisiert. Seit der Kalenderreform vom 1./14. 2. 1918 gilt auch in Russland die gregorianische Zeitrechnung.

Maße und Gewichte

1 Desjatine (desjatina) = 1,09 ha

1 Werst (versta) = 1,066 Kilometer

1 Pud = 16,38 kg

Zur Transliteration

Russische Namen und Bezeichnungen werden nach den Regeln der wissenschaftlich-bibliothekarischen Umschrift transliteriert, wenn sich nicht eine andere Schreibweise oder Benennung eingebürgert hat (z. B. Trotzki statt Trockij, Jelzin statt El'cin oder Moskau statt Moskva).

I. Russland bis zur Mitte des 15. Jahrhunderts

1 Zit. nach Edgar Hösch, Die Kultur der Ostslaven, Wiesbaden 1977, S. 84.

II. Vom Moskauer Großfürstentum zum Zarenreich, 1462–1584

1 George Vernadsky (Hrsg.), A Source Book for Russian History from Early Times to 1917, Bd. 1, New Haven, London 1972, S. 116.

2 Ebenda, S. 115.

3 Sigismund zu Herberstein, Reise zu den Moskowitern 1526, hrsg. v. Traudel Seifert, München 1966, S. 153.

4 Zit. nach Ivan Kologrivof, Essai sur la sainteté en Russie, Paris 1953, S. 224.

5 Die orthodoxe Kirche in Rußland. Dokumente ihrer Geschichte (860–1980), hrsg. v. Peter Hauptmann und Gerd Stricker, Götingen 1988, S. 253.

6 Zit. nach Ian Grey, Ivan der Schreckliche 1530 bis 1584. Eine Biographie, Hamburg 1988, S. 200.

7 Zit. nach Erich Donnert, Iwan Grosny „der Schreckliche", 2. A., Berlin 1980, S. 146 f.

8 J. L. I. Fennell (Hrsg.), The Correspondence between Prince A. M. Kurbsky and Tsar Ivan IV of Russia (1564–1579), Cambridge 1955, S. 14 f.

9 Ebenda, S. 20 f.

[10] Ebenda, S. 76 f.

[11] Vernadsky (wie Anm. 1), S. 145.

[12] Zit. nach R. F. Skrynnikow, Iwan der Schreckliche und seine Zeit, München 1992, S. 226.

IV. Russlands Aufstieg zur europäischen Großmacht. Erfolge und ihr Preis, 1682–1801

[1] Urheber der viel zitierten Metapher ist Graf Fancesco Algarotti (1739); berühmt gemacht hat sie A. S. Puschkin. (Vgl. R. Wittram, Peter der Große. Der Eintritt Rußlands in die Neuzeit, Berlin, Göttingen u. a. 1954, S. 106.)

[2] Zit.nach Robert K. Massie, Peter der Große. Sein Leben und seine Zeit, Königstein/Ts. 1982, S. 314.

[3] Polnoe sobranie zakonov (PSZ), VI, Nr. 4345.

[4] Zit. nach Wittram (wie Anm. 1), S. 59.

[5] Zit. nach Massie (wie Anm. 2), S. 610.

[6] Ebenda, S. 630 f.

[7] PSZ, VI, Nr. 3485.

[8] Zit. nach Reinhard Wittram, Peter I. Czar und Kaiser. Zur Geschichte Peters des Großen in seiner Zeit, Bd. II, Stuttgart 1964, S. 22 f.

[9] PSZ, VI, Nr. 3770 .

[10] Zit. nach W. Kliutschewskij, Geschichte Rußlands, Bd. IV, Berlin 1926, S. 124.

[11] Ebenda, S. 133.

[12] PSZ, V, Nr. 3261.

[13] Zit. nach Wittram (wie Anm. 1), S. 138.

[14] PSZ, VI, Nr. 3718.

[15] Zit. nach Wittram (wie Anm. 1), S. 138.

[16] Zit. nach N. I. Pavlenko, Petr Velikij, Moskau 1994, S. 388.

[17] Politische Testamente der Hohenzollern, hrsg. von Richard Dietrich, Köln 1981, S. 127.

[18] Ebenda, S. 353.

[19] Ebenda, S. 368.

[20] Otto Böss (Hrsg.), Russland-Chronik, 2. erw. Aufl., Salzburg 1986, S. 156.

[21] Zit. nach Aleksandr B. Kamenskii, The Russian Empire in the Eighteenth Century. Searching for a Place in the World, New York u. a. 1997, S. 243.

[22] Zit. nach Isabel de Madariaga, Katharina die Große. Ein Zeitgemälde, 2. Aufl., Berlin 1994, S. 100.

[23] Zit. bei Erich Donnert, Katharina II. Die Große. (1729–1796), Regensburg 1998, S. 38, Anm. 38.

[24] Valentin Gitermann, Geschichte Russlands, Bd. 2, Hamburg 1949, S. 471.

[25] Deutsche Übersetzung: A. N. Radistschew, Reise von Petersburg nach Moskau, Berlin 1961.

[26] Zit. nach Klaus Zernack, Polen und Rußland. Zwei Wege in der europäischen Geschichte, Berlin 1994, S. 281.

[27] Joseph II. und Katharina von Russland. Ihr Briefwechsel, hrsg. v. Alfred Ritter von Arneth, Wien 1869, S. 155 f.

[28] Gitermann (wie Anm. 24), S. 487 f.

V. Koloss auf tönernen Füßen, 1801–1917

[1] Zit. nach Marc Raeff, Michael Speransky, Statesman of Imperial Russia 1772–1839, 2. erw. Aufl., Den Haag 1969, S. 55.

[2] Zit. nach Valentin Gitermann, Geschichte Russlands, Bd. 2, Hamburg 1949, S. 316, Anm.

[3] Horst Günther Linke (Hrsg.), Quellen zu den deutsch-russischen Beziehungen, 1801–1917, Darmstadt 2001, S. 79.

[4] Zit. nach Avrahm Yarmolinsky, Zaren und Terroristen. Der Weg zur Revolution, Hannover 1957, S. 36.

[5] Zit. nach W. Bruce Lincoln, Nikolaus I. von Rußland, 1796–1855, München 1981, S. 91.

[6] Vgl. hierzu Horst Günther Linke, Die Idee der Weltgeschichte im 19. und 20. Jahrhundert: Rußland und die Sowjetunion, in: Historische Mitteilungen, 3/1990, H. 1, S. 86.

[7] Ebenda, S. 87.

[8] Peter Tschaadajew, Apologie eines Wahnsinnigen. Geschichtsphilosophische Schriften, Leipzig 1992, S. 16ff.

[9] Zit. nach Lincoln (wie Anm. 5), S. 350f.

[10] Zit. nach N. V. Riasanovsky, Russland und der Westen. Die Lehre der Slavophilen, München 1954, S. 81.

[11] Ebenda, S. 143.

[12] Zit. nach A. S. Nifontow, Russland im Jahre 1848, Berlin 1954, S. 21.

[13] Horst Günther Linke (Hrsg.), Die russischen Revolutionen 1905/1917. Zusammenbruch der zarischen Herrschaft und Machtergreifung der Bolschewiki, 3. Aufl., Stuttgart, Leipzig u. a. 1995, S. 11.

[14] Zit. nach Nifontow (wie Anm. 12), S. 311.

[15] Zit. nach Henry Troyat, Zar Alexander II., Frankfurt a. M. 1991, S. 70.

[16] Linke (wie Anm. 13), S. 11.

[17] Zit. nach Hugh Seton-Watson, The Russian Empire 1801–1917, Oxford 1967, S. 352.

[18] Zit. nach Handbuch der europäischen Geschichte, Bd. 5, Stuttgart 1981, S. 730.

[19] Linke (wie Anm. 3), S. 116.

[20] Archiv vnešnej politiki Rossijskoi Imperii (AVPRI), f. Žomini,op. 802a, d.; vgl. auch Linke (wie Anm. 3), S. 173f.

[21] Zit. nach Michael T. Florinsky, Russia. A History and an Interpretation, Bd. II, New York 1958, S. 982.

[22] Zit. nach Geoffrey Hosking, Russland. Nation und Imperium, 1552–1917, Berlin 2000, S. 389.

[23] Zit. nach Troyat (wie Anm. 15), S. 229f.

[24] Linke (wie Anm. 13), S. 14.

[25] Zit. nach Florinsky (wie Anm. 21), S. 1208.

[26] Linke (wie Anm. 13), S. 190f.

[27] Zit. nach Marc Ferro, Nikolaus II. Der letzte Zar, München 1991, S. 63.

[28] Ebenda, S. 29.

[29] Linke (wie Anm. 13), S. 15.

[30] Graf Witte, Erinnerungen, Berlin 1929, S. 160.

[31] Zit. nach Ferro (wie Anm. 27), S. 132.

[32] Ebenda, S. 135.

[33] Linke (wie Anm. 13), S. 43.

[34] Sir George Buchanan, Meine Mission in Rußland, Berlin 1926, S. 159.

VI. Die Sowjetzeit, 1917–1991

[1] Zit. nach Geoffrey Hosking, Russland. Nation und Imperium, 1552–1917. Berlin 2000, S. 502.

[2] N. N. Suchanov, Zapiski o revoljucii, Bd. 3, Moskau 1992, S. 337.

[3] Horst Günther Linke (Hrsg.), Die russische Revolution 1905/1917. Zusammenbruch der zarischen Herrschaft und Machtergreifung der Bolschewiki, Stuttgart, Leipzig u. a. 1995, S. 78.

[4] Carsten Goehrke, Manfred Hellmann u. a., Rußland, 19. Aufl., Frankfurt a. M. 2002, S. 292 f.

[5] W. I. Lenin, Werke, ins Deutsche übertragen nach der vierten russischen Ausgabe, Bd. 31, Berlin 1961, S. 531.

[6] Leo Trotzki, Mein Leben. Versuch einer Autobiographie, Berlin 1961, S. 314.

[7] Archiv vnešnej politiki Rossijskoj Federacii (AVRF), f.082, op. 4, p. 101, d.1, 1.82–86.

[8] J. W. Stalin, Werke, Bd. 13, Berlin 1955, S. 36.

[9] Zit. nach Carsten Goehrke, Manfred Hellmann u. a. (wie Anm. 4), S. 345.

[10] Deutsche Übersetzung: Wenedikt Jerofejew, Die Reise nach Petuschki, München, Zürich 1987.

[11] Erwin Oberländer, Sowjetpatriotismus und Geschichte. Dokumentation, Köln 1967, S. 80.

[12] Horst Günther Linke (Hrsg.), Quellen zu den deutsch-sowjetischen Beziehungen 1917–1945, Darmstadt 1998, S. 225.

[13] Ebenda, S. 244.

[14] Ebenda, S. 243.

[15] Ebenda, S. 254.

[16] Milovan Djilas, Gespräche mit Stalin, Frankfurt a. M. 1962, S. 146.

[17] Hans Dollinger (Hrsg.), Russland. 1200 Jahre in Bildern und Dokumenten. Gütersloh 1983, S. 250.

[18] Boris Meissner (Hrsg.), Die Pateiprogramme der KPdSU 1903 bis 1961, Köln 1962, S. 240.

[19] Zit. nach Klaus Zernack, Polen und Rußland. Zwei Wege in der europäischen Geschichte. Berlin 1994, S. 481.

[20] B. Meissner (wie Anm. 16), S. 188.

[21] Verfassung (Grundgesetz) der Union der Sozialistischen Sowjetrepubliken (7. Oktober 1977), Moskau 1987, S. 3–7.

[22] Boris Meissner (Hrsg.), Die „Breshnev-Doktrin". Dokumentation, 2. Aufl., Köln 1970, S. 78 f.

[23] Michail Gorbatschow, Perestroika. Die zweite russische Revolution. Eine neue Politik für Europa und die Welt, München 1987, S. 128.

[24] Ebenda.

[25] Michail S. Gorbatschow, „Zurück dürfen wir nicht!" Programmatische Äußerungen zur Umgestaltung der sowjetischen Gesellschaft, Bremen 1987, S. 42.

[26] Michail Gorbatschow, Die Rede. „Wir brauchen die Demokratie wie die Luft zum Atmen." (22. 1. 1987), Hamburg 1987.

[27] Offene Worte. Sowjetunion Sommer 1988. Sämtliche Beiträge und Reden der 19. Gesamtsowjetischen Konferenz der KPdSU in Moskau. Nördlingen 1988, S. 18.

[28] Ebenda, S. 122.

[29] Die Gemeinschaft Unabhängiger Staaten (GUS). Erklärung von Alma-Ata vom 21. Dezember 1991. Informationen zur politischen Bildung – aktuell (1992), S. 1.

[30] Ebenda.

[31] M. Gorbatschow (wie Anm. 21), S. 189.

[32] Eduard Schewardnadse, Die Zukunft gehört der Freiheit, Hamburg 1991, S. 221 f.

Auswahlbibliographie

A. Nachschlagewerke

Enciklopedija. Sovetskaja istoričeskaja enciklopedija. Bd. 1–16. Moskau 1961–1976.

Encyklopedia. The Modern Encyklopedia of Russian and Soviet History, hrsg. von Joseph L. Wieczynski, Bd. 1–55, Bd. 56–60: The Modern Encyclopedia of Rusian, Soviet and Eurasian History, Gulf Breeze, FL 1976–2000.

Franz, Norbert P. (Hrsg.), Lexikon der russischen Kultur. Darmstadt 2002.

Hösch,Edgar/Hans-Jürgen Grabmüller (Hrsg.), Daten der russischen Geschichte. Bd. 1: Von den Anfängen bis 1917; Bd. 2: Von 1917 bis zur Gegenwart. München 1981.

Istorija. Otečestvennaja istorija. Istorija s drevnejšich vremen do 1917 goda. Enciklopedija v pjati tomach. Bd. 1–3. Moskau 1994–2000.

McCauley, Martin (Hrsg.) Who's Who in Russia since 1900. London u. a. 1997.

Nemcy Rossii. Enciklopedija. Bd. 1 und 2. Moskau 1999 und 2004.

Rußland-Ploetz. Russische und sowjetische Geschichte zum Nachschlagen, hrsg. von Wolfgang Kessler u. a., Freiburg ³1992.

Šilov, D. N. (Hrsg.), Gosudarstvennye dejateli Rossijskoj imperii. Glav vysšich i central'nych učrež denij 1802–1917. Biobibliografičeskij spravočnik. St. Petersburg 2001.

Torke, Hans-Joachim (Hrsg.), Lexikon der Geschichte Rußlands. Von den Anfängen bis zur Oktober-Revolution. München 1985.

Torke, Hans-Joachim (Hrsg.), Historisches Lexikon der Sowjetunion, 1917/22 bis 1991. München 1993.

B. Einführende Quellensammlungen

Altrichter, Helmut/(Heiko Haumann) (Hrsg.), Die Sowjetunion. Von der Oktoberrevolution bis zu Stalins Tod. 2 Bde. München 1986/87.

Böss, Otto (Hrsg.), Russland-Chronik. Salzburg ²1986.

Dmytryshyn, Basil (Hrsg.), Medieval Russia. A Source Book, 900–1700. New York u. a. 1967.

Ders. (Hrsg.), Imperial Russia. A Source Book, 1700–1917. New York u. a. 1967.

Dollinger, Hans (Hrsg.), Rußland: 1200 Jahre in Bildern und Dokumenten. Gütersloh 1983.

Kaiser, Daniel H./Gary Marker (Hrsg.), Reinterpreting Russian History. Readings, 860–1860s. New York u. a. 1994.

Kukuškin, Ju. S. (Hrsg.), Gosudarstvo rossijskoe: vlast' i obščestvo. S drevnejšich vremen do našich dnej. Sbornik dokumentov. Moskau 1996.

Lieber, Hans-Joachim/Karl-Heinz Ruffmann (Hrsg.), Der Sowjetkommunismus. Dokumente. 2 Bde. Köln u. a. 1963/64.

Linke, Horst Günther (Hrsg.), Quellen zu den deutsch-russischen/sowjetischen Beziehungen, 1801–1991. 3 Bde. Darmstadt 1998–2001.

Vernadsky, George (Hrsg.), A Source Book for Russian History from Early Times to 1917. 3 Bde. New Haven u. a. 1972.

Tschižewskij, Dmitrij/Dieter Groh (Hrsg.), Europa und Rußland. Texte zum Problem des westeuropäischen und russischen Selbstverständnisses. Darmstadt 1959.

C. Übergreifende Werke und Gesamtdarstellungen

Blum, Jerome, Lord and Peasant in Russia from the Ninth to the Nineteenth Century. Princeton 1961.
Bohn, Thomas M./Dietmar Neutatz (Hrsg.), Studienhandbuch Östliches Europa. Bd. 2: Geschichte des Russischen Reiches und der Sowjetunion. Köln u. a. 2002.
Čerkasov, P./D. Černyševskij, Istorija imperatorskoj Rossii ot Petra Velikogo do Nikolaja II. Moskau 1994.
Dahlmann, Dittmar (Hrsg.), Deutsche in St. Petersburg und Moskau vom 18. Jahrhundert bis zum Ausbruch des Ersten Weltkrieges. Lüneburg 1994.
Dixon, Simon, The Modernization of Russia, 1626–1825. Cambridge 1999.
Donnert, Erich, Russland, 860–1917. Von den Anfängen bis zum Ende der Zarenzeit. Regensburg 1998.
Figes, Orlando, Nataschas Tanz. Eine Kulturgeschichte Russlands. Berlin 2003.
Gitermann, Valentin, Geschichte Rußlands. 3 Bde. Hamburg 1949 (Nachdruck Frankfurt a. M. 1987).
Goehrke, Carsten/Manfred Hellmann u. a., Rußland. 19. Aufl. Frankfurt a. M. 2002 (Fischer Weltgeschichte, Bd. 31).
Goehrke, Carsten, Russischer Alltag. 2 Bde. Zürich 2003.
Gooding, John, Rulers and Subjects. Government and People in Russia 1801–1991. London u. a. 1996.
Grosul, Ja., Russkoe obščestvo XVIII–XIX vekov. Tradicii i novacii. Moskau 2003.
Handbuch der Geschichte Russlands, hrsg. von Manfred Hellmann, Gottfried Schramm, Klaus Zernack u. a. Bd. 1–6. Stuttgart 1981–2004.
Haumann, Heiko, Geschichte Russlands. Zürich 2003.
Heller, Klaus, Russische Wirtschafts- und Sozialgeschichte. Bd. 1: Die Kiever und die Moskauer Periode (9.–17. Jahrhundert). Darmstadt 1987.
Hösch, Edgar, Geschichte Rußlands. Vom Kiever Reich bis zum Zerfall des Sowjetimperiums. Stuttgart u. a. 1996.
Hosking, Geoffrey/Robert Service (Hrsg.), Reinterpreting Russia. London u. a. 1999.
Hosking, Geoffrey, Russland. Nation und Imperium, 1552–1917. Berlin 2000.
Istorija SSSR s drevnejšich vremen do našich dnej v dvuch serijach v dvenatcatych tomach. Bd. 1–11. Moskau 1966–1980.
Jahre. Tausend Jahre Nachbarschaft. Rußland und die Deutschen. München 1988.
Jena, Detlef, Die Zarinnen Rußlands (1547–1918). Regensburg 1999.
Kappeler, Andreas, Rußland als Vielvölkerreich. Entstehung, Geschichte, Zerfall. München 2001.
Kopelew, Lew u. a. (Hrsg.), West-östliche Spiegelungen. Russen und Rußland aus deutscher Sicht und Deutsche und Deutschland aus russischer Sicht von den Anfängen bis zum 20. Jahrhundert. Reihe A: Bd. 1–5; Reihe B: Bd. 1–4. München 1987–2006.
LeDonne, John P. The Grand Strategy of the Russian Empire, 1650–1831. Oxford 2004.
Leontovitsch, Victor, Geschichte des Liberalismus in Rußland. Frankfurt a. M. 1957.
Lotman, Jurij M., Rußlands Adel. Eine Kulturgeschichte von Peter I. bis Nikolaus I. Köln u. a. 1997.

Martin, Janet, Medieval Russia, 980–1584. Cambridge 1995.
Mavor, James, An Economic History of Russia. 2 Bde. New York ²1965.
Mironov, B. N., Social'naja istorija Rossii perioda imperii (XVIII–načalo XXv.). Genezis ličnosti, demokratičeskoj sem'i, graždanskogo obščestvo i pravogo gosudarstva. 2 Bde. St. Petersburg 1999.
Moon, David, The Russian Peasantry 1600–1930. The World the Peasants Made. London u.a. 1999.
Nolte, Hans-Heinrich, Kleine Geschichte Rußlands. Stuttgart 1998.
Pietrow-Ennker, Bianka, Rußlands „neue Menschen". Die Entwicklung der Frauenbewegung von den Anfängen bis zur Oktoberrevolution. Frankfurt a.M. 1999.
Ragsdale, Hugh (Hrsg.), Imperial Russian Foreign Policy. Washington 1993.
Rieber, Alfred J., Merchants and Entrepreneurs in Imperial Russia. Chapel Hill, N.C. 1982.
Schelting, Alexander von, Rußland und Europa im russischen Geschichtsdenken. Auf der Suche nach der historischen Identität, neu hrsg. von Christiane Uhlig. Ostfildern 1997.
Schmidt, Christoph, Russische Geschichte 1547–1917. München 2003.
Schultz, Lothar, Russische Rechtsgeschichte von den Anfängen bis zur Gegenwart einschließlich des Rechts der Sowjetunion. Lahr 1951.
Smolitsch, Igor, Geschichte der russischen Kirche 1700–1917. 2 Bde. Leiden 1964 und 1991.
Stökl, Günther, Russische Geschichte. Von den Anfängen bis zur Gegenwart. Stuttgart ⁸1998.
Torke, Hans-Joachim (Hrsg.), Die russischen Zaren 1547–1917. München ²1999.
Ulam, Adam B., Russia's Failed Revolutions. From the Decembrits to the Dissidents. London 1981.
Utechin, S. V., Geschichte der politischen Ideen in Rußland. Stuttgart u.a. 1966.
Zernack, Klaus, Polen und Rußland. Zwei Wege in der europäischen Geschichte. Berlin 1994.

D. Literatur zu den Einzelkapiteln

I. Russland bis um die Mitte des 15. Jahrhunderts

Alef, Gustave, A History of the Muscovite Civil War: The Reign of Vasili II (1425–62). Ann Arbor 1984.
Angermann, Norbert/Klaus Friedland (Hrsg.), Novgorod: Markt und Kontor der Hanse. Köln u.a. 2002.
Birnbaum, Henrik, Lord Novgorod the Great. Essays in the History and Culture of a Medieval City-State. Bd. 1. Columbus,Ohio 1981.
Chronik. Die Nestor-Chronik. Eingeleitet und kommentiert von Dmitrij Tschižewskij. Wiesbaden 1969.
Donnert, Erich, Das Kiewer Russland. Kultur und Geistesleben vom 9. bis zum beginnenden 13. Jahrhundert. Leipzig u.a. 1983.
Fennell, John L. J., The Crisis of Medieval Russia,1200–1304. London u.a. 1983.
Franklin, Simon/Jonathan Shepard, The Emergence of Rus'. 750–1200. London u.a. 1996.
Goehrke, Carsten, Frühzeit des Ostslaventums. Darmstadt 1992.
Gorskij, A. A. Russkie zemli v XIII–XIV vekach. Puti političeskogo razvitija. Moskau 1996.
Granberg, Jonas, Veche in the Chronicles of Medieval Rus. A Study of Functions and Terminology. Göteborg 2004.
Halperin, Charles J., Russia and the Golden Horde. The Mongol Impact on Medieval Russian History. London 1987.
Heller, Klaus, Die Normannen in Osteuropa. Berlin 1993.

Müller, Ludolf, Die Taufe Rußlands. Die Frühgeschichte des russischen Christentums bis zum Jahre 988. München 1987.
Schramm, Gottfried, Altrusslands Anfang. Historische Schlüsse aus Namen, Wörtern und Texten zum 9. und 10. Jahrhundert. Freiburg 2002.
Wolle, Stefan, Wladimir der Heilige. Rußlands erster christlicher Fürst. Berlin 1991.

II. Vom Moskauer Großfürstentum zum Zarenreich, 1462–1584

Alef, Gustave, The Origins of Muscovite Autocracy. The Age of Ivan III. Wiesbaden 1986.
Berry, Lloyd E./Robert O. Crummey (Hrsg.), Rude and Barbarous Kingdom. Russia in the Accounts of Sixteenth Century English Voyagers. Madison u. a. 1968.
Borisov, Nikolaj, Ivan III. Moskau 2000.
Camphausen, Hans-Walter, Die Bojarenduma unter Ivan IV. Studien zur altmoskauer Herrschaftsordnung. Frankfurt a. M. 1985.
Donnert, Erich, Rußland an der Schwelle der Neuzeit. Der Moskauer Staat im 16. Jahrhundert. Berlin 1972.
Ders., Das Moskauer Rußland. Kultur und Geistesleben im 15. und 16. Jahrhundert. Leipzig 1976.
Herberstein, Sigismund, Reise zu den Moskowitern 1526, hrsg. und eingeleitet von Traudel Seifert. München 1966.
Kollmann, Nancy Shields, Kinship and Politics. The Making of the Muscovite Political System, 1345–1547. Stanford 1987.
Nitsche, Peter (Hrsg.), Die Anfänge des Moskauer Staats. Darmstadt 1977.
Ostrowski, Donald, Muscovy and the Mongols: Cross-cultural Influences on the Steppe Frontier, 1304–1589. Cambridge 1998.
Skrynnikow, Ruslan G., Iwan der Schreckliche und seine Zeit. München 1992.

III. Krise des Reiches und Etablierung der Romanow-Dynastie, 1584–1682

Crummey, Robert O., Aristocrats and Servitors. The Boyar Elite in Russia, 1613–1689. Princeton 1983.
Demidova, N. F., Pervye Romanovy na rossijskom perestole. Moskau 1996.
Desjatnikov, Vladimir A. (Hrsg.), Patriarch Nikon-Protopop Avvakum. Sbornik. Moskau 1997.
Dunning, Chester S. L., Russia's First Civil War. The Time of Troubles and the Founding of the Romanov Dynasty. Pennsylvania State University 2001.
Kivelson, Valerie A., Autocracy in the Provinces. The Muscovite Gentry and Political Culture in the Seventeenth Century. Stanford 1996.
Longworth, Philip, Alexis. Tsar of all the Russias. London 1984.
Meiske, Christian, Das Sobornoe Uloženie von 1649. 2 Bde. Halle 1985.
Michels, Georg B., At War with the Church. Religious Dissent in Seventeenth-Century Russia. Stanford 1999.
Perrie, Maureen, Pretenders and Popular Monarchism in Early Modern Russia. The False Tsars of the Time of Troubles. Cambridge 1995.
Sacharov, A., Stepan Razin (Chronika XVII veka). Moskau 1973.
Scheidegger, Gabriele, Endzeit. Russland am Ende des 17. Jahrhunderts. Bern u. a. 1999.

IV. Russlands Aufstieg zur europäischen Großmacht. Erfolge und ihr Preis, 1682–1801

Anisimov, E. V., The Reforms of Peter the Great. Progress through Coercion in Russia. London 1993.

Ders., Rossija bez Petra, 1725–1740. St. Petersburg 1994.
Alexander, John T., Autocratic Politics in a National Crisis: The Imperial Russian Government and Pugachev's Revolt 1773–1775. Bloomington u.a. 1969.
Epp, George K., The Educational Policies of Catherine II. The Era of Enlightenment in Russia. Frankfurt a.M. u.a. 1984.
Fleischhacker, Hedwig, Mit Feder und Zepter. Katharina II. als Autorin. Stuttgart 1978.
Hübner, Eckhard/Jan Kusber; Peter Nitsche (Hrsg.), Rußland zur Zeit Katharinas II. Absolutismus – Aufklärung – Pragmatismus. Köln u.a. 1998.
Hughes, Lindsey, Russia in the Age of Peter the Great. New Haven u.a. 1998.
Kamenskii, Aleksandr B., The Russian Empire in the Eighteenth Century. Searching for a Place in the World. New York u.a. 1997.
Klein, Joachim/Simon Dixon/Marten Fraanje (Hrsg.), Reflections on Russia in the Eighteenth Century. Köln 2001.
Leonard, Carol S., Reform and Regicide. The Reign of Peter III. of Russia. Bloomington u.a. 1993.
Lukowski, Jerzy, The Partitions of Poland 1772, 1793, 1795. London u.a. 1999.
Madariaga, Isabel de, Katharina die Große. Ein Zeitgemälde. Berlin ²1994.
Massie, Robert K., Peter der Große. Sein Leben und seine Zeit. Königstein/Ts. 1982.
McGrew, Roderick E., Paul I. of Russia, 1754–1801. Oxford 1992.
Pavlenko, N. I., Petr Velikij. Moskau 1994.
Radistschew, A. N., Reise von St. Petersburg nach Moskau. Berlin 1961.
Ragsdale, Hugh (Hrsg.), Paul I. A Reassessment of His Life and Reign. Pittsburgh 1979.
Scharf, Claus, Katharina II., Deutschland und die Deutschen. Mainz 1995.
Ders. (Hrsg.), Katharina II., Russland und Europa. Beiträge zur internationalen Forschung. Mainz 2001.
Talbot Rice, Tamara, Elisabeth von Rußland. Die letzte Romanow auf dem Zarenthron. München 1970.
Weber, Friedrich Christian, Das veränderte Rußland. 3 Bde. Hannover 1738–1740 (Nachdruck 1992).
Wittram, Reinhard, Czar und Kaiser. Zur Geschichte Peters des Großen in seiner Zeit. 2 Bde. Göttingen 1964.

V. Koloss auf tönernen Füßen, 1801–1917

Alexander, Manfred, Der Petraševskij-Prozeß. Eine „Verschwörung der Ideen" und ihre Verfolgung im Rußland von Nikolaus I. Wiesbaden 1979.
Altrichter, Helmut, Rußland 1917. Ein Land auf der Suche nach sich selbst. Paderborn u.a. 1997.
Ascher, Abraham, The Revolution of 1905. Authority Restored. Stanford 1992.
Baberowski, Jörg, Autokratie und Justiz. Zum Verhältnis von Rechtsstaatlichkeit und Rückständigkeit im ausgehenden Zarenreich 1864–1914. Frankfurt a.M. 1996.
Baljazin, V. N., Imperator Aleksandr I. Moskau 1999.
Bauer, Henning/Andreas Kappeler/Brigitte Rath (Hrsg.), Die Nationalitäten des Russischen Reiches in der Volkszählung von 1897. 2 Bde. Stuttgart 1991.
Baumgart, Winfried, Europäisches Konzert und nationale Bewegung. Internationale Beziehungen 1830–1878. Paderborn u.a. 1999.
Berlin, Isaiah, Russische Denker. Frankfurt a.M. 1995.
Beyrau, Dietrich, Militär und Gesellschaft im vorrevolutionären Russland. Köln u.a. 1984.
Blackwell, William L., The Beginnings of Russian Industrialization 1800–1860. Princeton 1968.

Bochanov, Aleksandr, Imperator Aleksandr III. Moskau 1998.
Carrère d'Encausse, Hélène, Nikolaus II. Das Drama des letzten Zaren. München 2000.
Crankshaw, Edward, Winterpalast. Rußland auf dem Weg zur Revolution 1825–1917. München 1976.
Custine, Astolphe de, Russische Schatten. Prophetische Briefe aus dem Jahre 1839. Nördlingen 1985.
Dahlmann, Dittmar/Carmen Scheide (Hrsg.), „Das einzige Land in Europa, das eine große Zukunft vor sich hat". Deutsche Unternehmen und Unternehmer im Russischen Reich im 19. und 20. Jahrhundert. Essen 1998.
Djakin, V. S., Byl li šanc u Stolypina? Sbornik statej. St. Petersburg 2002.
Dziewanowski, M. K., Alexander I. Russia's Mysterious Tsar. New York 1990.
Eich, Ulrike, Russland und Europa. Studien zur russischen Deutschlandpolitik in der Zeit des Wiener Kongresses. Köln u.a. 1986.
Eklof, Ben/John Bushnell u.a. (Hrsg.), Russia's Great Reforms 1855–1881. Indianopolis 1994.
Evans, John L., Russian Expansion on the Amur 1848–1860. The Push to the Pacific. New York u.a. 1999.
Fedorov, V. A., Dekabristy i ich vremja. Moskau 1992.
Geifman, Anna (Hrsg.), Russia under the Last Tsar. Opposition and Subversion 1894–1917. Oxford 1999.
Geyer, Dietrich, Der russische Imperialismus. Studien über den Zusammenhang von innerer und auswärtiger Politik 1860–1914. Göttingen 1977.
Haumann, Heiko/Stefan Plaggenborg (Hrsg.), Aufbruch der Gesellschaft im verordneten Staat. Rußland in der Spätphase des Zarenreiches. Frankfurt a.M. 1994.
Haxthausen, August Freiherr von, Die ländliche Verfassung Rußlands. Ihre Entwicklung und ihre Festlegung in der Gesetzgebung von 1861. Münster 1993 (Repr. der Ausg. von 1866).
Kaiser, Friedhelm Berthold, Hochschulpolitik und studentischer Widerstand in der Zarenzeit. A. I. Georgievskij und sein „Kurzer Abriss der Maßnahmen und Pläne der Regierung gegen die Studentenunruhen" (1890). Wiesbaden 1983.
Lincoln, W. Bruce, Nikolaus I. von Rußland. 1796–1855. München 1981.
Linke, Horst Günther, Das zarische Russland und der Erste Weltkrieg. Diplomatie und Kriegsziele 1914–1917. München 1982.
Maurer, Trude, Hochschullehrer im Zarenreich. Ein Beitrag zur russischen Sozial- und Bildungsgeschichte. Köln u.a. 1998.
Mosse, W. E., An Economic History of Russia 1856–1914. London u.a. 1996.
Nifontow, A. S., Rußland im Jahre 1848. Berlin 1954.
Pipes, Richard, Rußland vor der Revolution. Staat und Gesellschaft im Zarenreich. München 1977.
Riasanovsky, Nicholas V., A Parting of Ways. Government and the Educated Public in Russia 1801–1855. Oxford 1976.
Saul, Norman E., Concord and Conflict. The United States and Russia, 1867–1914. University Press of Kansas 1996.
Saunders, David, Russia in the Age of Reaction and Reform 1801–1881. London 1996.
Schmidt, Christoph, Ständerecht und Standeswechsel in Rußland 1851–1897. Wiesbaden 1994.
Seton-Watson, Hugh, The Russian Empire. 1801–1917. Oxford 1967.
Tomalčev, E. P., Aleksandr II i ego vremja. 2 Bde. Moskau 1998.
Troyat, Henri, Zar Alexander II. Frankfurt a.M. 1991.

Warner, Denis, The Tide at Sunrise. A History of the Russo-Japanese War 1904–1905. London 2001.

VI. Die Sowjetzeit, 1917–1991

Altrichter, Helmut, Kleine Geschichte der Sowjetunion, 1917–1991. München ²2001.
Applebaum, Anne, Der GULAG. Berlin 2003.
Aves, Jonathan, Workers against Lenin. Labour Protest and the Bolshevik Dictatorship. London u.a. 1996.
Baberowski, Jörg, Der rote Terror. Die Geschichte des Stalinismus. München 2003.
Beyrau, Dietrich, Intelligenz und Dissens. Die russischen Bildungsschichten in der Sowjetunion 1917–1985. Göttingen 1993.
Brown, Archie, Der Gorbatschow-Faktor. Wandel einer Weltmacht. Frankfurt a.M. 2000.
Carr, Edward Hallett, A History of Soviet Russia. 14 Bde. London 1950–1976.
Carrère d'Encausse, Hélène, Risse im Roten Imperium. Das Nationalitätenproblem in der Sowjetunion. Wien u.a. 1979.
Davies, R. W./Mark Harrison u.a. (Hrsg.), The Economic Transformation of the Soviet Union 1913–1945. Cambridge 1994.
Deutscher, Isaac, Trotzki. 3 Bde. Stuttgart 1962/63.
Eimermacher, Karl/Astrid Volpert (Hrsg.), Stürmische Aufbrüche und enttäuschte Hoffnungen. Russen und Deutsche in der Zwischenkriegszeit. München 2006.
Fitzpatrick, Sheila/Alexander Rabinowitch u.a. (Hrsg.), Russia in the Era of NEP. Explorations in Soviet Society and Culture. Bloomington 1991.
Fitzpatrick, Sheila, Everyday Stalinism. Ordinary Life in Extraordinary Times. Soviet Russia in the 1930s. New York u.a. 1999.
Franz, Otmar (Hrsg.), Europa und Rußland – Das Europäische Haus? Göttingen 1993.
Geyer, Dietrich u.a. (Hrsg.), Osteuropa-Handbuch. Sowjetunion. Außenpolitik. 3 Bde. Köln u.a. 1972–1976.
Gorbatschow, Michail, Perestroika. Die zweite russische Revolution. Eine neue Politik für Europa und die Welt. München 1987.
Ders., Erinnerungen. Berlin 1995.
Gorodetsky, Gabriel (Hrsg.), Soviet Foreign Policy 1917–1991. A Retrospective. London 1994.
Gračev, Andrej, Gorbačev. Moskau 2001.
Hildermeier, Manfred, Geschichte der Sowjetunion 1917–1991. Entstehung und Niedergang des ersten sozialistischen Staates. München 1998.
Ders., Die Sowjetunion 1917–1991. München 2001.
Ivnickij, N. A. (Hrsg.), Graždanskaja vojna v Rossii. Sobytija, mnenija, ocenki. Moskau 2002.
Jacobsen, Hans-Adolf/Jochen Löser u.a (Hrsg.), Deutsch-russische Zeitenwende. Krieg und Frieden 1941–1995. Baden-Baden 1995.
Jacobson, Jon, When the Soviet Union Entered World Politics. Berkeley 1994.
Katzer, Nikolaus, Die weiße Bewegung in Russland. Herrschaftsbildung, praktische Politik und politische Programmatik im Bürgerkrieg. Köln u.a. 1999.
Keep, John, The Last of the Empires. A History of the Soviet Union 1945–1991. Oxford u.a. 1996.
Köbberling, Anna, Das Klischee der Sowjetfrau. Stereotyp und Selbstverständnis Moskauer Frauen zwischen Stalinära und Perestroika. Frankfurt a.M. u.a. 1997.
Linke, Horst Günther, Der Weg nach Rapallo. Strategie und Taktik der deutschen und sowjetischen Außenpolitik. In: HZ, Bd. 264 (1997), S. 55–109.

Löwe, Heinz-Dietrich, Stalin. 2 Bde. Göttingen 2002.
Lorenz, Richard, Sozialgeschichte der Sowjetunion I. 1917–1945. Frankfurt a.M. 1976.
Luks, Leonid, Geschichte Russlands und der Sowjetunion. Von Lenin bis Jelzin. Regensburg 2000.
Mau, Vladimir, The Political History of Economic Reform in Russia, 1985–1994. London 1996.
Maier, Robert, Die Stachanov-Bewegung 1935–38. Der Stachanovismus als tragendes und verschärfendes Moment der Stalinisierung der sowjetischen Gesellschaft. Stuttgart 1990.
Malia, Martin, Vollstreckter Wahn. Rußland 1917–1991. Stuttgart 1991.
Medvedev, Roj, O Staline i stalinizme. Moskau 1990.
Meissner, Boris, Sowjetische Kurskorrekturen: Breshnew und seine Erben. Zürich u.a. 1984.
Merl, Stephan, Bauern unter Stalin. Die Formierung des sowjetischen Kolchossystems 1930–1941. Berlin 1990.
Mick, Christoph, Sowjetische Propaganda, Fünfjahrplan und deutsche Rußlandpolitik, 1928–1932. Stuttgart 1995.
Nove, Alec, An Economic History of the USSR, 1917–1991. London [3]1992.
Oberländer, Erwin, Sowjetpatriotismus und Geschichte. Dokumentation. Köln 1967.
Ouimet, Matthew J., The Rise and Fall of the Brezhnev Doctrine in Soviet Foreign Policy. London 2003.
Pichoja, R. G. Sovetskij Sojuz. Istorija vlasti, 1945–1991. Moskau 1998.
Pipes, Richard, Die russische Revolution. 3 Bde. Berlin 1992/93.
Plaggenborg, Stefan (Hrsg.), Stalinismus. Neue Forschungen und Konzepte. Berlin 1998.
Pleschakow, Konstantin/Wladislaw Subok, Der Kreml im Kalten Krieg. Von 1945 bis zur Kubakrise. Hildesheim 1997.
Rauch, Georg von, Geschichte der Sowjetunion. Stuttgart [9]1996.
Raupach, Hans, Wirtschaft und Gesellschaft Sowjetrußlands 1917–1977. Wiesbaden 1979.
Schewardnadse, Eduard, Die Zukunft gehört der Freiheit. Reinbek/Hamburg 1991.
Service, Robert. Lenin. A Political Life. 3 Bde. London u.a. 1985–1995.
Simon, Gerhard, Nationalismus und Nationalitätenpolitik in der Sowjetunion von der totalitären Diktatur zur nachstalinschen Gesellschaft. Baden-Baden 1986.
Solschenizyn, Alexander, Der Archipel GULAG. 3 Bde. Bern 1974.
Sowjetunion 1980–1991. Bilanz der letzten Jahre, hrsg. vom Statistischen Bundesamt. Wiesbaden 1992.
Sowjetunion, Sommer 1988. Offene Worte. Gorbatschow, Ligatschow, Jelzin und 4991 Delegierte diskutieren über den richtigen Weg. Sämtliche Beiträge und Reden der 19. Gesamtsowjetischen Konferenz der KPdSU in Moskau. Nördlingen 1988.
Thomas, Ludmilla/Viktor Knoll (Hrsg.), Zwischen Tradition und Revolution. Determinanten und Strukturen sowjetischer Außenpolitik 1917–1941. Stuttgart 2000.
Tompson, William J., Khrushchev. A Political Life. Oxford 1995.
Volkogonov, Dmitrij, Sem' voždej. Galereja liderov SSSR. 2 Bde. Moskau 1995.
Volobuev, O. V. (Hrsg.), Istorija sovremennoj Rossii. 1985–1994. Moskau 1995.
Wegner, Bernd (Hrsg.), Zwei Wege nach Moskau. Vom Hitler-Stalin-Pakt bis zum „Unternehmen Barbarossa". München 1991.
Wehner, Markus, Bauernpolitik im proletarischen Staat. Die Bauernfrage als zentrales Problem der sowjetischen Innenpolitik 1921–1928. Köln u.a. 1998.
Zarusky, Jürgen (Hrsg.), Die Stalin-Note vom 10. März 1952. Neue Quellen und Analysen. München 2002.

Register

Personen

Abalkin, Leonid A. 205
Achmat, Khan 19 f.
Achmatova, Anna A. 190
Adašev, Aleksej F. 28, 33, 35
Adenauer, Konrad 189
Aksakov, Ivan S. 117
Aksakov, Konstantin S. 118
Aleksandr Nevskij 11, 19
Aleksej Michajlovič 50–54, 69
Aleksej Petrovič 75 f.
Alexander I. 67, 96–104, 107 ff., 111, 113, 115
Alexander II. 112 f., 125–131, 135, 138 f.
Alexander III. 129, 132, 135, 138–147, 150
Alexander der Große 62, 67
Anastasija Romanovna 47
Andropow (Andropov), Jurij V. 195, 200 f.
Anna Ivanovna 76–79
Anna Leopoldovna 76 f.
Arakčeev, Aleksej A. 100, 104
Askol'd 7
August II., der Starke 60 ff., 64, 80
August III. 80, 90
Augustus, Kaiser 28
Avvakum, Petrovič 52

Bakunin, Michail A. 136
Batu, Khan 11
Beccaria, Cesare B. 83
Belinskij, Vissarion G. 117
Bel'skij, Bogdan Ja. 40
Bel'skij, Ivan F. 27
Bem, Józef 121
Benckendorff, Alexander v. 116
Berdjajev, Nikolaj A. 149
Berija, Lavrentij P. 191
Bestužev-Rjumin, Aleksej P. 80 f.
Bezborodko, Aleksandr A. 94
Bielfeld, Jacob Friedrich v. 83
Biron, Ernst Johann v. 76
Bismarck, Otto v. 133 f., 145
Bolotnikov, Ivan I. 45
Brandt, Willy 199
Breschnew (Brežnev), Leonid I. 195 f., 198, 200 f., 205
Brodskij, Iosif A. 198
Bucharin, Nikolaj I. 178, 181
Bulavin, Kondratij A. 75
Bulgakov, Sergej N. 149
Bulganin, Nikolaj A. 192, 194
Bulygin, Aleksandr G. 153
Bush, George 212
Bussow, Konrad 43
Butaševic-Petraševskij, Michail V. 121
Buturlin, Vasilij V. 54

Čaadaev, Petr Ja. 117
Capodistrias, Ioannin (Ivan) 122 f.
Castlereagh, Robert Stewart 107 f.
Černjaev, Michail G. 134
Černyševskij, Nikolaj G. 137
Chancellor, Richard 32
Chmel'nyc'kyj, Bohdan 40, 53 f.
Chruschtschow (Chruščev), Nikita S. 191–196, 198, 213
Churchill, Winston 187 f.
Čičerin, Georgij V. 173
Curzon, George 174
Czartoryski (Familie) 90
Czartoryski, Adam G. 108 f.

Daniel', Julij M. 198
Danilevskij, Nikolaj Ja. 133
Demetrius, Falscher, erster 43 ff.
Demetrius, Falscher, zweiter 45 f.

Demidov, Nikita D. 71
Denikin, Anton I. 166
Deržavin, Gavrila R. 100f.
Dir 7
Djilas, Milovan 187
Dmitrij Donskoj 12f.
Dmitrij Ivanovič (ältester Sohn Ivans IV.) 34
Dmitrij Ivanovič (jüngster Sohn Ivans IV.) 42–45
Dolgorukij (Familie) 78
Dolgorukij, Ivan M. 76
Dolgorukij, Jurij V. 11
Dostojevskij (Dostoevskij), Fedor M. 121, 213
Dschingis Khan 11
Dzeržinskij, Feliks E. 168

Edward VI. 32
Eisenstein (Ejzenštejn), Sergej M. 152
Elena Vasil'evna 27
Elisabeth I. 32, 35
Elisabeth Petrovna 76f., 79, 81, 88, 96
Engels, Friedrich 90, 112, 164
Ermak, Timofeev 38f.
Erofeev, VenediktV. 182
Eugen IV. 15

Fedor Alekseevič 53, 58
Fedor Borisovič 44
Fedor Ivanovič 38, 40, 42f.
Figner, Vera N. 142
Filaret (Fedor N. Romanov) 44f., 47f.
Filipp, Metropolit 26, 36f.
Filofej von Pskov 25
Fioravanti, Rudolfo Aristotele 21
Foch, Ferdinand 174
Fotij, Metropolit 15
Franz II. 104
Friedrich II., der Große 80f.
Friedrich III. 21
Friedrich Wilhelm I. 80

Gapon, Georgij A. 150f.
Gedimin 13
Georg I. 65f.
Giers, Michail N. 144f.
Glinskij (Familie) 28
Godunov, Boris F. 40–44
Gogol, Nikolaj V. 114, 117
Golicyn (Familie)
Golicyn, Dmitrij M. 78
Golicyn, Vasilij V. 55, 59
Gorbatschow (Gorbačev), Michail S. 161, 169, 202–212, 216f.
Gorčakov, Aleksandr M. 132f., 136
Gordon, Patrick 58
Gor'kij, Maksim 148
Granovskij, Timofej N. 117
Gregor VII. 52
Gregor XIII. 38
Gromyko, Andrej A. 200f.

Heinrich von Preußen 91
Herberstein, Sigismund von 20, 23
Hermogen, Patriarch 47
Herzen, Alexander I. 117f.
Hitler, Adolf 183, 185

Ignat'ev, Nikolaj P. 139
Iona von Murom und Rjazan' 15f.
Iosif von Volokolamsk 24, 28
Iov, Patriarch 41
Isidor, Metropolit und Kardinal 15f.
Ivan I. Kalita 12f.
Ivan III. 17–25, 28, 31f.
Ivan IV., der Schreckliche 15, 17, 26–42, 47, 54, 61, 89
Ivan VI. 76f.
Ivan Alekseevič 58
Ivan Ivanovič 38

Jaroslav der Weise 7, 9
Jefferies, James 69
Jelzin (El'cin), Boris N. 161, 209f., 213, 216f.
Jeremias II. von Konstantinopel 41
Joseph II. 94
Judenič, Nikolaj N. 166
Jur'ev, Nikita R. 40

Kaganovič, Lazar M. 194
Kamenev, Lev B. 177, 181
Kankrin, Egor F. 120
Karakozov, Dmitrij V. 130, 137

Karamzin, Nikolaj M. 59, 103
Karl XI. 61
Karl XII. 57, 62–68, 78
Kasimir IV. 18 f.
Katharina I. 76 ff.
Katharina II., die Große 29, 57, 69, 77, 81–96, 99 f., 122
Katharina Ivanovna 66
Katkov, Michail N. 144
Kaunitz, Wenzel 91
Kerenskij, Aleksandr F. 163 f.
Kiselev, Pavel D. 119
Kolčak, Aleksandr V. 166 f., 174
Konstantin Monomach 28
Konstantin Pavlovič 94, 109, 111, 113
Kopelev, Lev Z. 198
Kornilov, Lavr G. 163
Kościuszko, Tadeusz 92
Kosygin, Aleksej N. 196
Krupskaja, Nadežda K. 176
Kučum, Khan 38 f.
Kurbskij, Andrej M. 26, 28, 33, 35
Kuropatkin, Aleksej N. 150
Kutuzov, Michail I. 106 f.

Laharpe, Cesar 100
Lavrov, Petr I. 136
Lefort, Francis 58 f.
Lenin, Vladimir I. 74, 137, 142, 152, 163–168, 170 ff., 175 ff., 193, 205
Leszczyński, Stanisław 80
Liberman, Evsej G. 196
Ligačev, Egor K. 201, 207
Liman von Sanders, Otto 158
Litvinov, Maksim M. 183 f.
Lloyd George, David 174
Lomonosov, Michail V. 71
Loris-Melikov, Michail T. 138
Ludwig XV. 80, 84

Magnus, Herzog von Holstein 38
Makarij, Metropolit 28, 35
Malenkov, Georgij M. 191 f., 194
Mamaj, Emir 13
Maria Theresia 92
Marx, Karl 112, 137, 142, 164
Maximilian I. 20
Mazepa, Ivan S. 63
Mengli-Girej, Khan 19
Menšikov, Aleksandr D. 59, 73, 76, 78
Menšikov, Aleksandr S. 124
Metternich, Klemens L. W. 107 ff.
Michail Aleksandrovič Romanov 161
Michail Borisovič 18
Michail Fedorovič Romanov 40, 47 f., 50
Michajlovskij, Nikolaj K. 136
Miljutin, Dmitrij A. 130
Milton, John 32
Minin, Kuz'ma 40, 47
Mniszech, Georg 44
Molotov, Vjačeslav M. 182, 184, 191, 194
Mordvinov, Nikolaj S. 100
Morozov, Boris I. 50
Mstislavskij, Fedor I. 46
Mstislavskij, Ivan F. 40
Münnich, Burchard Christoph 76, 94
Murav'ev, Michail 132
Murav'ev, Nikita M. 109 f.

Napoleon I. Bonaparte 87, 97 ff., 104 ff.
Natanson, Mark A. 136
Nečaev, Sergej G. 136
Nesterov, Aleksej Ja. 73
Nikolaus I. 101, 111–123, 131, 138, 140, 182
Nikolaus II. 99, 143, 147, 151, 153, 159 ff.
Nikon, Patriarch 40, 50, 52
Nil Sorskij 24
Novosil'cev, Nikolaj N. 108 f.

Odoevskij, Nikita I. 50
Ogilvy, Georg 68
Olgerd 13
Ordžonikidze, Grigorij K. 180
Orlov (Familie) 79
Orlov, Grigorij G. 81 f.
Ostermann Heinrich J. F. 76, 80
Otprep'ev, Grigorij 43

Pahlen, Peter von der 98
Palmerston, Henry J. T. 125
Panin, Nikita I. 81, 84, 90, 94
Paskevič, Ivan F. 120

Paul I. 57, 82, 96–100, 104, 113
Peresvetov, Ivan S. 29
Pestel', Pavel I. 110
Peter I., der Große 15, 21, 53, 57–69, 71, 73–80, 84–89, 117
Peter II. 76
Peter III. 57, 79, 81 f., 85 f., 88
Petlin, Ivan 55
Petr, Metropolit 11
Plechanov, Georgij V. 142
Pleve, Vjačeslav K. 150 f.
Pobedonoscev, Konstantin P. 139
Podgornyj, Nikolaj V. 198
Poniatowski, Stanisław August 90
Potemkin, Grigorij A. 89
Požarskij, Dmitrij M. 40, 47
Pugačev, Emel'jan I. 57, 75, 86
Puschkin, Alexander S. 58
Putin, Vladimir V. 213, 216 f.

Radiščev, Aleksandr N. 90
Ranke, Leopold von 80
Rasputin, Grigorij E. 159
Rastrelli, Bartolomeo F. 77
Razin, ‚Sten'ka' 40, 52 f., 75
Reagan, Ronald 200
Repnin, Nikolaj V. 90
Rjurik 7
Roosevelt, Franklin D. 187
Roosevelt, Theodore 150
Rostopčin, Fedor V. 106
Ruffo, Marco 21
Rumjancev, Sergej P. 101
Rykov, Aleksej I. 178, 181

Sacharov, Andrej D. 198, 204
Šafirov, P. P. 64
Schewardnadse (Ševardnadze), Eduard A. 211
Schlitte, Hans 34
Schnitzenpaumer, Jörg 21
Schulenburg, Friedrich Werner von der 185
Serapion, Archimandrit 11
Šeremetev, Nikolaj P. 79, 88
Sigismund II. August 38
Sigismund III. August 44, 46 f.
Sil'vestr, Pope 28, 33 ff.
Simeon Bekbulatovič 38
Sinjavskij, Andrej D. 198
Skopin-Šujskij, Michail V. 46
Skuratov, Miljuta 37
Sof'ja Alekseevna 58
Solari, Pietro Antonio 21
Solženicyn, Aleksandr I. 181, 198
Speranskij, Michail M. 102 ff., 114, 129
Stalin, Iosif V. 165 f., 168 f., 172 f., 176–189, 191 f., 194 f., 198, 204
Stefan IV. Báthory 38
Stolypin, Petr A. 155 f.
Stroganov (Familie) 23, 38 f., 71, 79
Struve, Petr B. 149
Šujskij (Familie) 28, 44
Šujskij, Andrej M. 28
Šujskij, Ivan P. 40
Šujskij, Vasilij G. 27
Šujskij, Vasilij I. 43–46
Suvorov, Aleksandr V. 98
Svjatopolk-Mirskij, Petr D. 151

Timošenko, Semen K. 185
Tito, Josip 188
Tkačev, Petr T. 137
Tochtamys, Khan 13
Tolstoj, Lev N. 148
Tomskij, Michail P. 178
Trachaniot, Georg 21
Trepov, Dmitrij F. 153
Trepov, Fedor F. 129
Trotzki (Trockij), Lev D. 163 f., 167, 172 f., 176 ff.
Tschernenko (Černenko), Konstantin U. 195, 201
Trubeckoj, Sergej N. 147

Ul'janov, Aleksandr I. 142
Ulrike Eleonore 78
Uvarov, Sergej S. 116, 118

Valuev, Petr A. 138
Vasilij I. 14
Vasilij II. 14 f., 17, 19, 23
Vasilij III. 17, 19–25, 27 f.
Viskovatyj, Ivan M. 28

Vladimir der Heilige 7
Vladimir Monomach 7, 28
Vladimir von Starica 36
Voroncov (Familie) 79
Voroncov, Michail I. 81
Vyšnegradskij, Ivan A. 141 f., 146

Weber, Friedrich Christian 61
Wellington, Arthur Wellesley 123
Wielopolski, Alexander 131
Wilhelm I. 135
Wilhelm II. 145, 157
Witowt 14
Witte, Sergej Ju. 141, 147, 149 f., 153
Władysław IV. 46 ff.
Wrangell, Petr N. 167

Yorck von Wartenburg, Hans Ludwig 107

Zajączek, Joseph 109
Zasulič, Vera I. 129, 138
Ždanov, Andrej A. 188
Zinovjev (Zinov'ev), Grigorij E. 173, 177, 181
Zoe-Sof'ja 20 f.
Żółkiewski, Stanisław 46 f.
Zoščenko, Michail M. 190
Zubatov, Sergej V. 149
Žukov, Georgij K. 185

Sachen

Adel 10, 13–15, 23 f., 28 ff., 32–37, 40–50, 57, 59, 61, 67 f., 70, 78 f., 81, 83–89, 9 6 f., 100 f., 103, 115, 118 f., 126 ff., 138 ff.
Administration 9 f., 13 f., 23, 25 f., 29 f., 37, 50, 53, 57, 72 f., 85 ff., 89, 97, 100 ff., 110, 115, 119, 128, 132, 139 f., 143, 156, 171, 177 f., 196, 204 f.
Afghanistan 161, 200, 204
Altgläubige 40, 51 f., 85
Amerika 95 f., 99, 109, 135, 150, 160, 174, 176, 186 f., 200, 204, 212 f., 216
Arbeiter 59, 85, 141 f., 148 f., 151, 153, 155, 158 f., 162, 164 f., 167, 169 ff.
Armenien 208 f.
Asien 11, 26, 31 f., 55, 99, 135, 150
Astrachan' 17, 26, 31 ff., 37, 52
Aufstand s. auch Revolution 43–46, 50, 52, 57, 74 f., 85 f., 104, 109, 111, 115, 118–121, 131 f., 136 f.
Auserwählter Rat 28, 31, 33 ff.
Autokratie 15, 23, 25 f., 28 f., 31, 34 f., 37, 43, 46–49, 54, 57 f., 60 f., 67, 75, 78, 8 2 ff., 89, 96, 98, 100–103, 110, 113–119, 121, 128, 132, 136, 138, 144, 147–151

Balkan 133 f., 144, 146, 157 f.
barščina s. Frondienst
Bauern 10, 22–25, 29, 32 f., 40 ff., 45, 47, 49–53, 59, 63, 68, 70 f., 73 ff., 79, 82–89, 96 f., 101, 110 f., 118 f., 126ff, 136 ff., 142, 149, 151, 153, 155 f., 159, 162 f., 165, 167, 170 f., 178 f., 190
Bauernbefreiung 99, 125–128, 136
Bauerngemeinde10, 118, 127, 129, 137, 139, 141, 151 f., 155 f., 181
Bessarabien 105, 160, 168, 184
Bevölkerung 22, 44, 49, 71, 88, 179, 181, 185, 197
Bildungspolitik 57, 71, 87, 89, 115, 129 ff., 130 f., 139 f., 143, 148, 153, 197 f., 201
Bojaren 9 f., 13 f., 18, 23 ff., 27 ff., 31, 34–37, 47 f.
Bojarenduma 15, 25, 27, 29, 31, 33–36, 46, 72
Bolschewiki 152, 156, 159 f., 163–166, 168 f., 171 ff.
Breschnew-Doktrin 160, 199, 211
Bulgarien 133 f., 144, 158, 211
Bürgerkrieg 160, 166, 168 ff., 174, 177
Bürokratie s. Administration

China 55 ff., 66, 99, 150, 160, 195, 199

Dänemark 32, 61 f., 64, 66, 90, 95, 105
Dekabristen(aufstand) 99, 104, 109–112, 114 ff., 120
Deutschland 20 f., 60, 62, 65 f., 75, 80, 92, 95, 99, 105, 107, 112, 132, 135, 144 ff., 157, 159 ff., 164, 169, 172 f., 175, 183 f., 186–189, 191, 193, 195, 199 f., 211

Diktatur des Proletariats 164 f., 181
Donaufürstentümer 91, 93, 123, 125
Drittes Rom 25, 51

England 32, 35, 60, 66, 68, 90, 93, 95, 97 f., 104–109, 112, 120–125, 132, 134, 136, 144 f., 157 ff., 174 f., 186 f., 205
Estland 38, 64, 66, 168, 173, 175, 184, 208 ff.
Eurasier 11, 213
Europa 7, 11, 17, 20 f., 34, 55, 58–62, 65, 68, 80 f., 83 f., 89, 93, 95 f., 99, 103 f., 107 ff., 112, 117, 124 f., 132 f., 135, 150, 161, 164, 200, 204, 216

Fachministerien 97, 100, 101 f.
Finnland 66, 105, 125, 168, 173, 184
Frankreich 57, 65, 80 f., 90–93, 95, 98, 104–109, 112, 120 ff., 124 f., 132 f., 144 ff., 158 f., 174 f.
Friedliche Koexistenz 195, 199
Frondienste 23, 49, 70, 97
Fünfjahrplan 160, 180, 201 f.

Gefolgschaft 9 f., 13 ff., 18
Geheimpolizei 116, 118, 152, 168, 182
Gemeinschaft Unabhängiger Staaten (GUS) 161, 210, 216
Georgien 98, 173, 209 f.
Gewaltenteilung 46, 48, 78, 82, 87, 102, 128, 139, 147, 151, 153, 159, 216
Gewerbe s. auch Industrie 49, 60, 70, 72, 88, 127 f., 141
Glasnost' 202 ff.
Goldene Horde 11, 13, 19 ff., 31
Griechenland 122 f.
Griechisches Projekt 57, 94
Großbritannien s. England
Großfürst 7, 9–25, 28, 38, 49
Groß-/Weltmacht 57, 65, 106, 126, 133, 147, 155 f., 161, 196, 201, 211, 213
GULag 181, 190 f.

Handel 7, 21 ff., 32, 34, 49, 55 ff., 66, 71 f., 88, 94, 96, 104, 119, 123, 127 f., 141, 144, 146, 171 f., 174
Heilige Allianz 98, 108, 121
Heiliges Russland 51

Hitler-Stalin-Pakt 160, 184, 208
Holland 60, 68

Indien 66, 136
Industrie(politik) 70 f., 88, 100, 113, 119 f., 130 f., 140 f., 147 f., 155, 160, 169–172, 178–181, 189 f., 192, 196 f., 205
Inoffizielles Komitee 101
Intelligencija 115 f., 130, 137 f., 148, 151
Intervention 160, 169, 174, 180
Italien 21, 98, 131, 145

Japan 135, 156, 166, 174, 186
Jugoslawien 188, 194

Kalter Krieg 188 f., 212
Kaufleute 7, 9, 22, 24, 32–36, 71, 79, 87, 123
Kazan' 17, 21, 26 f., 29, 31 ff.
Kiewer Rus' 7–11, 13, 92
Kirche 7, 10 ff., 15 f., 23 ff., 28–32, 35, 38, 40–43, 46, 49–52, 57 ff., 69, 73 f., 82 f., 117
Kirchenspaltung 40, 51 f.
Kollegien 73, 87
Kollektive Sicherheit 183
Kollektivierung 160, 172, 178–181
Kommunistische Internationale 173 f., 176
Kommunistische Partei, s. auch Bolschewiki 160 f., 164, 166–169, 171, 173, 177 ff., 181 ff., 193–201, 205 ff., 209
Konstantinopel 7, 15 f., 20, 60, 94, 98, 133 f., 158 f.
Konstituierende Versammlung 162, 165 f.
Kosaken 33, 38 ff., 44 f., 47 ff., 52–55, 63, 75, 86, 91, 94, 96, 107
Kriegskommunismus 160, 170 f.
Krimkrieg 99, 104, 112, 124–128, 131, 147
Kronstadt 167, 171
Kuba-Krise 160
Kultur 7, 9, 11, 17, 21, 57, 117, 190, 193
Kurland 76, 80, 92

Landesversammlung 35, 43, 45–48, 54, 139
Landfrage 24, 30–33, 36 f., 41 f., 45, 52 f., 67 ff., 82–86, 101, 110, 113, 126 ff., 136 f., 151, 154 ff., 160–163, 167–172, 178 ff., 190–195
Landwirtschaft s. auch Wirtschaft

Lebensstandard 9ff., 13, 22f., 26, 28f., 32f., 36f., 42f., 45ff., 49f., 52f., 59, 67–71, 74ff., 79, 84–88, 96f., 104, 119, 126ff., 139 -142, 149, 151, 155f., 159, 162, 169–172, 179, 190, 192, 195, 197, 202, 205, 208f.
Leibeigenschaft 33, 40, 42, 47, 50, 52, 57, 70f., 79, 84–89, 96f., 101, 103, 110, 117ff., 121, 125, 128, 130, 139
Leningrad 184f.
Lettland 160, 168, 173, 175, 184, 208ff.
Litauen 13ff., 17f., 23, 35, 54, 92, 168, 173, 175, 184, 208ff.
Livland 15, 17, 21, 26, 29, 32–38, 54, 63f., 66
Livländischer Krieg 32–38

Malta 97f.
Meerengen 94, 122–125, 133f., 145, 157ff.
mestničestvo s. Rangplatzordnung
Militärwesen 7, 9f., 13ff., 21, 23, 25, 30, 34, 49, 58–62, 68, 72, 79, 86, 119, 125, 130 , 146, 160, 167, 185, 189, 195, 197, 199f., 204, 212
mir s. Bauerngemeinde
Mittelstand 49, 57, 88
Moskau 11, 13–17, 19f., 22ff., 26f., 31ff. 35ff., 41, 44–48, 50, 52–55, 59, 61f., 85, 106, 120, 166, 168, 173, 183–186, 191, 194f., 204 , 208

Nationalismus 132, 139, 143f., 158, 163, 212
Nationalitäten(politik) 52, 75, 85, 110f., 132, 143, 150–153, 155f., 162f., 167ff., 181, 183, 186, 191, 198, 208f.
NATO 200, 204, 212
Nestor-Chronik 7
Neue Ökonomische Politik 160, 171f.
Neues Denken 202f., 211
Nordischer Krieg 57, 61–66, 95
Nowgorod 7, 9, 11, 17ff., 22ff., 37, 48

Oberster Geheimer Rat 78
obrok s. Frondienst
obščina s. Bauerngemeinde
Offizielle Staatsideologie 116f., 138
Opposition 26, 34–38, 42–47, 74f., 89, 100, 103f., 109, 113, 115–118, 129, 136–139, 142, 148, 152, 159, 167, 190, 204
Opričnina 17, 33, 36ff., 40
Orthodoxie 7, 12, 14ff., 24f, 50, 53, 75, 94, 116ff., 122, 133, 138f., 143
Osmanisches Reich s. auch Türkei 54f., 57, 59f., 63–66, 80, 84, 91, 93ff., 98, 122ff., 133f., 145, 157, 159
Österreich(-Ungarn) 80f., 90–97, 104–109, 112, 120f., 124f., 132–135, 144ff., 157f., 160, 193, 211

Panslawismus 133, 158
Partei(en), s. auch Kommunistische Partei 142, 149, 152, 154ff., 159, 161, 164f., 167f.
Perestrojka 202f., 205, 207, 210f.
Persien 66f.
Petersburg, Petrograd, s. auch Leningrad 57ff., 62, 67, 91, 120, 166, 170
Polen(-Litauen) 13, 17–21, 27, 32f., 35, 38, 40f., 44–49, 53ff., 57, 60, 63f., 66, 80f., 89–93, 99, 105, 107ff., 111, 120f., 125, 131f ., 143, 159, 162, 167f., 175f., 183f., 194, 211
Polnische Teilungen 57, 89, 91ff., 105, 107
Poltava 57
Pontusklauseln 125, 133
Preußen 57, 65f., 80f., 90, 92f., 95, 105–109, 112f., 121, 124f., 132f., 135
prikaz s. auch Administration 25, 29, 73
Provisorische Regierung 161–164

Rangplatzordnung 14f., 30, 53, 74
Rangtabelle 15, 60, 74, 80
raskol s. Kirchenspaltung
Raznočincy 115, 138
Rechtswesen 7, 10, 17, 23, 25f., 29, 32f., 36, 40, 42ff., 50, 70, 72, 83f., 100f., 103 , 110, 113f., 117, 126, 128f., 139, 154, 167, 181, 191, 216f.
Reformen 26, 29, 30, 50, 67–75, 86–92, 99ff., 104, 114, 126–131, 138, 140, 151, 196f., 201–210, 216
Reichsrat 103, 118f., 126, 154
Revolution 89, 92, 98, 109ff., 113, 116, 118, 120ff., 129, 137f., 146, 149–153, 156–159, 161–166, 169f., 172f., 176, 178, 201
Revolutionäre Bewegung s. Opposition
Rumänien 144, 168, 176, 199, 211
Russkaja pravda s. auch Rechtswesen 7, 10

‚Sammeln des russischen Landes' 13, 17, 19, 22, 31, 54
Schweden 21, 27, 32, 38, 41, 46, 48f., 54, 60–66, 75, 80, 90, 95
Selbstverwaltung 18, 52, 54, 64, 72, 85f., 108, 128f., 131, 143, 147
Senat 72f., 78, 87, 100, 102f.
Senioratsprinzip 7, 14
Serbien 133f., 144, 158
Sibirien 17, 38, 55, 76, 112, 166, 180, 192
Siebenjähriger Krieg 80f., 90
Slawophile 117f., 213
Sowjet(macht) 152f., 162–166, 168, 181, 191, 198, 206f.
Sowjetpatriotismus 169, 182, 186
smuta s. ‚Zeit der Wirren'
Sozialstruktur 9f., 13ff., 22ff., 30–33, 37, 42f., 45, 49f., 57, 60, 67–71, 74, 78ff., 85, 87ff., 96f., 101, 118f., 126ff., 140f., 148, 155f., 164f., 169ff., 178f.
Staatsduma 102f., 153ff., 159, 161, 217
Stadt(-bewohner) 9f., 22, 44, 49f., 72, 83, 87, 128f., 149, 151f., 162, 181, 197
Stalingrad 160, 186, 192
Steuern 13, 26, 29, 32f., 36, 41f., 46, 49f., 53, 69f., 72, 75, 78, 85–89, 102, 126ff., 139, 141, 147, 149, 171f., 192, 205
sudebnik s. auch Rechtswesen 17, 23, 25
Synod 74, 139

Tataren(herrschaft) 9, 11–17, 19–22, 26f., 30f., 33, 37, 39, 41, 48, 53f., 60, 63, 75, 85, 93
Terror 37, 113, 121, 137, 142, 160, 167f., 181f., 190, 205
Tschechoslowakei 160, 183, 188, 199, 211
Tschetschenien 135, 213
Tver' 11, 18, 23, 38
Türkei 66, 85, 98, 134, 158, 168, 175

Ugra 19f.
Ukraine 40, 53ff., 168f., 173, 210, 212f., 216
uloženie s. auch Rechtswesen 40, 50
Ungarn s. a. Österreich(-Ungarn) 20, 99, 121, 160, 194, 211
Unternehmer 71, 79, 88, 97, 148, 152, 162, 169
USA s. Amerika

Vaterländischer Krieg 106f.
veče s. Volksversammlung
Vereinte Nationen (UNO) 187, 199, 210
Verfassung 78, 99, 102, 108ff., 151, 153f., 166, 169, 181, 191, 198, 206f., 216f.
Verwaltung s. Administration
Völkerbund 176, 183
Volksversammlung 9, 14, 17f.

Waräger 7
Warschauer Pakt 160, 195, 199, 204, 211
Weißrussland 54, 168f., 210, 216
Weltkrieg, Erster 99, 112, 161f., 165, 169
Weltkrieg, Zweiter 160, 180, 183–187, 190, 199, 211
Weltrevolution 164, 173, 183
Westler 11, 117, 213
Wiener Kongress 99, 107f.
Wirtschaft 22, 24, 33, 41–45, 49f., 57, 67, 69ff., 78f., 85, 88, 96f., 119, 127, 130f., 140, 147, 162, 164, 168–172, 175, 179ff., 185, 189f., 193–197, 201, 204ff., 216
Wladimir 9, 11

‚Zeit der Wirren' 26, 40–47, 48, 55
Zemščina 36f.
zemskij sobor s. Landesversammlung
zemstvo s. Selbstverwaltung

In der Reihe GRUNDZÜGE sind bisher erschienen:

Walther L. Bernecker
Spanische Geschichte
Von der Reconquista bis heute
2002. 248 S., 11 s/w Abb., 2 Karten, kart.
ISBN 3-89678-422-6

Hans Fenske
Deutsche Geschichte
Vom Ausgang des Mittelalters bis heute
2002. 256 S., 6 s/w Abb., 2 Karten, kart.
ISBN 3-89678-423-4

Michael Fröhlich
Geschichte Großbritanniens
Von 1500 bis heute
2004. 237 S., 9 s/w Abb, 1 Karte, geb.
ISBN 3-89678-504-4

Thomas Noetzel
Geschichte Irlands
Vom Erstarken der englischen Herrschaft bis heute
2003. 236 S., 10 s/w Abb., 4 Tab. Und 2 Karten, geb.
ISBN 3-89678-461-7

Gustav Schmidt
Geschichte der USA
2004. 248 S., 2 s/w Abb., zahlreiche Tab. Und 1 Karte, geb.
ISBN 3-89678-480-3